長州藩と明治維新

田中　彰著

吉川弘文館

はじめに

本書は、幕末維新史において、もっとも厚い研究史をもつ長州藩を窓として、その研究史の流れのなかで明治維新をとらえようとしたものであり、また、その明治維新の全体像を、世界史のなかでどのように位置づけてみるべきかを探ろうとした最近の論稿を収めたものである。

より詳しくいえば、本書は次のような課題を担いつつ、四十有余年間の論稿によって編まれている。

第一は、研究の歴史、つまり研究史によって明治維新の位置づけをしようとしたものである。戦前から戦後にかけての幕末維新を、政治史を中心とした研究史を丹念に整理し（Ⅰの一）、それを受けて戦後の明治維新研究史を、長州藩を中心としてとらえ（Ⅰの二、Ⅱの一）、最近の下級武士論の行方にも筆を及ぼす（Ⅰの三）。

いま「長州藩を中心として」といったが、それには十分理由がある。戦後の明治維新史研究の先鞭は西南雄藩、とりわけ長州藩によってつけられた。そのことの正と負については、いまここではさておくとして、幕末維新期の長州藩研究は明治維新史研究とは多くが重なり、したがって長州藩研究史は同時に明治維新研究史でもあったのである。

それをもっとも典型的に示すものが奇兵隊（諸隊）の研究であり、奇兵隊研究史である。だから、奇兵隊の研究史を追うことは、明治維新をどうみるかを解く絶好の鍵ともなりえたのである。Ⅲの一の「奇兵隊研究と明治維新」の論稿および奇兵隊研究年表（巻末所収）をみるならば、奇兵隊をめぐる論争がどのような系譜をもち、研究の流れがいつ高まり、いつ停滞気味であったかなどがわかり、それはそのまま明治維新史の研究状況に反映していることを知ることができるだろう。その意味で、奇兵隊研究の流れを戦前から戦後、そして現在まで追うことは、明治維新史研究において重要な意味をもっている。本書の研究史の論稿のなかで大きな比重を占めているゆえんである。なお、関連する脱隊騒動（諸隊反乱）についての論文をも併せ収めた（Ⅲの二・三）。

第二に、私の明治維新史研究は、幕末維新期の長州藩研究から始まった。それは最初の著書『明治維新政治史研究』（青木書店、一九六三年）に示されている。そして私はその軸足を、一方では長州藩におきつつも、他方幕末の幕府政治史研究へと移していったことは、これまた別著『幕末維新史の研究』（吉川弘文館、一九九六年）で明らかである。この間における長州藩研究で、前記の二著に載せることのできなかった論稿のいくつかをⅡの「長州藩における藩政改革と明治維新」に収めた（Ⅱの一〜六）。なかには研究に足をふみ入れたばかりのときのものもあるのだが、いまだに引用されたり参考文献に挙げられたりするので、いささか恥じらいを感じつつ載せることにした。

第三の問題は、「明治維新とは何か」という古くして新しい課題である。「世界史のなかの明治維新」というテーマは、その重要なひとつだが、私はいま進めつつある明治初年の岩倉使節団の研究のなかからそれを考えようとしている。Ⅳの「明治維新の見方」に収めた諸論稿の一と二で明治維新の全体像を俯瞰し、三の「世界史のなかの明治維新」には、この課題へのほんの入口に立つ論稿を収めた。それらは私の目下の大きな課題である「岩倉使節団の歴史的研究」へのひとつのステップでもある。

本書を編むにあたって旧稿をほとんどそのまま収めたものもあるが、おおむね論旨を変えない限りでは若干手を加えたり、あるいは冗語を削除したりした。それが論旨と関わる場合には補注その他で断わった。また、個々の論文で多少の重複はあるが、前後の文脈からそのままとし、注や文献には新たにつけ加えたところがある。

さきに述べたように、本書は研究史の論稿を収めていることがひとつの特長となっている。しかし、最近の明治維新研究の状況をみると、ややもするとこうした研究史がなおざりにされている感を否定しがたい（そうしたなかにあって、菊地久「同時代と維新史研究」〈溝部英章他『近代日本の意味を問う』木鐸社、一九九二年、所収〉を挙げることができる）。それには次のような理由が考えられる。

ひとつは、明治維新史研究の研究史の厚さと広さである。しかも、その研究史の密度は、日本近世史や近代史とくらべてより濃密だといってよい。とすれば、研究史をふりかえるだけで息切れしてしまうところがないでもない。明治維新史の研究が敬遠され気味だ、という声を時折り聞くことがあるのは、そのことと無関係ではないだろう。だが、より深い理由はもうひとつのところにあるのではないだろうか。

そのもうひとつとは、一九八九年の東欧の激動、さらに一九九一年のソ連の崩壊など、世界の大変動による社会主義体制の後退とからむ。それはマルクス主義、つまり史的唯物論による歴史研究を大きく揺るがせた。日本の戦後の明治維新史研究には、史的唯物論による研究が大きな影響を与えていたことから、そうした影響下にあった研究史などはもはや意味をもたない、あるいは無視してもよいという考え方が、研究史軽視のどこかにあるように思われる。

かつて私は一九七五年、ハーバード大学東アジア研究センターにおける一年有余の研究生活から離れるにあたって、研究センターでの諸教授との最後の夕食会で、アメリカの日本史研究が、もし日本の戦後のマルクス主義的研究をすべて切り捨てるならば、限界はあるにせよ、戦後の日本近代史研究の良質な部分までも捨て去ってしまうことになるのではないか、という発言をした記憶があり、それがいまよみがえってくる。

それはともかく、研究史がなおざりになっているということは、とりもなおさずその分野の研究のエネルギーの衰退を意味する、といえば過言だろうか。

歴史的事実に基づかないイデオロギー的な論文は論外としても、史観の違いを越えて研究史の整理をすることは、歴史研究を発展させることにおいては不可欠の作業であり、学問としては当然のことである。その当然のことがなされず、研究史がなおざりにされる傾向があるところには、歴史学研究のひとつの危機が示されている、といえなくもない。

ましてや、研究史や長い研究の蓄積などをまったく顧みることなく、戦後の研究を一面的に批判ないしは無視し、みずからに都合のいい事実のみを拾いあげて羅列するに至っては、歴史叙述とは程遠いというべきであろう。

本書刊行にあたって、旧稿の掲載を快く許して下さった学会や学会誌編集部、諸書の編著者、ならびに各出版社等に心から謝意を表するとともに、本書の諸論稿に対し、そのときどきにおいて指導・助言・鞭撻などを賜った諸先生・諸先輩・同僚・友人・後輩の方々に深謝し、併せてこの原稿のまとめを忍耐強く待っていただいた吉川弘文館、とりわけ編集部の上野久子さんおよび校正・製本等本書の出版に尽力下さった皆さんに心から御礼を申しあげ、「はじめに」の言葉としたい。

本書をまとめるに当たり、一九九五年度札幌学院大学研究奨学金および一九九七年度同大学後援会出版助成金の交付を受けたことを謝意と共にここに付記する。

一九九八年三月

田　中　　彰

凡例

一、それぞれの論文の初出掲載誌や書名等は、Ⅰ~Ⅳの中扉に「解題」として示し、必要に応じて若干の説明を加えた。なお、本文および注に追記したところがある。

一、本文の記述は、原則として常用漢字・現代かなづかいによることにしたが、固有名詞・歴史用語などについては、この限りではない。

一、引用史料は、一部原文通りにしたところのほかは、常用漢字を採用し、かなづかいは原文の通りとした場合と、読みやすさのために適宜、表記を工大した場合とがある。

一、年の表記については、西暦年と元号表記とを併用したが、表記の仕方は統一していない。明治六年一月一日以前の陰暦年の月日を現行太陽暦に改めると西暦年とずれる場合があるが、陰暦月日のままとしている。

一、敬称は省略した場合と付した場合とがあり、統一していない。

一、論稿のなかで、史料を含め差別に関わる語句や表記をそのまま記しているところがある。それは差別の歴史の事実を直視することを通して差別の解消に資するためである。

目次

一〇

Ⅰ　明治維新研究と長州藩

解題　I

一　戦前から戦後への明治維新研究（原題「幕末・維新」〈政治史〉、大久保利謙・海老沢有道編『日本史入門』廣文社、一九六五年、所収）。

戦前から一九六五年頃までの幕末維新史の研究史を追って整理し、内容を紹介しつつ叙述したもの。敗戦をはさむ戦前・戦後の明治維新研究の流れをつぶさにみることができる。必要な限りでの文献は追加した。

二　戦後の明治維新研究と長州藩――山口移鎮の歴史的意義と関連して――（『山口県地方史研究』一〇、一九六三年）。

長州藩が萩から山口へ移鎮（移城）してから百年を記念し、一九六三年六月二日、山口移鎮百年・山口県地方史学会創立十周年記念の第十七回研究大会（於山口県自治会館）での記念講演。幕末における萩と山口との基盤の相違を、保守派（俗論派）と改革派（正義派）との対立のなかで関連づけて分析したもの。

三　下級武士論の行方（『明治維新と下級武士』木村礎著作集II、名著出版、一九九七年）。

木村礎『下級武士論』（塙書房、一九六七年）を収めた木村礎著作集IIの解説。「下級武士論」とは何かを論じ、木村氏の著書の位置づけをするとともに、いわゆる下級武士論といわれるものが、いまではどのような形で研究のうえに示されているかをみようとしたもの。

一　戦前から戦後への明治維新研究

1

幕末・維新期の政治史の研究は、ある一面では理論的にも実証的にも研究密度の高い分野であるが、それだけに研究の空白部分も目立つ。どのような問題がどのような長い研究史をもっているか、そして個々の問題にいかなる史料や参考文献があるかについて知ろうとするには、まず歴史学研究会編『明治維新史研究講座』（全六巻、一九五八～五九年、平凡社）をひもとくとよい。政治史研究には伝記は欠くことができないが、古くからの幕末・維新関係の伝記やそれらの人物の日記・書翰類を収めた『日本史籍協会叢書』をはじめとする文献については、前記『講座』の第六巻に解説が付してある。

一定の観点から学説史を整理・批判したものには石井孝『学説批判明治維新論』（吉川弘文館、一九六一年）があるし、遠山茂樹・佐藤進一編『日本史研究入門（Ⅰ・Ⅱ）』（東京大学出版会、一九五四～六二年）も参考となろう。

以上のものを参照しながら、戦後の最初の政治史総括であった遠山茂樹『明治維新』（岩波全書、一九五一年）と井上清『日本現代史Ⅰ　明治維新』（東京大学出版会、一九五一年）とを対比して、読みあわせつつ、岩波講座『日本歴史近代1・2』（一九六二年）の各論をみると、その後の研究がどれほどすすみ、またすすまなかったかを知るひとつの手がかりをえるだろう。

前記、遠山・井上の二著は、以下に述べるあらゆる課題に関連し、現在でも生命をもった政治史である。また、手堅い概説的知識は指原安三編『明治政史』（『明治文化全集（第二・三巻）』日本評論社、一九五九年）、鈴木安蔵『明治維新政治史』（中央公論社、一九四二年）、小西四郎『日本全史8　近代Ⅰ』（東京大学出版会、一九六二年）などがあたえてくれるし、岡義武『日本近代政治史Ⅰ』（創文社、一九六二年）も著者の薀蓄のにじみでた幕末・明治初年の政治史概説である。

まず少なくともこれぐらいは読んでから先にすすむべきだろう。

2

幕末・維新史の研究がある意味でひじょうにむずかしいと考えられるひとつの原因は、それが明治維新史観とからむからである。たんに史料を読み、史料をならべただけでは幕末維新期の政治史の研究とはならない。明治維新という日本近現代史の出発点ともいうべき一大変革のもつ意味が何であったのかを理解し、その維新史観のうえに史料操作や理論的分析がなされなければならないからである。この問題は、研究をはじめるにあたっての最初の問題であると同時に、最後までつきまとう課題といえる。

ここでは、どのような維新史観がいかなる歴史的変遷をたどって現在までにいたっているかを縦糸とし、幕末・維新政治史上の個々の課題を横糸としながら問題を整理してみたい。

まず、いわゆる皇国史観による維新史観がある。敗戦にいたるまで学界を支配していたものである。それは当時の天皇制を正当化し絶対化したものであった。その集大成されたものが維新史料編纂事務局編『維新史』(付録とも全六巻、一九三九～四一年、維新史料編纂事務局のち文部省。復刻版、吉川弘文館、一九八三年)であり、その圧縮版が『概観維新史』(文部省維新史料編纂事務局、明治書院、一九四〇年)である。全体の構成そのものは、敗戦とともに破産したとみてよいが、長い時日と膨大な史料収集のもとで書かれているだけに、個々の史実や朝廷関係あるいは幕府などの、今なお研究のおくれている部分については、これに負わなければならないところも多い。その付録の巻は「公武重職補任」「明治重職補任」などを載せているから、維新史料編纂事務局『維新史料綱要』(全十巻、目黒書店、一九三七～三九年)とともに便利である。それに関連していえば、遠山茂樹・安達淑子『近代日本政治史必携』(岩波書店、一九六二年)は政治史研究に不可欠の多くの詳細な一覧を収録しているので座右におくべきだろう。

ところで皇国史観のよってくるところは遠かった。倒幕直後の一八六九年(明治二)にすでに修史の業がおこされている。そこでは、明治維新を王政復古の立場でとらえ、そうした立場で歴史編纂をすることによって倒幕＝「御一新」の意義を自己確認しようとしたのである。

その成果はまず一八八九年(明治二二)の『復古記』(全一九八巻、東京帝国大学蔵版、全十五冊、内外書籍株式会社、一九二九～三一年)となって結実する。この『復古記』作成の意図や構成は別として、ここに収載された各種の史料は貴重である。その他戊辰戦争に関しては、いろいろな戦記や史料が古くから刊行されている。

さて、一九一一年(明治四四)、勅令にもとづいて文部省所管の維新史料編纂会が設置された。それは維新史料の収集整理の機関としてではあったが、すでにそれ以前に維新の元勲や天皇の下賜金、薩長土以下諸藩の華族および有志の寄付金等によって彰明会という組織がつくられていた。維新史料編纂会はその官制化にほかならなかった。それは勤王・佐幕をとわず公平に史料を編纂することをタテマエとしてはいたが、実質的には維新の立役者の顕彰を目的としていた。

そのころまでにすでに維新の志士の伝記や史料が多く刊行されているが、一般的には王政復古史観に立っているものが多い。一八六八年（明治元）いらい一九二九（昭和四）までにどのようなものが刊行されているかは、森谷秀亮「明治維新に関する日本文献」（史学会編『明治維新史研究』所収、冨山房、一八二九年。なお、同書所収の石田幹之助「幕末維新史関係西籍略目」も参考となる）によって編年順に知ることができる。

しかし、幕府や佐幕派の立場で書かれたものがなかったわけではない。旧幕臣福地源一郎『幕府衰亡論』（民友社、一八九二年）、同『幕末政治家』（民友社、一九〇〇年）、同木村芥舟『三十年史』（木村駿吉、一八九二年）、同田辺太一『幕末外交談』（冨山房、一八九八年）、会津の旧藩士北原雅長『七年史』（二巻、啓成社、一九〇四年）などがそれである。幕府側での編纂で最大かつ代表的なものは、一橋家に仕え幕臣でもあった渋沢栄一を中心に編纂された『徳川慶喜公伝』（全八冊、竜門社、発売・冨山房、一九一八年）である。幕末の幕府を中心とする政治史研究には逸することはできない。

これらは幕府側ないし佐幕派の敗者の側のものであっただけに、勝者の顕彰の立場ではとらえることのできない政治の陰影をはっきりさせることが可能である。だが、けっきょくはこれらとても、当時の天皇制下の状況のなかでは、幕府や佐幕諸藩もこれほど勤王心をもっていたのだということを強調して、王政復古史観にわざわいされた限界をもっていることは否定すべくもない。

もちろん、こうした王政復古史観と異なる立場、あるいはそれへの批判的な史観がなかったわけではない。たとえば、歴史を政府のそれではなく、人民を主体にみようとした一八七五年（明治八）の福沢諭吉『文明論之概略』（岩波文庫、一九三一年）などは前者の代表的なものであり、明治二十年代の平民主義による維新論は、後者の批判的立場の早いものといえる。

一八九一〜九二年（明治二四〜五）の竹越与三郎『新日本史（上中二巻）』（下巻未刊、民友社）はその後者の代表的なものである。明治十年代の自由民権運動はついに屈折をよぎなくされたが、そのブルジョア民主主義の精神は、この竹越や『吉田松陰』（旧版、民友社、一八九三年）を著わした徳富猪一郎らのいわゆる平民主義となって、うけつがれていたからである。『新日本史』は明治維新を「乱世的革命」とみ、勤王論や外交問題が維新変革の動機だとする諸説を排除し、維新の真の原因は底ぶかい民衆の台頭にあり、とくに「町村都邑の庄屋名主」に注目した。この観点から、尊王や攘夷や、佐幕や討幕や、あるいは公武合体運動などは、変革の波濤の上にうかぶ「雑木浮草」にしかすぎない、と断言するのである。

この平民主義維新史観が、明治維新の真の原因とみるところは、戦後の研究にもたえる部分をもっていることは注目してよい。

だが、このような平民主義維新論も、一八九四〜九五年（明治二七〜二八）の日清戦争からやがて日露戦争へと、日本が急角度に国家主義・帝国主義へと傾くにおよんで腰くだけとなる。そして、わずかに在野の一部の人びとによってのみその一端がうけつがれるにすぎない。たとえば、小林庄次郎『幕末史』（早大出版部、一九〇七年）、吉田東伍『倒叙日本史（第三冊）明治大政維新篇』（早大出版部、一九一三年）等々である。

ところで、さきに述べた幕府側の歴史編纂者からアカデミズムの維新史の主流が生まれた。井野辺茂雄『幕末史の研究』（雄山閣、一九二七年）、同『幕末史概説』（紀元社、一九二七年）、藤井甚太郎『明治維新史講話』（雄山閣、一九二六年）、藤井甚太郎・森谷秀亮『明治時代』（『綜合日本史大系（第十二巻）』内外書籍株式会社、一九三四年）などは、その代表的著作である。ここでは、幕府の倒壊から維新にいたる変革は、「外患」にめざめた「国民多数の意志」であり、「時代の要求」であったとみ、また、維新史は「変化の歴史」だとして、列強の外圧にたいして日本の統一的独立国家形成の過程が重視されている。

それは、王政復古史観を克服したものではなかったけれども、以上の視角は、その後の研究にひとつの視点をあたえ、かつ、その実証的手法は、多くの遺産をのこした、といえる。

大正デモクラシーの展開は、明治維新を憲政史の立場からとらえる道をきりひらいた。そのもっとも端的な表現は、尾佐竹猛『維新前後に於ける立憲思想』（一九二四年、のち『尾佐竹猛全集（第一巻）』実業之日本社、一九四八年）である。そこでは、維新はたんに王政復古でもなく、たんに統一国家の形成でもなく、封建制から立憲国家の形成という視角でとらえられている。尾佐竹にはそのほかに『明治維新』（四冊、白揚社、一九四二〜四九年）がある。これは未完のまま断絶したが、多くの発掘された史料が収載されていて、その意味で便利な本である。明治維新との関連で憲政史にふれたものとしては、尾佐竹前掲書をはじめ同『日本憲政史論集』（育生社、一九三七年）、藤井甚太郎『日本憲法制定史要』（雄山閣、一九二九年）等々があり、戦後の研究には大久保利謙『明治憲法の出来るまで』（至文堂、一九五六年）が簡潔でしかも創見に富んでいる。未刊・公刊の史料を集大成した稲田正次『明治憲法成立史』（二巻、有斐閣、一九六〇〜六二年）もまた逸することはできない。そこに紹介・収録されている史料を維新政治史の立場から利用すれば、いろいろな観点から分析が可能である。

これまで主としてみてきた戦前の皇国史観＝王政復古史観、平民主義史観、アカデミズム史観、憲政史観は、明治維新政治史にそれぞれの立場で特色あるアプローチをしているわけであるが、維新史を科学的なものとするための道をひらいたのは、ほかならぬ昭和初年からのいわゆる日本資本主義（封建）論争であった。羽仁五郎「明治維新史解釈の変遷」（前掲史学会編『明治維新史研究』所収）は、その当時までの維新史の解釈を六つの類型にわけ、そのひとつである維新は資本主義的生産関係成立への社会変革であるという解釈こそ、「必然的にしてかつ客観的なる明治維新解釈」だと主張した。

この立場での当時の代表的著作は、野呂栄太郎『日本資本主義発達史』（一九二七年、関係論文とともに岩波文庫、一九五四年）および服部之総『明治維新史』（上野書店、一九二九年）、『マルクス主義講座（第四・五巻）』などであった。後者の服部の著作は、のち服部自身によって自己批判されるが、前者の野呂の著作はするどい問題意識で維新を分析しようとしており、最近においても、再検討が開始されている。

この野呂を理論的指導者として、そのもとに羽仁・服部・平野義太郎・山田盛太郎らの諸氏を結集して編まれたのが『日本資本主義発達史講座』（岩波書店、一九三二〜三三年）である。それらの人びとのこの『講座』収載論文は、羽仁『明治維新史研究』（岩波書店、一九五六年）、『服部之総著作集』（全六巻、理論社、一九五五年）、平野『日本資本主義社会の構造』（岩波書店、一九三四年）、山田『日本資本主義分析』（岩波書店、一九三四年）などに再録されている。

この『講座』執筆のメンバーは、一般的に明治維新を絶対主義の成立とみる立場をとった。それは当時の天皇制における封建的要素を本質的なものとみ、それこそが明治維新によって基本的に規定されたのだと主張したのである。そしてこれらの人びとは講座派とよばれた。

いっぽう、おなじマルクス主義史観の立場に立ちながらも、雑誌『労農』によった労農派の人びとは、明治維新を基本的にはブルジョア革命とみた。明治維新をブルジョア革命とみる以上、当時の天皇制の性格規定も講座派とは異ならざるをえない。講座派が本質的だとみる封建的要素は、労農派にとってはたんに封建的遺制にすぎないと主張されたのである。

こうした論争は、講座派と労農派との理論的対立を主要なものとしてはいたが、同時にそれは講座派内においての内部批判をもふくんでいたことが戦後明らかにされている。

先進資本主義列強の外圧をおなじようにうけながら、なぜインドが植民地化され、中国は半植民地化への道を歩み、日本はとにもかくにも独立国家たりえたのか。この発想から幕末の日本の経済発展の段階をどう規定するかというマニュファクチュア論争。幕末の地主経営に近代的土地所有、資本主義的経営の萌芽をみとめるかどうかの新地主論争。明治維新の原動力をどこにみ、その指導と同盟をどのようにとらえるか、さらに維新後の日本資本主義の構造・性格をどう規定するか等々をめぐって、論争はつぎつぎとくりひろげられた。それらの文献については、内田穣吉『日本資本主義論争』（二巻、新興出版社、一九四九年）、小山弘健『日本資本主義論争史』（二巻、青木文庫、一九五三年）などが教えてくれる。また、『東京経大学会誌』に発表されつつある下山三郎の一連の研究（二九・三〇合併号・三二・三八・四〇・四一、のち『明治維新研究史論』御茶の水書房、一九六六年）は、資本主義論争以降の研究史を理論的に整理・批判し、あらたな問題提起をしたものである。

資本主義論争は、じつは当時の天皇制打倒をめざす共産主義陣営の戦略とからんでいた。明治維新によって創出された天皇制の本質をどう規定するか、それはただちに当時の天皇制の性格決定と関連する。したがって、そのとらえ方いかんは、革命の戦略・戦術と結びついていた。

ところが、この論争が本格化した一九三〇～三七年（昭和五～一二）ころは、世界の資本主義の一般的矛盾のなかで、日本の資本主義があらゆる面でその矛盾を暴露しはじめた時期であった。そのしわよせは民衆のうえにのしかかり、他方では、矛盾のはけ口は大陸侵略へとむけられた。日本は満洲事変から日中戦争へと突入し、さらに太平洋戦争へと、いわゆる十五年戦争の泥沼に入りこんでしまうのである。

そうした情勢のなかでくりひろげられたこの論争は、天皇制国家の矛盾の根源をえぐり出そうとしていた。さらに、それは革命の戦略・戦術をめぐっての政治的実践とからんでいただけに、その問題意識や理論はマルクス主義によって先鋭にとぎすまされていた。だからこそ、日本のファシズムの進行とともに、これらの論争当事者をはじめとする良心的な学者のうえには弾圧の嵐が吹きすさび、論争は中絶をよぎなくされた。

しかし、この論争をとおして、明治維新分析に、はじめて科学の光があてられた。この論争いらい蓄積され、戦時中日の目をみることのなかった研究成果が、戦後の天皇制タブーの撤去によって噴出してくるのである。

外圧下の中国と日本のその後の歩みの対比のなかで、幕末の経済発展の段階をめぐってマニュファクチュア論争がすすめられたことは、明治維新の内発的要因をさぐる意味をもっていた。だからそこでは、外圧という「偶発」的な条件が、日本に加わるまえに、すでに内部において、維新変革への条件がある程度整いはじめていたはずだという視角で追究がなされたのである。

4

戦後の幕末・維新期の研究は、こうした明治維新の内的必然性を明らかにするという、日本資本主義論争いらいの観点によって開始されたといってよい。そして、政治史を経済の深みからとらえようとした。その最初の成果がいわゆる郷士＝中農層論を打ち出した奈良本辰也『近世封建社会史論』（高桐書院、一九四八年、改訂増補、要書房、一九五二年。論文「幕末における郷士＝中農層の積極的意義」〈『歴史評論』一〇〉の発表は一九四七年）である。

これは、戦前の服部の地主＝ブルジョア論の着想を一段とおしすすめ、また、いわゆる大塚史学の成果を日本に適用しようとしたものであったが、問題提起が新鮮であっただけに、多くの批判をよんだ。

戦前・戦中の理論的実証的成果を総括しながら、「階級闘争の集中的表現」としての明治維新政治史を描こうとした遠山茂樹『明治維新』（岩波全書、一九五一年、改訂版、一九七二年）は、明治維新を内的必然性のうえに明確に規定した。天保期に明治維新政治史に登場するもろもろの政治勢力がほぼ出そろい、天保改革をめぐる政治過程に、改革を遂行する封建領主の主観をこえた維新への傾きがみられるとしたのである。氏はそれを「封建権力の絶対主義への傾斜」と表現した。以来、このことばは、明治維新のはじまりを示す代名詞のように用いられた。

それへの批判は、井上清『日本現代史I　明治維新』（東京大学出版会、一九五一年）で展開された。遠山が「絶対主義への傾斜」とみた幕府の天保改革は、単純生一本で強烈な封建反動であり、だから幕府のそれは失敗するが、ブルジョア的発展に「順応」の一面をもった西南雄藩の改良コースは明らかに絶対主義化の方向を示し、維新への道につながっている、と井上は主張したのである。また遠山が、百姓一揆の革命性を強調しながらも、「上からの改革」をめざした下級武士改革派が、幕末政治の国際勢力とからむ展開過程で、尊攘派から「倒幕派」へ、さらに開明派への変容をとげつつ、「下からの革命」を圧殺して維新をなしとげたという、絶対主義の形成過程に視点をおいたのにたいし、井上は、維新変革を民族統一、市民的自由の実現などという進歩的側面に比重をおいて評価した。それは、かつて羽仁の主張したものをいっそう強調したものであった。だから、民衆の反封建闘争や、それにつき上げられた「中間層」の進歩性を井上は高くみる。そして、幕末には半植民地化の危機があったことを強調し、それを克服したものこそ人民的エネルギーであったと、みたのである。

遠山・井上のこの二著は、戦前の成果を吸収しつつ、等しく明治維新を絶対主義の成立とみながらも、異なった手法と評価をあたえている点で、明治維新政治史の方法を考えるのに絶好の手引きとなる。史料も多く引用され、出典も明らかにされているから、そこから多くの課題を引き出し検討することも可能である。

堀江英一は、その門下を動員して『藩政改革の研究』（御茶の水書房、一九五五年）を編んだが、それは幕藩体制解体過程における改革の論理を、改革の主体の側からとらえようとしたものであり、そこから維新の主体への手がかりをえようとしたものであった。そこでえた論理を、さらに経済・社会・政治過程の統一的把握をめざして、明治維新の構造的分析を試みたものが『明治維新の社会構造』（有斐閣、一九五四年）にほかならない。ここでは、幕藩体制の基本矛盾（幕藩領主と農民階級）が、明治維新によって成立する絶対主義天皇制の基本矛盾（寄生地主と一般農民階級）にとってかわる期間、すなわち、一八三七年（天保八）の大塩の乱から一八八四年（明治一七）の秩父事件までの約五十年間が明治維新であるとされている。そして、明治維新の「もっとも奥ぶかい、もっとも基本的な主体は『豪家の農商』であった」とし、この「豪家の農商」＝村落支配者層と下級武士層との同盟（いわゆる改革派同盟）による政治的進出過程が尊攘・討幕段階であり、この尊攘・討幕運動の結果が天皇制の「成立」であるとする。そして、そこから排除されていた「豪家の農商」が、農民的土地所有の前進とともに政治的前進を試みたのが自由民権運動であって、その結果天皇制は政治的にも経済的にも「確立」した、とみたのである。

こうした運動のもっとも基底にあるのが世直し一揆（↓秩父事件・飯田事件）であり、この底流のうえに惣百姓一揆的運動の強化をおしすすめる村落支配者層の線（↓福島事件）があり、さらにそのうえに幕藩体制内部の反対派としての下級武士の線があって、これらの三つの線のさまざまな指導・同盟関係およびその純化過程こそが維新の過程なのだと堀江は主張したのである。

注目された論作であっただけに批判もまた多く寄せられたが、維新の主体が「豪家の農商」＝村落支配者層であるという本書の特徴こそが同時に問題点となるのである。

というのは、その主体であったはずの「豪家の農商」がなぜ明治維新政権から排除されたのか、尊攘・討幕運動と自由民権運動という歴史的条件のまったくちがう運動を、同一延長線上においてとらえることができるか等々。

石井孝はその著『明治維新の国際的環境』（吉川弘文館、一九五七年、増訂版、一九六六年）の序論で、この堀江理論を基本的に承認しながらも、若干の注釈をつける。すなわち、堀江の「改革派同盟」説にはまだ「下士革命」説が尾をひいているとし、明治維新の主体は寄生地主制へ転化する客観的運動法則のうえに立つ豪農であった、とみるのである。そして、これらの豪農と同盟関係にある改革派武士は、「下士一般ではなく、豪農を基盤とする絶対主義官僚の萌芽」とみたのである。

こうした維新の政治的主体についての理論的矛盾の解決への努力は、政治史における個別分析によって、いちじるしくすすめられた。それはとくに西南雄藩の研究においてすすんだ。藩政改革との関連でその分析視角がどのような変遷をたどってどのような視点に到達したかは、田中彰『幕末の藩政改革』（塙書房、一九六五年）を参照されたいが、ほぼつぎのような変化をみることができる。

すなわち、第一には戦前の視角に代表される「近世の三大改革」論的視角であり、この視角では幕末の藩政改革（天保改革）と明治維新とは直接関係づけられていない。第二の視角はすでにふれた「絶対主義への傾斜」ないしは明治維新＝天保改革原型論のそれであり、戦後の研究のほとんどがこの立場をとる。ただそのばあい、当初の天保改革の評価が、たとえば関順也『藩政改革と明治維新』（有斐閣、一九五六年）にもっとも典型的にみられるように安政改革に移行されたことが注目される。第三の視角は、この第二の視角にたいする批判・克服であり、池田敬正「天保改革論の再検討」(『日本史研究』三一)、同「討幕派の綱領について」(同、五〇)、芝原拓自「肥前藩における幕末藩政改革の基調」(『歴史学研究』二三三)、同「長州藩体制の解体過程」(『日本史研究』六四)および前掲田中『幕末の藩政改革』などは、そうした成果といえる。

それは、一九五六年度歴史学研究大会の遠山茂樹の報告「明治維新の政治過程」(歴史学研究会編『時代区分上の理論的諸問題』岩波書店、一九五六年)がうち出した二つの命題――「(一)倒幕派は、何時、いかにして成立したか、(二)維新政府は倒幕派の政権であったか」――となる。そこでは「天保時の藩政改革派が必ずしもそのまま倒幕派になるのではない」という。これは従来の天保期から明治維新への直線的理解への批判をうけとめたものであった。同時にそれは、階級的対立を組織した政治運動を、政治を経済の深みでとらえるという美名のもとに経済的な矛盾のみで割りきろうとしたそれまでの一般的傾向への反省をふくみ、『政治過程』の独自の分析を要請したものであったのである。

こうした研究史をふまえて、天保・安政改革と明治維新との断絶をみとめつつ、しかも、そこに明治維新の前提をみようとする視点で、維新の政治的主体の形成過程を、藩政改革派―尊攘派―討幕派―維新官僚の形成・転回ないし継承・断絶の過程としてとらえようとしたのが田中彰『明治維新政治史研究』(青木書店、一九六三年)である。そこでは主として長州藩と幕府とが対比されつつ分析されているが、薩摩藩の追究も当然要請される。すでに山本弘文の一連の研究(「薩摩藩の天保改革」、『経済志林』二四の三、「天保改革後の薩藩の政情(一)」同、二六の一など)によって研究はすすめられたが、最近薩藩公武合体運動から討幕派への必然性も追究されはじめている(毛利敏彦「薩藩公武合体運動の一考察」、『歴史と現代』一・三、のち『明治維新政治史序説』未来社、一九六七年)。

それにしても、この期の幕藩体制の政治構造がいかに変化をとげているかはもっと考えられてよい。公武合体運動、尊攘・討幕運動、公議政体論（大政奉還運動）等々は、そうした幕藩体制の政治構造の変化に対応しておこってきたはずである（芝原拓自著『明治維新の権力基盤』〈御茶の水書房、一九六五年〉による批判については、本書、五二・二〇四～五頁参照）。これを朝廷・幕府・諸雄藩の政治支配の関連についてどうみるか、大久保利謙「幕末政治と政権委任問題」（『史苑』二〇の一、のち『明治維新の政治過程』〈大久保利謙歴史著作集1〉吉川弘文館、一九八六年、所収）は、今後の問題展開の手がかりをあたえてくれる。

また、このような幕藩体制の支配構造の変化をよぎなくせしめた背後の民衆運動もさらに解明されなければならない。黒正巌『百姓一揆の研究続篇』（ミネルヴァ書房、一九五九年）には、一九五七年末現在で増補された「百姓一揆年表」が収載されているが、幕末の一揆のたかまりと、土屋喬雄・小野道雄『明治初年農民騒擾録』（南北書院、一九三一年）所収の「明治初年農民騒擾年表」（これも補訂を要する）にみられる明治初年のたかまりとをどのような関連のうちにとらえるかが、変革期の根底にある民衆運動の一定の役割を確定するためにも重要である（のち、青木虹二『百姓一揆総合年表』〈三一書房、一九七一年〉が一応総括）。

それらの点については、前掲の羽仁・遠山・井上らの著書のほかに原平三・遠山茂樹「江戸時代後期一揆覚書」（『歴史学研究』一二七）、田村栄太郎『近代日本農民運動史論』（月曜書房、一九四八年）、同『世直し』（雄山閣、一九六〇年）、庄司吉之助『世直し一揆の研究』（著者、一九五六年）、石井孝「慶応二年の政治情勢」（『歴史評論』三四）、小林茂『近世農村経済史の研究』（未来社、一九六三年）などが参考となる。

幕末期と明治初年にみられる一揆のたかまりをつなぐ結び目にあるのが「ええじゃないか」であるが、これを民衆運動の陥没ととらえるか、高揚とみるかについては見解がわかれている。古くからの「お蔭参り」説、弥勒信仰との関連でみようとする説（和歌森太郎『日本風俗史（下）』有斐閣、一九五八年）、この大衆狂乱《マス・ヒステリア》をヨーロッパ中世の舞踏病と対比する見解（E・H・ノーマン・大窪愿二訳『クリオの顔』岩波新書、一九五六年、岩波文庫、一九八六年）などさまざまであるが、三〇〇年になんなんとする幕藩体制がまさに崩壊せんとするそのときの民衆の集団的な異常心理と行動を、民衆運動の内部に沈潜した眼で、もういちどとらえ直す必要がありそうである。そのためにはもっと総合的な観察が要求される（その後、西垣晴次『ええじゃないか』〈新人物往来社、一九七三年〉、田村貞雄『ええじゃないか始まる』〈青木書店、一九八七年〉など刊）。

こうした民衆運動の役割を否定し、戦後のマルクス主義的立場での成果をまっこうから批判したものもある。坂田吉雄『明治維新史』（未来社、一九五六年）、同編『明治維新史の問題点』（未来社、一九六二年）、梅溪昇『明治前期政治史の研究』（未来社、一九六三年）などがそれである。

なお、外国の歴史家の研究もある。E・H・ノーマン『日本における近代国家の成立』（大窪愿二訳、時事通信社、一九四七年、一九五三年、岩波書店）、同『日本の兵士と農民』（陸井三郎訳、白日書院、一九四七年、岩波書店、一九五八年、のち『ハーバード・ノーマン全集』第四巻、岩波書店、一九七八年、所収）は、絶対主義的な明治国家の創出過程を百姓一揆や打ちこわしの革命的勢力の高揚、商人勢力の役割、維新の指導者の社会的性格など戦後の日本での成果に近い視野で分析したものである。このノーマンの維新研究の批判・克服をめざしたものに、A. M. Craig, *Chōshū in the Meiji Restoration*, Harvard University Press, Cambridge, Massachusetts, 1961. がある。これは戦後の日本の研究成果によりながら、R・N・ベラー『日本近代化の宗教倫理』（堀一郎・池田昭訳、未来社、一九六二年）とともにマルクス主義的解釈に批判をむけたものであり、日本の近代化における伝統的社会のつよさに着目している。クレイグが長州藩を主たる素材としているのにたいし、M. B. Jansen, *Sakamoto Ryōma and the Meiji Restoration*, Princeton University Press, New Jersey, 1961.（のち平尾道雄・浜田亀吉訳『坂本龍馬と明治維新』時事通信社、一九六五年）は、土佐藩を背景に坂本竜馬に焦点をあてている。

維新政治運動の展開に果たした政的思想の役割についても当然眼をむけなければならない。鹿野政直『日本近代思想の形成』（新評論社、一九五六年）は幕末から明治にかけての近代思想の形成過程を代表的人物をとおしてみたものである。国学については、伊東多三郎『草莽の国学』（羽田書店、一九四五年）が興味深い史料を紹介しているが、芳賀登『幕末国学の展開』（塙書房、一九六三年）はそれをいちだんと政治史との関連のなかで追究しようとしている。また、松本三之介『国学政治思想の研究』（有斐閣、一九五七年）は国学の政治思想としての役割に鋭利な分析のメスを入れている。しかし、国学がはたして倒幕過程で実践運動にどれだけの実際的役割を果したかは再検討されてよい。維新政権成立直後に一定の役割を果たした国学者が、みずからの思想の有効性を立証するために、幕末期の国学に過大な政治的役割を強調したその影響が、いぜんとして通説のなかに反映しているように思えるからである。

洋学については、佐藤昌介『洋学史研究序説』（岩波書店、一九六四年）が政治史に関連した最近の成果である。

また、丸山真男「忠誠と反逆」（『近代日本思想史講座Ⅵ』所収、筑摩書房、一九六〇年、のち『忠誠と反逆』筑摩書房、一九九二年）は、日本における「忠誠」と「反逆」という対立命題から巨視的な思想史分析を試みたものであるが、「封建的忠誠」という複合体が、維新の変革過程でどのような矛盾と錯雑を経ながら解体・変質・転位をとげていくかを、従来試みられなかった方法で主体の内側の論理として描いたものといえる。

5

ところで、幕末いらい継続されてきた政治闘争の公然たる内乱である戊辰戦争について、これまでほとんど分析の対象とされていなかった『復古記』をはじめとする史料をフルに活用し、戦後のマルクス主義歴史学の方法論の成果を摂取して、鋭い分析を示したのが原口清『戊辰戦争』（塙書房、一九六三年）であり、それへの批判の反論をまとめたものが同「『戊辰戦争』補論」（『法経論集』一七）である（のち石井孝『戊辰戦争論』〈吉川弘文館、一九八四年〉は、原口とは異なる角度から分析）。この戊辰戦争中の一八六八年（明治元）三月十四日の五カ条の誓文の意義をどうとらえるかは、尾佐竹猛をはじめとして多くの論議が出されているが、今後の問題展開には原口前掲書や大久保利謙「五カ条の誓文に関する一考察」（『歴史地理』八八の二、のち『明治維新の政治過程』〈『大久保利謙歴史著作集』第一巻、吉川弘文館、一九八六年〉）が示唆的である。

戊辰戦争による維新政府側の勝利は、急速に統一権力の創出を可能ならしめる道をきりひらいた。版籍奉還から廃藩置県への過程がそれであるが、その政治史的研究は今後に課されている。そのばあい、遠山茂樹「版籍奉還の一考察」（伊東多三郎編『国民生活史研究Ⅰ』所収、吉川弘文館、一九五七年、のち『遠山茂樹著作集』第二巻、岩波書店、一九九二年、所収）、同「有司専制の成立」（堀江英一・遠山茂樹編『自由民権期の研究（第一巻）』所収、有斐閣、一九五九年、前掲『遠山茂樹著作集』第二巻、所収）、後藤靖「明治政権の成立」（『日本史研究』四二）、大江志乃夫『明治国家の成立』（ミネルヴァ書房、一九五九年）、原口清「藩体制の解体過程」（岩波講座『日本歴史近代2』所収、一九六二年）等が手がかりをあたえてくれるであろう。

この過程は、同時に藩体制の一掃される過程でもある。その点についても研究はさほどすすんでいない。石塚裕道「明治初期における紀州藩藩政改革の政治史的考察」（『歴史学研究』一八二）、原口清「長州藩諸隊の叛乱」（明治史料研究連絡会編『明治政権の確立過程』所収、御茶の水書房、一九五七年）などが参考となろう。

維新政権がなぜ短期間に、世界史的事実からも、論理からもきわめて異例な現象といわれるほどに一挙に藩体制を一掃し、統一権力たりえたかは、さまざまな角度から解きほぐす必要がある。そのさい、これまでほとんど無視されているが、維新政権の政策と幕末期の幕府の政策との関連は十分留意されてよい。維新政府と幕府との断絶面はもとより重要であるが、従来は王政復古史観にわざわいされて、その連続・継承面が見落とされている。維新政権内部の開明官僚ないし実務担当者に、旧幕臣が圧倒的比重をしめていることは示唆的といえよう。

それにしても維新政権から明治政権への統一権力の創出・形成の過程は、その経済的基礎の確立と表裏している。沢田章『明治財政の基礎的研究』(宝文館、一九三四年)はまず目をとおすべき戦前の研究であるが、明治政権の階級的性格を規定するうえにも、地租改正の研究は政治史とも不可分の関係にある。

すでに地租改正資料刊行会『明治初年地租改正基礎資料』(三冊、有斐閣、一九五三〜五七年)をはじめ関係史料の公刊がつぎつぎとなされつつあるが、宇野弘蔵編『地租改正の研究』(二巻、東京大学出版会、一九五七〜五八年)、井上晴丸『日本資本主義の発展と農業および農政』(中央公論社、一九五七年)などを経て、福島正夫『地租改正の研究』(有斐閣、一九六二年)、丹羽邦男『明治維新の土地変革』(御茶の水書房、一九六二年)によって本格化した。

こうした基礎のうえに殖産興業政策をおしすすめつつ、「上からのブルジョア化」をはかる大久保政権の研究もまた今後に課せられている。石塚裕道「大久保政権の成立と構造」(『東京都立大学創立十周年記念論文集』一九六〇年、のち『日本資本主義成立史研究』吉川弘文館、一九七三年、所収)、永井秀夫「殖産興業政策」(『北海道大学文学部紀要』一〇、のち『明治国家形成期の外交と内政』北海道大学図書刊行会、一九九〇年、所収)などがひとつの手がかりになろうが、戦後刊行された早稲田大学社会科学研究所編刊『大隈文書』(五冊、一九五八〜六二年)は今後に資するところが大きい。

明治政権の「有司専制」化の過程で、それまでの維新政権的な過渡的性格＝矛盾の発火点となったのは征韓論分裂である。この幕末倒幕運動いらい結集されていた政治勢力の決定的分裂をいかにとらえるかは、その後の政治史のうえに大きな意味をもつ。遠山茂樹「征韓論・自由民権論・封権論」（明治史料研究連絡会編『近代思想の形成』所収、御茶の水書房、一九五七年、のち『遠山茂樹著作集』第三巻、岩波書店、一九九一年、所収）は示唆的な論文だが、なぜそれが征韓論を焦点として分裂したかは、対内・対外問題分析の接点として重要であろう。

なお、士族反乱については、後藤靖「反民権論とその基盤」（『立命館経済学』五の六・六の一、のち『士族反乱の研究』青木書店、一九六七年、所収）以下の論文や圭室諦成『西南戦争』（至文堂、一九五八年）などがある。

それにしても、当初伝統的権威以外になんらの権力の基礎をもっていなかった朝廷＝天皇を頂点として、明治天皇制という絶対主義的な権力がその絶対性をいかにして創出しえたのか。朝廷＝天皇は、当初において、形骸的で、権力の基礎も、その固有な支配機構も論理も有していなかったからこそ、逆に天皇制は、その絶対性や短期間の構築、さらにはその基礎の生成も可能であったというパラドキシカルな論理すら生まれるし、また、それは十九世紀後半という当時の世界史的状況のなかだからこそ絶対至上の課題となしえた、ともいえる。

この天皇制形成のパラドキシカルな論理を、国家を政治権力の装置ないし特殊政治的な制度として構成しようとする「権力国家」の原理と、国家を共同体に基礎づけられた日常的生活共同態そのものないしはそれと同一化できるものとして構成しようとする「共同態国家」の原理という二つの異質な原理の対抗・癒着の発展関係を鋭くとらえたものに藤田省三「天皇制の支配原理㈠」（『法学志林』五四の一・二合併号、のち『天皇制国家の支配原理』未来社、一九六六年、所収）がある。この原理の貫徹・内在の場としていわゆる「郷党社会」（共同体秩序原理によって結合された社会）の分析が必要となるのだが、そのもっとも底辺としての「家」や、それを基礎とする「郷党社会」の体制的組みこみである地方自治制の創出過程についてはここでは省略する。

これらを統合する明治初期の官僚制形成過程の研究は、多くを今後にまたなければならない。軍事力の問題については井上清『日本の軍国主義I』（東京大学出版会、一九五三年）がそのもつ矛盾を、制度史的には松下芳男『明治軍制史論』（二巻、有斐閣、一九五六年）等が教えてくれる。

これまで明治維新をとりまく外圧の問題にはふれずにきたのだが、これをぬきにして幕末・維新期の政治史の研究は成立しない。戦前の外交史的研究は大塚武松『幕末外交史の研究』（宝文館、一九五二年）に代表されるが、戦後の水準は前掲石井孝『明治維新の国際的環境』に示される。当時来日した外交官の著述もつぎつぎに翻訳されはじめている。また、明治初年については下村冨士男『明治初年条約改正史の研究』（吉川弘文館、一九六二年）、田中時彦『明治維新の政局と鉄道建設』（吉川弘文館、一九六二年）などがある。E・M・ジューコフ監修『極東国際関係史』（相田重夫他訳二巻、平凡社、一九五七年）も参考になろう。

しかし、問題は、これらの教えてくれる事実から明治維新をとりまく外圧の性格をどう規定し、それが維新変革といかなる構造的関連をもっているかを追求するところにある。かつての羽仁五郎「東洋に於ける資本主義の形成」（前掲『明治維新史研究』所収）は、いぜんとしてそれにたいする問題を投げかけている。歴史学研究会編『世界史と近代日本』（『歴史学研究』別冊特集、一九六一年）や遠山茂樹「東アジアの歴史像の検討」（『歴史学研究』二八一、のち幼方直吉他『歴史像再構成の課題』御茶の水書房、一九六六年、所収）、芝原拓自・藤田敬一「明治維新と洋務運動」（『新しい歴史学のために』九二～九三）などにみられる問題意識は、現在それがどう受けとめられつつあるかを示している。十九世紀後半という時点での明治維新の世界史的規定性が問われ、また、そのなかで日本がアジアにおいて歩んだ独自の道の歴史法則が問われているのである。理論的立場は前記の諸論文と異なるが、岡義武『日本近代政治史I』（前掲）は、明治維新を「一面においてはいわゆる民族革命であった」とみてひとつの視角を提出している。

以上のことをふまえて、ふたたび日本資本主義論争いらいの明治維新の性格規定にふれよう。

戦後の学界の主たる潮流を示したものは、講座派的な解釈、すなわち明治維新＝絶対主義成立説であったが、労農派の流れをくむ楫西光速・加藤俊彦・大島清・大内力『日本資本主義の成立Ⅰ・Ⅱ』（東大新書、一九五四〜五六年）は、明治維新＝ブルジョア革命説の立場をとり、絶対主義説に論争的批判を試みている。また白杉庄一郎『絶対主義論』（日本評論新社、一九五七年）は戦後の明治維新＝絶対主義論を整理・批判しつつ、明治維新は本来的には絶対主義的改革であるが、それは一部ブルジョア革命の側面をもつという。比較革命史の方法をとる人びとは明治維新は明らかにブルジョア革命だとみる。その代表的著作である上山春平『歴史分析の方法』（三一書房、一九六二年）、同『大東亜戦争の論理』（中央公論社、一九六四年）は、フランス革命と明治維新を対比し、従来の講座理論をまっこうから批判して、講座派が明治維新以降の国家権力を絶対主義とみて寄生地主制を固有の基礎としているというのはドグマにすぎない、とみる。ソビエトの維新論もブルジョア革命とみる点では共通しているが、その論理はむしろ前掲楫西らの『成立』に近い。エイドウス『日本現代史』（米川啓夫・相田重夫訳、大月書店、一九五六年）、ソ連科学アカデミー東洋学研究所編『日本近代史』（林基訳、二巻、大月書店、一九六〇年）などにそれをみることができるが、端的には「未完成のブルジョア革命」ということばに表現される見方である。

いずれにせよ、これらのブルジョア革命論は、明治維新が資本主義国家への転換点となり、そこに日本資本主義の出発点があるという点に着目している。このことは否定すべくもない事実であって、絶対主義論の立場とてもみとめないわけにはいかない。にもかかわらず、ブルジョア革命説すらもそれを「未完成」といい、多くの封建的要素をみとめなければならないような側面を明治維新以後の国家権力がもっていたことも否定できない。それを遺制とみるか本質とみるかが従来の論争の岐点となっていたのである。

しかし、これを二者択一でとらえることがはたして生産的かどうか。たしかに資本主義論争の時代には、それは当時の国家権力との対決＝戦略において一定の有効性をもってはいた。だが、戦後においてはすでにその対決すべき天皇制は変質をとげている。そうした状況変化のなかで戦前の問題意識のすえ直しが十分なされないままに論争がうけつがれたところに、戦後の維新論のひとつの不幸があったのではなかったか。

いまやわれわれは、この矛盾した両側面をあれかこれかと問うのではなく、むしろこの両側面の癒着にこそ明治維新そのものの本質をみるべきではないのか。それをどのように理論的にとらえ、実証的に深めていくかに今後の幕末・維新期の政治史の課題があるように思われる。そして、そのことによって歴史の法則性はますます豊富になっていくのではないだろうか。

二　戦後の明治維新研究と長州藩

――山口移鎮の歴史的意義と関連して――

戦後の著しい展開をみた明治維新研究を、長州藩に視点をおいて述べるなかで、文久三年（一八六三）の山口移鎮の歴史的意義についてもふれていこうというのがこゝでの課題であるが、以下つぎのような順序で話を進めていきたい。

最初に、戦後の明治維新をめぐる長州藩研究史をある視角から概観し、つぎに、こうして展開した維新史研究で、維新変革の政治的主体の形成をめぐっての若干の問題にふれ、最後に、その政治的主体形成の政治過程で、山口移鎮問題がいかなる意味をもつのか、という点に及びたい。

1

第一の研究史の概観であるが、私はこれをつぎのように二期ないしは三期に分けてみたい。その第一期は、昭和二十年（一九四五）の敗戦によって天皇制タブーによる「皇国史観」から解放されてほぼ昭和三十年前後まで、第二期はそれ以後から大体現在まで、第三期はこれからはじまるべき時期という分け方である。

この第一期の代表的なものとして、周知の奈良本辰也氏の郷士＝中農層論（『近世封建社会史論』昭和二三年）、遠山・井上両氏の維新論をめぐる論争（遠山茂樹著『明治維新』昭和二六年、井上清著『日本現代史I明治維新』昭和二六年等）、堀江英一氏の改革派同盟論（『明治維新の社会構造』昭和二九年）、古島敏雄氏の瀬戸内地帯の商業的農業の分析（『近世における商業的農業の展開』昭和二五年）などを挙げうる。

これらの研究成果からいえるこの期の特徴は、戦前の研究を吸収しながら、新しい方法論への試みがなされ、その視角のうえで、長州藩の問題が維新史上でクローズアップされてきた、ということである。そこでは、政治は経済の深みから、経済は体制の構造的矛盾からとらえようとされている。じつは、第二期の研究は、この第一期の方法論によってきりひらかれていった、といえるのである。

すなわち、第二期の研究は、この第一期の方法論のうえに進められていったが、具体的な史実の検討と新しい史料の発掘のなかで、逆にその方法論への批判的な修正が試みられ、さらに一段と深まりが加えられてきた。ここでは、とくにそうしたことが可能となった条件が何であったか、という点のひとつにふれておこう。

第一期の研究は、その何れをとってみても、戦前の成果や刊本史料を用いる以上には出ていない。したがって、史実についても、そこからいろいろな推測的解釈を下している部分もある。だから、その部分について、新しい史料でその史実の解釈への批判がなされると、ひいてはその立論の弱点すらも暴露せざるをえないという例すらある。たとえば、井上馨家を唯一の論拠としていた奈良本氏の郷士＝中農層論に対する木村礎氏の批判などはその端的な例といえよう（「萩藩在地家臣団について」『史学雑誌』六二の八〉昭和二八年）。

だが、そうした批判や新しい史実の検討には何よりも史料そのものの発掘と利用がなされなければならない。

その点で、第二期の研究に決定的といえるほどの影響を与えたのが、毛利家所蔵文書いわゆる毛利家文庫の県立山口図書館への寄托、およびその飛躍的発展としての山口県文書館の設立による収蔵であった。

周知のように、毛利家文庫の庬大な史料は、昭和二十六・二十七年（一九五一・五二）に東京の芝高輪の毛利邸から県立山口図書館に寄托された。総点数五万余にのぼるといわれるこの毛利家文庫史料は、戦前毛利家で収集・整理・保管された貴重な史料で、とくに近世から明治維新史の解明には不可欠のまとまった史料群である。

この毛利家文庫史料が寄托され、公開されたことは、長州藩研究史上、いや明治維新研究史上まさに画期的なことであった。

さらに、このことと並んで注目すべきことは、この史料の受入れ公開によって、県立文書館設立の機運が醸成されたことである。

当時、町村合併が推進され、県内各地の市町村史編纂の気運がたかまり、図書館の郷土史料関係史料の利用度も急速に増大し、この気運のなかで、昭和二十八年（一九五三）十一月、本日十周年の研究大会をもつまでに成長した山口県地方史学会も誕生した。この学会の組織によって、市町村合併にともない散逸の危険に曝された史料保存への運動が組織的なものとなり、他方、県庁文書などの図書館への受入れなどもあって、図書館とはまったく機能を異にした独自の公立文書館設立への動きが現実的な形で展開しはじめたのである。そして、昭和三十四年（一九五九）四月一日、山口県文書館設置条例によって、山口県文書館が正式に発足した。

この事実は、現在の日本の現状ではどれほど高く評価してもしすぎることはない、と私は思う。たしかに東大史料編纂所や文部省史料館などはすでにあった。しかし、これらと対比しえないいくつかの特徴をこの文書館はもっている。

国家すらが、史料の散逸や保存整理の要望に十分にこたえられない日本の現段階において、藩政史料をはじめ県庁文書以下の近現代史料の文書記録を、ともかく受入れうる機能をもった公的機関としての文書館がはじめて設立されたということ、しかも、公開が原則とされ、文書の収集・整備・保存はいうまでもなく、定本の作成・頒布までが明確にうたわれている事実、それはあげれば枚挙に遑がない。まさに、かつて山口図書館が日本図書館史上果たした画期的な役割を、今この文書館が、今後の日本の文書館史上に果たしつつある、といってよい。私は、この日本で最初の公立文書館設立にふみきり、かつそれにたゆまない努力を傾け、現に傾けられつつある関係当局の方々、さらに、この文書館実現に有形無形の支持と声援を送られた地元の数多くの人びとに、研究者の立場から深甚の敬意と感謝の意を表したい。

それと同時に、この結実は、一朝にしてなったのではなく、これまで県史編纂所や郷土資料室があり、加えるに毛利家文庫というえがたい貴重な史料などの収集・整理・保存がなされていたからであり、こうした点に尽力してこられた関係者の方々に深くお礼を申し述べたい（なお、この文書館の問題点については拙稿「山口県文書館について」〔『日本歴史』第一七四号、昭和三七年〕参照）。

この文書館史料の公開があって、初めて第二期の研究は開花した。たとえば、関順也氏の『藩政改革と明治維新』（昭和三一年）の研究はそれであり、芝原拓自氏の研究成果などもそうである（「幕末における政治的対抗の基礎的形成」〔『土地制度史学』一〇〕昭和三六年、「長州藩体制の解体過程」〔『日本史研究』六四〕昭和三八年）。私も、そのなかではじめて明治維新史研究に足をふみ入れることができた。

現在、明治維新史研究のなかで、長州藩がその密度がもっとも高いといわれているのも、以上のような条件下で、研究が集中的に促進されたからにほかならない。

これまで述べてきたところから当然推測されることであるが、この期の研究に特徴的なことは、毛利家文庫をはじめとする文書館史料の存在形態から、研究は藩政史料を中心に行なわれており、地方《じかた》史料を駆使してのそれはほとんどない、ということである。したがって、農民その他の民衆生活も藩政史料を通じてみる、という方法をとっている。たとえば、百姓一揆の問題についてみても、百姓一揆の要求や組織・形態・経過等、ほとんどが藩側のキャッチしたものが中心となっている。だから、そこでは、藩側からとらえられた百姓一揆の姿はある程度明らかになっても、当時の農民側の生活やその息吹きのなかで百姓一揆の姿を浮彫りにすることはなかなか難しいし、当然これまでの研究にはそうした限界をもっている、といわざるをえない。

戦前・戦中の、天皇を中心とした、あるいは支配者中心の歴史を明らかにするのならばいざしらず、当面私たちがこれから明らかにしなければならないのは、私たちの祖先が、泥にまみれ、額に汗しながら、営々と築いてきた民衆の歴史でなければならない。明治維新でいうならば、吉田松陰がなぜあのような一生を送らなければならなかったのか、高杉晋作や木戸孝允らがなぜあのような形で動いていったのかを、民衆との関連でとらえなければならないし、その民衆が現実にどのような矛盾のなかで、どのように生活し、その生活のなかで彼らは何を考え、どのように動いて明治維新をおし進めていったのかをみなければ、明治維新の真実の姿は明らかにならないのである。

そうした観点でみた場合、残念ながら第二期の研究では、まだわからないところが数多くある。

たとえば、畿内やその他の地方では、戦後の研究でずいぶん明らかになった農民の農業経営の問題などは、いまのところ長州藩では全くといってよいほどわかっていない。幕末瀬戸内地帯の経済的発展がどの程度のものであったのかという点についても、マニュファクチュアへの過渡的段階にあったのだという推測的見解や、そうしたブルジョア的発展を否定する見解などが併存しているし、そのことと関連している地主制との関係も、具体的には少しも明らかとなっていないのである。

これらの第二期の研究で明らかになっていない諸問題ととりくみ、それらを逐次明らかにしていくことが、いうところの第三期のひとつの課題なのである。そして、これからが第三期なのだと先に述べたのは、つぎのような理由もあるからである。

すなわち、文書館設立後は、山口県地方史学会の組織がフルに活用され、文書館と一体となって庄屋文書をはじめとする地方史料がつぎつぎと発掘されてきたという事実である。そして、本県残存の地方史料は少ないのではないか、というそれまでの常識が、だんだんうち破られていった。試みに、『山口県農業発達史料調査目録』（第一～四集）を見れば、県内各地に多くの地方史料が残って保存されていることが一目瞭然であるし、その一部はすでに文書館にも受託されはじめている。

幸い、本県では、藩全体の各村の村明細帳の集大成ともいうべき「地下上申」や「郡中大略」、さらに今刊行されつつある「防長風土注進案」などがある。これまでは、これらの全藩的な史料の平均値で個々の農業経営その他を推測していたのであるが、今後は地方史料の発掘と検討によって、農家の経営をはじめとする村落内部の個別の実態が明らかとなり、これが藩全体をおさえうる史料によって位置づけられ、さらに藩政史料によって藩の農民・農村政策をはじめとする政治との関連などが明らかにされてくるならば、第一期・第二期までの研究の空白もやがては埋められていくであろう。

第三期のこれからに一段と密度の高い実証的理論的成果を期待するゆえんである。

つぎに、明治維新の政治的主体の形成をめぐって、一、二の問題に焦点をしぼってみていきたい。

戦後の明治維新史研究でのひとつの特徴は、一八三〇～四〇年代の天保期に明治維新の起点を求める、ということであった。戦後の定説的な遠山茂樹氏の名著『明治維新』には、その点がもっとも明確に規定されている。十九世紀の三、四〇年代という天保期は、フランスでは七月革命、イギリスでは選挙法の改正、中国ではアヘン戦争がおこった時期であり、日本では幕藩体制の基本的な階級矛盾が激化し、その激化の量的増大が質的転化を示し、その階級対立の集中的表現である百姓一揆・都市のうちこわしの拡大と発展のなかに、新しい社会関係と新しい社会意識のめばえがみられ、それに応じた政治闘争への結集の端緒があらわれて、明治維新政治史に登場するもろもろの社会的政治的諸勢力が、この時期にほぼ出揃った、というのである。つまり、「明治維新の政治的本質の原型」（二一頁）が形成された画期的時期が天保期なのだ、というのだ。

そして、この期から端緒的にみられる下からのブルジョア民主主義革命への闘争の萌芽に対して、封建支配者が強引にその支配体制の再編・維持を図ろうとし、そこに「封建権力の絶対主義への傾斜」（二三頁）が生み出された、とされたのである。

言葉をかえていうならば、天保期の天保改革の政治過程のなかに明治維新の原型があり、天保改革の改革勢力のなかに、明治維新の政治的主体の原型がみられる、とするのである。じつは、奈良本氏の郷士＝中農層論も、こうした発想のひとつであった。だから氏は、そこで、長州藩の村田清風を中心とした天保改革を問題とし、村田清風――周布政之助――高杉晋作に連なる線と、坪井九右衛門――椋梨藤太の線の平行する対立抗争が、そのまま明治維新へすべりこむとみたのである。

もちろん、天保改革を明治維新の原型とみる場合にも、幕府・西南雄藩ともにそれを認めるか、幕府は反動的であり、西南雄藩にのみそうした特徴がみられるという風に、人によってとらえ方のちがいはあるけれども、ただ長州藩の場合については、それがもっとも典型的にあらわれているという点では、ほぼ一致した評価が出されていた。

この天保期——天保改革への「絶対主義への傾斜」論に、その典型的だとされた長州藩を素材としながら、批判の矢を放ったのが関順也氏の藩政改革論であった。そこで氏は、安政改革に注目して、そこに「傾斜」を認め、逆に、天保改革は封建反動一色にぬりつぶしてしまったのである。

私もそのころ、この長州藩の安政改革、とくに安政五～六年（一八五八～五九）の周布政之助の改革に着目した。しかし、私の場合、関氏のように、安政改革に絶対主義への傾斜を認める代りに、天保改革を反動だとみるのではなく、天保改革＝村田清風の改革のなかに、幕藩体制の再編・強化をめざす幕藩領主的な主観をこえたものがあるとし、そうした方向が一段と明確になったのが安政五～六年の改革なのだ、とみたのである。そして、『防長回天史』にみられるような、さらに戦後の奈良本氏の郷士＝中農層論によって新しい発想のもとで色あげされた、村田—周布—高杉と坪井—椋梨という改革・保守の二本線を、平行的に対立したものではなく、それらは天保改革を起点とする藩政改革派のなかから生まれたいわば双生児的なものとみ、この二本の線は時に対立し、時に交錯しながら、天保改革から安政改革へと継承・発展していったものだ、と規定したのである。じつは、そうみなければ、あの天保二年の長州藩大一揆にみられた基本的な階級矛盾との関連を見落すことになると考えたからであり、他面、そうすることによって、はじめて安政改革とくに周布を中心とする安政五～六年の改革の意義も明確になる、とみたのである（「長州藩の天保改革」（『ヒストリア』一八）、「討幕派の形成過程」（『歴史学研究』二〇五））。

しかし、ここではまだ、天保ないし安政改革を遂行した藩政改革派のうちに、明治維新の政治的主体の原型が求められようとしている。

こうした藩政改革論＝明治維新原型論に痛烈な批判を向けたのが芝原拓自氏の論である。『歴史学研究』二三三号に載った氏の「肥前藩における幕末藩政改革の基調」という論文は、従来の藩政改革論が、藩政改革派のなかに維新変革へ連なる政治的主体の形成の原型をみようとしたのに対し、むしろ、藩政改革の徹底的な敗北のなかにこそ、維新変革の主体は生まれるのだ、と主張したものである。

この芝原氏の藩政改革論は、最近の『日本史研究』六四号に載った「長州藩体制の解体過程」によって、一段とおし進められてきている。そして、そこでの批判の対象は、遠山氏・関氏、そして私などの藩政改革論に向けられている。

私も、芝原氏の主張のなかで、藩政改革と維新変革の主体とを、連続ではなく、断絶の形でとらえようとする点については賛成であり、その点についての自己批判を含めての維新史分析の視角は、本年の『歴史学研究』二七四号掲載の「明治維新政治史研究の一視点」で述べた通りである。ただ、芝原氏の分析の方法それ自体については、私なりの批判があるけれども、その点についてはは別の機会にふれたい。

私が藩政改革と維新変革の政治的主体を断絶の形でとらえようとする理由は要約的にいえばつぎのような理由からだ。

すなわち、天保や安政改革を遂行する藩政改革派というのは、その改革主体が幕藩領主的立場に立つ限りでは、幕藩体制の再編・強化を図ろうとする一定の志向をもっている。しかし、それにもかかわらず、その改革は客観的にはその主観をこえたものをもたらす。この後者の方向は、明らかに前者の志向と矛盾する。藩政改革派というのは、じつはこの矛盾した方向を一身に背負った存在であり、そこに彼らの限界もある。したがって、藩政改革派が藩政改革派である限り、現実の政治の進展の過程で、彼らは遂に自己分解を遂げざるをえない。幕府に対して、一応成功したといわれている西南雄藩の場合ですら、いずれも改革の途上で天保改革以降の当事者が失脚しているのはその故といえる。

長州藩でいうならば、天保改革の途上で村田清風が失脚し、それに代った坪井九右衛門も後退し、最後に周布政之助を中心とした改革が実施されるが、その周布すらも、遂に元治元年（一八六四）には自刃をとげなければならなくなってくるのである。

この周布の自刃にみられるものを少し詳しくみてみよう。

周知のように、いわゆる安政の大獄後、大老井伊が倒れ、久世・安藤政権が成立して公武合体政策が推進されるや、長州藩は長井雅楽《うた》を中心に、いわゆる航海遠略策を打出して中央政局に乗出していく。しかし、これも藩論の「即今攘夷」への転換や薩摩藩の進出によって挫折する。やがて尊攘派の台頭によって文久三年の前半までの政局は、この尊攘派のリードによって展開するが、これは文久三年八月十八日の政変によって、一転して会津や薩摩藩を中心とした公武合体派へ主導権は移り、事態は急速に変っていく。そして、翌年禁門の変から第一次征長・四国連合艦隊の長州攻撃と、長州藩と尊攘派にとっては最悪の事態へと突き進んでいく。この間、周布は藩要路にあって種々の画策をするが、それだけに、反対派たる「俗論」派から責任を追及されることも大きく、一時は脱藩すらもした。しかし、この周布のめざした基本路線がどこにあり、それがどのような限界をもっていたかは、彼が自刃するに当って、藩主へ宛てた遺書が明白に物語っている。彼はつぎのようにいっている。

第一、君臣之大義終身之一大事と奉存、如此相慎罷居候、然処御忠節御信義御孝道、今日に至り如何と苦心之余、自訴に而も御免に相成候はゝ、最後之御奉公と奉考其儀をも不得、今更御奉公之廉目不相立、

（妻木忠太著『偉人周布政之助伝』二五九頁）

朝廷には忠節、幕府には信義、祖先には孝道といういわゆる安政五年以来の藩是三大綱――これこそ藩政改革派のいきついた綱領であり、それは幕藩体制の肯定の上に立てられている――をこれまでおし進めてきたけれども、もはや今日の段階にいたっては、その藩政改革派路線を貫き通す見通しが立たない、と藩主に訴えて、死をもってその責を負おうとしたのである。

自己の路線のゆきづまりを、藩主に訴えるというその姿勢自体にも、藩政改革派たる限界が明白に示されているのだが、この周布の自刃は、藩政改革派の自己矛盾がその限界に達し、ついに自己分解を遂げた象徴的な姿であるといえよう。

維新変革の政治的主体は、そこからは出てこないといわざるをえない。

3

では、維新変革へ連なる新しい政治勢力はどこから出てくるのか。私は、それをまず尊攘派にみる。

もちろん、尊攘派がそのまま維新変革の政治的主体となるのではない。それの否定の上に成立した討幕派によってはじめて遂行されていくのである。その場合、この討幕派は、尊攘派の否定的継承という歴史の弁証法的な発展によってはじめて変革の主体たりえたのである。

これらの点については、私の『明治維新政治史研究』(青木書店、昭和三八年)に詳細に論証してあるので、それを参看していただきたい。

ただ、この尊攘派から討幕派への転回の過程で、民衆はそれにどのようなかかわりあいをもち、その転回をささえているのかという点について、あとで述べる山口移鎮問題とからむ文久三年から元治元年ないしは慶応元年にいたる一八六三〜六五年ごろに視点をおいて少し述べてみよう。

周知のように、文久三年前半期の攘夷運動の昂揚時の実践として、長州藩は馬関で外船を砲撃した。そして、それを契機に、外圧の危機が具体的な形で迫ってきた。

この時に当って、高杉らを中心とする有名な奇兵隊以下の諸隊や農（商）兵隊が数多く結成された。

奇兵隊は、封建家臣団を基盤としたものではなく、農民・町人の身分にかかわらず、有志の者をあつめた「正兵」に対する「奇兵」的存在だった。

この奇兵隊をはじめとする諸隊については、遠山・井上論争をはじめこれまでいろいろと論議されてきている。その庶民性を強調するか、それにもかかわらずそのもつ封建的側面を強調するかなどがそれである。

しかし、この問題はたんにその一面のみをきり離してとらえたのでは意味がないだろう。諸隊が従来の封建家臣団にみられぬ反封建的エネルギーを内部にもっていたことも事実だし、封建的イデオロギーの貫徹が要求されていたことも事実だからである。このような内部的要素と要求された側面とが、どのような形でどのようにあらわれ、それが明治維新の変革にいかなる役割を果したのかを、具体的にとらえることが重要であろう。

その点についても詳しくは前掲の拙著に譲るが、つぎの点については注目しておきたい。

諸隊や農兵隊は、外圧に対する危機的状況のなかで、その危機が封建家臣団の枠をこえて訴えられ、とくに農民に対しては、庄屋・大庄屋クラスの村落支配者層を通じて一般農民層へ滲透せしめられ、その危機意識が郷土防衛意識と結びつけられながら、抵抗の組織として軍事力化されていることである。そして、じつは、この諸隊や農兵隊という組織のなかに、あの天保大一揆以来の基本的階級矛盾に根ざす民衆の反封建的エネルギーが包みこまれている、ということだ。

幕末期に一般的には昂揚がみられる百姓一揆が、この藩で影をひそめているのも、いわゆる「正義」派が、この諸隊や農兵隊を基盤にして、そこに一般農民層の支持をえながら対「俗論」派戦で勝利をえているのも、このことと関連している。

元治元年末から翌慶応元年初めにかけての、高杉のいわゆる馬関挙兵が、当時一定のブルジョア的発展をみていたこの藩内での先進地域瀬戸内地帯を中心に、諸隊や農兵隊を基盤とし、とりわけ、この地帯の豪農商＝村落支配層を基軸とした一般農民層の反封建的＝一揆的エネルギーの掌握によって「俗論」派打倒の勝利をかちえた事実は、それを何よりも明白に物語っている。

換言するならば、「正義」派（尊攘派→討幕派）は、外圧を直接契機とした奇兵隊以下諸隊・農兵隊の新たな軍事力の組織によって、天保期以降一段と明確になった幕藩体制の基本的な階級矛盾のうえに、その矛盾に根ざす民衆の反封建的エネルギーを包みこみつつ、自己の政治路線の貫徹を実現しえたのである。それと同時に、そのことを通して彼らもまたしだいに自己脱皮をとげることができたのである。

私たちが県下各地を歩いて故老に明治維新について話を聞くと、その人たちは必ずといっていいほど、子供のころ父から、あるいは祖母からきいたという奇兵隊以下諸隊の話などを語ってくれる。そして、その時の故老の話しぶりは、あたかも自らの体験かのようにいきいきとしたものをもっている。私はこのことの意味するものは、きわめて重要なものがあると思う。

民衆は、奇兵隊以下を通して、はじめて具体的な形で明治維新の変革に参加した実感をかちとりえた。民衆にとっての明治維新は、奇兵隊や諸隊、あるいは農兵隊を通しての明治維新であった、ということなのである。そこに明治維新と民衆のかかわりあいの姿を具体的に見ることができる。歴史をつくる主体は民衆に他ならないけれども、明治維新の段階で、それを具体的に実感として民衆がつかむことができたのは、まさにこの奇兵隊以下の体験を通してであった、といえる。

その意味で、奇兵隊や諸隊や農兵隊の歴史は、じつは明治維新における民衆の役割、民衆と維新変革のかかわり方を具体的に明らかにしてくれると思う。そのうえに、高杉や木戸孝允や伊藤博文や山県有朋らの維新変革の立役者たちの歴史的意義も初めて明らかになってくるのである。

私たちはややもすると、そうした立役者たちにのみ目を奪われやすい。事実、これまでの伝記や維新史には、そうした立役者たちの顕彰碑的なものが多いのであるが、その立役者たちの背後にあった、ものいわぬ農民たちの、真に歴史創造の主体である民衆の姿をとらえ、明治維新の真実の姿を明らかにするよう努力を払わなければならないのである。

4

さて、以上述べてきたことと関連して、本年（一九六三年）百年を迎えた山口移鎮問題に入っていきたい。

御承知のように、藩主毛利敬親は、文久三年（一八六三）四月十六日朝、萩城を発して山口にいたり、中河原の茶屋に館し、「是れより山口は防長政治軍防の中心と為る」（『修訂防長回天史』四、一一九頁）といわれている。この山口移鎮について、翌五月に出された幕府宛の移城申請書は、つぎのように述べている。

すなわち、これまでの居城であった萩の地は、長門阿武郡の片隅で、「土地卑下人気狭小之所柄」（傍点田中）である。「当時外患切迫之儀に候へば、同国豊浦郡赤間関を始、周防国佐波郡三田尻・熊毛郡室積等要津多く、且平遠之陸路も不少、旁西北海よりは南海之方別て敵衝に相当候。然処、是迄之通一郡片隅之地に罷居候ては、西北海は且々も耳目可及候へども、南海之儀は兎角気脈を通兼候付、万一之節指揮号令差障可有之」、ついては、なお警備が十分整っていない現状のもとで藩鎮としての任に堪えるためには、「領海にて中央之地四方へ之号令自然と響渉り候形勢」の地たる山口へ移るべく評議決定した、といい、さらに、「山口之儀は全以城構等仕候儀にては無御座、真の土居取立、手近に召遣候家来計差置候て」と述べているのである（以上引用は、『防長回天史』四、一四五〜一四六頁）。

ここには、外圧問題に対する攘夷への指揮号令が移鎮の直接契機であることがうたわれている。

たしかに、萩から山口への移鎮は、こうした外圧＝攘夷が直接的契機となっていることは事実である。しかし、萩と山口のもつここで象徴される意味は、そうした外圧＝攘夷への軍事的な指揮号令という面のみでみたのでは事態を矮小化してしまう、と私は考える。

なぜなら、その後の文久・元治・慶応年間の政争過程で、藩主の居城は、藩政府の主導権がいわゆる「正義」派と「俗論」派の間を移動する毎に、再び山口から萩へ、そしてまた、萩から山口へと、「外患切迫」やそれへの「指揮号令」とは関わりなく移動しているからである。

このことは一体何を物語っているのか。

元治元年（一八六四）十月、当時「俗論」派の手中にあった萩の藩主に対して、「正義」派諸隊は、藩主の山口帰館を促した建白書を提出し、その一節につぎのようにいいきっている。

偸安の人情かかる至危の地に被遊御座候をも忘却仕候而は不相済、且上様に於ても自然其情に被為引ては実以社稷の御大事と奉存候。

（『諸隊上書』〔毛利家文庫蔵〕、傍点田中）

ここに「至危の地」といっているのは萩をさし、そこには「偸安の人情」が横溢し、藩主がそれになじんでは国家（藩）の一大事だというのだ。ここでは、萩はたんにかつての藩主の居城という意味ではなく、「俗論」派の拠点と考えられている。兼重慎一翁の『財政史談速記録』に、萩という処は北海の浜に独立していて、一向に世上に通ぜず、他国などとの通商もなく、物産取立で利害をうることもなく、ただ商人は藩の官府に寄生して営業しているにすぎないといわれているが、「正義」派諸隊にとっては、萩はより伝統的な封建家臣団的な、そして、それに寄生する特権商人的な拠点と映じていた、と思われる。そして、この萩に対するに、文久三年に移鎮をみた山口を、「正義」派は自らの拠点とみたのである。だからこそ、先の諸隊の建白書は、藩主を萩から山口へ連れ戻そうとしている。

高杉晋作の馬関挙兵に際して、瀬戸内地帯の豪農商や諸隊・農兵隊が基盤となったということは先述した。「正義」派の基盤は、当時一定のブルジョア的発展をみていたこの地帯にあったと考えられる。奇兵隊以下諸隊の編成地や駐屯地が、日本海側よりも瀬戸内地帯に偏在していることは、たんに軍事的観点からの軍事力の配置ということだけのものではなかったと思われる。「正義」派の基盤が主としてこの地帯であったとすれば、萩に対して山口をその拠点としたことは十分考えられる。大内氏以来の地であり、藩主を迎えるにふさわしい歴史的条件も揃っており、「正義」派の基盤＝瀬戸内地帯をバックとするにはまさに恰好の地であったのである。

山口は、このような「正義」派の基盤の当時の集約点とみてよい。だからこそ、逆に、「俗論」派が藩政府の主導権を握ったときには、山口は、「山口御館をうち毀ち、石門をうち砕き、屋根瓦を剝ぎ落し、御濠を埋め、目も当てられぬ御体裁、諸所関門押倒し、遺憾極りなく」（『維新史料大庄屋林勇蔵』六八頁）と、林勇蔵をしていわしめたような状態にされてしまうのである。

だから、文久三年の萩から山口への移鎮は、直接的には外圧＝攘夷問題を契機としているにせよ、そのもつ意味は、以上みてきたような、萩に象徴される幕藩体制的、伝統的保守性に対して、それの打破、その克服、それからの脱皮を志向した、奇兵隊をはじめとする諸隊・農兵隊を基盤にもつ「正義」派にふさわしいものであった、といえよう。

このことは、山口の都市構造の研究の側面からも傍証される。

近世城下町の構造を歴史地理的立場から追究されている松本豊寿氏は、『地理学評論』（三三の九、昭和三五年）所収の「山口と駿府における幕末期の封建首都遷移に伴う都市城構造の諸問題」という論文で、つぎのような興味深い指摘をされている。

すなわち、氏は、先に引用した移城申請書に、「山口之儀は全以城構等仕候儀にては無御座、真の土居取立、手近に召遣候家来計差置候て」とあるところから、つぎの二点を引出されている。

その第一は、「土居取立」というのは、従来の封建城郭否定のスローガンであるということ、第二に、「手近に召遣候家来計差置候」というのは、城下町全家臣団の移住ではなくて、「手近に召遣候家来」、つまり「側近」というよりむしろこの場合、一部の官僚的家臣団が対象となっているということである。そして、氏は、「長藩移鎮当時山口地図」（大正六年、山口博物館著作）を、「文政時代山口古図」などと対照させて、その特徴をつぎのように述べる。

土居構の「御屋形」は、同時に藩庁本部としての「政事堂」となり、これは現在山口県庁へと継承されている。藩主居館＝政庁というわけであるが、ところで藩主屋敷として他に二～三の城外御殿があり、「御屋形」は実質的に純政庁へと分化せんとする方向が読みとられるであろう。つまり藩主の私的居館が官庁ならびに公共広場へと転化せんとする傾向がすでに示唆されるのである。「御屋形＝政事堂」に対する移転してきた士屋敷の配置も、城下町をみなれてきた眼には極めて特異的とみられるであろう。士分屋敷の多くは後河原・中河原の右岸、山口町屋の郊外村に相当する地域にあり、一部は山麓や河原に沿う空閑地に散在する。もちろん街区は形成されていない。士分屋敷には支藩主や一族、世襲家老衆とならんで一般改革派家臣団が混在し、その配置には最早旧い城下町的な身分別居住の地域性をしめす都市計画的原理はどこにも見当らない。むしろ士屋敷よりもより重視せられたのは藩役屋敷の配置であろう。ここには各役所の職能に基づく合理的、現実的な配列方式が採用されている。すなわち、陸軍局、社寺局、明倫館、養蚕局などの軍事、文教、殖産に関する中枢的役所は「御屋形＝政事堂」に近接して都市域全体からいえばその内側に、諸隊屯所は外側部の山口に入る関門の諸道に設置され、地方町奉行所や判座、外交関係の役屋敷である外客宿所や客館は町屋の中でもビジネスセンターに相当する地区に配分されている。つまり封建的、階層的な身分主義的パターンではなくして、機能主義的パターン、要するにある種の機能的地域分化の萌芽が見出される。当時における機能主義的都市計画の合目的性は明倫館が山口高商に、三学寮が県立図書館に、役屋敷が山口師範に、判座が百十銀行、客館に隣接して裁判所が設置される等々職能的に関連のある近代諸官衙に継承されている一事をみてもうなずける。（三〇〜三一頁）

そして、松本氏は、「なるほど山口は長防二州の幕末期封建首都とはなった。しかしこれは決して旧城下町萩の再生産ではなかった」（三二頁）と断言し、さらに、「藩庁の所在地がいまや封建都市の代表として城下町的都市より、近代都市への傾斜を準備する地方中心都市山口に定着した」（三二頁）と述べているのである。

このようにみてくると、幕末の文久三年という時点で、萩から山口へ藩庁が移鎮したことは、たんに藩主や藩政の中心がここに移動したということを遙かにこえた歴史的意義を内包している、といえる。

そこには政治的には、「俗論」派と「正義」派との対抗関係を孕んでおり、それは同時に、幕藩体制的な封建家臣団的な、そして城下町特権商人的なものから、一定のブルジョア的発展を背景に、そうしたものの打破を志向する反幕藩体制的なものへの移行が秘められていた、といえる。都市の形態からいえば、松本氏のいわれるように、寄生的な特権城下町から機能主義的な傾斜をもった都市へ、ということになる。いわば山口移鎮問題は、幕藩体制から明治維新へという、今から百年前の時点における歴史の志向のひとつの象徴としてとらえることができるのである。

三　下級武士論の行方

1　下級武士とは何か

下級武士を簡単に規定すれば、「封建君主に仕える武士のなかで下級に属する身分のものの総称」（河出書房新社『日本歴史大辞典』「下級武士」の項。奈良本辰也執筆）ということになる（以下、敬称を略す）。著書『下級武士論』（塙書房、一九六七年、『明治維新と下級武士』木村礎著作集Ⅱ、名著出版、一九九七年、所収）のなかで、木村礎は「下級武士とは何か」というみずからの問いに、「答えることは実にそう容易なことではない」といい、慎重な文章運びをしている。

つまり、下級武士というのは庶民に対しては支配階級であり、その支配階級のなかの下級身分の者であり、いかにその経済生活が豊かであっても、武士の「身分として低ければ、彼は下級武士ということになる」と述べ、あくまで下級武士は、「下級身分ということを原則とする」と規定しているのである。

仮りに、このように規定しても、下級武士一般が実体としてあるわけではないから、結局、個々の事例の分析ということにならざるをえない。しかも、その個々の事例たるや、幕府や各藩でそれぞれ事情が異なるわけだから（たとえば、新見吉治『改訂増補　下級士族の研究』日本学術振興会、一九六五年〈初版は一九五三年刊〉、および木村礎『下級武士論』第二章・第三章をみよ）、「下級武士とは何か」という問いに答えることはなかなか難しい。

とはいうものの、一般的イメージとしては、「大体において切米取り、つまり知行をもたないもの、あるいは藩主への目通りができない御目見以下の身分に属するものである。従って徒士から足軽までのものとみてよいであろう。封建社会においては、身分は絶対的にゆるがないものとしてあったから、下級武士の前途は最も暗いものの一つであった。才能も努力もなんらの実を結ばないのである。（中略）しかも、彼らの生活は極めて苦しく、その藩主からの切米で生活を維持することは不可能といってよいほどであったから、武士とはいいながらもほとんど内職によって暮らしを立てていた。（中略）しかし、下級武士のこのようなあり方は、江戸時代の中期以降になるとしだいに封建制度に対する批判をも生むようになってきた。とくに上層武士が都市の商業高利貸資本との結びつきで政治の根本を失い、武士的な理念から遠ざかっていくのをみるに及んで彼らのなかには公然と徒党をくみ、上級武士に対抗する動きをなすものも現れてきた。（中略）一九世紀の三〇年代は各藩に百姓一揆が最も勢盛んなときであったが、このとき藩政の動揺は、すでに古い支配階級ではどうにもならないところまできていた。藩政が立ち直るためには思い切った政策が必要であるし、門地を問わない人材の抜擢も必至であった。下級武士のなかの力のある者はしだいに要職につくことができるようになり、とくに新しい知識をもったものはそうした機会も多かった。（中略）つまり一八五三（嘉永六）年のペリー来朝以後の世相は、対内的にも対外的にも新しい指導者、新しいイデオロギーを要求しており、その新しさは門閥にとらわれない自由なところにしか育たなかったから早くから武士的な生活を失っていた下級武士の間にそれが芽生え、かつ成長するのは当然だった。もちろん、その生活の困窮のあまり、全く政治的な意識をもたず、あるいはその困窮を逆に利用されて反動的な役割をする下級武士も少なくはなかった。しかし、それが薩・長・土と色彩を同じくするような諸藩においてはむしろ前進的な働きをしたことが大きく、またそれが明治維新を招来する力にもなったのである」（前掲『日本歴史大辞典』）。

いささか長い引用となったが、辞典の説明を借りて下級武士の一般的イメージを多少なりとも具体化したかったからである。

この説明の最後のところからもわかるように、下級武士が注目され、研究対象としてクローズアップされるのは、下級武士と明治維新との関連が問われるからにほかならない。

このように下級武士と明治維新との関わりが問われたときに、下級武士の問題は下級武士論となるのである。

下級武士の実体の究明にもっとも本格的、実証的に取組んだ新見吉治は、前掲『下級士族の研究』のなかで、「私は下級士族の研究が、維新史の解釈に新生面を開拓するものがあることを信ずる」（二頁）と述べて、下級武士研究のいきつくところを示している。

下級武士の問題が必然的に内包せざるをえない下級武士論について、以下若干の考察を試みることにしたい。

2　下級武士論の流れ

下級武士論が明治維新遂行の主体をめぐっての問題であることは、これまでの説明でおのずからわかろう。

しかし、この問題が明確になるには、第一に明治維新を客観的にとらえる歴史的な時間経過が必要だったこと、第二には維新を客観的な歴史の流れとして構造的にとらえる方法が自覚的に提起されるという条件が必要だった。明治四十四年（一九一一）に、維新史料編纂会は官制として設置されたが、それは「公平」を標榜しつつも、実質的には薩長をはじめとする藩閥中心の維新変革を正当化する「王政復古」維新観に立つものであり、当時の権力正当化からの発想で維新史をとらえようとしたものだった（拙著『明治維新観の研究』、北海道大学図書刊行会、一九八七年）。

これに対して、明治維新を客観的、構造的に初めてとらえようとしたのは、いわゆる「大正デモクラシー」の潮流のなかの大正十年（一九二一）、堺利彦「ブルジョアの維新」（『解放』大正十年一月一日、大鐙閣発行）だった。

この堺論文の問題提起を受け、堺が分類した六つの「明治維新史解釈」のうち、いずれが「清算」されなければならないのか、そしていかなる立場での「解釈」が「科学的客観的なる解釈」であるのかを論じたのが、羽仁五郎の「清算明治維新史研究」（『新興科学の旗の下に』昭和三年〈一九二八〉十月号）および「明治維新史解釈の変遷」（史学会編『明治維新史研究』、冨山房、昭和四年）だった。この後者の論文で羽仁は、つぎの六つの「明治維新史解釈」をあげたのである。

(1)明治維新を「『王政復古』として解釈するもの」。
(2)明治維新を「『諸雄藩』そして特に『薩長』による政治的改革」とするもの。
(3)明治維新を「主として『下級士族』内の優秀なる人材の運動」とみるもの。
(4)明治維新を「『外交』上の観察より成るもの」とし、「維新を以つて『外力』に対抗して発した『国民的』勃興運動と見」るもの。
(5)明治維新を「『財政』上の観察より成るもの」とし、「維新を以つて徳川幕府を中心とする封建制度の財政窮乏の行詰りの打開と見る」もの。
(6)明治維新を「ブルヂョア革命または資本家的生産関係の支配に向つての社会変革」とするもの。

もとより、この(1)から(6)までの「解釈」は、いずれか一つで成りたつものではなく、「それらの二三を結合し、或はそれらのすべての観察を綜合し、更に或はその他の諸点を顧慮して成つて居る」と羽仁はいう（七七四～七七五頁）。

結論として羽仁は、史的唯物論の上に立つ(6)の「解釈」をとるのであるが、ここでは本稿での主題に関わる(3)の「下級士族」の運動とみる「解釈」についての羽仁の見解を聞こう。

その三の解釈も、決して直ちに虚偽ではない。といふのは、諸雄藩が幕府を倒したが、その諸雄藩とは藩そのものではなく、実はその藩の中の有能有力の人材を意味し、そして階級差別の封建制度が長年月のあひだ固定して、幕府にも諸藩にも上層にあるものは悉く無能無力にして、有為の人材はすべて下層に沈滞して居たがために、封建貴族の上層者が悉く排斥せられてその下層者即ち小士が実権を握つたのが、すなわち明治維新である、と説明せられることは出来ないのではない。西郷、大久保、伊藤、大村、大隈、板垣其他は、かかる小士階級の代表者として見られる。のみならず、諸雄藩が幕府を仆して後また間もなく自ら亡びた事実も、かくて説明せられ得るやうに見える。封建制度は既に腐敗し貴族階級は滅亡せねばならない。そしてただその下層即ち平民階級に接近した部分に健全にして同時に有力な分子があつた。そこでその健全有為の分子即ち下級士族が指導者として、封建制度を改廃して新社会を建て、更に新政府に残存する封建制度的なるものに対して漸く自由民権の新思想と産業社会の新組織とを輸入採用して改新を進め、自由党改進党を経て帝国議会を出現せしめ、薩長藩閥の余弊を防いで政党内閣の出現を可能ならしめ、平民政治と産業社会との基礎を確立した。実際、人人がかく見るところも決してそのまま直ちに否定され得ない。（七七六頁）

この下級武士説の羽仁の要約の当否はいまは問うまい。「われわれをして明治維新の時代の限界を越えて之を一の歴史的時代として認識せしめるやうな時代社会に立つことに於いて、われわれははじめて明治維新の客観的解釈をなし得る」（七八三頁。傍点原文、以下同）という羽仁にとっては、この(3)の下級武士説をはじめ(1)(2)(4)(5)の説は、「明治維新史解釈がそれぞれ可能的たるに止つて、決して何れも唯一必然的とされ得ない」（七八五頁）し、「何れもそれぞれ全く主観的とされざるを得ない」（同上）というのである。そして、羽仁は先述したように(6)の説をとるのである。

羽仁の整理した下級武士説をいきなり長々と紹介したのは、下級武士説が維新解釈として、いかに位置づけられているかをみたかったからである。

下級武士論の流れは、前掲木村『下級武士論』第一章にまとめられており、そこには戦前の尾佐竹猛、羽仁五郎、服部之総、E・Hノーマンから戦後の奈良本辰也、遠山茂樹、井上清、藤田五郎、羽鳥卓也、堀江英一、関順也らにいたる諸説が紹介され、私の見解もその末席を汚す形で木村によって位置づけられている。ここでは、その流れを若干補足しつつ、私なりの整理で以下述べよう。

戦後の明治維新史研究において、明治維新を封建社会から近代資本主義社会への転換点とみることにおいて、それをブルジョア革命とみるか絶対主義の成立とみるかについて、長い論争があったことはよく知られている。しかし、現在においてはそのいずれの説に立つにしても、二者択一ですべて割りきることができないことは、いまや論者たちの自覚するところであろう。さきにみた羽仁が批判した(1)〜(5)も、論者が意識するとしないとにかかわらず、明治維新史の解釈には何らかの形でとり入れられつつ、構造的な説明の一環となっている。換言すれば、明治維新の国内的要因と外圧としての世界史的規定性を、いかに総合的、構造的にとらえて明治維新の位置づけをすべきか、と維新史研究者たちは腐心しているのである。

それにしても、この研究史の流れのなかで、下級武士論はいかなる形をとりながら戦前の研究から戦後の研究へと継受・発展させられたのであろうか。

下級武士説は、それが下級武士論として自覚的にとらえられた瞬間から、すでに批判の対象とされていたことは、これまで述べてきたことから明らかだろう。にもかかわらず、下級武士説が下級武士論として研究史のうえでそれなりの比重を示すのは、事実として下級武士層に属する人々が数多く維新変革に参画し、彼らが維新変革の主体形成に一定の役割を果たしているとみられているからにほかならない。

戦前、羽仁は明治維新の原動力を農民一揆にあるとみたが、これを「農民一元論」として批判した服部之総は、明治維新の主動因を当初は外圧だとしてとらえていた。しかし、それを「ブハーリン主義」と自己批判した服部は、「地主＝ブルジョア範疇」を設定し、これをキー概念として維新の変革主体をとらえようとした（木村はこの範疇規定で、地主とブルジョアは必ずもイクオールではないから、「地主・ブルジョア範疇」と表現すべきだ、という）。そこには一見下級武士は姿を消したかにみえる。しかし、服部が「封建地主としての反動的な魂と最初の産業資本家としての変革的な魂とが同一のチョンマゲの下に棲つてゐるこの過渡的な階級層こそ、幕末変革運動の基本的な地盤であつた」（「明治維新の革命及び反革命」『日本資本主義発達史講座』第一部、岩波書店、昭和八年〈一九三三〉）というとき、それは明らかに下級武士を包み込んだ範疇であることがわかる。服部は下級武士の後景に地主とブルジョアの存在を定置することによって、明治維新の複雑な本質に迫ろうとしたのである。しかも服部は戦後、「明治維新における指導と同盟」（『社会構成史体系』第一部、日本評論社、一九四九年）で主張した指導・同盟論をこれに重ねることによって、十九世紀後半の世界史のなかで、一方ではブルジョア革命への指向をよぎなくされる維新変革が、他方では天皇制絶対主義的な性格をもたざるをえないその二律背反的な矛盾を説明しようとしたのである。

敗戦後いち早く明治維新を、「政治を経済の深みにおいて把握」しようとした奈良本辰也は、維新の主体に「郷士＝中農層」概念を提起した。それは、戦前の服部の「地主＝ブルジョア範疇」の着想を一段とおしすすめ、さらに大塚史学など戦時中に蓄積されたヨーロッパ経済史学の成果をふまえていた。が、木村はこの奈良本の「郷士＝中農層」論の基礎にあった長州藩の「郷士」＝下級武士の実態を実証的に批判し、事実としてそれが成立しないことを論証した。

『下級武士論』はその集大成としての木村の著述だったのである。この奈良本・木村論争の頃、私はようやく歴史学に足を踏み入れたばかりだった。奈良本の魅力的な提示に共感しつつも、木村の実証的な奈良本批判は、私なりに納得いくところであった。事実、歴研大会における私などとの討論のなかで、奈良本は「郷士＝中農層」をイクオールでなく、「中農層の、そういうものにつき上げられたいわば下級武士、郷士あるいはインテリゲンチャであったというふうに考えています」と答弁している（歴史学研究会編『時代区分上の理論的諸問題』一二五頁、岩波書店、一九五六年）。

木村は奈良本の「郷士＝中農層」論は「破産」したと断言したが（『下級武士論』三〇頁）、その木村自身奈良本の「同盟」論的発想までは否定してはいなかったのである。

この奈良本・木村論争や、すでに学会の共有財産となりつつあった明治維新をめぐる遠山・井上論争などの成果の上に、経済・社会・政治過程の統一的把握をめざして、明治維新の構造的分析を試みたのが堀江英一『明治維新の社会構造』（有斐閣、一九五四年）だった。そこでは明治維新の「もっとも奥ぶかい、もっとも基本的な主体は『豪家の農商』であった」とし、この「豪家の農商」＝村落支配者と下級武士層との同盟をいわゆる改革派同盟とし、その政治的進出過程が尊攘・討幕段階であり、この尊攘・討幕運動の結果が天皇制の「成立」であり、この過程で排除されていた「豪家の農商」が農民的土地所有の前進とともに政治的前進を試みたのが自由民権運動であって、その結果、天皇制は政治的にも経済的にも「確立」した、と堀江は主張したのである。そして、この運動の構造は、そのもっとも基底に世直し一揆があり、この底流の上に惣百姓一揆の運動の強化をおしすすめる村落支配者層の線があり、さらにその上に幕藩体制内部の反対派としての下級武士の線があるとした。この三つの線のさまざまな指導・同盟関係およびその純化過程こそが維新の過程なのだ、と堀江は説明したのである。

注目された方法論の提示だっただけに多くの批判も寄せられたが、維新の主体を「豪家の農商」＝村落支配者層としているにもかかわらず、ではなぜ「豪家の農商」＝村落支配者層が維新政権から排除されたのか、尊攘・討幕運動と自由民権運動という歴史的条件の異なる運動を同一線上においてとらえることができるのかどうか、などが主な批判であった。

石井孝は旧版『明治維新の国際的環境』（吉川弘文館、一九五七年）の序章で、この堀江説に賛意を表しつつも、堀江の改革派同盟論にはまだ下級武士革命説が尾を引いているとし、明治維新の主体は、寄生地主制へ転化する客観的運動法則の上に立つ豪農であったとし、これらの豪農と同盟関係にあった改革派武士は、「下士一般ではなく、豪農を基盤とする絶対主義官僚の萌芽」である、としたのである。

その後の研究は、この維新変革の主体、とりわけそのヘゲモニーがどのように変化するかに焦点が当てられ、長州藩の分析を基礎に提示した私の藩政改革派――尊攘派――討幕派――維新官僚の形成・転回の過程の図式化に対して、芝原拓自はこれを単線的だとし、それらは複線・複々線的な相互依存（対立・内訌を含む）としてとらえるべきだと批判した（田中彰『明治維新政治史研究』、青木書店、一九六三年。芝原拓自『明治維新の権力基盤』、御茶の水書房、一九六五年）。この批判と毛利敏彦『明治維新政治史序説』（未来社、一九六七年）をはじめとする薩摩藩を中心とした公武合体運動の研究成果をふまえて、私はのちにこれを藩政改革派――尊攘派・公武合体派――討幕派――維新官僚と修正した。そして、ここにいう尊攘派・公武合体派の関係は、「尊攘運動と公武合体運動の対立・交錯」と規定したのである（田中彰「幕府の倒壊」〈『岩波講座日本歴史13近世5』岩波書店、一九七七年〉、同『幕末維新史の研究』、吉川弘文館、一九九六年、等参照)。

3　下級武士論の現在

ここまでみてくると、下級武士論はもはや下級武士の範疇のままで維新変革の主体として論じえないことがおのずからわかろう。下級武士は下級武士の身分として登場しつつも、幕末の藩政改革から尊攘・討幕運動の過程で(そこにはいうまでもなく外圧=国際関係が不可避の問題として絡む)脱皮・転回・転生する存在であり、彼らは藩士から朝臣、つまり維新官僚として天皇制を創出する存在となっている。この維新の主体はいうなれば自己否定の論理の展開過程の上に形成された存在に他ならない、といえるのである。

かつて私は、木村の著作『下級武士論』が出たとき、つぎのような書評をした(『週刊読書人』六八八号、一九六七年八月十四日号)。

第一章では、「素朴下級武士論→その否定→「同盟」論→維新官僚論」という従来の研究史が概観され、第二章では下級武士の概念や武士団の構成にふれる。次いで第三章では下級武士の存在形態が幕府や仙台・尾張・長州・佐賀・佐倉・岡山藩等を引合いに出しながら、新見吉治氏の『下級士族の研究』その他をフルに活用して叙述されている。ここでは下級武士をめぐる制度や生活に視点がおかれ、静態的に分析されているが、第四章では一転、「明治維新と下級武士」というテーマで、幕末期における下級武士の動向が、長州・大村・佐倉の諸藩を中心に動態的に分析され、薩摩・土佐・佐賀・水戸藩および幕府と共に概括されている。

こう概括したうえで、私は以下のように述べた。

実はこの第三章と第四章の関係には下級武士論と下級武士の存在形態は一致すべきものという漠然たる予想と、両者はそう簡単にはつながらないという学問的ジレンマがそのまま反映している。そのことを著者は素直に認め、「あとがき」で「下級武士は長年にわたり貧乏だったから明治維新の時に奮起した」という世間的常識に忠実に章を立てたが、結果は「〝下級武士の存在形態そのものをいくら追及しても、明治維新の主体勢力論としての下級武士論は出てこない〟ということになった。端的に言えば、本書は世間的常識としての下級武士論を否定しているのであり、下級武士論の限界を示しているのである」という。

その著者が結論のところで、結局、明治維新＝下級武士論は、幕末の全階級配置を政治史的にとらえなければならないことを強調したのちに、「維新官僚の多くは下級武士出身であったが、これは武士の大部分が下級武士であったこととの結果であって、「下級」という属性は、彼等が維新官僚に転化する場合の何等の必要条件ではもはやなかった」と述べていることは、下級武士論に真向から対決した本書の著者の言葉だけに貴重である。ここに下級武士論の呪縛からとかれた維新官僚論研究の礎石が築かれたと思うのは私のみであろうか。

ここにいう木村の結論としての、「維新官僚の多くは確かに下級武士の出身であったが、これは武士の大部分が下級武士であったことの結果であって、『下級』という属性は、彼等が維新官僚に転化する場合の何等の必要条件ではもはやなかった」という一文は、さきに維新の主体の図式化にみられる脱皮・転回・転生＝自己否定の論理と重なる。この主体変遷にみられる、いうところの自己否定の論理が、政治史の立場での下級武士論のいきついたところとするならば、思想史の立場からこれをみようとしたものが、つぎの尾藤正英の論といってよいだろう（尾藤正英「明治維新と武士」〈『思想』一九八五年第九号〉、『江戸時代とは何か』、岩波書店、一九九二年、所収）。

尾藤は明治維新の「変革を推進する上で最も重要な役割を果した社会階層は、武士」であり、「ただ相対的にみて、従来高い地位に安住してきた上級の武士よりも、下級の武士の方に、因襲に因われないすぐれた政治的判断力や行動力を具えた人材が多かったのは、当然であり、両者の間にはしばしば葛藤が生じたが、その対立は本質的なものでなく、むしろ下級武士の運動が、上級武士や藩主の賛同ないし協力を得て、藩という組織体の政治的な動きと一致した場合にこそ、全国的な政局の動向に最も大きな効果を及ばすことができたといえる」（一六六～一六七頁）という。

右で尾藤がいわんとしたのは、下級武士の役割の大きさを認めつつも、むしろ「変革の主体としては、一般的に武士」である、ということだった。そして、「藩や国家など組織の公共的な利害を、個人の私的な利害関係に優先させる、武士的な価値意識」に注目し、「『国事』のために自己放棄を当然とみる武士的な公共的精神」が、維新変革の武士の特権を廃止するという「明治維新の社会変革としての独特な性格」を規定した、とするのである。

尾藤は、この「自己放棄を当然とみる武士的な公共精神」は、武士だけに限定されるものではなく、幕末では庶民とりわけ豪農商の「志士」たちにもみることができる、として、それを「自己放棄」という表現を用い、それは「同時に自己確認の意味をもち、個人の自律的な生き方を支える役割を担っていた」（一九六～一九七頁）と述べた。

とすれば、それはすでに述べた、いうところの自己否定の論理と相通ずるところがあるといってよい。

要するに、下級武士論は、『下級武士論』の著者木村の結論としての、世間的常識としての下級武士論の否定の延長線上で、武士とりわけ下級武士の「自己否定」ないし「自己放棄」の過程を経つつ、維新変革の主体としての役割を担った、といってよいだろう。

さらに最近の視角から、もうひとつつけ加えれば、幕末の下級武士を含む武士層は、豪農商とともに一定の知識人という形で位置づけることができ、彼らは国内外の情報をキャッチし、また情報を発信・受信する主体でもあった。豪農商を拠点に全国的に移動する「志士」たちによって形成されるネットワークは、民衆をも包み込んだ世論形成の起動力ともなり、時代の危機意識をつくり出し、同時にその時代の危機意識のもとに行動する主体たりえた。彼らを服部之総流にいえば（『黒船前後・志士と経済他』、岩波文庫、一九八一年、参照）、「政治の志士」と「経済の志士」とが重なり合い、さらに「情報の志士」がこれにかぶさる存在であった。政治網と市場網、それに情報網との密接不可分な関係がそこにはある。下級武士論は、これから情報という新たな視点によっても検討されるだろうが、それは本来の下級武士論を遙かに越えて複雑な様相を呈してくるであろう。*

＊ここでその一例を示しておく。

園田英弘「郡県の武士」（同『西洋化の構造』、思文閣出版、一九九三年）ではまずつぎのようにいう。

「封建制と、それを支えていた武士身分は、封建制下で抑圧されていた民衆（豪農・豪商・農民一般、これらのどれを強調するかは、論者によってさまざまに異なっているが—原注、以下同）によって、あるいは、根本的な改革なくしては民衆の大蜂起を招来することを予知していた武士内の改革派グループ（それは、しばしば『下級』武士という、武士内の階層性に着目して論じられた）によって否定された、と解釈されたのである。このような闘争モデルの立場からなされた、具体的歴史解釈について触れる必要はない。ただ、問題にすべきは、闘争モデルで日本における封建制（そして同時に武士身分）の崩壊形態を、適切に解釈できるかどうかということである。」（一二六頁）

明らかにこれは下級武士論への疑問である。さらに次のような文章がある。

「幕末の軍政改革の中に見られた新しい傾向は、価値観の一大転換によってもたらされたのではない。武士は、対外的危機意識の深刻化とともに、『武職』の担当者としての自覚を深め、『強兵』という目標達成のために、その障害となる武士の周囲に付着している身分制的側面を一つ一つそぎ落としていっただけであった。いわば、『強兵』という至上目的のために、不用なものは切り捨て、有能なものを摂取したに過ぎなかったのである。したがって、このような新しい動向を生みだすために必要だったのは、価値観の転換ではなく、すでにもっていた価値観を、状況の変化に対応させて、徹底化することであった。『武』と『職』の概念は、このための不動点の役割を果した。『武』＝軍事と『職』＝義務感・責任感の結びつきが強固になっていくにともなって、武士は『神の道具』としてではなく、『国家の道具』として、一個の軍事的機能の遂行者へと自らを変容さ

せていったのである。」（一五三～一五四頁）

右のような発想から、園田は「郡県の武士」という新しい概念を提起する。「郡県の武士」とは何か。

「『郡県の武士』は『封建の武士』の対概念として考案されたものであるが、一般的定義をすれば、かつて武士の『職』とされていた軍事・政治などの国事の担当者を指し、より具体的には、これらの職務を遂行する地位である官職の保有者を意味している。明治半期においては、官職保有者の多くが旧武士層出身者によって占められていたが、これは、たまたま主に旧武士層に優秀な人材が多かったとか、国事を主体的に担おうとする責任感や意欲があったという個人的理由以上の意味をもつ。

すなわち、明治の官僚は、武士がたんなる支配的身分階層として国民に君臨するのではなく、より一層、武士の『職』のために自己を変革していった、集団的産物であった。このプロセスについては、ここでは繰り返さないが、われわれにとって見逃すことができないのは、武士層のある部分は、自己変革を通して、集団として明治に生き延びたということである。（中略）『郡県の武士』は、旧武士層出身者という以上に武士そのものであった。しかし、封建的身分制というかつての武士の根本的軛から解放された新しい政治体制下の武士として、彼らは出発した。古きものと新しきもの、過去との連続と非連続、変革と保守、これらの互いに拮抗するものを統合し理解するために考案されたのが、『郡県の武士』という概念である。」（一七七頁）

その「郡県の武士」のいきつくところは、つぎのように表現されている。

「郡県の武士は庶民でもなく、『没落』士族でもなく、彼らは国家への忠誠心と、職務への専心という新しいエートスを身につけた、新しい階層であり、最後の武士とも呼ぶべき存在であった。郡県の武士が、自己を武士と考える以上に、国事の専門的担当者とみなすようになったとき、七百年の歴史をもつ武士は、静かな自然死をとげた。」（一九三頁）

以上の断片的文章の紹介では意を尽せないが、要するにここでの発想は、もはや下級武士論を遙かに越えたところからのものであることがわかるだろう。

Ⅱ　長州藩における藩政改革と明治維新

解題　Ⅱ

一　長州藩天保改革研究史（原題「天保期における藩政の改革〈長州藩〉」、歴史学研究会編『明治維新史研究講座』第二巻、平凡社、一九五八年、所収）。

長州藩天保改革をめぐる研究史を戦前から戦後にかけて追ったもの。Ⅰの一と重なるところがある。

二　長州藩における藩政改革と明治維新（『社会経済史学』二二の五・六合併号、一九五七年、所収）。

一九五六年度の社会経済史学会第二十五回大会報告（右論文の「あとがき」参照）。藩政改革の視点から明治初年までを通観。

三　長州藩における櫨と蠟（地方史研究協議会編『日本産業史大系』第七巻、東京大学出版会、一九六〇年、所収）。

長州藩蠟専売制を、宝暦〜安永期から明治初期までを通してみたもの。

四　長州藩部落解放史覚書――幕末期を中心として――（『部落』六九、部落問題研究所、一九五五年）。のち『部落問題セミナー』Ⅱ（部落史）汐文社、一九六四年、所収。

近世後半から幕末維新期にかけての長州藩部落解放史を初めて事実に沿って明らかにした論稿。以後の長州藩部落解放史研究には必ずといってよい程引用されるか、あるいは参考文献に挙げられている。

五　吉田松陰と被差別部落（『明治維新と解放令』大阪人権歴史資料館、一九九一年、所収）。

拙著『松陰と女囚と明治維新』（ＮＨＫブックス、日本放送出版協会、一九九三年）の著述の動機を述べ、吉田松陰と女囚高須久子との獄中の人間関係を簡潔に論じ、いわゆる「解放令」に及ぶ。なお、拙稿「私のなかの部落解放史」（永原慶二・中村政則編『歴史家が語る戦後史と私』吉川弘文館、一九九六年、所収）参照。

六　明治政権初期政策の原型――戸籍帳を一例として――（『日本歴史』八三、吉川弘文館、一九五五年）。

維新政権の戸籍の原型が、長州藩文政八年の戸籍仕法によっていたことを論証。新見吉治『壬申戸籍成立に関する研究』（日本学術振興会、一九五九年）では、この論文を批判しつつも「誠に新発見」といい、福島正夫編『戸籍制度と「家」制度』（東京大学出版会、一九五九年）では、「重大な意義ある研究」（福島）とされた。

一　長州藩天保改革研究史

1　研究前史

長州藩天保改革の独自な全構造的歴史的意義がうち出されたのは、戦後の研究をまたなければならないが、戦前・戦中の研究が皆無であったわけではない。しかし、その場合、それは明治維新への必然的な展望をもつものではなく、あくまで前史的な、かつまた、名君＝賢宰相的な人的結合のうえに行なわれた政治改革という政治史的把握以上ではない。その一つの典型を中原邦平『訂正補修忠正公勤王事績』(明治四四年)にみることができるが、もうひとつの末松謙澄『防長回天史』全十二巻(明治四四年、修訂再版、大正一〇、以下『回天史』と略称)も、大枠としてはそのことをみずからの意図としてうたっている。(1)

しかし、『回天史』はこのような限界をもつにせよ、厖大な基本的史料の上に立った最初の集大成された叙述である。その後の研究は多かれ少なかれこれによっており、後述するように戦後の研究ともからんでいるから、若干その内容を見ておこう。

まず戦後の研究で問題となる天保一揆については簡単にふれるのみで、天保改革との必然性をみようとはしていない[2]（『回天史』壱、一〇四・二〇七～二〇八頁）。改革自体については、村田清風をはじめ「群才彙進し、諸職其人を得たり」として、「積年因習の弊風是に於て将に一洗せんとす」（壱、二一九頁）と、その改革の姿勢をいい、内政・教育・財政・兵制などあらゆる面にわたって記述している。

とくに内政に関しては、(i)徴税法の修正、(ii)司法制度の改正、(iii)辻番法の改正、(iv)淫祠廃革、(v)山代奥阿武郡の救済、(vi)山口祇園会の更改の各項に分けて、その「鋭意改革」ぶりを強調している（壱、二二一～二二三頁）。また、財政改革については、天保十一年（一八四〇）七月七日の政府大会議における改革当事者要員の献策にもとづき、士民に財政を公開し、「一面には藩庫の経済をして収支相償はしむるの方法を講究し、一面には士卒の窮困を救正するの方法を講究せざるべからず」（壱、二九〇頁）という政治情勢のなかにあって行なった諸政策として、撫育局財政の整理、諸経費節減、修補《しゅほ》金穀の改革、越荷方《こしにかた》の改正強化、社倉設置、公内借三十七カ年賦皆済法の実施等について述べている[3]（壱、二九一～二九八頁）。

そして、この三十七カ年賦皆済法が村田失脚の直接原因となり、「是に於て乎藩政の中心は一変し、政務役坪井九右衛門専ら機務に参す」（壱、二九九頁）という。時に弘化元年（一八四四）。以後政局は一進一退しつつ安政改革に連なるわけなのだが、この『回天史』の天保改革の把握で注意しておきたいのは、村田派に対する坪井派を、「坪井等は則ち之れ（村田派―田中注）に反し、流俗に競はず人心を失はざるを以て主となす。是れ俗論の名を得し所以なり」（壱、二三五頁）として、文久・元治以降の「正義」派と「俗論」派の対立を「既に此時に肧胎す」（同上）、としていることである。

すなわち、村田派を改革派、坪井派を保守派とみ、これがそれぞれやがて周布政之助および椋梨藤太に連なるとされる（壱、二三七頁、弐、七〇～七一・二三六頁）。こうした二派の把握の仕方は、前掲中原邦平『訂正補修忠正公勤王事績』（以下『勤王事績』と略称）と同様なのである(4)（六〇～六一頁）。じつはこうした正・俗二派の把握の仕方は、文久・元治の内戦以来、尊攘―討幕派の主観的立場からなされているのであって、これが『勤王事績』や『回天史』に引継がれていることは、この内戦の勝利者がやがて明治維新の主導権を握り、明治天皇制の創設者たちであったことと無関係ではない。いわば『回天史』には、尊攘・討幕史観がその王政復古史観の背後に一貫して流れているといえるのである(5)。

敗戦までは、天皇制というタブーが存在して、学問研究の自由に大きな枠をはめこまれていたため、その後における天保改革に関する見解が、何れも『回天史』的なものへつながっているのはあながち不思議ではない(6)。もちろん、その間にあっても、そうした史観とはほとんど関係なく、実証的研究はわずかではあるが行なわれており、戦後の研究の礎石になっていることを見逃してはならない(7)。しかし、天保改革の本格的研究はやはり戦後をまたなければならない、といえるであろう。

2 改革の主体

戦後、天保改革の意義をもっとも明確にさせた最初のものとしては、奈良本辰也のいわゆる郷士＝中農層論をあげなければなるまい。それは長州藩の天保改革とその主体を問いながら、じつは明治維新の本質へ肉迫しようとしたものであった。奈良本の郷士＝中農層論は、主として「明治維新革命の主体性について」（『潮流』二の九、昭和二二年、『日本近世史研究』昭和二三年、所収）、および「幕末における郷士＝中農層の積極的意義―天保の改革と毛利藩―」（『歴史評論』二の七、昭和二二年、『近世封建社会史論』昭和二三年、改訂増補版、昭和二七年、所収、以下頁数は改訂増補版による）

において展開されたものであるが、まず天保改革の必然性についてつぎのようにいう。

長州藩における天保の改革は、本質的には幕藩体制それ自体の深刻なる矛盾の中から考えらるべきであるが、それが特にこの藩の改革となって現われて来なければならない理由は、藩財政の破綻と封建家臣団の窮乏、そして特に百姓一揆と農村分解の進行の中にあるのであった。（『日本近世史研究』三三頁）

明らかにここには改革の必然性が幕藩体制の構造的矛盾のなかに求められている。そしてそこに登場してくる改革の主体を、奈良本は郷士＝中農層に求めたのである。

すなわち、奈良本のいう中農層とは、「封建的藩の特権的上層と結びつかない広汎な中農層――それは一〜二町の田地を持って自営し、副業として農家々内工業或はそれの原料供給部門を受持つ――」（『近世封建社会史論』一二〇頁）であり、これは「それ自身、ブルジョア的発展の所産でありながらも、まだブルジョアジーではなく、封建制度の中に住みながらも決してその条件を満足していないもの、商品生産者化しつつあった生産的中農層」（『日本近世史研究』二七頁）であり、なお換言するならば、「いうまでもなく階級としてあるいは身分として、ヨーマン以前のものであった。だが、それはあくまでもヨーマン的なものに成長し得る可能性を持ち、そしてその道を進みつつあった生産的中農層であった」（同上、二七頁）という、イギリスのヨーマンにも対比さるべきものだったのである。

他方、奈良本のいう郷士とは、長州藩において、すでに十七世紀中葉から城下町萩を離れて農村居住をし始めた武士層にみられる如きものであり、この「郷士或は農村居住の武士達は、その現実生活において、その身分を除くならば、全く生産的中農層と択ぶところがなかった」（同上、三一頁）存在をさしたものであった。

かくてこの中農層が、そのなお未成熟の故に、「身分を除けば同じような生活条件或は経済条件にあり、その意味で彼等の意志を可成り正当に汲んで呉れる在郷武士によってその目的を貫徹しなければならら」（『近世封建社会史論』一三一〜一三二頁）ず、ここに郷士＝中農層としての範疇が成立するとしたのである。

かくして、この郷士＝中農層が改革の主体であり、「改革の主体が封建的な支配者の理念から出たのではなくて、現実の農村に基礎を置いた階層であったこと」（同上、一〇八頁）に、奈良本が改革の清新さを強調する所以があったのである。奈良本のこの郷士＝中農層の範疇は、かつての服部之総の地主＝ブルジョア範疇の系譜をひくものであり、しかも、いわゆる大塚史学の成果を日本に適用しようとした維新の主体解明への野心作であった。(8)問題が問題だけに、この立論に対しては多くの批判を生んだ。(9)そして奈良本もまたそれへの反批判を行なった（「『幕末・小営業段階説』と私の立場」『歴史学研究』四八、昭和二六年。『近世封建社会史論』改訂増補版、所収）。

奈良本の立論は、長州藩を素材とした分析ではあったが、それはかならずしも具体的な史実の分析を基礎としておらず、そこに最大の弱点があったが、これに対する批判もその弱点をついた実証的なものはなかった。ところが、木村礎は長州藩の在地家臣団の分析を通して、奈良本のいわゆる郷士の唯一の論拠となっていた井上馨家が、かならずしも中農的でないことを論証し、郷士＝中農層論批判へ一石を投じた(10)（「萩藩在地家臣団について——『下級武士論』の一問題——」『史学雑誌』六二の八、昭和二八年）。

ところで、堀江英一は「改革派は中農層の、より端的にいえば打毀し農民の政治的代表者であろうか」（『明治維新の社会構造』七七頁、昭和二九年）といい、「村田清風の天保改革は、武士的立場から、天保に二度起った打毀し一揆にみられる矛盾の一極——都市特権商人層・農村特権層を抑制して、危機を克服しようとした」（同上、七六〜七七頁）と、奈良本とは逆に、改革派の本質に武士的立場を強調し、守旧派との対抗関係の中で改革派が村落支配者層と結びついていく、いわば改革派同盟への路線を打出した。

さらに、関順也は、長州藩を分析した『藩政改革と明治維新』（昭和三一年）で、基本的には奈良本の中農層に視点を据えながら、「その中農層は郷士中農層ではなく、既に寄生地主化した特権豪農商でもなく、小商品生産者としての惣百姓の先頭にたつ頭百姓層である」(同上、「はしがき」二頁)と、若干のニュアンスの相違を示した頭百姓層を基礎におき、天保改革については、「享保宝暦の改革による基本体制をうけつぎつつ、当時の農村構造の推転度に対応せんとしたところにその歴史的意義がある」(同上)とした。そして関は、「恩威行われる封建的支配体制を再興せんとした」(同上、一〇一頁)ものこそ天保改革であると、従来の一般的見解とは逆に長州藩天保改革の反動性を強調した。そしてそれは、関の安政改革の意義の劃期的性格を主張する伏線でもあったといえるのである。[11]

ここまでみてくると、あの奈良本の問題提起たる改革の主体とその基盤の表現である郷士＝中農層論そのものは、もはや分解したといえる。[12]しかし、それはもちろん、その基本的な視角それ自体が否定しさられたことを意味するものではない。「政治を経済の深さにおいて把握しよう」(奈良本『近世封建社会史論』「はしがき」二頁)とする方向は、今後一層豊富な史実の分析によって深めらるべきである。堀江も提起しているように、経済過程・社会過程・政治過程の三つの相関連する命題をいかに統一的にとらえるか(堀江『明治維新の社会構造』一九四〜一九五頁)、その場合、井上清が強調している「中間層」の問題(井上『日本現代史Ⅰ　明治維新』一〇〇〜一〇一頁、昭和二六年)を、いかに具体的に把握していくか、そしてそれをいかに階級的に位置づけるかは今後の課題であろう。

それは換言すれば、「指導と同盟」の問題をいかに捉えるかということでもある。しかし、その場合、日本におけるブルジョア的発展の未成熟、それ故にそれに対応した政治的代位――具体的にそれは地主＝ブルジョア論、郷士＝中農層論、豪農論、改革派同盟論、下級武士論等々の形で表現されている――という論理からひき出された従来の指導・同盟論は、いずれも政治史への肉迫を試みつつも、どちらかといえばむしろ経済史学的発想にもとづいた姿勢をとっているといえる。戦後の研究動向が比較的に基礎構造への指向をもっていたことが一層それに拍車をかけたと思われるが、最近どうやら一応のみのりを示しはじめた政治史研究のなかから、ぼつぼつ政治史独自の発想による改革主体論が出されてもよいのではないだろうか。それは難しいことではあるが、そうして提出された政治史によって、あらためて経済史とのくいちがいを確認し、そのくいちがう問題点に真正面から取組まないと、現状の経済史と政治史とのズレは容易に解消しないのではないだろうか。

最後にもう一つ、つぎのことを指摘しておきたい。それは長州藩の天保改革およびそれ以降における相対抗する政治党派を、村田―周布および坪井―椋梨と平行的に系譜づけ、前者を改革派、後者を守旧派とする『回天史』的見解から解放される必要のあることである。さきにも指摘したように、じつはそこには尊王攘夷・王政復古史観が色濃くまつわりついているのであって、その点で奈良本の郷士＝中農層論が、発想こそ異なれ『回天史』的見解を裏づけた形となり、いっそう強調した恰好で戦後の研究に持ちこんだ結果となったことは見逃してはなるまい。そして戦後においても、討幕派＝進歩派、佐幕派＝保守派と平行的な単純な対抗関係でみる見解の背後には、依然として尊王攘夷・王政復古史観の亡霊がつきまとっている感がする。今後の維新史の研究にあたっては、これからは完全に解放されることが必要なことであろう。

3　経済的発展と階級闘争の問題

前節にみてきた改革の主体を基底的に規定する経済的発展の評価と、これに密接にからんだ階級闘争の問題についてはどうであろうか。

長州藩における経済的発展度については、すでに戦前『長防風土記』（原典『防長風土注進案』）を史料として「階級構成」を分析した下村冨士男の先駆的な業績があるが、下村はそのなかでつぎのように述べている。

商品経済の浸蝕作用は単に農村に於ける農民層の分化のみに止らず農村そのものの変質にまで至らしめる程激しく維新後新に市・町となるべきものを完成しつつあつた。（中略）そしてそこでは既に新しい分解作用が進行してゐた（「近世農村の階級構成―長州藩の場合―」『歴史学研究』三の二、昭和九年）。

同じく、この『長防風土記』に依拠して分析を進めたのは戸谷敏之であった（「徳川時代に於ける農業経営の諸類型―『長防風土記』を資料として―」『社会経済史学』一一の一一・一二、昭和一七年、のち「長防風土記に現れたる農業経営の諸類型」として『近世農業経営史論』昭和二四年、所収。「長防風土記に現れたる肥料の研究―日本肥料史の一齣―」『渋沢水産史研究室報告』第二輯、『日本常民文化研究所ノート』二三、昭和一七年、所収）。

戸谷は肥料や商品作物・農家経済の交換経済への入り方等々の分析を通して、彼の農村類型（西南日本＝阿波型および特殊西南日本＝摂津型）の検証を『長防風土記』の中に求めているのであるが、この戸谷の研究が以下述べる戦後の相対立する見解に対して、それぞれ導きの糸になっている点は興味深い（註(13)(14)参照）。

戦後の研究では、まずさきの奈良本の見解があるわけだが、奈良本の立論からは当然瀬戸内農村の商品経済を高く評価することになり、「幕末における長藩の岩国縮や柳井縞の厖大な産額は、畿内と比べて劣るところは少しもない」（『幕末・小営業段階説』と私の立場」。なお、奈良本『日本経済史』昭和二六年、参照）という。(13)

これに対し、古島敏雄は長州藩における農業生産物の商品化は、「小都市近郊或は近隣農村の極めて狭い範囲を対象とする商品化にすぎなかった事を断定しても大きい誤はないであろう」（「近世における商業的農業の展開」社会構成史体系第八回、一三一頁、昭和二五年）といい、さらに、「防長二州は藩が専売を通じて掌握した商品以外の農産物を通じては特に顕著な農民層の変貌を期待しうるような地帯とはいい得ない」（同上、一三三頁）と、きわめてその発展度を

低く評価した。(14)

さらに岡光夫は直接『長防風土記』を分析することによって、奈良本の立論の基礎となった「幕末長州藩先進地域たる瀬戸内農村に於ける商品生産と、農民層分化に就いて」(「長州藩瀬戸内農村に於ける商品生産の形態」『歴史学研究』一五九、昭和二七年)考察を行なったのであるが、岡の分析からは奈良本のような中農層の発展的可能性はかならずしも認められず、せいぜい「富農」にそれを見出すに過ぎず、農民層の分化(門男《もおと》の比率)は、「最も商品化の進んだ上関・山口宰判に高い」(同前)けれども、「長州藩全体の農村では極めて低」(同上、傍点原文)いとされ、逆にいうならば、商品経済の発展度はかならずしも高くないという評価がなされ、かつて同じ史料を分析した下村の評価とも相当異なっており、むしろ古島の線が強く打出されている、といってよいであろう。(15)

ここに長州藩瀬戸内農村の経済的発展に対して、まったく相対立した評価が生まれたわけであるが、これはさらに階級闘争の評価にも連なる。すなわち奈良本は長州藩天保一揆の意義を高く評価し、それは「中農層によって指導されたとみるべきであ」(『近世封建社会史論』四九頁)り、さらに「端的にいうならば、百姓一揆の指導がこの沿岸地方に発生しつつあった早期産業資本的なものの手中にあったことを意味する」(同上、一一六頁)と述べているのに対し、他方、古島は、「農民層が反封建的な闘争の荷い手になるような条件を強く持つとは断言し難い」(『商業的農業の展開』一三二頁)という。ここでは明らかに天保一揆の評価は奈良本とは逆なのである。

こうした見解に対し、堀江英一は、同じく戸谷の分析した仁井令村と伊佐江村とを例にとることによって、「両村の商品経済はさきに述べた畿内農村にくらべると低いが、しかし畿内農村が商品経済化のもっとも進んだ地域から、しかも、三町歩経営農家からとられ、長州藩農村が平均的な、しかもその村の平均農家からとられていることは、両地域の開きを過大にしていることとなるであろう」(『明治維新の社会構造』一二一頁)として、天保一揆の事実のあることは古島の評価が崩れるものだと指摘し、さらに、「寛政期の大阪近郊農村を特徴づける戸谷氏の『摂津型』が文久・明治初期の長州・土佐の農村の特徴とな」(同上、一七一頁)るとして、幕末維新期の長州農村の商品経済の発展度は決して低いものではない、と考えているようである。そうした基礎の上に、「専売制度などの全般的支配に対する商品の自由が一揆をこれほど広汎なものにしたのである」(同上、六七頁)と、天保一揆の中に「商品の自由」の要求をみ、それへの武士的な立場からする対応的な天保改革のなかから改革派が村落支配者層と結びついていき、「天保年間に農民大衆に攻撃された村落支配者層は下級武士層の改革派とむすび、上級武士層の守旧派＝佐幕派を攻撃することによって、一般農民層の反封建闘争をすいあげゆがめ、再び村落の指導権をにぎることとなった」(同上、七八頁)と、その階級配置を要約している。

堀江は尊攘運動、ひいては維新の主体勢力の階級関係を、天保期以降の農民一揆の中から探り出そうとしたわけだが、その過程での堀江の「改宗」論理にはいろいろな批判はあるが、視点そのものは正しいといえる。しかし、氏の場合、天保一揆自体の分析については「残念ながらこれを証明する史料はない」(同上、六八頁)として、梅村騒動や木ノ間村の村方騒動で傍証されているにすぎない。

だが、その後における研究の深化は、堀江の傍証に頼らざるをえなかった長州藩での論証の弱さをつぎつぎに克服していった。

関順也は『藩政改革と明治維新』第三章を「天保一揆と天保改革」にあて、まず商品経済の発展についてつぎのように評価する。すなわち、「後期の商品経済は農民的小商品生産の発展と城下町商人に対する在方商人の成長の時代であった」(五六頁)と、その発展の方向を一応認めて、米・菜種・綿作および木綿織に指標を求めて分析を進める。そして結論としては、「封建貢租の圧迫をのがれて試みる農家副業にとどまり、貢租米の圧迫を排除して本田にも拡張していく程の強靭な商品作物の進展ではなかった。従って、こうした農民的小商品生産を基盤とした在方の問屋資本も、城下町の特権商人に対抗し、これを排除しうる程の成長を示していない。むしろ、城下町商人の特権に追従してその商業利潤の分前にありつこうとするものであった。これに対する小生産者及び地方仲買等の消極的な抵抗形態は、藩及び株仲間の統制をくぐる抜荷の増加にみられ、化政時代以来、漸次に増加してきたが、天保改革で再び藩権力の下に掌握され、其後も藩権力を積極的に排除して自由取引を全面的におしすすめんとする程に強靭な商品生産の進展はなかなかみられない」（同上、七一～七二頁）と述べている。

こうした商品生産の発展の評価は、天保一揆の性格規定に微妙に反映する。すなわち、関は、天保二年（一八三一）の大一揆の性格は「まことに複雑である」（同上、七九頁）といい、その特徴を惣百姓一揆と世直し一揆との「区別することが不可能である程密接にからみあ」（同上、七九頁）っている点に求め、「天保一揆の段階では、全藩的にみれば、没落本百姓、貧農の世直し一揆が強く、小商品生産者層の上昇要求の強いのは瀬戸内諸村の一部に過ぎなかった」（同上、九八頁）という。ところでこの瀬戸内諸村、なかんずくその先進地域とされる三田尻・山口においても、商品生産者としての要求は「未だ強くないというべきであろう」（同上、九四頁）という評価があって、ともかく一応の商品生産の発展は認めつつも、全体としてはやはり否定的傾向に比重がかかっているようである(16)。

さらに、西部日本地帯の在方商業に精力的な分析を試みている安藤精一は、長州藩の在方商業分析から、この藩の在方の市の存在形態は先進地帯的特色を示しているとして、瀬戸内地帯の発展度を高く評価しているようである（「長州藩における在方商業」『経済理論』四〇、昭和三二年）。

これらの諸見解は、関も認めているような「農民解放への方向の進んでいる」（『藩政改革と明治維新』九七頁）瀬戸内先進地域の意義をいかに捉えるか、その把握如何が評価の相違を生ぜしめたともいえる。もちろん、この場合、畿内に対比しうるという奈良本の評価は、あまりに楽観的と思われるし、また瀬戸内地帯のみで長州藩全体の評価とすりかえることにも問題はあるであろう。天保一揆以降幕末期に再びこのような広汎な全藩的一揆が皆無であること（Ⅲの二の補注2参照）、それに対応するかの如き藩権力の動向＝藩政改革のあり方を考えればなおさらである。しかし、われわれが視点を歴史の発展的把握におく限り、やはり、萌芽的ではあれ、発展的方向を示すものの意義は大きいし、全体の中にそれを埋没させてはならないと思う。関が奈良本の郷士＝中農層論のなかから、「小商品生産者としての惣百姓の先頭に立つ頭百姓層」（同上、「はしがき」二頁）を持出し、天保期以降にその「上昇が目立ってきた」（同上、一一五頁）ということと、関の前述した経済的発展の評価とはいかに関連させて解釈すべきなのだろうか。

このようにみてくると、今なお見解は区々に分れているというのが研究の現状といえる。

今後の研究の進展に期待するのだが、しかし、その場合、維新の基本的階級関係はこの天保期の階級配置にまず視点をすえて考えなければ、やはりその本質を見誤るのではないだろうか。天保一揆が端的にその基本的階級配置を示していると思うからなのである。とすれば、そうした階級配置を基底的に規定する商品経済の発展に関しては、今後もっと厳密な分析と追究が必要であろう。そのためには、他の地帯にはすでに数多くの成果が出されているような商品生産・経営の基礎的個別分析が、この藩では皆無に等しい研究の現状は打破される必要があるし、それと地主制の関連の分析も残された問題である。さらに、その基礎的な問題と、この藩のような天保期の全藩的一揆の史実との関連をどうみるかも今後の課題である。全藩的一揆という形態は、もはや単に基礎構造における諸条件のみでなく、藩権力という上部構造とのからみあいを必然的に孕んでいると考えられる。この辺の分析から、階級対抗の総体的な過程追究の突破口が与えられるかも知れない。

4　「絶対主義への傾斜」論

天保改革の意義を維新史の上に明確に位置づけようとしたのは、さきにみたように戦後の研究にまたなければならなかったが、これを「絶対主義への傾斜」という形で把えようとしたのは、遠山茂樹『明治維新』（昭和二六年）といってよい(17)。

この遠山の「傾斜」論は、前述した服部の系譜をひく奈良本が、「下から」のブルジョア的発展の強調のなかに維新史への糸をたぐろうとしたのに対して、あくまでこれを「階級闘争の集中表現」（『明治維新』一八頁）としての「明治維新政治史」（同上、一九頁、傍点原文）として、とくに絶対主義国家における権力が、「むきだしで社会の全分野に及び、従ってそれへの反撥もまた激しく、この両者の対抗としての政治が、経済の動きを促進し、あるいは抑止し、ないし歪曲する力」を「充分評価」（同上、一八～一九頁）しようとする意図から出されたものである。かくして、遠山はこの「傾斜」論をつぎのように規定する。

> 色濃い封建的色彩の底に、単なる封建再編成に終る反動に止りえず、社会の新しい動きに適応せざるをえなかった封建支配者の新しい政治的表現が、改革当事者の主観を越えて発生した事実を見逃すことはできない。これこそ絶対主義への傾斜にほかならない。（同上、二六頁）

そして天保期とは、「もろもろの社会的政治的諸勢力が、ほぼ出そろっ」て、「封建権力の絶対主義への傾斜を生み出」（同上、二二頁）す階級関係が成立した時期だ、という。

かくて遠山は、「幕府との争覇戦に先頭をきることができた」西南雄藩の場合は、第一に、「一定の商品生産の高さ」と、「それを統制し自己の支配下に組み入れるだけの封建権力の強固さ」という二つの条件が、「縦の構造」か「横の構造」として均衡しうる「中位のブルジョア的発展度の藩」（同上、三七頁）なのだ、とし、長州藩はその後者の場合にあたるとみ、（補注1）さらに第二の要素としては、「中央政界で活躍しうる人材を藩士の中から育て上げえたかどうか」（同上、三七頁）を挙げている。

この「傾斜」論は、その後における維新史研究の基本線に直接・間接連なっているわけだが、これに対して井上清は、遠山が認めた幕府の天保改革の底にひそむ「傾斜」を完全に否定して、「単純な生一本の、それだけ強烈な封建反動」（『日本現代史Ⅰ　明治維新』八九頁）だ、と断ずる。そして井上は、「絶対主義とはたんなる中央集権ではなく、またブルジョア的発展にたいするたんなる封建的反動ではなく、本質においては封建反動でありながら、そこに順応という要素を一面にもったときにはじめて、その反動は絶対主義になると考える」（同上、九一頁）とし、幕府の場合は、この「順応」の要素がみられず、これに対し、「順応」的要素を典型的にもつ、換言すれば「絶対主義への傾斜」の見本は長州藩だとし、「改革の契機といい、内容といい、前に述べた改革的な国民統一のコースの明瞭なひな形である」（同上、九三頁）と規定するのである。

このような「傾斜」論的考え方は、じつは「ふるくからある『領主の商人化』論（中略）の継承である」と批判したのは堀江英一であった（『明治維新の社会構造』一九一頁）。

堀江は「こうした幕藩領主の『絶対主義への傾斜』論は、幕藩領主と豪農との『連繋』論によって、階級的基礎づけをあたえられる」（同上、一九一〜一九二頁）として、会津藩についての藤田五郎・羽鳥卓也の共著（『近世封建社会の構造』昭和二六年）や、畿内についての古島敏雄・永原慶二の成果（『商品生産と寄生地主制』昭和二九年）を引用し、つぎのような反論を試みる。

こうして幕藩領主側から「絶対主義への傾斜」が行われ、それがすぐに豪農や寄生地主と連繫するとすれば、天保期以降の深化した封建的危機は否定され、そもそも維新変革は必要でなくなる。わたしたちは維新の過程を幕藩領主側からでなく、その反対側から説明しなければならない。(同上、一九二頁)

この論理に立って堀江は、「天保期から深化する封建的危機はそのなかから幕藩体制を打倒する維新の主体勢力をつくりだ」(同上、一九二頁)す、すなわち、惣百姓一揆段階から世直し一揆段階への過渡期に、維新の主体勢力が形成される、として、天保期=大坂周辺、文久期前後=西南地帯、明治一〇年代=東山道養蚕地帯という地域移動論を提起する。

これは従来の幕藩領主的「傾斜」論に対する反省であったが[18]、しかし依然として堀江も天保期からの「傾斜」それ自体は否定したのではなかった。

かくして、幕政ないし藩政改革をめぐっての「傾斜」論は、その「傾斜」概念のあいまいさともからんで、多くの論議を生みだしたのであるが、しかし、長州藩の天保改革に関する限り「傾斜」を認める点ではほぼ一致していた。

ところが、これに対して反論したのが関順也であった(『藩政改革と明治維新』)。

関は長州藩天保改革について、「敢えてそれを否定するものではない」(同上、一一〇頁)と断わりながらも、「天保改革は、やはり幕藩体制の再編であって、長州藩においても、『絶対主義への傾斜』をはらんでいたから成功したのではなくて、その本質は水野忠邦の天保改革と異るものではない」(同上、一〇頁)と、従来の一致した長州藩「傾斜」論に真向から否定する説を打出し、安政改革とくに周布政之助を中心とした安政五~六年(一八五八~五九)の改革こそが、「いわば藩を単位とした絶対主義的な富国強兵策の推進」(同上、一二七頁)だった、と規定した。関が従来の盲点であった安政改革に着眼し、新しい根本史料によってそれを裏付けようとしていただけに、この批判は注目された[19]。

かくて、遠山は一九五六年度歴史学研究会大会で、「従来の財政改革に軍制改革が加」わり、軍政改革がからまることで安政五〜六年の改革では「絶対主義への傾斜がはっきりうち出」(『時代区分上の理論的諸問題』三五頁)された、と報告し、さらに同年度の日本史研究会大会で脇田修は、「安政・文久期において、封建権力それ自体の中から、自己転回＝絶対主義への傾斜があらわれてくるように思える」(「明治維新の再検討」『日本史研究』三二、昭和三二年)と報告した。

かくして、安政改革をめぐる諸問題がクローズ・アップされてくると同時に、天保改革論の再検討も行なわれはじめた[20]。

そして、このような諸成果の上に立って、石井孝はその大著『明治維新の国際的環境』(昭和三二年)の序論「明治維新の政治過程概観」のなかで、「天保期には絶対主義へ転換する客観的な条件がようやく熟してきたというべき」(三頁)であり、天保改革は「やがて絶対主義への転換の前提となるような封建的支配建直しの企図」(四頁)をもった改革であるという、きわめて含みのある表現を用いた。

きわめておおざっぱないい方をすれば、今や「傾斜」論は、天保期を起点とするか、安政期にその時期を求めるか、大きく見解が分れてきた感がある。この問題をいかに把えるかは、今後の研究成果にまたなければならないが、最後に若干の感想と、見通し的な私見を呈示してこの稿を結びたい。

まず第一に、「傾斜」論がすぐれて権力論の問題である以上、そこに中核的な視点を据えて、たんなる恣意的な概念から安易に規定することは厳に慎しまねばなるまい。現在での論争においては、多分にこの概念のくいちがいにもとづく点が見受けられる。

第二に、現在、絶対主義成立の基礎に寄生地主制の問題がすえられつつあるが、この基礎の問題と「傾斜」論は一体どこでかみあうのであろうか。だが、これらの点はなかなか容易な問題ではない。したがってそうした不明確さを一応認めた上で第三点に移ろう。

すなわち、第三点は、従来の「傾斜」論では、あえて表現するならば一藩絶対主義とでもいうような形で、とくに長州藩の場合なされている。(21) 維新の一側面がそのような藩体制を打破して中央集権国家としての権力体制を構築する過程である以上、(22) 従来の一藩絶対主義的「傾斜」論では問題は依然として残るし、「傾斜」論の起点を天保期から安政期に移行したところで、本質的な相違は見出しえないように思われる。

ここで私はかつての服部之総の言葉を思い出す。服部はいう。

かくて幕末に於ける地方諸国家の「藩政改革」は近世日本における本来的蓄積史の第一頁として扱はれなければならぬ。

そして、服部はいみじくも次のように続ける。

明治維新はこれをはじめて全国的規模において、即ちその全容姿において、実行し、諸地方国家が着手したものを実現したのである（「明治維新の革命及び反革命」『日本資本主義発達史講座』昭和八年、『明治維新史研究』昭和二二年、所収、三和書房版、一七頁。傍点田中）。

その「全国的規模」、「全容姿」において実現する場合、「地方諸国家」（藩）は否定されるのであり、この必然的に孕む「地方諸国家」（藩）否定の日本的論理こそ追究されねばなるまい。だから私は幕末から維新への絶対主義権力の成立過程をつぎのような諸段階で捉えたいと思う。

第一段階としての天保・安政期は維新への基本的階級関係が形成され、その上に藩政改革という権力の対応的操作が行なわれる。これは維新への前景的段階である。

維新政治過程の本格化するのは、つぎの第二段階としての文久・元治期であろう。すなわち外圧という新たな契機の附加のなかで、これを一身に受けとめて尊攘運動が展開する。そしてこの段階で、はじめて藩権力の否定的論理が打ち出される。そうした藩否定の論理を内包しながら尊攘→討幕派が藩権力を掌握する。したがってその藩権力の性格は前段階とは質的に異なる。

そのような性格の藩権力の連合＝西南雄藩同盟の下に、幕府との全国的市場および外国貿易をめぐる対抗関係のなかに、倒幕過程が実現する。これが第三段階の慶応期といえよう。さらに、さきに内包した藩権力否定の論理の顕在化段階が第四の明治初年期で、版籍奉還から廃藩置県の政治過程として具体化される。かくして、ここに維新政権が「成立」し、以後「形成」過程への歩みに入っていく。（補注2）

注

（1）『防長回天史』の意図は、「毛利敬親元徳二公ヲ中心トシテ防長二州カ維新ノ宏謨ヲ翼賛シタル事蹟ヲ叙述スルヲ主眼トシ、旁ラ広ク二州当時ノ歴史ヲ包括シタルモノトス」（句読点は適宜に付した。以下同）という「総緒言」に端的に示される。そして本書は、「明治維新史の序幕は嘉永六年米艦来航の時に在りと謂ふことを得べし」（壱、一頁）という立場から、天保改革は前史的な「回天前記」のなかでとり扱い、しかもその意義は村田清風と藩主との結合による「中興の事業」の「扶植」と捉えている（壱、二一六〜二一七頁）。

（2）天保一揆に比較的詳しくふれた刊本では、大田報助『毛利十一代史』（首巻一冊、本記四二冊、明治四三年。とくに第四一冊）がある。

（3）その他、教育に関しては「芸術才器あれば、其の出身の貴賤を問はず」（壱、二四七頁）と人材登用を期し、「他国遊学及び他国人の招聘により、自他の疆壁を破り、広く天下の智識を求めんと」（二四九頁）し、また蘭学奨励に意を尽す（二五二〜二五三頁）など、注目すべき点がみられる。兵制改革については、従来のいわゆる「神器陣」を再編して新事態に対応しようとした（三二一〜三二六頁）、とする。

（4）村田＝周布派を改革派、坪井＝椋梨派を保守派とし、前者を主軸にすえてその意義を高く評価する見方が『回天史』以来一般化し、戦後にも尾をひいている。いわば『回天史』の主観が従来定説化されてきたわけだが、しかし、この『回天史』に関係した堺枯川（利彦）が、少年読物とはいえ、明治三十三年（一九〇〇）のその著『少年読本第廿六編周布政之助』において、「今日有力なる長州出身の人々は皆進歩派に属したりし者なれば、兎角に昔日の感情忘れがたく、反対党を嘲って俗論党なりとし、甚しきに至りては、我党は正義なり反対党は姦邪なり、我党は善なり反対党は悪なりと云ふ。然れども党派の争ひは決して、正邪善悪の別に依るにあらず、進歩保守等の思想の衝突と権勢利禄の争奪とに依るものなり」（一九頁）として、客観的叙述に意を用いている点は、後述することとからんで注目すべきであろう。

（5）『回天史』や『勤王事績』が、「維新ノ宏謨ヲ翼賛」する目的で書かれていることは、注（1）に引用した「総緒言」でも明白である。そのことはとりもなおさず、討幕派出身の明治天皇制創設者達の立場を粉飾・強調する基本的態度となってあらわれる。ほとんどの維新関係者の顕彰的伝記が、『回天史』の立場とまったく同様であることもあながち理由のないことではない。もちろん『回天史』は、「材料蒐集ハ最モ公明正大ヲ尽シタリ」（壱、総緒言、三頁）とうたっている。しかし、この編纂当時つぎのような事実のあったことを想起することは重要である。

すなわち、明治四十四年（一九一一）十二月、史談会にたいして元奇兵隊総督赤根武人の遺族から、その遺書類が提出された。これにもとづいて、史談会は事実を探索した結果、その表彰方を議会へ請願し、同時に、赤根が生前死生を共にした山県有朋に恩典のとりなしを依頼した。ところが山県は、自己の主観からこれへの反駁書を書いて、「今般史談会より赤根武人事歴補遺なるもの送付致来候。右閲読候処、謬妄取るに足らざる奇怪千万なる記事に候間、更に別冊の通り批評相認めさせ候に付、御落手相成度此段貴意を得候」（アルフレッド・ルサン著、安藤徳器・大井征共訳『英米仏蘭聯合艦隊幕末海戦記』附録参考史料一九、三八六頁、平凡社、昭和五年）と一蹴した。その意を受けて、三浦梧楼は、「曩ニ報効志士名録中赤根武人ノ記事ヲ読ミ大ニ其ノ事実ニ違ヘルヲ遺憾トス。後山県公爵ノ其ノ誤謬ヲ薫正シテ之ヲ示サルルニ会フ。雲霧ヲ披ヒテ白日ヲ覩ルノ感アリ」（同上、三六一頁）と、山県のお先棒をかついでいる。このような客観状態の下における「公明正大」が、結局いかなるものであるかは推して知るべきであろう。そしてこれは維新史全体の編纂にも連なる。拙著『明治維新観の研究』(北海道大学図書刊行会、昭和六二年)とくに第七章参照。

(6) たとえば、村田峰次郎『防長近世史談』(昭和二年)、徳富猪一郎『近世日本国民史　雄藩篇』(昭和二年)、渡辺世祐「維新の変革と長州藩」(史学会編『明治維新史研究』昭和四年、所収)、維新史料編纂事務局『維新史』第一巻(昭和一四年)、三坂圭治『萩藩の財政と撫育』(昭和一九年)等々。この中、徳富の『雄藩篇』が天保改革を一応それ自体として取上げ、しかもその前提として天保一揆を一章設けて関連せしめている点は注目してよいし、三坂『萩藩の財政と撫育』は長州藩の財政問題を通観した唯一のものである。

(7) 比較的本稿に関連あるものを挙げると、堀江保蔵「毛利藩の蠟専売」(『経済史研究』二五、昭和六年、『我国近世の専売制度』昭和八年、所収)、同「長藩天保十一年度の歳計」(『経済史研究』二〇の四、昭和一三年)、三輪為一『旧萩藩非常用貯蓄金穀』(昭和一三年)、同「旧萩藩に於ける社会階級に就て」(『社会経済史学』八の一一、昭和一四年)、御薗生翁甫『防長造紙史研究』(昭和一六年)、等々。その他、戦後との直接関連ある戦前の論稿については後述の第三節参照。

(8) なお奈良本は、この郷士＝中農層論に付して、「近世封建社会と近代的自営農の諸問題」(『季刊社会科学』一、昭和二三年、『近世封建社会史論』増補改訂版、所収)を発表した。

(9) たとえば、堀江英一「『分割地的土地所有』範疇の歴史的適用について――藤田五郎・服部之総・奈良本辰也諸氏の近業を中心として――」(『経済評論』三の五、昭和二三年)、同「封建社会における資本の存在形態」(社会構成史体系第三回、昭和二四年)、遠山茂樹「百姓一揆の革命性について」(『評論』一一、昭和二三年)、同「日本絶対主義成立期の問題」(『史学雑誌』五八の三、昭和二四年)、山崎隆三「絶対主義の新しき展開」(『経済評論』四の一二、昭和二四年)、藤田五郎「近世封建社会史論書評」(『歴史学研究』一四一、昭和二四年)、藤田五郎・羽鳥卓也『近世封建社会の構造』(昭和二六年)等々、枚挙に遑がない。

(10) さらに、郷士層については、天保一揆における郷士層の動向および村における郷士層の存在形態からの批判もある(田中彰「長州藩に於ける天保一揆について―天保改革の前提として―」『社会経済史学』二一の四、昭和三一年)。なお、本書Ⅰの三「下級武士論の行方」参照。

(11) 幕府の天保改革の評価には対立的な見解を示しながらも、西南雄藩の開明性を認める点では、さきの奈良本の見解以来、遠山茂樹(『明治維新』)、井上清(『日本現代史Ⅰ　明治維新』)の論著で明確に一般化していた。たとえ、西南雄藩個々における評価については、異なった見解はあるにしても（たとえば、後藤靖「藩政改革」『歴史学研究』一七六、昭和二九年。山本弘文「薩藩天保改革の前提」『経済志林』二二の四、昭和二九年。同「薩摩藩の天保改革―改革前の状態と改革の歴史的性格―」『経済志林』二四の三、昭和三一年、等々）、長州藩の天保改革に関する限り、その開明性は否定されていなかった。なお、天保改革に関する私見については、拙稿「長州藩の天保改革」（『ヒストリア』一八、昭和三二年）、同「関順也『藩政改革と明治維新』書評」（『史林』三九の五、昭和三一年）を参照されたい。

(12) すでに奈良本も一九五六年の歴研大会討論では、郷士イクオール中農層を、「中農層の、そういうものにつき上げられたいわば下級武士、郷士あるいはインテリゲンチア」（傍点田中）（歴史学研究会編『時代区分上の理論的諸問題』一二五頁、昭和三一年）と、含みのある表現にいいなおしている。

(13) おそらく、その背後には戸谷が長州藩三田尻宰判仁井令村で検証した「摂津型」の上昇タイプがあった（戸谷『近世農業経営史論』とくに一二二～一二三頁）と思われる。

(14) 古島は戸谷の前出論文を、「（戸谷は）防長二州のうち純農村的な幾つかの村を除いて、大部分は阿波型と考えているようである」（『近世における商業的農業の展開』一〇六頁）と解釈し、窮乏タイプの比重を重くみている。

(15) 分析の方法は異なるが、丹羽邦男も古島の立場をとるものと思われる。丹羽は明治六年（一八七三）の山口県の推定小作地率二四パーセントは、旧勤王藩のなかでは相対的には高いが、やはり全国平均（三三パーセント）を下廻っているし、旧長州藩においても「他藩（旧勤王藩―田中注）と同様農業最先進地域では地主的土地所有は成長していないのである」（「地主制の成立」日本歴史講座第五巻、四八～四九頁、昭和三一年、所収）と断定し、当然これは氏の論拠たる商品生産の展開→地主的土地所有の成長という前提から、幕末期長州藩の商品経済の展開には否定的立場といえるであろう。

(16) 瀬戸内農村における商品生産の発展度に対する古島の評価の史料的基礎への批判を含めて、その地帯の発展度および天保一揆の性格についての私見は、前掲拙稿「長州藩における天保一揆について」および「長州藩の天保改革」を参照されたい。なお、『明治維新史研究講座』第一巻（昭和三三年）一九一～一九六頁参照。

(17) もちろん、これは日本における天皇制絶対主義それ自体の研究史と関連するが、ここはその場ではない。その研究史については、とりあえず白杉庄一郎『絶対主義論』（旧版『絶対主義論批判』昭和二五年、増補版昭和三二年）を参照されたい。

(18) 従来の「傾斜」論とても、それが「下から」への「対応」論として打出されている以上、たんに「上から」のみの問題として出されていたのではない。ただ「傾斜」論での論議は、たんなる経済学的範疇としてではなく、あくまで政治学的、さらにいうならば国家論＝権力論の問題であることは確認しておく必要があろう。

(19) 安政改革に関する私見は、拙稿「討幕派の形成過程――長州藩幕末藩政改革と改革派同盟――」（『歴史学研究』二〇五、昭和三二年）を参照されたい。

(20) 土佐藩を例としての池田敬正の一連の研究「尊王と攘夷」（日本歴史講座第四巻、昭和三一年、所収）、「天保改革論の再検討―土佐藩を中心として―」（『日本史研究』三一、昭和三二年）、「土佐藩における安政改革とその反対派」（『歴史学研究』二〇五、昭和三二年）、「土佐藩における討幕運動の展開」（『史林』四〇の五、昭和三二年）は代表的なものである。

(21) これは典型的に関の「藩を単位とした絶対主義的な富国強兵策」（関『藩政改革と明治維新』一二七頁）という言葉に見られる。

(22) もちろんたんなる中央集権化ではなく、「版籍奉還から廃藩置県へ、つまり藩制度が廃止されて統一国家が成立することがきわめて短期間に成就されたこと」、つまり「ヨーロッパの絶対主義に類例を見ない」（遠山茂樹「版籍奉還の一考察」二九七頁、伊東多三郎編『国民生活史研究Ⅰ生活と政治』昭和三二年、所収）日本的統一権力の構築状況を見通してのことである。

（補注1） 遠山茂樹『明治維新』（岩波全書、昭和二六年）は、一九七二年第二二刷で改版されたが、この改版ではこの部分は削除されている（『遠山茂樹著作集』第一巻、明治維新〈岩波書店、平成三年〉三四〇頁参照）。

（補注2） 本文中の「以後『確立』過程への歩み」を、「以後『形成』過程への歩み」と改めた。なお、その後の私見は、拙著『明治維新政治史研究』（青木書店、昭和三八年）、同『幕末維新史の研究』（吉川弘文館、平成八年）を参照されたい。

二　長州藩における藩政改革と明治維新

1

私の報告の焦点は次の三点に向けられる。

㈠倒幕への藩権力へゲモニーを握った長州藩尊攘改革派は、幕末期藩政改革の諸過程からいかにして登場してくるか。換言すれば、藩政改革派と尊攘改革派の系譜関連の問題。

㈡この長州藩尊攘改革派が藩権力を握り、倒幕への途を歩んでいくのであるが、その尊攘改革派→討幕派の基盤はどこにあり、それはいかなる構造をもっていたか。換言すれば、「改革派同盟」とその構造の問題。

㈢かくて成立する討幕派は、その内包する矛盾といかに対決し、維新を遂行していくか。換言すれば、討幕派の矛盾と分裂の問題。

この第一点についての従来の一般的見解(1)は、天保改革を起点とした藩政改革派がそのまま討幕派へと直線的に連なり、それに対する反対派との政争という形で把握されている。具体的に言えば、村田清風を中心とする天保改革から周布政之助へ、そして高杉晋作＝奇兵隊へと連なり、反対派は天保改革の反動としての坪井九右衛門、そして椋梨藤太への線とされる。この前者が下士改革派、後者が門閥保守派という形で対置されるのである。だが、果たしてそうなのかどうか。

第二点については、その基礎構造とのからみあい、同盟の具体的成立過程とその構造などについては、なお必ずしも明確にされていないように思われる。

第三点については、とくに明治初年の一揆と脱隊騒動をめぐってはすでに先学の研究があるが(2)、これを地租改正、徴兵令の線上でいかに捉えるかについては、なお多くの問題がある。ここでは見通し的な問題提起の域を脱しないが、できるだけその政治路線の上で把握していきたい。

2

長州藩の天保改革をみるためにはその前提として天保二年（一八三一）を中心とする全藩的一揆についてみなければならない。

要約的にいえば、この一揆は瀬戸内地帯を中心とした商品生産者的農民層が主体となって、産物会所によって上から領主的把握を試みようとした藩権力へ、すぐれて「経済的自由」を要求した果敢な反撃闘争であった。と同時に、この一揆は各村々の村役人層の交替ないしは公選をかかげた「政治的自由」を要求した一揆でもあった。この全藩的一揆の要求は、それぞれの局面においては容れられ、これを機として村田清風をはじめとする後の改革の主要メンバーが登場してくる。こうした藩勢力の対応に対して旧村役人層の反動攻勢もあるが、藩はそれを抑える(補注1)。

もはやこの一揆的エネルギーを無視しては、村政ひいては藩政の遂行は困難となっていたといえるのであり、そこに登場した新たな村役人層は、その系譜の如何をとわず、この一揆的エネルギーに対応しうる側面をもついわゆる豪農層でなければならなかったのである。が同時に、一揆の組織的態勢は、一揆それ自体のもつ限界とともに、藩側の一揆指導層の相つぐ摘発によって次々に打崩される。一揆の要求の大幅な受け容れということも、この点を考慮して評価しなければ、天保改革の姿勢をたんに「下から」という形で容易によみとることになる。天保十一年（一八四〇）以降一層具体化される天保の改革綱領は、じつは一揆の翌年（天保三年）、村田によって起草されているのであるが——そのこと自体は大きな意味をもっている——、そこにみられる藩側の主観的意図は「上から」一貫しているのである。

すなわち、天保改革は全藩的一揆に象徴される力におされた形でそれを政治日程にのせるのであるが、しかし、それがそのまま改革に反映されるのではない。改革の主観的意図は、村田にもっとも典型的にみられるように、危機に面した藩財政および封建家臣団を、それに寄生する商業高利貸資本から解放し、農民もまた商品貨幣経済から隔離して封建的自営農＝本百姓経営を維持再編しようとしたのである。が問題は、この主観的意図がどこまで貫徹したか、言い換えれば改革の客観的把握とその意義である。

改革の主観的意図を貫いている一本の線は、天保十一年（一八四〇）における八万五千貫余にのぼる負債——それは同年の経常歳入額の二十二倍に当り、その元利償還のみでも約二倍に当る——という状態の藩財政および封建家臣団を、城下町萩を中心とする特権資本抑圧によって糊塗しようとする。これは典型的には有名な三十七カ年賦皆済仕法として具体化されるが、特権資本商人層の反撃によって村田失脚の契機となる。

主観的意図のもう一本の線は、すなわち対農村政策である。これは全国稀にみる「防長風土注進案」の作製にみられるように、農村の実体把握に努め、貢租を漸減し、淫祠を廃止するなど、ある程度の実現をみるのであるが、修補《しゅほ》制度の改革が、遂に地方《じかた》のそれにメスをいれることができなかったように、豪農、村役人層台頭の現実にあっては、そのままの形では貫徹しなかった。そこに専売仕法改革にみられるような対応的側面の打出しによる藩権力強化策がとられ、免札による諸商人許可制およびその頭取設置、あるいは越荷《こしに》方の拡大強化等、その線上での改革であった。だから要約すれば、天保改革は主観的意図はそのままの形で貫徹せず、対特権資本への抑圧強行策は村田を失脚せしめ、他方、農村へは対応的側面の打出しによって藩権力基礎の強化策がとられた、といえる。しかもその場合、あの天保の全藩的一揆におされて改革を政治日程にのぼせた段階においては、専売仕法の改革に際して、よんどころなくといいながら、たんなる領主的な立場をこえた「国民之潤色」(「櫨板場御仕法書其外付渡一件」)という「富国」概念を瞥見させている点は注目してよい。これは、天保改革の、主観をこえた、その後の藩政改革の行きつく方向でもあったのである。

私は、天保改革を、天保一揆の主体の要求を反映した、すぐれてブルジョア的発展の方向を指向したものと高く評価した見解には賛成できない。しかし、さりとて、村田にみられた主観的意図から、むしろ改革の反動性を強調する見解にも私が首肯しえないのは、今述べてきた理由からである。最近とくに高く評価される安政改革の方向は、端緒的ではあるが、やはり天保改革のなかに芽生えていたのであり、以後の政争の過程の中で継承発展させられていくのである。

なお序ながら、ここで天保および安政改革の直接の担い手の、家臣団内のクラスについてふれておこう。彼らは何れも平均一〇〇石前後の知行高で、ほぼこの藩における中級家臣団であり、その点では対立する両派とも同様である。もちろん、下級家臣団登場の途は次第に拓かれていくのであるが、天保・安政の藩政改革の段階では、対立する両派とも中級家臣団が中心である。その点、従来の一方を下士改革派、他方を門閥保守派として対置する見解と、私が藩政改革派と尊攘改革派とを一応区別していることなどをからめて、以下の政争過程の分析で注意しておいていただきたい。

3

この天保改革は、天保十四年（一八四三）の三十七カ年賦皆済仕法の実施を契機とし、そのもっとも犠牲となる城下町萩を中心とする特権資本商人層の反撃によって、対特権資本政策の修正を余儀なくされ、村田に代って坪井九右衛門一派が翌十五年登場する。と同時に、三十七カ年賦皆済仕法は破棄され、代るに家臣団と債主＝特権資本が犠牲にならないように十分な考慮が払われた公内借捌が発令される。当然それは再び負債の増大となる。その後両派の一進一退の中にあって経常歳出入による藩財政の破局はなお続き、他方、後にみるようなある程度の商品経済の発展という状態の中で安政期を迎える。かくて行なわれる安政改革は次の三段階に分けられる。

第一は周布派による安政元～二年（一八五四～五五）の改革。

第二は坪井派による安政二～四年（一八五五～五七）の改革。

第三は再び周布派による安政五～六年（一八五八～五九）の改革である。

第一の安政元～二年の周布派の改革は、天保の村田の三十七カ年賦皆済令の再版ともいうべき公内借返還延期令の実施で、天保期よりやや後退がみられるが、農民および家臣団に寄生し、また寄生しようとする高利貸資本の抑圧によって、封建体制の経済的ないし階級的基礎の維持再編を図ろうとしたものである。

しかし、反撃は再び同じようにやって来て、坪井派の再登場による二～四年の改革によってその延期令は撤廃される。

だが、ここで登場してきた坪井派は、かつて天保の村田失脚の時に登場してきた時とは同じではない。この派は別の側面をもって立ち現われてきたのである。結論を先にいうならば、この別の側面の方向が次の周布派に継承・発展させられるのである。

この別の側面の方向というのは「産物取立」にみられる。これは当時のある程度の商品生産の発展や、他の西南諸藩の「産物取立」の影響の下に開始しようとしたものであるが、注目すべき次の二点をもっている。

第一は、文政末に設立した産物会所への反省の上に立っていることである。それは当然天保の全藩的一揆の手痛い反撃の体験の上に立つことであり、このことが次の第二点にみる立場をとらしめたものと考えられる。

すなわち、第二点は、従来のたんに領主財政の収支の面のみからでなく、生産者＝商品生産的農民層を含めての「富国」が問題とされてきている点である。従来の考え方では、一〇〇貫目の産物仕入銀で取立てた産物を、他国へ売払った代金が八〇貫目であった場合、これは二〇貫目の公損となるというのであるが、この期の坪井派は、これは支払った一〇〇貫目は、その土地の農民のものとなるから、結局他国売払代金八〇貫目とともに、一八〇貫目が「國中之潤澤融通」(「御内用産物一件控」)となる、というのである。この論理の上に立って、産物の交易は「國家之大利益」だと断言して憚らないのである。あの天保改革の時には僅かに片鱗しかみることができなかったものが、ここではっきりと打出されている、といえるのである。

かくして、この「産物取立」の実施のために、勧農産物江戸方御内用が任命された。彼らは庄屋・大庄屋クラスが大半を占める豪農で、一宰判《さいばん》二〜四名であった。しかも彼らは、江戸方の坪井の直属という形であり、結局この「産物取立」は庄屋・大庄屋クラスの豪農層を、江戸方中央藩権力が直接把握することを通して商品生産の発展の成果を領主経済の中に組入れようとしたものであった。

だが、反撃は直ちにやってきた。一つは江戸方直属という形のため、無視された地方諸役所からであり、他の一つはより決定的であるが、勧農産物江戸方御内用に任命された豪農層それ自体からであった。後者についていうならば、従来の坪井派のとってきた立場、すなわち城下町萩を中心とする特権資本擁護の立場が、在方豪農層をして積極的支持を与えなかったものと考えられる。瀬戸内地帯の一大庄屋・豪農が「兎角事實に相叶はざること差起り可ㇾ申」(『大庄屋林勇蔵』)といって、「産物取立」に全く消極的態度をとったことにみられる事実は、長州藩でもっとも小商品生産の展開した瀬戸内地帯の掌握ができず、「産物取立」を実質的に不成功に終らしめたものと考えられるのである。

かくして、次の第三の段階たる安政五～六年の周布派の改革で、坪井派の設置したような勧農産物江戸方御内用は廃止され、代って江戸方でなく地方の産物方扱いとし、地方諸役所へ産物御用懸りをおくという形に修正されて、坪井派の意図した成果が周布派に継承・発展せしめられるのである。

この周布派交替の直前、日米通商条約調印の可否をめぐって、その後の藩の綱領、すなわち、朝廷へは忠節、幕府へは信義、祖先には孝道という、いわゆる三大綱が決定され、この藩是に則って富国強兵をめざした周布派の改革綱領が安政五年(一八五八)八月決定され、周布派の改革は行なわれる。この改革綱領(「藩政釐正決議條項」)は次の三点、すなわち、第一には新軍事力の創設編成、第二は下層家臣団の登用、第三は農村対策の面から注目すべき方向を打出している。

第一の新軍事力の創設編成は、封建家臣団内部の軍制改革、なかでも軽卒編成法による足軽以下の組織およびそれとともに行なわれた農兵取立の問題である。農兵取立は、安政二～四年の坪井派の改革綱領にもすでにうたわれているが、それが一層具体化され、さらにその後もおし進められていくものである。文久期以降の諸隊以下農兵隊設立の方向は、まさにこの期に打出された、といえるのである。

第二の下層家臣団登用の問題は、言路を開くという形で提起され、下層家臣からの人材登用の途を拓き、従来の身分制打破の姿勢をとる。明倫館内の問題だと断ってはいるが、綱領は「階級論追々消滅」という実力主義を標榜している。やがて藩政改革派を次第に圧倒していく尊攘改革派登場の途は、じつはこの改革の中に拓かれていたといえるのである。

第三の農村対策の問題は、「富国強兵之本は農政第一」として提起される。幕藩体制の基本的矛盾は、領主―本百姓経営の関係を通して拡大深化し、従ってそれへの対応＝農村対策のあり方が改革の本質を端的に暴露すると同時に、その成否を決定するともいえる。綱領は第一に貢租負担者としての本百姓経営の保護を、第二に商品生産の領主的把握の問題を具体化している。

第一の点については、租税を薄くするということと同時に、検地による農民層分化の阻止を図るとともに、それによる新田の打出しは「下之徳分」とするといい、その政治路線の上で豪富の百姓の献納米銀は、その宰判中の治水、貧民救済に用いよというのである。しかし、現実に検地が実施されえない時、この後者のいうところのもつ意味は大きいといえる。すなわち、豪農層の献納米銀がその土地の治水や窮民取立に用いられるということは、水利や恩恵的擬装によって豪農の村落共同体支配の地位の一層の強化ともなる。封建的搾取の成果は、共同体内部に逆流せしめられて、豪農層支配の強化に役立たしめられる。天保改革の際に改革を行ないえなかった地方の修補制度が、幕末期に却って増設されてくるのも、この改革の方向の現実の姿であったのである。

第二の、商品生産の領主的把握の問題は、先にみたように坪井派のとった方向が継承・発展せしめられ、同時に一切の諸品座元の禁止がうたわれ、特権的商人抑圧の方向がとられる。そして新たに諸商人免札仕法が実施される。これは商品の自由な取引を許したものではないが、在郷の小商人までも公認し、その代りにそれぞれの経営規模に応じた冥加銀を賦課したものであり、吉田宰判の例では冥加銀の総計は三貫余(他に金一〇両)、一免札平均は四匁八分、平均して全家数の一割強が免札商人として公認されている。補注2)

これは商品生産のある程度の進展と相表裏したことであるが、たんに特権商人の抑圧にとどまらず、豪農商のみでなく在郷の広汎な小商人までも藩権力が把握収奪し、それを通して自己の基礎の強化の方向を決定的にとったものといえるであろう。

4

ところで、文久・元治・慶応期に次第に激化展開する尊攘・倒幕運動は、この安政改革によって打出された諸要素の発展的な政治的統一として把握されるが、ここでこの藩政改革およびその後の尊攘運動の基盤となった瀬戸内地帯農村の問題についてみておきたい。

すでにふれたように天保の全藩的一揆は、瀬戸内を中心とした商品生産者的農民層と藩権力との激突であったが、その後の天保改革以後の領主的対応の下にあって、農民的商品経済はその領主統制の網の目をぬいつつ進展していったものと考えられる。厳重な領主統制下にあった米の抜売のごときもそうであるが、菜種および油についてみても領主統制を実質的に無意味ならしめている。

たとえば瀬戸内地帯では、その「素人」抜売が一般化し、嘉永二年(一八四九)の例では、熊毛《くまげ》・上関《かみのせき》宰判には一

○軒内外の油方があったが、それを無視しての「素人」抜売が広汎に行なわれ、摘発総計が熊毛一三四人、上ノ関一八七人、計三二一人にも達して、余り多人数なので藩はその処罰をあきらめなければならなかったほどなのである。かくて、このような従来の領主統制の有名無実化は、農民的な商品生産をある程度向上せしめたものと考えられる。

綿織生産高についてみると、小郡《おごおり》一宰判の生産高は、安政三年（一八五六）の実数は白木綿四〇万反であり、安政四年（一八五七）の一報告は、小郡宰判のみで綿屋数二〇〇人、木綿織の上方登せ高は豊年で五〇万反位だといっている。この数字と、天明六年（一七八六）の大坂への全藩からの積登高四〇万反や、あるいは天保末年の小郡一宰判の綿織生産高一二万八〇〇〇反とを比較してみれば、その生産高の飛躍的上昇は明瞭であり、その背後には農民的商品経済の発展のあったことをよみとってよいであろう。弘化から安政初期にかけての藩の調査になる「郡中大略」にみられる在郷商人の広汎な発生と存在、先の安政五～六年の改革におけるそれらの在郷商人への免札許可、しかもそれが、吉田宰判の例でみれば、「郡中大略」と安政五年の数では三二八人から六四六人へと倍加している事実は、そのことを十分裏付けてくれると思う。

だがしかし、同時にこの数が藩の掌握した免札許可の商人数であること、しかもそれが「郡中大略」当時の免札料銀一分から安政五～六年の段階では、冥加銀は著しく増大し、かつそれが個々の経営規模に応じた賦課の形にまで変化している点は見逃してはならない。これは明らかに藩権力の新たな対応による収奪の強化と考えられる。それは流通過程での把握がすでに一定の限界点に達した現状にあって、新たな在郷小商人の直接的な把握によって、発展しつつあった農民的商品経済を領主権力に組入れ、いわば生産過程により近い形で藩権力が収奪強化を試みたものであり、さらに換言すれば、領内市場の発展に対応しつつ、同時に藩権力の枠で強固にそれをおさえて自己の基礎をより強化したものにほかならない、といえる。だから、発展する農民的商品経済の姿をみとりつつも、それを手放しで評価しえないのも、そうした藩権力の動向をからめて考えているからである。

こうした農民的商品経済と領主権力の対応関係の下にあって農民層分化の動向はどうであろうか。瀬戸内地帯三田尻《みたじり》宰判（仁井令《にいりょう》鍛冶屋河内組畔頭《くろがしら》一組）と小郡宰判（上中郷中岡村畔頭一組）の二村の例（拙著『幕末の藩政改革』第六章の第7表として所収）からそれはつぎのように要約しうる。

㈠無高および一反未満の層はほとんど全部日傭、預り作であり、一反未満の層は幕末期を通して大半（上中郷は全部）が無高に没落している。この傾向は一—五反とくに四反以下の層にみられる。

㈡五反—一町五反の中層的農民には落層的傾向は著しく少なくなり、大半以上の農民は田畠保有高に変化を示さないか、若しくは僅かではあるが拡大化して牛馬を所持している。保有高減少農民といえども依然としてこの層にとどまる者が多く、牛馬をなお所有している。

㈢一町五反以上の層では、仁井令の長右衛門家が文政期にやや拡大、天保から幕末にかけて急速に没落するというケースがみられるほかは、他は依然として一町五反以上を保有しており、逆に上中郷の林勇蔵家は三町八反余から五町七反余へと拡大している。この拡大する豪農が後に「改革派同盟」の主役を演ずる。

以上は、各階層毎に眺めた変化の大要であるが、この変化の時期を史料的に判明する限り辿ってみると、五反以上の層では文政末から弘化、とくに天保期が中心となり、五反以下では時期がやや遅れて、弘化から安政、とくに嘉永・安政期に集中的である。

以上みてきた農民層の分化の動向を、もう一度要約してみれば、瀬戸内農村においては、五反—一町五反の中層的な農民は幕末期には必ずしも分解の傾向を示さず、大勢としては僅かではあるが上向的な傾向を孕みつつ安定性を示している。没落の過程を辿るのは嘉永・安政期を中心とした五反以下の貧農層であり、その没落の時期からその対極に林家の如き豪農の土地集中が行なわれる。そして安定的傾向を示した中層的農民が約五〇パーセントという存在を示す上中郷のような地帯が、尊攘運動の典型的地盤となっている点は注目すべきであろう。上中郷の林家にみられる豪農は、こうした中層的農民の一応の安定性の上に立って、下層農民の放出する土地の集中を試みるのであるが、同家は明治初期まで牛馬を所有してある程度の手作をなし、なお生産者的性格の側面を失っていなかったと考えられ、明治期に入っても肥料その他農業技術に十分関心を払っている。「改革派同盟」の中心的人物、豪農・庄屋秋本新蔵が「農之外醤油職幷呉服商取交日々煙を立居候」(「秋本新蔵履歴概略」)といわれていることも、これらの点と関連して考えるべきであろう。そして反面、林家にみられるように彼らは一貫して庄屋・大庄屋の村役人の地位にあって新田開発、水利事業に努力しており、これらを通して共同体支配の地位を強固に維持し続けた存在だったのである。

換言すれば、このような豪農=庄屋・大庄屋層は、天保改革で領主側が手の打てなかった修補制度的な恩恵的擬装や、安政改革で打出された献納米銀の水利その他への投下という諸政策のなかで、その村落支配の地位を一層強固ならしめ、あの天保一揆的な中農的指導は、対応的な藩政改革の諸過程の中で、こうした豪農指導へと次第に代位されていったということができるのである。農民的な商品生産のある程度の発展と、それへの対応的な藩権力の動向が、相互媒介的にではあるが、こうした瀬戸内農村の村落構造を規定したといえるであろう。

このようにしてみてくるならば、天保に全藩的な大一揆のエネルギーを示した程のこの藩に、その後幕末期を通して一揆皆無(その後の研究で四件の一揆が判明している―追記)といわれる程の現象を示す秘密をとく鍵もどうやらこの辺にあるといえるだろうし、大和の天誅組や生野の挙兵にみられる尊攘運動が、結局一般農民層の分裂・反撃によって壊滅失敗に帰するのに対し、長州藩の尊攘運動が、瀬戸内地帯を中心とした豪農=庄屋・大庄屋層と尊攘改革派との、いわゆる「改革派同盟」の成立から闔藩尊攘、さらに闔藩討幕へと展開していく秘密もまたここにあったといえよう。

では具体的に「改革同盟」派はどのように成立するのであろうか。それをつぎにみていきたい。

5

先にみたように、安政五年(一八五八)の藩是三大綱に則って、その後の政局はおし進められていったのであり、文久元年(一八六一)の長井雅楽《うた》の「航海遠略」策もその上に立てられたものであった。しかし、京都をめぐる政治状勢の変化と、松下村塾を中心とした尊攘改革派の一斉的な批判攻撃は、ついに長井をして断罪、死に至らしめるのであるが、そうした尊攘改革派台頭の中に、文久二年(一八六二)従来の三大綱藩是は重大な転換を遂げざるをえなかったのである。それは公的にはなお公武合体論的な域をさほど出ない表現をとっているのであるが、その背後には、天皇への忠節を第一義として、もしそれが侵される場合には、幕府も藩もある程度犠牲にしてもやむをえないという方針を含んでいるものであった。

これは、かつての三大綱藩是が、天皇―幕府―藩と、幕藩体制そのままの上に天皇を持出していたのに対し、天皇の絶対権を打出し、幕藩体制変革の方向を孕んだ政治路線であって、この方向こそ尊攘改革派→討幕派のそれであったということができる。だからこの政治路線がつき進められていく限り、藩政改革派の中でもある程度脱皮しつつあったと考えられる周布政之助すら、元治元年(一八六四)に至ってはその責を負って自尽せざるをえなかったのである。このような段階に至っては、坪井派の消極的側面、すなわち封建家臣団的な、そして特権資本との妥協という線を継承したと考えられる椋梨派(いわゆる俗論派)と、この周布派的藩政改革派すら圧倒しつつあった尊攘改革派(いわゆる正義派）との対決は、まさに決定的となっていたのである。

文久三年（一八六三）五月の奉勅攘夷の名を藉りた下関での外国艦船砲撃事件は、外交史的意義はともかく、封建家臣団の無力さを暴露するとともに、尊攘改革派が、「草莽」とくに瀬戸内地帯の豪農＝庄屋・大庄屋層を経済的ないし社会的基軸とした新たな軍事力形成の一転機をなした挑発的事件であり、以後尊攘改革派（「正義」派）はこの瀬戸内地帯を基盤として対「俗論」派との決戦を挑んでいく。その場合、藩主は、山口と萩の間を移動している。

すなわち、文久三年七月に藩主の居城は山口へ移される。これは「外患の切迫」や攘夷への「指揮号令」（「移城申請書」、『防長回天史』四、高橋政清「攘夷決行前後の長州藩」〈温知会講演速記録、第六十二輯〉参照）を理由としたものではあったが、藩権力の主導権が「正義」派と「俗論」派間を移動する度に、居城は再び萩へそしてまた山口へと、「外患切迫」とは無関係に移動する。そこにその意味するものが奈辺にあったかを推測せしめてくれるが、元治元年（一八六四）十月、当時「俗論」派の手中にあった萩の藩主に対して、諸隊＝「正義」派が藩主の山口帰館を促した建白書の次の一節はそれを端的に示してくれる。

偸安の人情かかる至危の地に被レ遊二御坐一候をも忘却仕候而は不二相濟一、且上様に於ても自然其情に被レ爲レ引ては實以社稷の御大事と奉レ存候。（「諸隊上書」）

ここで「至危の地」といっているのは萩をさしているのであり、それが「俗論」派の拠点なるが故に、そこから藩主を引離し、自己の拠点山口へ連戻そうとしているのである。この萩と山口の背後に、一方にはより封建家臣団的な、そしてそれに寄生する特権商業高利貸資本的な、他方には下層家臣団的な、そして豪農的な、相対的基盤の相違をよみとることはできないだろうか[3]。そして、それが先にみたような藩政改革派の交錯・継承・発展過程（村田—坪井—周布）で次第に明確化していき、尊攘改革派に主導権が下降した時、その反対派（「俗論」派）との対決が一層鋭角的となり、政治的にはそれは「改革派同盟」の成立として具体化するということになる、といえるであろう。

以下、「改革派同盟」の典型的に成立する瀬戸内小郡地帯を中心にその具体的様相をみていこう。

攘夷決定に基づいて、文久三年（一八六三）四月、この地帯では「頭百姓」層への危機のアピールによって村落内部の一般農民層へ危機感が持込まれ、農民の武装化が図られ、同七月には農民側から農兵取立の願出趣意書が出されて、以後豪農＝村役人層を中心として農兵隊が相ついで設立された。また、これら豪農と「正義」派との同盟的軍事力たる集義隊も結成された。元治元年（一八六四）七月の禁門の変、翌八月の幕府征長令、四国連合艦隊の報復攻撃のなかで「俗論」派が台頭して藩権力はその手中に帰し、「改革派同盟」軍事力たる諸隊の追討令が元治元年の十二月に下される。しかし、この藩令に対してこの地帯の豪農＝庄屋・大庄屋層がそれを支持する筈はなく、翌慶応元年（一八六五）の高杉晋作馬関挙兵を口火として、「正義」派の要求に基づいて諸隊支持の二八名からなる「庄屋同盟」がこの地帯に形成されるのである。この庄屋・大庄屋層は先にみた林家のような村落支配の強固な頂点に立った豪農層であった。かかる豪農層からなる「庄屋同盟」が結成されたことのもつ意義は、極めて大きい。

すなわち、この「庄屋同盟」の成立によって、小郡地帯の全農民的基盤が統一把握されたことであり、だからこそこの「庄屋同盟」の中心的人物の一人として活躍した秋本新蔵が、あの有名な「若しも御家來様方の御手でやれなゐと云ふ事ならは、新藏の手を以て百姓一揆を起しまして國家を囘復しましやう」（「兼重翁史談速記録」）という言葉を吐きえたのであるし、それに続けて彼が、「正義」派の一人兼重譲藏へ、もし萩で危くなったら小郡へ逃げて来いと、自信満々の言葉を吐いているのである。それは彼らによる「庄屋同盟」の結成によって、彼が小郡地帯の全農民的基盤を掌握していたからなのであって、彼の言葉はたんなる修辞ではなく、実体として読みとることができるのである。

そしてまた、この時点におけるこれら豪農＝庄屋・大庄屋層は、「正義」派武士に対して明瞭に主体性をもっていたのである。

こうした豪農＝庄屋・大庄屋層を経済的基盤とし、さらにこれを基軸とした全農民的基盤を「正義」派は獲得していたのである。「正義」派にみられる一般農民層の広汎な動員も、この豪農＝庄屋・大庄屋層の積極的な働きかけがあったからにほかならない。

一方、これに反して、豪農＝庄屋・大庄屋層との同盟を十分に結びえなかった「俗論」派には、農民層の動員は決して容易ではなかった。徳地宰判の一例では、農兵を募集して諸隊に備えようとしたが、募集に応ずるものは僅かに二〇名に過ぎず、しかも一人宛米一斗を与えて何とかその人心を繋ぎとめなければどうにもならない状況で、「全所轄ヲ守衛スルハ其方策ナシ」（「忠正公一代編年史」）といわざるをえなかった。

これは同じ時期の「正義」派とはまさに対照的な状態を示している。しかも、そうした状態のなかで、「俗論」派の背後には一揆的危機が加わりはじめていたのであり、諸隊はそれを自己に有利に利用しはじめていたのである。そしてまた、封建家臣団内部においても、陪臣層は諸隊支持を表明する者が多く、その領主自体すらもはやそれをどうすることもできないほどの状態だったのである。

「正義」派の藩権力へゲモニー掌握への基礎は、以上みてきたような「正義」派武士と豪農＝庄屋・大庄屋層とのいわゆる「改革派同盟」が成立し、その背後に豪農層による「庄屋同盟」が結成され、それを通じて全農民的基盤が把握されたところにあった、といえる。それをもちえなかった「俗論」派敗北の必然性もまたそこにあったといえるであろう。

それは天保期以降の藩政改革の政治的帰結でもある。歴史の軸は、この「改革派同盟」の成立――「正義」派の藩権力の掌握、そしてそのへゲモニーの下に藩是確定、やがて倒幕へと大きく展開していく。

6

だが、このような形で「改革派同盟」の成立↓倒幕へと展開していくことは、この同盟の内包する矛盾が解消したことを意味するのではない。同盟の構造がいくつかの中間項的な環を媒介としなければならなかったこと自体、明らかにそれを物語っている。そこには幕藩体制の基本的階級関係に根ざす矛盾があり、さらには経済的発展に伴う農民層の分解のなかから生ずる矛盾があった。それはやがて次節にみるように明治初年の一揆や脱隊騒動のような形で激発、具体化するのであるが、ここでは倒幕という政治過程には、さらに薩長同盟↓諸藩連合というもう一つの同盟の環を必要とした意味について若干の見通し的な見解を述べておきたい。

薩長同盟↓諸藩連合は、それぞれの藩の政治的プログラムを背後に秘めて、さし迫った幕末政情の中で成立するのであり、従ってそれは何れの藩が主導権を握るかによって、その政治路線には自ら若干の差が生ずるのであるが、ここでは従来説かれているように、たんにそれを政治的ないしは軍事的動きのみから把えるのではなく、それをもっと経済的背景の中で把握する必要はないか、ということなのである。

すでに先にみた安政二～四年の坪井派の改革における「産物取立」も、「當家之儀は元來量入爲出之算當難レ立ニ付、吉凶事有節は是非馳走不レ請而は不二相調一、然ニ上杉薩州其外九州邊諸家共産物取立追々繁昌有レ之由」（「御國産御内用控」）といわれているように、当時の諸藩の動向のなかで行なわれた改革であった。それは先にも指摘したように領内市場の発展に対応しつつ、それを藩権力の下に組入れて、自己の基礎の強化を図ったものであったが、同時にそれは、その上に立った藩権力が、全国市場ないしはすでに開かれつつあった海外貿易のなかに自藩を乗出さしめ、それを自己の主導権の下におこうとした方向をも秘めていたともいえるであろう。

とすれば、当然それは幕藩権力の頂点で、全国市場ないし海外貿易の利を自己の掌中に握ろうとしていた幕府と対抗関係に陥らざるをえない。だからこそ、藩は「産物取立」の内容が幕府へ洩れることを極度に警戒していたのである。[4]あの高杉が、慶応元年（一八六五）に「赤間關も我斷然不レ令レ愧ニ國體一やう開港すへし、不レ然は幕薩は不レ及レ申、遂には外夷の妖術に陥るならむ、五大州中江防長の腹を推出して大細工を仕出さねば大割據は成就不レ致ならむ」（『東行先生遺文』）といっているのも、実はそうした方向の明確な宣言であり、いかにして長州藩が全国市場に乗出し、同時に海外貿易の主導権を握るか、そのための赤間関（下関）開港の主張であったと考えられるのである。

幕末藩内政争過程も、一面からいえばこうした全国市場ないし海外貿易への対応の仕方の相違を背景としていたともいえる。

たとえば長井の「航海遠略」策が、

於ニ幕府一一旦奮然御國威挽回之儀屹と被レ爲ニ思召立一、今一應列藩へも御詢候て叡慮御伺相成、速に大艦を造り巨砲を鑄、擇レ將練レ士、國を開き海に航し、神州固有之忠孝を以て我體となし、洋夷日新之功利を以我用となし、和交通商之形を以五洲各國を横行し、其情實熟知之上皇化を五洲に施候樣遠略之御國是被ニ相定一、改て勅諚を以右御國是之旨被ニ仰出一、幕府に於て叡慮御遵奉列藩へ臺命を被レ下、列藩にても叡慮遵奉仕候樣相成候はゞ、人心一和偸安忌戰の陋習一朝に相改、人々心膽を練磨し智識を發明する道に向ひ、富國强兵の術開物成務の功も容易に成就可仕候。（『防長回天史』三）

といっているのは、全国市場および海外貿易に幕府の主導権を認めての政治路線といえるのであり、先の高杉に代表される「正義」派→討幕派の路線がそれと対立することは、けだし当然でもあったのである。

しかし、こうした全国市場および海外貿易をめぐる幕府との対抗は、一藩のみの力でよくなしうるところではなく、そこに薩長同盟↓諸藩連合という形をとらざるをえなかったのではないだろうか。倒幕への決定的な力となった慶応二年（一八六六）正月二十一日の薩長提携密約六カ条からなる同盟の意義を、そうした経済的背景からもう一度再検討する必要はないか、と考えるのである。

というのも、一つには長州藩と薩長藩との関係の背後に動いているのは、たとえば「是迄薩州長州兩國之御産物交易御取次ニ相携り候正實なる者」（宮崎司（平野國臣）より吉源八郎宛、「續橘園來翰集」所収）といわれた下関廻船問屋、永大年寄白石正一郎や、代々通船支配役、勧農御内用懸り、鯨組惣都合、大庄屋格中野半左衛門等であり、薩長交易の実権はこれらの地方的商人（とりわけ中野半左衛門ら）が握っていたのであり、(5)この薩長交易を無視して薩長同盟は考えられない、と思うからなのである。そして、白石家と奇兵隊＝「正義」派との関係はすでに有名な事実であり、(6)中野家もまた奇兵隊御用達を勤めていて、(7)彼らが「正義」派↓討幕派の背後にあったことは疑いえない事実なのである。薩長同盟の直接の端緒は武器購入であり、対幕府への軍事的協力ではあったが、その武器購入の際にも豪農の意志が働いていたのであり、(8)地方的商人はこうした豪農の上に乗りつつさらに自己を飛躍させつつあった、と考えられる。薩長同盟の仲介的役割を果たした坂本龍馬や中岡慎太郎の動向にもそうした商人的色彩が濃い。坂本を中心とした海援隊に例をとってみても、その「商法」が、大坂・兵庫・下ノ関・北国要地（敦賀・三国・新潟等）・箱館等へ「往キ親シク自カラ取組ヲ結ビ來ルベシ」（「海援隊商法」、平尾道雄『海援隊始末記』附録、所収）といっているように、「取組商売」を企図したものであり、いわば全国市場に乗り出してその利を得ようとする性格のものであった。

とすれば、薩長同盟は、直接的には軍事同盟的性格のものであったとしても、その背後にはこうした経済的背景をもち、全国市場および海外貿易をめぐる幕府との対抗関係を、薩長同盟↓諸藩連合によって西南雄藩が自己の主導権下におこうとする政治的表現とみうるのではないだろうか。全国市場の形成・発展とともに、市場の掌握を企図する西南雄藩権力と地方的商人および三都の資本との微妙なからみあいの分析を経て、はじめて薩長同盟→諸藩連合、そして倒幕への必然性を理解しうるのではないか、と思うのである。その際、諸藩連合→倒幕に参加した諸藩が、幕末に何れも幕府同様貿易に乗り出している事実[9]も併せ考えれば一層示唆的である。

7

以上のようにみてくるならば、倒幕は諸藩連合（薩長同盟）―改革派同盟―庄屋同盟―一般農民層（一揆的エネルギー）という形で行なわれた、といいうるであろう。基底的に農民の反封建闘争を秘めつつも、それがいくつかの環によってはじめて現実の政治過程として具体的に展開する。そこに、一面では、ともかくも明治維新は幕藩権力を倒さざるをえなかったというまぎれもない事実を生んだのであるし、他面同時に、その新政権は天皇制絶対主義権力として、ブルジョア的発展に伴って成長する反封建的勢力と対決せざるをえない存在として成立したのである。

大政奉還―版籍奉還―廃藩置県―地租改正・徴兵令という一連の政治過程は、そのような矛盾した二つの側面を内包しつつ実施された。だから具体的な政治過程の進行に伴って、その矛盾の解消方式を何れの側面に比重をおき、何を犠牲として行なうかによって、それはさまざまなコースを内包せざるをえなかった、といいうるであろう。倒幕という一点で一致した討幕派が、やがてその内包した矛盾の故に分裂するのもけだし当然であったのである。長州藩を中心としてみていくとき、それはどのような形で具体化するであろうか。

明治二～三年（一八六九～七〇）の脱隊騒動と農民一揆は、その内包的矛盾の最初の表現であった。長州藩尊攘改革派→討幕派出身者達は、今や明治天皇制絶対主義権力の座に上昇、新官僚に転化しつつあった。彼らの必要とするものは、天皇制軍隊でこそあれ諸隊的軍事力ではなかった。そこに「精選」が行なわれ、「長官ト兵士トノ分裂」（『松菊木戸公伝』下）たる諸隊の反乱となった。農民もまた新政権下の本質を次第に見抜きはじめていた。「王政不レ如二幕政一、薩長ハ徳川氏ニ劣」（「奇兵隊日記」三十三、「諸隊一事」）るといった民衆の批判は、一揆の昂揚となって具体化した。明治二年はその最初のピークであった。幕末期一揆皆無（前述の追記参照）といわれたこの藩にも再び一揆が起った。美祢・吉田・船木・熊毛と相つぎ、不穏の気運はその他の地帯にも横溢した。その一揆の主体は、かつての天保大一揆よりも下降し、畔頭層が広汎に攻撃の対象となった。庄屋層が例外でなかったことはいうまでもない。それは幕末期に進展した農民層分化に対応したものであった。新官僚をして一層危懼せしめたものは、この一揆と反乱諸隊の結合であった。まさにそれは「防長農商之動揺ヨリ神州一統ニ及候様可二相成一」（廣澤眞臣より木戸孝允宛）、「誠ニ以不二容易一體勢」（木戸より森清藏宛）であった。

この内乱的危機の様相を帯びた脱隊騒動と農民一揆それ自体についてはここではともかく（本書Ⅲの二「脱隊騒動と農民一揆」参照）、後述することとからんでつぎのことを指摘しておこう。

すなわち、この反乱・一揆の過程で、動揺する村落支配のなかにあって新官僚・藩権力側に有力な力となっていたのは、かつての幕末「庄屋同盟」的な強固さほどはなかったとしても、幕末の典型的「改革派同盟」成立地帯としての小郡一帯であり、新官僚木戸孝允等と行動を共にしていたのは「庄屋同盟」派の豪農であった。農民層分化の進展のなかで次第に地主への傾斜を帯びた豪農のあり方如何が、一揆・諸隊反乱下の村落情勢の帰趨を決した。そこに彼らをいかに新権力下に強固に位置づけるかが新官僚の課題となり、木戸をして「一層根基の改正するの念勃々」と日記に書き記さしめた理由があったと考えられるのである。新官僚とこれら豪農との関係は、つぎにみる地租改正の意義とからんで今後もっと追究する要があるように思われる。

さて、その「根基の改正」を地租改正の路線でみていこう。

山口県の地租改正は、明治五年（一八七二）他県に先んじて井上馨ら新官僚に抜擢された権令中野悟一の下に行なわれた。その具体的な事実はここでは関順也氏の著書に譲るが、氏がそこで強調される「農民的土地所有の前進」は、つぎのようなものを内包していたのではなかったのか。

その一つは版籍奉還に伴う給領家臣の知行地返上とからむ。すなわち、明治二年九月に家禄一〇分の一という原則に基づいて、高一〇〇〇石以上は一〇分の一、一〇〇〇石以下は均し一〇〇石とし、一〇〇石以下は従前通りとし、「采地之儀不㆑残被㆓召上㆒候事」としたのであるが、その場合においても、「譬へ扶持とり其外之者たり共、下札名前にて所持致し居候内禄の田畠山林ハ少しも御構ひ無㆑之候」（「忠正公一代編年史」、「財政史料」）としているのである。このことは封建的領有権の吸収に際して、「下札名前」でもつところの士族の地主的土地所有権は否定されていないことを意味する。そしてこのような地主的士族は、たんに給領主のみならずこの藩の在郷家臣をはじめとしてかなり存在していたのではないだろうか[10]。だからこそ、県は「下札名前」による士族および社寺の田畠山林所有に関して明治五年（一八七二）二月、つぎのような布令を発しなければならなかったのである。

是迄田畠山林士族社寺持ノ分ハ現名外ニ別段下札名前有㆑之候處、此度士族其外農工商之職相営候義被㆓差許㆒候段被㆓仰出㆒モ有㆑之候ニ付、向後右下札名前差止一統現名ト改可㆑申候。尤分ケ下札之儀ハ弥以差止候。

但右ニ付田畠山林之儀ニ付テハ地下役坐ノ沙汰ヲ請候儀勿論之事。（「本縣布令達」）

そして、それは家臣団による田畠・塩浜の新開、いわゆる「家来開作」の問題とも関連しているように考えられる[11]。

このようにみてくるならば、地租改正によって「農民的土地所有」を法認するということは、こうした士族の地主

的土地所有をも認めることになり、明らかにそれは領主的土地所有の一つの解体方式を示したものといえるであろう。(12)

他方、この地租改正に当って、それを実質的に規定していったものは、林勇蔵の如き豪農であり、すでに林家は地租改正前五町七反六畝二六歩の田畠を保有し、地主化への傾斜を示した存在であった。彼が地租改正に当って中野悟一権令に「眞の二州農民の總代」といって対する場合にも、他の租税改革係としての同役との相違を、「地所を所有せる者」（『大庄屋林勇藏』）と意識している点に端的に示される。それは「各田地の現生米の見積は、当時上作（地主）より下作（小作人）へ預くる加調米の格に依れり」（同上）という彼の地租改正案の基準とも関連する。地租改正を実質的に規定したのはこのような豪農であり、「農民的土地所有」の法認は、こうした豪農の地主的土地所有の確認にほかならない。

この地租改正による地券の発行は、明治五年九月の「告諭略記」がいうように、「地劵狀ヲ渡シ、我買得タル地ハ則我私有ノ物タル所以ヲ示サル、譯ニ可レ有レ之、左レハ其土地ノ權ハ下ニアリテ、持主ノ承諾セサルヲ强テ官用ニ買揚ル等ノ道ナク、實ニ人民の自由ヲ得セシメ、彌生産ヲ營ミ便ナラシムル御趣意」（「山口県庁布達達書」）に基づいたものであり、それは明らかに領主的土地所有の解体を意味し、そこに倒幕・維新遂行の基底にあった農民の反封建的闘争の成果をみるのであるが、そこに打出された「農民的土地所有」は右にみたような士族および豪農の地主化のコースを内包しつつ、地主的土地所有へと定着する底のものであった、といえるのではないだろうか。

このようなものを内包しつつも、新政府の基本路線が領主制解体のうえにおし進められていく限り、封建士族一般にとってはそれは自己解消以外の何ものでもない。これらの士族に対しては、明治三年（一八七〇）十一月、「今般厚キ御詮儀之趣有レ之、士族卒共依レ願給祿奉還歸農商被二差免一候」（「奉祠錄」稿本「忠愛公傳」所収、以下同）として「歸農商仕法」が定められ、給禄返上に当っては表1のような割合で下賜米または下渡銀が下附され、以後五年一月まで

表1　給禄返上に伴う下賜米または下渡銀高割合

所持禄高	下賜米合計高	下渡銀高
25石	250石 0斗	83貫 333匁余
24	240. 5	80. 166
23	231. 0	77. 000
22	221. 5	73. 833余
21	212. 0	70. 666余
20	202. 5	67. 500
19	195. 0	64. 333余
18	183. 5	61. 166余
17	174. 0	58. 000
16	164. 5	54. 833余
15	155. 1	51. 666余
14	145. 5	48. 500
13	136. 0	45. 333余
12	126. 5	42. 166余
11	117. 0	39. 000
10	107. 5	35. 833余
9	98. 0	32. 666余
8	88. 5	29. 500余
7	79. 0	26. 333余
6	69. 5	23. 166余
5	60. 0	20. 000

注　「奉祠録」（稿本「忠愛公伝」所収）により作成.

の士卒族帰農商者数は表2にみる通りである。しかし、それが「當縣ノ貫屬凡一萬三千戸、人員五萬ニ近シ」といわれ、しかも「其祿二十五石ナル者ハ十ノ二三ニシテ僅五六石ノ祿ニテ一家ヲ給養スル者實ニ其七八」（『新聞雑誌』明治五年第五十四号付録）というのであってみれば、彼らの前途は推して知るべきものがある。

一方、徴兵令への路線は着々進められ、明治四年（一八七一）三月には、「今般兵制御一新ニ付、士族卒百姓町人ニ不レ拘、身體强壮にして自ら兵役を乞ふ者」（「綴込記錄ま印」）による新たな軍事力編成「規則」が布達される。士族の特権は音をたてて崩れていく。矛盾はどこかに激発せざるをえない。

すでに常備軍編成に端を発した脱隊騒動にも、そうした矛盾による士族反乱的側面もあったのではあるが、それがもっとも純化した形で具体化するのは明治九年（一八七六）の萩の乱であった。

その領袖前原一誠は、反政府という一線においては板垣退助とともに民選議院論を主張しているのであるが、同時に彼は封建派島津久光の意見に共鳴し、また征韓論派でもあった。前原が萩の乱後島根県に遁走し、県吏清水清太郎に告白したところの、中央政府官僚と対立した諸点というのは、第一に地租改正であり、第二は樺太・千島の交換問題であり、第三は「要路肉食の者私黨を樹て甲乙意見を異にす」る点であり、第四は士族解体に伴う反乱を軍事力で抑圧する政府の方策についてであり、第五は「身貴官に居り政権を握り、猥りに私利を貪り、暗に豪商に托」す現状に対してであり、第六は征韓論の問題についてであった(13)。彼の本質が領主制解体の犠牲となる封建士族の立場に立っていたことは明らかであり、それは西郷―西南戦争に連なる一本の線で貫かれていた。

こうした士族反乱の勃発は、征韓論を契機とする討幕派の分裂過程でもあった。この封建士族を基盤とする分裂の局面は、もはや歴史の進展の歯車から脱落すべき運命を背負ったものであったが、討幕派のもう一つの局面、すなわち板垣を中心とする民権運動に連なる分裂こそが、その後の課題を担うものであった。しかし、その問題はもはや後日に期さなければならない。

表2　士卒族帰農商者月別統計表

年　月	士族	卒族	陪臣	帰農者	帰商者	合計
明治3年11月	0	0	16	16	0	16
12	12	0	4	16	0	16
明治4年1月	25	4	5	21	13	34
2	6	15	134	145	10	155
3	29	5	28	50	12	62
4	75	0	1	60	16	76
5	9	0	1	9	1	10
6	51	4	8	43	20	63
7	115	0	6	103	18	121
8	73	0	0	51	22	73
9	33	13	5	31	20	51
10	4	40	76	94	26	120
11	21	8	7	25	11	36
12	19	0	9	23	5	28
明治5年1月	5	0	2	6	1	7
合　計	477	89	302	693	175	868

注　主として「帰農商　件控」により作成した稿本「忠愛公伝」所収の表による．身分の区分は旧称により，寺社関係は陪臣に含めてある．

注

(1)　末松謙澄『修訂防長回天史』以来の見解であるが、戦後の奈良本辰也氏の問題提起によって、新たな視角から逆に裏打ちされ、一般化された感がある。

(2)　遠山茂樹『明治維新』、井上清『日本の軍国主義』I、原口清「長州藩諸隊の叛乱」（静岡法経短大『法経論集』一）、関順也『藩政改革と明治維新』等。なお、関氏の著書は長州藩の諸問題を統一的に取扱った最近の唯一の労作である。併せ参照せられたい。私見との相違については、その書評（『史林』三九の五）で概括しておいた。

(3)　この萩対山口を本質的な基盤の相違とみているの

ではもちろんない。ただ何れが封建家臣団により寄生的であるか、そして農民商品経済に何れがより短い足で立っているか、ということなのである。農民的商品経済の発展に伴ってその差が政治過程における路線の差を次第に大きくし、対立を激化せしめたといえる。兼重慎一「財政史談速記録」のつぎの一節は、萩の資本の性格について示唆的である。

　何故左様な商人が最も政府を悩ますかと申しますれば、此長州の萩と云ふ處は北海の濱に獨立して居りまして、一向世上へ通じませぬ處で、又他國などに通商をしまするとか云ふ様なことはござりません。物産も取立て利益を得ると云ふ様なこともござりません。唯此萩の城下に集つて居つて第一は藩の官府の御用を勤めまして、其方で營業を致して居ります。それから彼程の多人數の家來中の皆所帶元を致します。萬石以上の家老が五人、七八千石を頂きます者が三四人、それから五千石三千石と云ふものが澤山居ります。其所帶元を皆商人が引受けます様な次第でありますから、其侍の貧しくなりますのを商人は幸と致します。高利の金を貸付けて其代りに知行米を商人の方に引受けて安く勘定をし、高く賣拂ふと云ふ様なことを致します。それから種々の策略を致しましてそれを以て財を蓄えると云ふのが萩の商人の第一の商買（ママ）でございます。

なお、本書Ⅰの二「戦後の明治維新研究と長州藩」参照。

（4）　梅田源次郎（雲浜）の長州入りの目的は、「一は長藩の爲めに物産疏通の利を説き、一は之れに因りて上國と氣脈を通じ、勤王の業を護らしめんとする」（『防長回天史』二）にあり、当時藩政改革に当っていた坪井は、「其言を容れ、倶に議する所」（同上）があったのであり、梅田は長藩の物産用掛となった。やがて彼が安政五年（一八五八）九月、伏見奉行所に召捕えられたことを報じた書翰の一節は、明らかに幕府へ「産物取立」の洩れることを警戒している。つぎの史料をみよ。

（前略）源次郎被㆓召捕㆒候一件、於㆓爰元㆒も風説種々有㆑之、決而栗田法王江追々存付申上、御所内御評議之腰押を仕御手障ニ相成候付、被㆓召捕㆒たるニ而も可㆑有㆑之哉、乍㆑爾御究之内ニハ其他之事柄も出可㆑申、自然御國産之一條共御聞込有㆑之候而ハ苦々敷儀、産物一件爰元ニ而之吹聽は御國産を以利徳を貪候筋は聊無㆑之、諸品を京大和邊ゟ被㆓差廻㆒候付而は、別段御主意有㆑之儀與申様ニ相闇（ママ）居候而、此節之忌諱ニ相觸自然御疑念有㆑之間敷とも難㆑申、（中略）

御書面之通致㆓承知㆒彈正殿申達候。源次郎被㆓召捕㆒候付而ハ御國産物一條自然　公邊御疑念も可㆑有㆑之哉之御案思有㆑之候由、何卒右様之罪禍無㆑之候へかしと存候、（下略）

（「周布ゟ九月十五日之書状を以内藤兼重江」、「産物事」所収）。

(5) たとえばつぎの史料をみよ。
過ル巳（安政四年―田中）ノ夏比、下ノ關清末御領白石正一郎與申者薩州與藍玉交易之申詰仕、いか様之譯ニ候哉、御客屋方ゟ御手子其外下ノ關へ被二差越一、薩州筥船之役人江相對取組者成候處熟談不二相成一、右始末御客屋方ゟ上御用所へ御内談をも相成候もの歟、同夏中野半左衞門・山本寅藏兩人江御任せニ相成、同年冬白石正一郎與半左衞門ゟ名代トメ中川源八郎鹿兒島へ被二差越一、夫ゟ御彼方よりも見聞役商懸り士なり高崎善兵衛幷下役有澤佐兵衛其外罷越、始終半左衞門於レ宅ニ示談仕、追々參懸り申出候次第ニ御座候處、當分於レ下ニ取結候様、尤時々御聞届ハ被レ仰付一候との趣ニ相見申候、其節御役所よりも御國産品々三貫目餘り見本被二差出一候事（下略）（「薩州御取組之始末申上置候事」）

(6) たとえば『東行先生遺文』所収（書翰篇、一六九～一七〇頁）の高杉晋作より木戸孝允宛書翰をみよ。

(7) 「奇兵隊御陣屋御用状其外記録」。

(8) 次の史料をみよ。
一、ミネーゲベール短筒
　四千三百挺凡挺別十八兩之積りにて
右に當る代金
七萬四千四百兩
一、ケベール　　三千挺
此分所々豪農其外寄組等買得申出候者餘分有レ之候様承り候に付、此度買得仕候事（下略）
（伊藤・井上より桂他宛、『防長回天史』七、『伊藤博文傳』上）

(9) たとえば山口和雄『幕末貿易史』第三章第二項等参照。

(10) たとえば、大津郡三隅村在郷の武士村田清風家は、三隅下村百姓源吾名儀で少なくとも田七反余、畠一町五反余、山八町余を所有した「旦那」と呼ばれる存在で、知行の他にこうした百姓名儀の田畠山林を所有し、「御抱」百姓を隷属させていたのである（拙稿「長州藩に於ける天保一揆について」『社会経済史学』二一の四）。また、山口宰判宇野令在郷の井上馨家は一〇三石余の知行地の他に同家の周囲に田一町の小作地、さらに畑四、五反の自作地を所有した存在であったことなどを併せ考えよ（木村礎「萩藩在地家臣団について」『史学雑誌』六二の八）。

(11)　「家来開作」は歩戻り・牓示物切・勤功・馳走開作の四種からなり、その許可証書および奉書は、(1)随所に土地付ができ、(2)所替が自由で、(3)売買譲渡が可能で、(4)一〇石迄は浮米替が許されるなどの特権があって、一種の地券的な役割をもったといわれる(高橋政清「萩藩に於ける開作事業」『国史学』一八)。この士族開作権の問題は、先の村田・井上家の例にみられる士族の地主的性格の問題とからんで今後十分検討の要がある。

(12)　明治維新における下級武士論も、かかる観点から再検討する必要はないだろうか。それは改革派同盟―庄屋同盟における豪農との関連ともからんで、下級武士と従来いわれてきたものの性格をもっと追究する必要があるように思われる。

(13)　妻木忠太『前原一誠伝』。

〔あとがき〕

大会報告原稿に討論の素材を含めて若干の補訂を加えた。この報告の基礎となっているものは、断らない限り拙稿「長州藩に於ける天保一揆について」(『社会経済史学』一二の四)、「長州藩改革派の基盤」(『史潮』五二)、「長州藩の天保改革」(『ヒストリア』一八号所収予定)、「討幕派の形成過程」(『歴史学研究』二〇五号所収予定)、「明治絶対主義政権成立の一過程」(『歴史評論』七五)等である。引用史料は主として山口図書館毛利家文庫蔵のものによる。報告に当っては、直接あるいは著書を通じて京都大学堀江英一先生に多くの御指導をえ、山口大学関順也氏の御協力をもえたことを記して、ここに謝意を表すると共に、その意に十分そいえなかったことを心からお詫びする次第である。　(一九五六、七、三一)

(補注1)　この天保一揆に関しては拙著『幕末の藩政改革』(塙選書、一九六五年)を参照していただきたいが、その後、三宅紹宣『幕末・維新期長州藩の政治構造』(校倉書房、一九九三年)や井上勝生『幕末維新政治史の研究』(塙書房、一九九四年)などの批判的研究がある。

(補注2)　この免札仕法に関しては、その後井上勝生氏(『幕末維新政治史の研究』塙書房、一九九四年)、石風呂知典氏(「近世後期百姓支配政策の分析」〈『山口県地方史研究』六五、一九九一年〉)、森下徹氏(「萩藩の免札仕法と職人編成」〈『日本史研究』四二二、一九九七年〉)。なお同「藩権力と職人組織」〈『歴史学研究』六六七、一九九五年〉参照)らによる批判があり、研究は深化している。

三　長州の櫨と蠟

蠟は櫨《はぜ》の実を原料とし、封建社会においては蠟燭や鬢付《びんつけ》となり生活必需品である。長州藩の蠟は、「宗藩財政の根底は米と紙と蠟との三者に在るのみ」といわれているように、防長三白の一として藩財政を支え、専売品として藩の統制下におかれたものである。したがって、以下の記述もいきおい専売制を中心にした櫨と蠟の問題にならざるをえない。これについてはすでに堀江保蔵氏の先駆的な業績がある(参考文献参照)。しかし、事実は必ずしも明白ではないので、その驥尾に付し、それぞれの時期に分け、事実の確定や専売制仕法の変化を中心に述べていきたい。刊本以外の史料は山口県立山口図書館および毛利家文庫所蔵のものである。

1　宝暦~安永期

長州藩の櫨の栽培は、すでに天和元年(一六八一)薩摩から琉球種を移入して行なわれたが、枝葉が繁るために一般には普及しなかった、といわれる。そこで再び享保十年(一七二五)に藩はその栽培を奨励した。すなわち、薩摩櫨実の植付栽培に経験のある村上平次郎に指導させ、年貢地はもちろんのこと、給地・武家屋敷・

寺社の境内・町屋敷・百姓屋廻りなど、すべて植付に適当な場所には村役人を通じて栽培するよう申付けさせた。「庄屋・畔頭《くろがしら》別五合程宛銘々蒔き置き、其外は百姓軒・半軒、門男《もおと》共に一にぎり之内宛分け遣し、銘々蒔付け置き申すべく候事」（以下引用史料は一部読み下し、以下同）といっているから、本百姓から門男層にいたるまでの全農民に栽培を奨励したものと思われる。その際、栽培方法についてもこまかに指導した。

たとえば蒔付には種を三月中旬に白水《しろみず》に四、五日漬け、この白水を度々取替えて二〇日ばかり漬けておくと、種の上皮が割れ芽が出てくるから、それを茄子苗と同じように地ごしらえして薄く蒔き、土を五分ほどかけ、草を苗床にはびこらせないようにせよ、といったぐあいである。「種蒔付け候ても、其の地主心に懸けて自分之物と存じ念を入れ、時々見合い候はでは悪しく候。随分念を入れ候様、御沙汰肝要」といっているところをみると、それまでの失敗にも挫けず今度こそはという藩の意図が窺われる。したがって、この促進のため利益は農民と藩とが折半するということにした。

その効あってか、宝暦三年（一七五三）には収穫は二十三万貫以上に達した。藩内で蠟燭や鬢付の需用に使う他は、総て生蠟《きろう》に「一〇」の商票を付けて大坂で売捌いたが、当時この生蠟は「一丸蠟《いちまるろう》」と呼ばれて大坂市場で定評があり、宝暦四年（一七五四）の輸出額は二五〇〇余丸（代銀八四七貫目）であった。その後漸減して宝暦八年（一七五八）には一五〇〇丸となったが、それでもその収入は一丸二二〇匁として代銀三三〇貫目にのぼったといわれている。

この宝暦期の仕法は、蔵入地・給領共に櫨実は残らず上納させ、その値段は当時絞り立てをもっぱら請負っていた赤間関（下関）や、諸処の売買値段を聞合せた上で決定し、それによって代銀を渡すことになっている。そのうち、蔵入地の場合は、上納の櫨実の三割を藩の徳用として無償で取上げ、残り七割に代銀を払うこととしていたのである。

ところが、宝暦七年（一七五七）にいたって、この蔵入地の藩の取上げる割合を、宝暦三年（一七五三）から六年

（一七五六）までの上納平均額の三割と一定して、藩の徳用に当てようとした。しかし、これについては無理な点もあってか、宝暦十年（一七六〇）には、宝暦六年より九年までの上納平均額の二割を以後五年間は代銀で納める、というように改めた。そして、宝暦九年よりは実際に木主より櫨実の買取りを行なうのは、仲買に請負わすことにしたのである。その仲買は各宰判（郡程度の行政地域）毎に一定額の買取りを請負うもので、入札制によって決められ、ある宰判の例では三名の仲買が入札決定している。その仲買の買取ったものは代官所が数量をあらためた上で受取り、さらに赤間関の絞り立ての請負方へ渡したもののようである。

この期には他に、萩でも世帯方所属の櫨方《はぜかた》で製蠟が行なわれるにいたった。そして宝暦九年にはここで製造したいわゆる「御用蠟」の晒方を、萩町人の重村吉右衛門・長谷川惣兵衛二名に命じ、藩中の鬢付屋にはこの二人から買取らせることとし、他国晒蠟はもちろんのこと、黒打蠟《くろうちろう》も売買を禁止して藩内の統制を強化した。

こうした統制の強化にもかかわらず、その後も他国産の蠟の流入は絶えず、いきおい藩の「御用蠟」買上げも急激に減少するという状態を示すにいたった。そこで安永九年（一七八〇）、藩はさらに吟味のうえ、萩市中の鬢付屋へ一万五〇〇〇斤は一定額として売りつけることとし、その場合、当時の上方値段を考慮の上値下げして斤別三匁二分とした。そして、他国蠟が藩内に入り込むことを一層厳重に取締ると同時に、諸郡から萩への流入も禁止した。

この同じ藩令は、「宮市《みやいち》・山口・小郡《おごおり》・両大津其外よりも鬢付屋とも御用蠟御売付の儀、前廉相願い差免し置かれ候ところ、願い出の員数買得仕らず、商売方不相応纔充《わずかあて》買得せしむる間には一向買得仕らざる者もこれ有る様相聞き、是等の儀は追て何分の御沙汰仰せ付けらるべく候事」といっているのをみると、藩の「御用蠟」は甚だ不評判で、藩内鬢付屋がなかなか買取らなかったことがわかる。彼らはこっそり他国蠟を買って需用をみたしていたのである。

その後もこうした他国蠟の抜買《ぬけがい》はあとを断たなかったらしい。寛政七年（一七九五）には鬢付屋中の要望もあって、晒蠟の売下げ値段が斤別銀二匁八分からさらに二匁三分へと下げられているのは、そうした抜買に対する対策に他ならなかった。ここでも「他所蠟売買の儀はかねがね差留められ候条不心得これ無き様にかたがた手堅く其沙汰をなさるべく候」と強調されているのである。

しかし、このような度重なる藩の禁制にもかかわらず他所蠟の売買は盛んとなる一方で、ついに藩は文政期に一連の改革を行なわざるをえなくなってくる。

2 文政期

文政期には生蠟の絞り立ては萩・三田尻・前大津・伊崎と四カ所で行なわれていたが、ここにはそれぞれ絞方《しぼりかた》請負人が定められていた。そして藩は文政三年（一八二〇）生蠟の売捌きについて宰判別買請割符《かっぷ》制を実施するのである。これは各宰判に売捌世話人を決め、この世話人は請取手形を出して生蠟・晒蠟を受取り、その代銀は七月と十二月に藩の櫨方に上納する制度である。もちろんその場合、世話人は代官所へ質物を抵当として出して蠟を受取る。

こうした藩の強制的売捌きに対しても、安い他国櫨・蠟の抜買が盛んに行なわれる。藩はこれに対抗するために、国産の使用を強調し、文政三年春に決定した生蠟斤別一匁四分・晒蠟同一匁八分という値段を、さらに九月よりはそれぞれ一匁三分五厘・一匁七分五厘と五厘ずつ値下げを行なった。と同時に、抜櫨《ぬけはぜ》・抜蠟《ぬけろう》に対しては、絞方請負人・宰判売捌世話人にその監視を行なわせ、諸口屋に各津端の制道を厳重にするよう命じ、発見した場合にはその物品を取上げ、その代銀の半分は褒美として発見者に下付するという風にしている。

文政六年（一八二三）二月にも、「去々巳年（文政四—田中注）町在共に洩れざる様手堅く沙汰仰せ付けられ候ところ、今もって他所蠟抜々取扱い候儀相止まず、不心得の者もこれ有る哉に相聞き候間、抜売買櫨の儀、尚又厳重に制道相なり、割符辻買不足これ無きやう鬢付蠟そく職方の者御制道方の者等抜目なき様厚く沙汰仰せ付けられ候事」と繰返し藩令を下しているのをみれば、当時の抜売買が藩の禁令のその足もとから、いかにつきくずされているかを知りうる。事実、吉田宰判の場合では、文政五年（一八二二）の割当のうち六七〇〇斤が買受不足となっており、その理由は「他所蠟鬢付等抜々取扱」うからだ、とされている。

結局、藩は文政六年「世話方の者心遣いの甲乙に当り」、表3のような「御心付銀増減之仕法」を行ない、何とかして国産櫨の売捌きを強行しようとしているのである。抜売買に抗して藩専売を強行しようとする藩の狂奔ぶりが如実にうかがわれるのである。

しかし、抜売買は遂に抑えきれなかったのであろう。藩は文政八年（一八二五）に櫨板場《いたば》（蠟の絞り場）の仕法を大きく変えて諸事を簡略にすることとした。これは「諸郡櫨実取立絞方迄一式下任せの御仕法」といわれているように、板場の売買その他の自由を大幅に認めたものである。

すなわち、①藩内の櫨の実を板場が買入れる際の出入津には口銭をかけない、②他藩の櫨の実の買入れの場合も同様、③他藩へ売る生蠟出津の分には一〇貫目に三文ずつの口銭をかける、等々。そして、櫨の実は農村の生産者から諸所の板場請負方へ直接売買させ、藩には各板場から建木《たてぎ》一面につき銀五〇〇目ずつを上納させるようにしたのである。もちろん、藩が全然無干渉になったわけではなく、櫨の実の値段は「年々精敷《くわしく》詮儀相成り、片落これ無き様相定」めて、九月中に代官所へ報告させるようにしていた。

表3　心付銀増減の割合

割符高の3割以下	心付銀割増	なし
〃 3割～6割	〃	斤別1厘5毛宛
〃 6割以上	〃	〃 2厘宛
〃 完遂	〃	〃 3厘宛
〃 以上（以上の分に対し）	〃	〃 4厘宛

しかし、「前前と違ひ櫨直段一統下直徳分寡く共哉、下之取扱のみにては自然と疎の仕方もこれ有る哉に相見え、尚又直売買にては櫨代秋銀引当にも相成らざる故、上納銀取立に閊え筋もこれ有り」、あるいは、「板場々々抜々買取り、其の上直段御定めもこれ有り候ところ、相対にて得手勝手の取捌き御不審の筋も出来致し」といわれているのをみると、値段の変動は大きく、ために櫨実生産者が生産を疎略にしたり、藩への上納銀にも支障を生じたりしたものと思われる。

そこで藩は、文政十一年（一八二八）の秋よりは代官所が作柄を検査して価格を決定する「青見取」の方法を行ない、板場へ渡す時も「地下手子《じげてご》」（在村する下級の役人）にそれを見届けさせて（これを「懸取り」という）、国産たる櫨の実の生産の粗略化を防ぐようにした。当時諸郡では櫨の木を切りとってしまうものもあったから、こうした現状を防止するためにも、「青見取」など生産過程にも藩権力を介入させてこれを監視し、櫨実生産の減少を防ぎ、さらに当時大坂市場では次第に蠟の値段が引直りそうだ、という情勢に対応して、生蠟の登せ高の増加をはかったのである。

文政十二年（一八二九）春からは、「根の御貸銀上納、なお他国売引当蠟並びに地売蠟引当等のほか、其余残り蠟之分は悉く買上げ仰付られ候につき、脇売は差留められ候」といっているのも、そうしたことと対応しているものと思われる。そして、藩は櫨苗の植継・植増等も末端まで行届くよう努力しているのである。文政十二年には板場から藩への上納銀は、従来の建木一面につき五〇〇匁を五五〇匁に増額し、また翌年には文政八年の藩内外の櫨実買入の「自由」の規定を再確認している。

3　天保期

ところが天保八年（一八三七）にいたり、再び仕法を改正し、宝暦～天明年間のような「御手取立」、すなわち藩が直接櫨実を取立てて、藩直営で絞り立てる方法にかえした。しかし、これは買取った櫨実を各板場へ輸送する運賃など余分の雑費がかかり、櫨実の生産者への代銀手取額は少なくなって木主が迷惑するということから、天保十二年（一八四一）には仕法をもう一度あらためて藩の「御取立」をやめ、これまでの所帯方捌《しょたいかたさばき》を国産方捌《こくさんかたさばき》とし、つぎのような仕法とした。

(1)諸郡入交りの櫨実売買は自由で、貫別当りの運上銀もとらない。他郡へ持運ぶ時には従来通り勘過手形をもって運ぶこと。但し、他国は勿論、御三領（徳山・清木・豊浦藩）および岩国領（藩）などへの売渡しは禁止する。

(2)板場については、これまでのような請負制は取止めて、改めてつぎの条件で許可するから、諸郡の板場希望者は申し出ること。

(イ)諸郡の板場は一任として、建木三〇面木だけ許可する。運上銀は一面につき一貫二〇〇匁、その半分は暮に、残り半分は翌年七月限りで上納、許可に当ってはこの運上銀に対する「相応之質物」を代官所（又は客屋方）へ出し、万一不埒なことがあっても、定められた運上銀だけは確保する。その上納が延引した時には、三カ月迄は月別一割五分の利子をつけて納め、それ以上になると質物を取上げ、板場も取上げる。

(ロ)こうして一定の建木数をきめた以上、年によって櫨実の出来不出来があっても、尋常では建木の増減はしない。しかし、大凶作で絞り種が平年の半作にでもなった時は、休板場とし運上銀を減免することもある。

(ハ)建木別の運上銀をとる以外は板場に一任するのだから、以後はどんな難渋をしても貸銀はしない。

(3)櫨実がよくない年、または「弁利によって」は、他所櫨の買入れも自由である。

(4)絞り立ての生蠟を大坂その他の国へ売ることは自由である。但し、津出しについては願い出の上許可することとする（しかし、実際は生蠟一〇貫目につき三文ずつの口銭をとっている）。
(5)国産の櫨実を他領へ売渡すことは禁止してあるのだから、もし抜売する者があった時は、見当り次第取上げ、役座に届け出れば褒美を与える。
(6)この仕法は天保十二年の秋櫨より実施する。
等々。

このようにして藩内における櫨実の流通および生蠟の藩外への売捌きは自由になったわけであるが、この仕法改正もやがていろいろな問題を生じてきた。

その一つは、仲買の跳梁である。すなわち、藩内の売買が自由になったことから、仲買が多数発生し、郡別数十人も駆け廻って櫨実の生産者と板場との間に介在して、買延べあるいは売延べによって値段をあやつり、さらには他国へ抜売をし、また仲買間での取引を行なって値段をつり上げ、「只今の形容にては仲買の腹肥しのみにて、肝要の木主・板場の儀は難渋に及び迷惑せしめ候」という有様で、いきおいそれは運上銀の納入にも差支えて、遂には仕法そのものがくずれるという状態になってきた。

当初は藩は「打廻之者」、すなわち監視人を派遣してその防止に当らせたが、天保十四年（一八四三）十二月にいたってはついに仲買を禁止した。そして木主と板場との直接取引とし、値段相場も板場相互の「相討論」によって定めるようにし、また仲買がそれまでに買取っていた櫨実は翌年二月中に板場へ売渡すこととした。

第二は、天保十二年の改正仕法では、絞り立て生蠟の他国売りは自由となったが、他国からの蠟買入は依然禁止されていた。したがって自然と国産の蠟は数量不足となり、値段が高騰し、このありさまを見て板場の者が申合せてしめ売をはかるという有様となってきた。そこで出入津共に自由にさせてはという意見が出され、翌十三年八月に「向後地他国生蠟出入津下勝手次第被差免候」と生蠟の藩内外の流通はすべて自由になった。ただ、他国から積んでくる生蠟は国産製ともちがうというので、銀目一歩口銭をとる、ということにした。

その他、各板場の櫨実の売買高についての不正のおそれもあったが、これについては監視と処罰を強調した。

かくして、藩は天保十二年の仕法改正以来何とかしてその意図の実現を図ろうとしたのであるが、この十二年の仕法を翌年ただちに若干変更し、あるいは仲買を監視の段階からついに廃止へと踏切らなければならないということは、その専売制をつき破る現実の力が成長しつつあることを意味している。これに対応して藩の打った手がつぎの安政期の改革になるのだが、ここでは天保末年の実数を示すといわれる「防長風土注進案」の集計による各宰判別の櫨実産出高および代銀を表4に掲げておこう。

表4　櫨実産出高・代銀

	宰判名	産出高	代銀
		貫　匁	貫　匁分
瀬戸内地帯	大島郡	9,606.628	21.213.0
	上ノ関	11,997.500	21.765.3
	熊毛郡	11,550.000	23.100.0
	都濃郡	4,533.500	7.720.0
	三田尻	2,906.000	3.661.8
	小郡	5,540.000	(11.800.0)
	山口	7,125.000	11.404.0
	船木	3,828.520	6.162.7
	吉田	6,630.000	14.382.0
中央山間部	前山代	(10.710)	214.2
	奥山代	不明	不明
	徳地	1,900.000	(3.800.0)
	美祢郡	7,880.000	15.760.0
日本海地帯	奥阿武郡	12,880.000	17.805.0
	当島	30,925.000	78.500.0
	前大津	3,119.000	(6.238.0)
	先大津	4,555.000	(9.100.0)
	計	124,986.858	252.626.0

注 (1)(　)は大島郡・上ノ関・都濃郡・山口・三田尻・吉田・船木・当島・奥阿武郡9宰判の各産出高を総合し，これに対する代銀の平均に準じて換算したもの．
(2)「忠正公伝」（第一編第七章第三節）所収の集計による．ただし，計の数字の誤りは訂正した．

4　安政期

天保十二年（一八四一）以降の度重なる藩令にもかかわらず、安政元年（一八五四）には、「櫨板場当御仕法立ての儀は、下御厭の筋を以御手取立差止められ、天保十二丑年より面木数相定め下任せにしめ絞り立て仰付けられ、御運上召上げられ来り候ところ、近年板場の内にも不取締りの者これ有り、其の上仲買躰の者多人数諸郡へ入交り、直段の妨げをも仕り、木主板場の者とも迷惑に及び候趣に相聞き候」といわれている。

かくて、すでに一定額に決められている運上銀が、こんなことから減少しては「御国産一種の御請劣りに相成り甚だ相済まざる儀」だと、この史料（「付渡一件」）は語を続けている。

そこで、安政期の仕法改正の第一として打たれた手は、板場職のうちから「慥かなるもの」を二、三人頭取として選び、この頭取に板場職一同の取締りや、値段あるいは櫨木増植などの一切を調整させようとしたのである。そして、この頭取には当島宰判大井村板場の重仁右衛門・吉田宰判埴生《はぶ》村同関谷清之進・上ノ関宰判平生町同浅右衛門が任命された。藩はこの頭取制によって、仲買の跳梁による値段のつり上げを防ぎ、櫨の木主と板場との直接取引による値下げと、田畑の耕作に差支えのない土地へはもれなく櫨木を植え継ぎ植え増しすることなどが行なわれるよう意図したのである。当時仲買が禁止されていたことはいうまでもない。

そして、安政四年（一八五七）つぎのように仕法を改正した。

(1)諸郡の櫨実は産物方が一手に残らず買上げ、各板場に対して一面木につき櫨実一万貫目を渡す。但し、産物方絞り草が不足の時は買戻し、その時はその割合で運上銀を減ずる。

(2)諸郡板場は産物方捌として産物方より沙汰をする。但し、板場の仕法は従来通り。
(3)板場三〇面木の運上銀は産物方へ上納し、所帯方へは産物方より渡す。
(4)板場生蠟が入用の時は、相応の値段で買上げる。

等々。

ここで注意しておきたいことは、(1)の項から判断できるように、諸郡の三〇面木の板場、すなわち民間請負によるいわゆる「運上板場」と、産物方直轄の板場、すなわち「御手板場」（「勧農板場」）のあっ

表5　地町櫨板場請負数

宰判名	面木数
上関	2
熊毛郡	2
都濃郡	1
三田尻	2
小郡	1
山口	地(1) 町(1) 2
船木	1
吉田	1
徳地	1
美祢郡	2
奥阿武郡	2
萩	1
当島	6
前大津	5
先大津	1
計	30

注　「付渡一件」より作成.

表6　林勇蔵櫨植付状況

安政五年	2月2日	接立	親樹	6本
		夏接立分横側栽込	親樹	28本
		本栽分仮栽		88本
	3月5日～20日	植付（筑後櫨苗）		174本 (114本)
安政六年	2月24日～3月2日	本栽	豊前苗「群島」	205本
			作花苗「松山」	140本 (148本)
	8月26日～9月8日	〃	「群島」	160本
		〃	「太公望」	15本
		〃	「松山」	73本

注　藤井葆光編『大庄屋林勇蔵』53頁以下より作成．能美宗一『増訂小郡町史』176頁参照．（　）は『小郡町史』の数字を示す．

たことである。前者の各宰判の分布は表5の通りであるが、藩が産物方直轄の後者を重視していたことは、たとえば安政六年（一八五九）の前大津宰判における史料で、櫨実の同宰判買入高は一万四七〇〇貫目ときめられたが、このうちまず産物方へ積廻して残りを三隅村（前大津宰判内）の請負板場五面木に割当てる、といっていることでもわかるが、さらに同年、奥阿武郡宰判の下田万村の板場請負人玉屋（藤八）と大黒屋（帳槌）および須佐村の梅田屋（七兵衛）・大福屋（久右衛門）が、前年の櫨実の不作でどうしようもないから、「勧農板場」（六面木）が郡内のを残らず買上げてしまったその櫨実を払下げて貰いたい、と願い出ていることをみれば、一層はっきりするであろう。

この間盛んに櫨植付も奨励され、川端や土手に、あるいは櫨畑への植継ぎなどが行なわれている。勧農産物御用懸りを勤めた小郡宰判大庄屋林勇蔵の例をあげると、表6のような植付状況がみられる。この表からは当時の櫨苗の種類の一部をも知りうる。そしてこの林は、安政六年十月、秋本源太郎・高井三郎助・部坂嘉兵衛と共に蠟板場手作手搾の免許を受けるべく、勇蔵の嫡男秀之進以下四人の名義で願書を提出している。

5　文久〜慶応期

こうして櫨の植付が盛んとなった結果、文久元年（一八六一）には「根板場絞り草余り櫨多分の儀に付き、産物方御買入仰せ付けられ候」といわれ、その年産物方において「木主共御取救の御主意を以」て、つぎのような仕法が出された。

(1)仲買は先年以来禁止されているが、依然過分の利益を貪って木主が迷惑しているので、一層手堅く禁止する。

(2)櫨値段は「根板場」ならびに代官所より「近方他領共承合」の値段を申し出で、それを産物方で詮議して決める。未決定のうちは「およその抨了」で代銀の引渡しをする。

(3)各宰判別に大庄屋・勧農方その他資産・人物ともに慥かな者を選んでその係とする。この係から櫨代銀を「およその抨了」で取下げかたを申出れば「御下ケ銀」を出す。

この係が一、二人では宰判内に行届かない場合は、櫨実の取扱いに手馴れた者を手先・用達として二〜三人、または五〜七人世話方とし、木主納得の上で買取るようにする。

(4)櫨実の買取りに当っては、これらの用達は手元に買取帳を作り、木主ならびに目方代銀等を記入する。一俵は一

○貫目とし、木主および用達の名前をその俵の風袋の貫目とともに記した札に付しておく。「津畑弁理之場所江役人手子等」を差出すこともある。

(5)地下板場の者へ木主から売渡しは勝手である。

(6)買入れの櫨貫目数に当り、雑用銀を相応の目割で立てる、等々。

しかし、翌文久二年（一八六二）には櫨の不作から櫨実は不足し、産物方の買上げの櫨実も少なく、「運上板場」の運上銀納入も思わしくないので、そのような板場は当年は休板場として運上銀の免除を許可した。

この蠟生産の不足を補うために、藩はその年閏八月、小倉藩との交渉によって、小倉制産方から従来大坂へ送っていた生蠟一〇〇万斤・櫨実四〇万斤を直接長州へ購入することにしている。

やがて慶応期にいたると、幕末の増大する軍事費を蠟製造その他から捻出しようとして撫育局によって大計画が立てられる。それは慶応元年（一八六五）十一月に藩主に提出させたもので、三〇年を第一期として、まず佐波・吉敷両郡の境の鯖山の谷間に一局五〇搾木からなる製蠟局を二〇局造り、その完成による収益でさらに白蠟製造場と蠟燭製造場各三局をここに設置し、続いて製紙・製油・製鉄・造艦・職工・染工の各局を建設、いずれも撫育局が経営する予定のものであった。その一〇年目までの事業計画および収益は表7の通りである。

表7　撫育局第1期10か年計画

年度	計　　画
1	製蠟局50搾木1局建設，工場機械の設備費3000両，櫨の実仕入金5万両，純益2割として1万両
2	初年度の純益金より3000両割いて，一局建設，収益累計18,400両
3	収益累計32,080両
4	〃　48,496両
5	一局増設，収益累計64,595両
6	収益累計87,514両
7	一局増設，収益累計111,416両
8	収益累計143,899両
9	〃　184,878両
10	〃　約23万両

注　三坂圭治『萩藩の財政と撫育』238頁より作成．

そして一〇年目からは新設と民営移譲とが平行して行なわれ、二十五年目には五〇搾木二〇局が完成、さらに四年後には全部民営となる予定で、三〇年目以後はその一搾木宛二〇両の営業税を課し、二〇局分一千搾木で二万両の収入、さらに民間貸付中の利子とで毎年六万八〇〇〇両の収益、という遠大な計画であった。

これは慶応二年（一八六六）二月には鯖山製蠟局の開設をみ、相当の成果をあげたが明治四年（一八七一）の廃藩置県で中止された、といわれる。

6　明治初期

この慶応期と明治初年との関連およびその後の状況については今後の研究にまちたいので、ここでは若干の史料を提示しておきたい。

明治二年（一八六九）正月二十九日、杉梅太郎・小幡図書より「県令中」宛につぎのような板場仕法改正の「覚」が出されている。

覚

一、御国中櫨実他国へ売払いの儀、前々より御制禁の通り堅く差留められ候事。

一、御末家領の儀、御役方様御仕法建御聞糺の上、追て何分の御沙汰相成り候迄は、先行形の通り売払の儀差留められ候事。

一、板場中櫨実買取の儀、郡別の分ケにては木主の売先き狭ばまり難渋におよび自然櫨守も怠り、終に切り捨ての者もこれ有る様立至り候ては、布而板場中の迷惑にも相成り、第一御国損の次第に付き、板場中申合せ、山当の直段を以て御国中銘々勝手に買取り仰付けられ、勿論面数一ケ年絞り高も定まり居り候えば、多分買締り脇板場差添え、或は密々増打等其外すべて奸曲足まじき所業致すにおゐては、板場取上の御咎にも仰付けられ候間、板場中において互に気を付け、万一不正の取行致し候者これ有り候えば、速かに申出づべく候事。

一、櫨実他郡より買入れ船積み取寄せ候節は、津端の庄屋元へ相返送り状取帰り、地下の庄屋許聞届けの節書取付け前々の送状差返すべく候事。

一、他国櫨実買入れ製蠟致し候儀紛れなきにおいては差免さるべく候。もつとも右に擬へ御国櫨実買取候ては、根板場へ差障り候事に付、若し其の取行いたし候者は職業道具取上げ御咎にも仰付けられ候事。

一、櫨実他国より積取り、津端に於て水上げの節、庄屋許へ見分を請け買入高付出し、一ケ年切縮の員数裁判所より書出し仰付けられ候。物産局に於て面木当り櫨実貫数取調べ仰付けられ候。もっとも面木に余り候様買入れの儀苦しからず候事。

一、他国櫨製蠟致し候者、御運上候様御国制櫨板場の通り遣さるべく上納候事。

一、他国櫨製蠟板場差免され候節は、追加銀壱両に付金五拾両上納仰付けられ、然る上は右金を以て其の郡々風土に応じ、金高相当の物産取開き方裁判所へ相任せられ候。若しまことにて気付筋これなく候得ば、他裁判入用の所へ譲り仰付けられ候事。

一、御国櫨板場鑑札左の通り、物産局管事の印

何才判何村御国櫨製蠟板場　何兵衛

鑑　札

県令印

右役面木被《(ママ)》差候事

裏ニ年号月　物産局○御用印

一、他国製蠟板場鑑札の儀は肩書に御国とこれ有る所、他国と替り候斗り其外前雛形の通り

一、御国櫨板場他郡にて櫨実買取の節鑑札左の通り

肩書名前等前ニ有之雛形通り

物産局管事之印

鑑　札

県令印

右御国中櫨実買取差免候事

裏ニ年号月　物産局○御用印

一、業替りを以て他へ譲りし節は鑑札改替仰付けられ候事

一、鑑札寸法追て達仰付けられ候事

右板場仕法筋、今般改正仰付けられ候条、御沙汰あるべく候、以上

ここで明らかなことは、依然としていろいろな藩の統制＝制限が行なわれていることであるが、なかでも第一には藩の櫨実を他国へ売渡すことの禁止、第二には国産櫨実による板場と他国櫨実の絞り板場とがあり、なかでも前者に対する制限は厳しく、先に引用の「覚」についで出されたつぎに掲げる「覚」の一節から察すれば、これには産物方直轄のものと所帯方管轄下の幕末以来の請負制三〇面木とがあり、この産物方直轄のものもこの期には請負制へと移行しているのである。

すなわち、「是迄於産物方ニ取立相成候板場、向後御任セ板場之名目被差止、以前於御所帯方ニ免許相成候三拾面

同様被仰付候」。そしてこの場合の運上銀は「産物板場之儀ハ御取立之砌諸道具調度相成居御事ニ付」という理由で、一般の板場が国産櫨・他国櫨によるもの、共に一貫二〇〇目であるのに対し、一貫三〇〇目と規定されているのである。

かくて、こうした規定の下に明治二年には他国櫨による製蠟板場があいついで許可されている。前節にふれた撫育局の計画は廃藩置県で頓挫したものの、このような形で各地に設立された板場では製蠟を続けていたものと考えられる。「明治十年全国農産表」による各郡の生蠟産出高は表8の通りである。

表8　生蠟生産高
（明治10年）

郡	産出高
大島	23,410斤
玖珂	5,580
熊毛	7,160
都濃	18,440
佐波	14,255
吉敷	8,470
厚狭	40,453
豊浦	26,197
美祢	9,753.7
大津	34,655
阿武	113,762.5
見島	−
計	302,136.2

注　「明治10年全国農産表」（『日本農業発達史』第10巻所収）より作成.

引用史料

「忠正公伝」（稿本）（山口県立山口図書館毛利家文庫、現在は山口県文書館毛利家文庫蔵、以下同じ）。「産業紙藍蠟一件書抜」、「御書付其外後規要集」、「流弊改正控」、「御改政ニ付地方ヨリ申出」、「櫨板場御仕法書其外付渡一件」（本文中「付渡一件」と略称）、「御内用産物一件控」、「薩長交易記録」等。

参考文献

山口県文化史編纂委員会編『山口県文化史通史篇』山口県、昭和二十六年。
末松謙澄『防長回天史』全十二巻、私家版、明治四十四年、修訂再版、大正十年。
三坂圭治『萩藩の財政と撫育』春秋社松柏館、昭和十九年。
能美宗一『増訂小郡町史』小郡町役場、昭和三十二年。

藤井葆光（竹蔵）編『大庄屋林勇蔵』豊島虎一、大正五年（復刻版、小郡郷土研究会、昭和四十六年）。

農業発達史調査会編『日本農業発達史』昭和二十八―三十三年。

堀江保蔵「毛利藩の蠟専売」（『経済史研究』第二五号）。

田中彰「長州藩の天保改革」（『ヒストリア』第一八号）。

田中彰「討幕派の形成過程」（『歴史学研究』第二〇五号）等。

四　長州藩部落解放史覚書

——幕末期を中心として——

1

この小稿は、長州藩における部落解放史を全面的に取上げたものではない。幕末期二、三の問題を通して部落解放史の一側面の覚書的描写に過ぎない。したがって、繁をいとわず、史料はできるだけそのまま引用することにした。ただ舞台が、長州藩という明治絶対主義的政権(補注1)の実質的担い手の出身地だけに、それらの問題を通して、明治維新をめぐる部落解放史へ一つのデータを提供することができれば幸甚だと考えるのである。

2

天保末期の作製になる「防長風土注進案」を繙くと「雑戸之事」という項目がある。この「雑戸」は「穢多」（以下、史料以外は「えた」と表記）「宮番」「茶筅」「猿引」「非人」を総称したものであって、彼らがいわゆる部落を形成する。彼らは「人民撫育之要務」「至後代候而茂銘々来歴詳ニ相知候大意、公儀之御帳江被載候のミならす私の譜録と云、御仁恵之御事」(1)といわれた長州藩の文政八年（一八二五）の戸籍帳からも、「穢多茶筅ハ帳面之沙汰ニ不及候事」(2)として除外された「帳外し者」だったのである。そして彼らは従来から別個に扱われていた。

一、穢多其外河原者之類をも其村々畔頭別ニ而軒数付人数付調置一ケ年壱度宛相改可申事(3)

これは安永八年（一七七九）、寛政三年（一七九一）に出された「御仕法」であるが、文政八年の戸籍帳仕法改正の際に、これは「御詮義之上惣而簡易之仕法ニ被仰出候事」(4)とされた。

これらの「雑戸」の内、「えた」は各宰制の一定地域、とくに城下もしくは勘場の附近に定住し、一、二名の世襲的頭取によって統制され、火の用心・浮浪人・盗人・賭博等の警戒取締りに当り、また牢番もその任の一つであった。「宮番」は「番太」ともいい、各町村に一、二軒あり、神社の監守および火の用心・犯罪防止ならびに検挙の補助をし、彼らの収入は神社監守のための年米二石内外の支給が主なものであったが、身分は「えた」よりやや高いものとされていた。

「茶筅」は竹細工を作り、歌をうたって歩き、周防東部の町や村に一、二軒ずつ居住しており、「猿引」はいわゆる「猿廻し」といわれるもので、猿を引廻して金銭を乞い歩いたものである。

「非人」は諸所の勧進によって施与を受けて生活し、頭役が統制したが、その発生の系譜――生得のもの、犯罪によるもの、貧困によるもの――によって身分的に区別され、貧困によるものは非人生活一〇カ年以内ならば、親類・知人の引立によってその身分を脱しえたといわれる。

以上の「雑戸」の者への貢租は、「えた」が「特牛皮《こっといかわ》」とい

昭和10年(1935)***	
戸数	人口
－	－
－	－
－	－
－	－
－	－
4,484	21,751

＊＊「山口藩従

表9　「雑戸」一覧表

年	文政12年（1829）＊						元治元年（1864）〜明治元年（1868）平均　＊＊			
	戸数	人口			牛	馬	戸数	人口		
		男	女	計				男	女	計
「えた」	1,611	3,963	3,694	7,657	511	136	2,675	5,622	4,758	10,380
宮番	184	461	461	922	3	1	—	—	—	—
茶筅	270	748	645	1,393	31	—	6	14	15	29
猿引	8	22	22	44	—	—	—	—	—	—
非人	41	86	109	195	—	—	51	124	137	261
合計	2,114	5,280	4,931	10,211	545	137	2,732	5,760	4,910	10,670
備考							その他 「えた」寺　1 同末庵　4 人員　47（僧 26、男 1、女 20）			

注　＊三輪為一「旧萩藩に於ける社会階級に就て」（『社会経済史学』8の11）．
前支配地総高其外」．＊＊＊北原泰作『屈辱と解放の歴史』附録等．

う現物貢租を課せられるほかは租税を免除されていた。(5)

この「特牛皮」の上納は、「一定の率なく旧慣による」(6)といわれるが、幕末期には一部は代銀納化されていたことは、たとえば美祢郡宰判の「諸上納銀大略」のところにつぎのように記載されていることからもわかる。

特牛皮代銀

一、同（銀――田中注）拾八匁弐分五厘壱毛

但、穢多共ゟ旧例を以被取立候特牛皮之内、三枚四朱壱味八払壱枚ニ付銀六匁宛ニシテ、右之辻同断、尤前断三枚余之内壱枚一ケ年替リ現皮上納被仰付候事(7)

こうした「雑戸」とよばれた者の人口およびその変化は表9の如くである。

茶筅の減少に対して、「えた」の著しい増加は注目してよい。

なお、三輪為一氏が「準庶民階級」としている山口宰判問田《といだ》村および吉田郷の「角常」と吉田宰判伊佐村の「徳常」（または「徳定」）とに簡単にふれておこう。

「角常」は「牧の民新年にハカクシヨウとて鶏ゑほし直垂やうのすかたに出立、家々にいたりて祝辞を口号侍り、正月十一日御城にまゐのほりて寿詞を奏まゐらするさま千寿万歳（中略）三河万歳の類とやいふへからん、ひなひた

る辞なから古風めきてをかし」(8)といわれ、この起源については「注進案」は種々の説をあげているが、彼らと一般農民との関係については、「さてこのカクシヤウ等農稼の業をなして税租《タチカラ》を収るは平民と異なる事なし、されと婚姻を結ふにいたりてハ、平民より其女をあたふる事を好ます、カクシヤウ等かいふやう、おのれ今ハ農にしあれと、もと聖琳太子に仕まつりしもの、裔孫そかし、されハ平民と婚を交ゆる事なかりし時の習俗《ナラハシ》なりとおもふに年の始に祝辞を称へありく料に餅てふものをあたふるを、平民のいむにそあらめ」(9)（ルビ原文）と説明を付している。

「徳常」は、「其由来昔寛弘の比花山帝」(10)の時に遡るといわれるが、彼らは「往古より農務の余暇専売薬を業として御国中は更なり諸国迄も売込」(11)むことによって生活していた。彼らの売薬商人としての活動が次第に大きな役割をもっていたことは、たとえば安政五年（一八五八）の藩政改革の時、「諸商人免札仕法」による冥加銀は、それぞれの商人の経営規模に応じてほぼ課されたものと考えられるが、その際伊佐村全体（給領共）の諸商人冥加銀の総計九五九匁に対して、その中売薬への冥加銀が五〇〇匁という大半を占めているところからも十分推察しうる。(12)

こうした「角常」や「徳常」に対する身分的な規定は、さきの文政八年の戸籍仕法改正の際、「伊佐之徳常山口之角常之類之者、常之百姓同様之仕法ニ、戸籍帳江付可申事、但、常之百姓之跡畳紙を可申置事」(13)といわれているところからもわかるように、「常々百姓同様」であるが、但書にみられるごとき差や、さきに引用した「注進案」にその一端がみられるような区別があったのである。諸郡百姓の「御賞美方」の規定においても、一般農民が永名・永刀・永大庄屋格や勧農大庄屋格・御代官直支配・郡奉行直支配等をその「積功」によって許されていたのに対し、「吉田才判徳定百姓の儀ハ是迄帯刀大庄屋格等之御仕成不被仰付、永名字をハ被差免来候」(14)と区別されていた。

しかし、こうした区別も慶応二年（一八六六）に至っては、「右永名被差免候者共、其後米銀其外御馳走願出御請方被仰付候ニ付而ハ御賞美可被仰付之処、此余御賞美之等御座儀（ママ）ニ付、各別之御心入を以積功之者江ハ一代限り之御沙汰を以帯刀被差免候而ハ如何可御座哉（マヽ）[15]」という郡奉行所の申出に対し、藩はそのままそれを許可している。これは、さきにもふれた彼らの商人的活動による富の蓄積によって、自らの解放をかちとっていく姿を示しているといえよう。

この「徳常」「角常」の概数は、天保十二年（一八四二）で「徳常」は三二戸、戸籍帳では門男百姓に入れられ、「角常」は必ずしも明確ではないが、問田村および吉田郷のそれを併せて五〇戸を出ないであろうといわれている。[16]

3

ところで部落の村落構造やその生産的基礎はどうであったろうか。以下は前節で述べてきたものの中もっとも中心となる「えた」村について述べていきたい。

一例を佐波郡牟礼《むれ》村にとってみよう。ここでは天保末期に人口三八七人で、内、男二〇一人、女一八六人であるが、その家数は次のようになっている（傍点田中）。

一、穢多村壱ケ所　東山
　家数七拾三軒
　　但本軒六拾軒　亡土拾三軒
竈数同断[17]

すなわち、まず第一に「部落」においても一般農村と同様、本軒と亡土（門男）の区別が存在し、一般農村の構造とこの点では異なっていないということである。長州藩における本軒と亡土の区別は、門役銀の負担の如何によるのであるが、同時にそれは、はじめは土地保有の高にもほぼ比例していたと考えられるから（もちろん、天保末期には実質的にもはや崩れている)、少なくともこの場合、本軒と亡土の区別が存在することはつぎのことを推定せしめる。すなわち、部落民の生活も土地と結びついて、他の一般農村と同様、ある程度の農業生産を営んでいたであろうということである。事実、牟礼村の牛五三疋、馬一三六疋の内、「穢多村之分」といわれるものが、それぞれ牛一三疋、一八疋あるのをみても、[18] おそらくこの牛馬数三一疋は後にみる皮産業との関係ではなく、他の一般農村の例から推して、部落民本軒六〇軒の内の上層の者が所有して農耕その他に使用していたものと考えられる。

しかし、部落における主要な生産的基礎は、もともと農業生産にあったのではなく、やはり一般的にみられるように長州藩においても皮革業であった。このことは、「特牛皮」という部落への現物貢租からも察しうるし、以下の本稿の考察で自ら明らかとなってくるであろう。

牛皮上品と申候分長門皮宜御座候、尚又備前美作豊後抔茂宜御座候
甲冑等江相用候鞁皮ニ仕候分ハ長門皮宜と申伝へ候事[19]

といわれて、大坂市場において全国的特産の位置を占めていた長門皮は彼らの生産に支えられていたものだったのである。

そして、初期においては彼らはたんなる副業的に農業を営んでいたのであるが、それが次第に農業生産に密着して牟礼村東山の例にみられる如き村落構造を形成するに至り、そうした部落民の農業生産への進出が、後にみるように一般農民に対して問題化してくるのである。

ともあれ、こうした部落の構造について三輪氏は、「頭役や其の他二三の者の中には富裕なるものもあつたが、概して貧困百姓より窮乏していた」[20]といわれるのであるが、これは部落民の分化の方向を示しているともいえるであろう。氏はこの多数の部落民の貧窮化の原因を、居住地域の限定、農業以外の副業の厳禁および一般農民の人口増加率

に対する二倍半に近い急激な増加に求められているのであるが、[21]これらのことは、やがて彼らの生産的基礎の発展とともに、その桎梏化してきた封建的規制を打破ろうとする動向となって天保一揆の問題とも連なってくる。

ところで、この部落における主要な生産的基礎をなした皮革業について長州藩においては一つの大きな問題があった。それは牛馬の皮革の運搬・船積をめぐる問題である。

すなわち、寛延元年（一七四八）七月に藩は、

一、頃日諸郡穢多共牛馬之皮骨等を船積いたし、上方其外江差廻候様相聞候、御沙汰之趣有之候間、先船積仕候儀一向被差留置、追而致船積不苦時節之儀者猶又沙汰可相成、其内堅被差留置候事[22]

と諸郡代官へ発令しているのであるが、こうした皮革の運搬・船積が問題とされるのは、「此節皮類海上通リ又ハ海江沈メ候ヘハ、以之外風立荒日和ニ相成[23]」るという、俗信が当時広く流布し、[24]そのために「田方江当リ作方差障ニ相成候[25]」として、封建社会の経済的基礎の崩れることが危懼されていたからである。

そしてこの運搬・船積の時期は、秋の収穫の終った十一月から翌年三月迄の間と規定され、ついで宝暦二年（一七五二）五月には、つぎのような藩令を出して、その一部の緩和が図られている。

一、山口羽坂其外穢多共牛馬之皮上方差登ニ付、船積之時節例年十一月ゟ翌年三月迄之間被差免候段前廉御沙汰相成候処、右之時節計ニて者年分調置候皮上方差登候間相悪敷、莫太之損失有之及難儀候由、段々願出之趣有之候由申出ニ付、只今迄被差免候物切之外ニ毎年六月江入立秋迄之間被差免候事[26]

しかし、これは天明五年（一七八五）三月に、再び従来通りの十一月より翌年三月迄の間にのみ運搬・船積を認めることにもどされた。[27]この運搬・船積期間については多少の異同があったらしく、後に引用する史料からも判るように、十月から翌年二月までの場合もあった。そしてまた、この運搬の道筋も次第に規定されるようになった。

先にみたような俗信が流布している以上、農業を主要な生産的基礎とする一般農民にとっては、こうした皮革の運搬・船積津出の時期およびその道筋等は重大関心事たらざるを得ない。かくして、これらの問題をめぐって一般農民と部落との対立が次第に表面化してきたのである。

すなわち、文政六年（一八二三）三田尻宰判では、「近年以百姓中与穢多共心得違懸リ相之趣有之ニ付、此度別紙之通双方受状申附内済之可致沙汰と存候」[28]として、つぎのような「覚」が「地下中」「穢多中」にそれぞれ出された。

覚

於諸村々牛馬捨リ皮穢多共へき取、猶旧格を以皮上納致来候、然処於地下不心得之者有之、或者焼捨、又ハ土中江埋候者も有之由、甚以不謂事ニ候、上納皮之儀ハ肝要御軍用御手当相成居、御間欠共ニ至リ候而ハ不相済事候条、向後焼捨土中江埋候儀堅御差留候事

一同断之節、穢多共持通之道筋、先年ゟ定居候由、定たる道無之所之儀ハ此度相定可申候事

一牛馬之皮、船積津出等之儀ハ、先年已来追々御沙汰相成候通、十月ゟ翌二月迄被差免候条、弥以相守猥之儀無之様、猶又夜中之往来被差留候段、旁之趣穢多共江も御沙汰相成候事

一上納皮之儀ハ、右月並ニ不拘送出茂可有之候得共、其時々才料或ハ送リ状可有之事ニ候、夫々見詰ニ通路相支申間敷候事

右皮類船積津出等之儀ニ附而ハ、厳重之御沙汰被仰附置候処、間々不心得之者有之、持運候節地下人多人数罷出、及狼藉、終ニハ御厄害ニも到リ候、依之前書之通諸〆リ被仰付、穢多共江手堅御沙汰相成候条、向後無作法之儀無之様、万一不正之儀も有之候ハヽ、地下役座江申届ケ、差図を受可申候、猥荒増躰之儀有之、至御厄害候節ハ、百姓中ハ勿論地下役人をも重ク可被相咎候事

地下中

覚

一於諸村々牛馬捨リ皮穢多共へき取候節、先年已来持通リ之道筋定リ居候由、前々之通脇道往来仕間敷候、是迄定たる道筋無之所之儀ハ此度相定可申候事

一上納皮之儀ハ、其時々御沙汰筋を以、速ニ上納可仕候事

一牛馬皮船積津出等之儀ハ、先年已来追々御沙汰相成居候通、十月ゟ翌二月迄被差免候条、前々之趣弥以相守リ、猥津出仕間敷候、猶又夜中之往来被差留候事

右、皮類船積津出等之儀ニ附而ハ、厳重御沙汰被仰附置候処、穢多共間々不心得を以、田作穂上リニ而も、内証ニ而持運、令船積等猥之作廻等有之、地下人是を見咎、終ニ者至御厄害ニ不相済事ニ候、依之前断之通諸〆リ被仰付、地下人江も手堅御沙汰相成候条、此後不作廻之儀於有之ハ、重ク可被相咎候事

文政六未ノ

十月

右之通被仰渡奉得其旨候、已上

穢多中[29]

（傍点田中、以下同）

かくて、この引用の傍点部分からもわかるように、そしてまた、こうした「覚」を出して「双方受状申附内済之可致沙汰」としなければならないような対立が、皮革の運搬・船積津出をめぐって一般農民と部落民との間に存在したわけである。

このような底流が表面化したのが天保二年（一八三一）の一揆の際の「えた騒動」にほかならない。それについては次節にみることとして、この部落の主要生産物である皮革についてもう一言ふれておこう。

先にもみたように、長州藩の皮革は大坂市場においても全国的市場価値をもつ地位を占めるほどのものであったが、それは幕末の一時期には薩州交易の対象ともなっている。すなわち、文久元年（一八六一）に、

御国中牛馬皮骨船積取扱方之儀ハ、従来御仕法之趣茂有之候得共、此度御詮儀之趣有之、薩州産物と交易被仰付、当酉年（文久元）ゟ来ル丑年（慶応元）迄五ケ年之間、毎年十一月ゟ翌三月迄之間、熊毛郡呼坂百姓松屋庄兵衛・都濃郡下松同米田屋甚助と申者江御国中斃牛馬骨取扱世話方被仰付、他所積出被差免薩州役方右手合等之儀者勧農方中野半左衛門江取計被仰付候事[30]（傍注田中）

として、一部の豪農商にゆだねて薩州藩との交易を試みている。これは当時の政局の推移によって元治元年（一八六四）には停止されているが[31]、大坂市場における「長門皮」にしろ、薩州交易の問題にしろ、長州藩における当時の皮革生産のもつ位置をほぼ推察するに難くないと思う（この薩長交易に関しては拙著『幕末維新史の研究』〈吉川弘文館、一九九六年〉第三章参照――追記）。

4

天保期は、幕藩体制の全構造的危機があらわな形で表面化し、来るべき明治維新への出発点として、ひとつのエポックをなしたことはすでに説かれているところであるが、その危機の象徴的表現が百姓一揆であることは異論をさしはさむ余地はない。長州藩の天保二年（一八三一）の一揆は、なかでもその危機の深さと広さを示す意味においても

っとも典型的なものである。

これは文政十二年（一八二九）にはじまる産物会所設置による産物取立や、翌十三年の「小富入札」等々に端を発するものであった。すなわち、元禄・享保期以降次第に展開してきた商品生産をめぐって、領主権力ないしはそれと結びつく特権商人の、上からの把握に対する商品生産者的農民層の反撃であった。文政十三年（天保元）八月、上ノ関・熊毛・都濃郡宰判に国産御内用反対の一揆がまず起り、ついで翌天保二年（一八三一）七月に再び一揆が勃発して、それは瀬戸内海を中心として全藩一揆へと展開し、藩側の一報告が述べているものからでも最小限一一三カ村を数えうる程の広さをもち、またある報告は、「人数追々相加リ、凡十三万弐千人相集り」と、一地域の人数を概算している程のものであった。この一揆は、㈠年貢その他封建貢租の軽減、㈡農産物の商品化、商品流通の自由、㈢「札銀和市違」の統一、㈣村政改革等々を標榜した、すぐれて反封建的な商品生産者的農民層の要求に支えられた、封建体制の矛盾の深さに根ざした一揆であったが[32]、この一揆が同時に、「えた騒動」を伴っている点に視点をおいて少しく考察を試みてみよう。

『毛利十一代史』は、天保二年八月三日の条に、

今回一揆毀損家数左ノ如シ

防府七十六軒　山口六十三軒内地方二十八軒

外ニ穢多七十八軒

小郡宰判二十二軒

と山口において部落民が一揆の対象となっていることを記しているが、これが同日条の「夜穢多騒動之アリ」といわれた結果であることは明らかである。より詳細な藩への一報告は、山口（町地方とも）六三軒の外「羽坂穢多七四軒」、

三田尻（町地方とも）八七軒の外に「大渡穢多五十軒」とその破損家数を報じている。[33]

また、「諸郡百姓騒動日記」も八月二日の条で、

一、山口才判人家穢多村共百三拾七軒及破却候事

と記している。山口・三田尻地帯の部落民が、藩の会所や豪農商・村役人と共に一揆の対象となっていることは明らかであろう。これはたんに山口・三田尻宰判にとどまらず、船木宰判東須恵村でも「穢多七軒」が焼打ちにあっているし、[34]支藩徳山領でも一揆は「河崎穢多村ニ火ヲ掛ケ悉ク穢多焼亡ス」[35]といわれ、部落民が広汎に一揆の対象となっている。

すなわち、この一揆は先に述べたような要求を掲げて、産物会所・豪農商・村役人層を襲撃すると同時に、部落民を攻撃の対象ともしているのである。しかも、それは「宮市・三田尻・大野・山口等に人家多く打砕きぬ。されども余りに人を殺せしはなし」[36]といわれたこの一揆で、「しかし穢多の村々を悉く打砕き、大勢を打殺せしといふ」[37]といわれる程、部落民に対しては激烈を極めたものであった。藩の取まとめた「諸所百姓共騒立候破却家其外附立」[38]をみても、焼打ちにあったのは小郡宰判丸尾崎の固屋一軒の他は、先の東須恵村の部落民の家のみであることからも明らかである。

ところで、一体なぜ部落民が一揆の対象となり、しかも豪農商・村役人よりも激烈に襲撃の対象となったのであろうか。

そもそも、この一揆の直接の発端は、天保二年七月二十六日、萩より中ノ関へ帰途中の「産物方御内用御用達」石見屋嘉左衛門と上屋（紙屋）儀兵衛等の荷物のなかに皮革が発見されたことにあった。[39]さきにもみたように秋の収穫前には皮革の運搬は停止されていたし、そうした凶作となる皮革運搬を防ぐために、農民は「路傍ニ盧舎ヲ仮設シ之

ヲ点検」(40)していた。ところが「産物方御内用御用達」の荷物のなかに皮革が発見され、農民の憤激をかったのである。『浮世の有様』はこの間の事情を、その年が豊作となったため、物価が安くなり、したがってこれまで買入れた産物によって損をするとみこした産物役所・勝手方等の役人が、凶作を祈るために、当時の俗信によって藁で蛇の形をつくり、牛の生皮と共に「あいをの浦」へ沈めようとした策動だとして、これを描いているのであるが、それはそのまま、藩権力と生産農民との対立関係の反映を如実に示して興味深い。

それはともかく、こうしたところに直接の端を発した天保二年の一揆が、皮革業を生業とする部落民に対して激しい行動をとったことは見易い道理である。一揆の要求のなかに、

一、東洲川近辺穢多村有之ニ付、不時牛馬皮積出シ無覚束ニ付、穢多共運送六ケ敷場所遙成深山江所替願之事

一、牛馬皮舟積等時分を定、乱ニ取悩者ハ焼捨高免願之事(41)

とあるのは、部落民の皮革取扱に対するそうした不安の、農民側の反映の結果であったのである。

だが、その根底にはより深いものがあったといえる。

すなわち、『浮世の有様』は、部落民が「是迄不法の事多ければなり(42)」と述べているのであるが、その「不法の事」とは、

甚しきに至りては穢多に迄、格式を許し槍を持たせぬる抔、何れも益を取って免せし事なりといふ。斯かる有様なれば、自ら穢多共の権威を振ふやうになりて、常に町・在に出で無法の事多しといふ。(43)

と語られているような事実がみられたのである。だからこそ藩はすでに文政二年(一八一九)につぎのような藩令を出さざるを得なかった。

穢多之身分トシテ平人と交リ不申様との義、寛政三年御沙汰筋茂有之候処、近来細工物売歩行候荷物を仕立、形

振旁も全平人ニ相紛、町家農家抔江も猥ニ入込候躰之儀有之哉ニ相聞、甚以不謂不(ママ)候自分不作法之儀於有之ハ可被処厳科候条此段可被示聞候事(44)

そこには、藩権力が一般農民との間の身分的差別をあくまで維持しようとしていること、しかもその身分的規制が部落民の経済活動によって次第に打破られようとしつつあること、而して『浮世の有様』の語るところは、その経済的実力がもはや無視できなくなってきていること等である。そしてそのことが、逆に一般農民との対立を深めているところに、身分外の身分を設定した封建支配者の意図が完全に貫徹・成功しているといえよう。しかもなお、見逃してならないのは、藩権力に向けられた一揆本来の激しい矛先を、こうした身分的規制を利用することによって、部落民へ転化せしめようとする領主権力の明瞭な意図のあったことである。

一、穢多村こわし候ニ付穢多中百姓と出合合戦仕候ニ付、役人静リ候様差図候得共聞入不申ニ付、穢多中打殺候様指図仕候ニ懼し候而穢多退散仕候、四度風評候事(45)

と、当時の風評をこともなげに書き記した浦靭負の日記の一条が、はっきりとそれをわれわれに物語ってくれる。

そこに、封建権力の巧妙な支配の奥深さをおそろしいほどに読取りうるのであるが、同時にまた、他方ではこの天保二年の一揆が、その要求に明白にみられるすぐれて「経済的自由」「政治的自由」へのたかまりをみせながらも、身分的規制という真綿で首をしめるような領主権力の巧妙な規制に対しては、ついにその「自由」を貫徹しえない一つの歴史的限界をもっていたといえるのではないだろうか。

だが、そのことについては今ここで云々する必要はない。ここでの問題は、ともかくそのようなまでに問題化する程台頭した部落民そのものにある。さきの『浮世の有様』が問わず語りに述べているように、部落民が格式を許され、槍をもつなど、しかもそれは「何れも益を取って免せし事なり」といわれているのであり、かくすることによって彼らが、町や村に次第に進出してくるということの意味するものである。

天保一揆の要求の中にも、

ゑた宮番共医者並小商等仕俗人に紛れ候間、御国中風俗御改被成候様にと願之事(46)

と、部落民進出が、如実に語られている。

それは、さきにもふれたように、部落民が次第に皮革業や農業ないしは商人的活動によって自己の経済的実力を築きつつあったことを意味している。格式を「益」によって買取るということも、彼らの生産ないしは商業活動の発展によって蓄積された富により、次第に実質的に身分規制を突崩してきはじめたことを意味し、部落民が医者や小商人化して俗人に紛れるということも、従来の領主権力の職業ないし地域的規制を一歩々々崩壊せしめ始めたこと以外の何ものでもない。さらに言うならば、彼らが皮革業に閉込められ、農業はせいぜい副業的なものだったわけであるが、「穢多共農業仕候得者牛馬を買込つぶし二付、農業被差留願之事(47)」という一揆の要求をみれば、もはや部落民の農業生産による牛馬の買込みが、一般農民の生産手段への脅威にまで立ち至っているという程の発展を示しているといえるであろう。

「帳外し者」とされ、厳重な身分規制の下に、職業的にも地域的にもしばりつけられていた部落民が、そうした封建的規制を自己の生産力のたゆまぬ発展の上に次第にはねのけていった姿が、天保一揆の「えた騒動」の背後に読み取れるのである。

こうした部落民の台頭はその後も決して頓挫してはいない。彼らは、一般農町民と異なるところのない生活どころか、むしろ贅沢な生活を営み、また商人化して市場に進出し、ブルジョア的発展の成果を次第にくみとるようになっているのである。天保十四年（一八四三）の藩令はそれをつぎのように物語っている。

穢多非人宮番之者共風俗悪敷、百姓・町人巳ならす物而平人ニ対し法外之振舞致し、或ハ居宅衣服等奢成躰仕、町人商人ニ似せ不応其身商ひ物持廻リ、所々市場江交リ相、又ハ煮売屋其外店内へ立入リ、形リ振リ言葉相平人ニ紛かし、加ニ家職之商用通行之節迚もさらニ惶なく、平人ニ対し間々慮外之振舞雖有之、見咎十口鎮候茂外聞ニ拘リ致用捨候ゟ法外致増長(48)（下略）

化政・天保期は、まさに彼らにとっては解放への第一歩を踏み出していた時期とも言えよう。それはたんに長州藩のみのことではない。

穢多非人の類・小屋者・番太など唱る者共三都其外国々在々増長し、人数の莫大に多く成て平人よりも奢り慢りたる行勢也。

米を作る百姓は米の飯は年内幾度と計へる程ならでは給べ兼るに、穢多非人は年中十分に上白米の飯を食ふなり、今は武士よりも町人が能き米を食ひ、衣類酒肴菓子是に準じて其町人よりは又穢多非人が緩急に奢るなり。(49)

という『世事見聞録』の行間にそのことを十分読取ることができるのである。

5

このような部落民の台頭、自己解放へのたゆまざるたたかいが表面化してきた時期は、同時に先進欧米資本主義の波濤が、わが国の岸にうち寄せはじめたときでもあった。

釈迦の本国の印度も今は英夷の所有となり、奴隷の如く使われ、恥をしらざるに似たり。(50)

昨日の印度の姿は明日の日本の姿かも知れない。こうした外からの危機は、今や天保一揆やそれに対応しての天保改革を余儀なくせしめられていた当時の封建支配者層に、体制的危機感を一層増大せしめていた。長州藩天保改革の主導者村田清風が、

　夫海寇防禦ハ当今の急務なり。皇国の安危へかゝるなり。御家御国の一大事なり、生としいけるもの、誰か心慮を尽さゝらんや。（中略）凡智略ある者は其智略を上え申出させ、勇力ある者は其勇力を以防禦を為すへし、豪農豪商共に米穀金銀を上え捧げ、防禦の責に供し、其御蔭を以我家財も我家族も安全をはかるへし、是も士農工商の民の一和よりすへし。（下略）(51)

と、「士農工商の民の一和」といういわば民族的体制をもって海防に当るべきを論じたのも、そうした危機に対する封建支配者側からの克服策であった。ここに身分外の身分としての部落民すらをも、その一翼として登場せしめる所以があった。

　雑戸の者といえども、一小口を別ニ渡し禦せしむへし(52)

と。もちろん、村田をしてかく言わしめたその基底には、前節にみたような部落民の台頭とたたかいが秘められていたことは繰返す必要はあるまい。

　だが、この村田の意図を「雑戸の解放論を始めて唱えた(53)」と、簡単に解放論としてとらえるわけにはいかない。彼の意識の底には、部落民に対する封建支配者的差別観と初期攘夷論における攘夷思想との結合がひそんでいたことを看過してはならないのである。すなわち、「（前略）僧巫雑戸のものといえども使令すべし鉦鼓にても鳴らし《ママ》むべし、戎狄は犬猫に比すれは、雑戸の者にあたらすへし。（下略）(54)」という、彼の言葉は如実にそれを物語っている。部落解放論が如何なる立場で、如何なる意図の下に唱えられるかを十二分に見極めたうえでなければ、われわれはそれを手ばなしで解放論とするわけにはいかない。ましてそれが、封建支配者の立場からのものであってみれば、隻言半句で

その本質を見誤ってはならないのである。以下にみるような幕末長州藩における部落民の広汎な登用＝軍事力化も、そしてひいては明治の「解放令」も、このことを忘れての評価では、その本質を見謬ることになるのであるが、この点を十分認識した上で、具体的にどのように部落民の登用＝軍事力化が行なわれたかをみることにしよう。

天保改革以降の政争は、嘉永六年（一八五三）のペリーの開国要求に伴う外交問題にからんで、封建支配者層内部に新たな対立を引き起し、尊王攘夷運動として事態を一層複雑化せしめた。文久三年（一八六三）五月十日の下関外艦砲撃事件を機としての新たな危機は、長州藩において「正兵」に対する「奇兵」としての奇兵隊以下の諸隊設立となり、武士という身分的階級的限界を超えた軍事力の創設となったわけであるが(55)、同年七月七日、藩は吉田稔麿をして「屠勇取立引受にして詮議被仰付候事(56)」と命じ、部落民の軍事力編成に着手した。

稔麿事者最前栄太郎と申組之者にて、余程有志之者ニ付士御雇ニ被仰付候、此者事兼而軍役之内江穢多共を御用被成候て、一廉可相働との見込有之仕法旁工夫仕居、至極実着之儀ニ付、本文之通被仰付可然、仕法旁者追て可奉伺候(57)

と、その沙汰書の但書が述べているように、部落民の軍事力編成は彼の前々からの懸案であり、今やそれが実現したわけである。この自己の意図が達せられた喜びを、同日付の父母宛の手紙に、彼はつぎのように吐露している。

（「屠勇取建方引請」の）此役目は私此春帰リ候節に申上候事にて、□□《ママ》の中よりつよいものをゑらび軍の御用に立候様との事に御座候、此事に付ては私何もかも引請候てはら一ぱいの事出来、誠に難」有仕合誠に〳〵御よろこび被」遣候、只今長やの善どの被」参候ニ付此書状たのみ申候、先ハ又々申上参せ候めてたく、かしこ

此分は人には御見せ被」成まじく候

七日　　栄太郎事

年麿

父上様

母上様

尚々御用心専一ニ奉レ存候、私御役目の事も先は御かくし置可レ被レ遣候、□□(ママ)共に御沙汰無レ之内に世上にしれ候てはあしく御座候(58)

萩城東北松本村で足軽清内の長男に生まれ、高杉・久坂・入江と共に松下村塾の四天王とならび称せられた稔麿は(59)、この藩令の出る二日前、すなわち七月五日に「御扶持方弐人、米弐石四斗」をもって、「名字被二差免一被レ準二士雇一候」(60)と登用されたものであるが、そうした出身であるだけに、武士的なものへの憧憬は却って強かったという一面もなくはないが(61)、しかし、「兼而軍役之内に穢多共を御用被成候」と工夫していたところには、たんに封建支配者的な意識の一面からは到底見出しえない清新さを看取してよいであろう。

かくて、文久三年七月十日、藩は左の如き部落民軍事登用令を下した。

垣之内

右今度異賊打払被仰付候付而者、垣ノ内壮年者戦場罷出度相願候者於有之者兼而心得宜敷、左之科目ニ相叶候者之儀者願之通被差免、穢多之名目被差除、平常一刀幷胴服を茂可被差免候、尤壱村凡百軒ニ付五人之外不被差免候事(62)

この「左之科目」として基準とするところは、「強壮之者、勇気之者、早道之者、才智アル者」なのであるが、「穢多之名目被差除」帯刀・胴服着用を許可される者が、一村凡そ百軒に五人という割合でしか許されないというところに、封建支配者的な本質がチラリと横顔をみせている。

がしかし、ともかくも、こうして当時の歴史的条件に規定された二重三重の括弧付ではあれ、部落「解放」への第一歩が長州藩において印せられたのである。かくて、部落民よりなる軍事力は、維新団・一新組・山代宰判茶洗中(組)として編成され、幕末動乱期に活躍した。今その概略を「諸隊編製」のなかからぬき出してみよう。

維新団――慶応二年丙寅六月、四境ノ戦ヒ熊毛郡ノ屠勇所謂穢多団結シテ四小隊ヲ組立テ、二手ニ分レ游撃隊ニ隷属シ、芸州口ニ出戦セルモノナリ、一番隊司令官篠原清一・荒木蔵之助、二番隊ハ永井平之進・平井豊之進、三番隊ハ幡辺義雄、四番隊ハ岩井権右衛門ナリ。

一新組――慶応二年丙寅六月、四境之戦ニ佐波郡花浦三田尻之屠者一隊ヲ造リ、御楯隊ニ附属シテ芸州ニ出戦ス、時ニ之カ司令官タルヲ嫌フ者多シ、冷泉雅次郎(天野御民―田中注)自ラ請フテ司令ト為ル、半隊長三木丑之助・大伍長時政亀蔵ナリ、亀蔵ハ三田尻ノ人ニシテ富豪ナリ、本隊組織ニハ最力ヲ尽シ為メニ千金ヲ抛テリ。

山代宰判茶洗中――茶洗ハ非人・穢多ノ種類ナリ、一隊ヲ為シタルモノナリ、人員四十四名伊藤太郎隊長タリ、五月十二日ヨリ八月五日迄出張スト山代部署記録ニ見ユ(何ノカ年詳カナラス)[63]。

かくして、長州藩の対外・対幕戦に、こうした部落民よりなる隊が、たとえ括弧付ではあれ身分「解放」によって軍事力化され、他の多くの諸隊と共に明治維新への一翼を担っている事実は注目に価する。

6

幕末動乱期の異常な大勢下で、括弧付ではあるが、身分「解放」によって行なわれた部落民の軍事力への登用は、化政・天保期以降の部落民自身の生産的基礎の発展、そしてその桎梏となりつつあったさまざまな封建的規制への、たゆまざるたたかいの上に展開されたものであった。当時の封建支配者の意図が奈辺にあったにしろ、領主権力の形成した身分的規制は、こうした部落民のたたかいのなかにその一角を突崩されたのである。

それは、商品貨幣経済の発展とともに、農民層の分化が、長州藩における農民層の身分的規制たる本軒・門男をたんに形式化せしめて、実質的にはそのような封建的身分規制を解体せしめつつあったという、そうした農民自身の力による変革の全構造的な過程のなかで、今まで述べてきたような部落民の「解放」も一歩々々進展しつつあったことを確認する必要がある。

明治四年（一八七一）八月二十八日の太政官布告、すなわちいわゆる「解放令」の本質＝欺瞞性は、いまさらここで繰返す必要はないが、そうした「解放令」であっても、ともかくそれを太政官布告として正式に発令せざるをえなかったのは、本質的には明治政権の進歩性・開明性の故ではなくて、化政・天保期以来、たゆまぬたたかいをつづけてきた部落民が、自らの手でかちえた成果だったのである。そのかちえた成果＝「解放令」は、現在までも依然として尾をひくところの、あまりにも欺瞞にみちみちていたものではあったが、しかもなお形式的ではあれ、全国的「解放」の第一歩がここに踏み出されたその背後に、明治絶対主義的政権のヘゲモニーを握った長州藩という舞台で、「解放」への不断のたたかいが行なわれていたことを素描して擱筆する。

注

（1）（2）　周防国佐波郡戸籍「覚」（拙稿「明治政権初期政策の原型」『日本歴史』八三号。本書Ⅱの六、所収）。

（3）（4）　「諸御書附」。

（5）　以上は多く三輪為一「旧萩藩に於ける社会階級に就て」（『社会経済史学』八の一一）によった。

(6)　三輪為一「旧萩藩の税制」（『経済史研究』二二の三）。
(7)　「郡史大略」。
(8)(9)　「防長風土注進案」山口宰判問田村。三輪前掲「旧萩藩に於ける社会階級に就て」参照。
(10)(11)　「防長風土注進案」吉田宰判伊佐村。三輪右同参照。
(12)　「諸村諸商人免札仕法銀取立帳」。
(13)　周防国佐波郡戸籍「覚」。
(14)(15)　「御書附控」慶応二年二月。
(16)　前掲三輪「旧萩藩に於ける社会階級に就て」。
(17)(18)　「防長風土注進案」三田尻宰判佐波郡牟礼村。
(19)　「皮之儀ニ付地方ゟ大坂聞合写」（「流弊改正控」所収）。
(20)　前掲三輪「旧萩藩に於ける社会階級に就て」。
(21)　三輪同右。なお、その例として挙げてある小郡宰判陶鋳銭司村における人口増加は表10の如くである。
(22)(23)(25)(26)(27)　「皮類船積等之儀ニ付先年ゟ御沙汰書写」（「騒動一件渡辺小五郎取登之控」所収）。
(24)　こうした俗信は、現在でも一部の古老から聞取りうる。
(28)(29)　「御書附其外後規要集」一九。
(30)　「諸取集記録」一。
(31)　右同、二。
(32)　この一揆については、拙稿「長州藩に於ける天保一揆について―天保改革の前提として―」（一九五五年二月、社会経済史学会関東部会二月例会発表。のち『社会経済史学』二一の四、一九五五年、所収）。（拙著『長州藩の藩政改革』塙書房、一九六五年参照―追記）。
(33)　「騒動一件渡辺小五郎取登之控」。
(34)　「騒動一件諸沙汰御用状控」。
(35)　「周長乱実記」巻之三。

表10　陶鋳銭司村人口増加

	百　姓	「えた」
天保12年(1841)	3,397人	295人
明治4年(1871)	4,327	485
増　加　率(%)	27.4	64.4

(36)(37)『浮世の有様』二(二九九頁)。
(38)「騒動一件諸沙汰御用状控」所収。
(39)「騒動一件渡辺小五郎取登之控」等。
(40)近藤清石『山口県史略』周防国、巻第二。
(41)「百姓共願書廉書」小郡宰判村(「騒動一件渡辺小五郎取登之控」所収)。
(42)『浮世の有様』二(二九九頁)。
(43)右同(二九四頁)。
(44)「御書付其外後規要集」一七。
(45)「浦日記」天保二年八月五日条。
(46)前掲三輪「旧萩藩に於ける社会階級に就て」。
(47)「百姓共願書廉書」船木宰判村々。
(48)「御書附控」。
(49)『世事見聞録』(改造文庫版、二七六頁および二七八〜二七九頁、岩波文庫版、三八五頁、三八九頁)。
(50)「随身談」弘化四年(『村田清風全集』〈以下『全集』と略称〉上巻、三〇八頁)。
(51)「甲寅野芹」安政元年(『全集』三九五〜三九八頁)。
(52)「御国御手当惣論」安政元年(『全集』四一二頁)。
(53)前掲三輪「旧萩藩に於ける社会階級に就て」。
(54)「長夜の寝言」嘉永六年(『全集』三七〇頁)。
(55)拙稿「長州藩改革派の基盤—「諸隊」の分析を通してみたる—」『史潮』五一号。
(56)「諸隊史料集」上、来栖守衛著『松陰先生と吉田稔麿』一四三頁。
(57)「諸隊史料集」上。
(58)来栖前掲書、二五九〜二六〇頁。
(59)『吉田松陰全集』、来栖前掲書、参照。

(60)　来栖前掲書、一三七頁。

(61)　彼が亡命して江戸に出で、旗本の士妻木田宮に仕えていた時の、文久二年（一八六二）三月十五日付母宛書簡の追て書は明らかにその一面を物語っている。

「此間田舎へ参り候ては、御名代故御代官も庄屋も村役人も私の心持通りにはたらき、孝行もの幷ニ百姓せい出し候者へはほうび遣し申候、誠に面白き事にて実に涙のこぼれ候様にうれしく、道々も皆々百姓どもかゞみ、村役人も名主も二の間よりきげんをうかゞひに参り、実はきうくつに有之候得共、かやう相成候こそ武士の本意に御座候、御よろこひ下され度候」（傍点田中、来栖前掲書、一二九頁）。

(62)　「諸隊史料集」上。

(63)　天野御民稿「諸隊編製」。なお、「旧長藩諸隊表」（『もりのしげり』所収）参照。

〔付記〕　刊本以外での使用史料は、山口図書館および同毛利文庫所蔵のものによる。閲覧に多大の便宜を図って戴いた石川卓美氏に心から御礼を申上げるとともに、この稿執筆の機会を与えられた京都学芸大学野田只夫氏へ記して謝意を表する。

（補注1）　本文中の「絶対主義」は「絶対主義的」に改めた。本書Ⅳの諸論文参照。

五　吉田松陰と被差別部落

1　『松陰と女囚と明治維新』(1)を書いた動機

私が『松陰と女囚と明治維新』を書いた動機は三つある。

本州の西端山口県の瀬戸内の海岸沿いの小さな村に育った私は、幼いときから被差別部落のことは知っていた。知っていたというより近くにそうした部落があったから、体験的に肌身にしみついた形で体認していた、というべきかもしれない。

旧制中学校の一級上にこの部落の友人がいたが、彼の家はムラの境界線に建てられていた。周囲は田圃だから、ムラの境界線といっても明示されていたわけではない。

戦時中、彼と私は軍の学校に入ったものの、敗戦で復員し、一緒に肉体労働をしたり、読書をしたりした。ある時彼は島崎藤村の『破戒』についてどう思うか、と私に感想を求めたのである。その時の彼の意見は、『破戒』の主人公丑松に対する差別感にみちみちていたのだ。

彼はみずからがいわゆる部落の出身であることを知らなかったのである。これはムラ境に家を建てた彼の両親の配慮と関わるだろう。

その後、彼は旧制高校に行き、私は東京に出た。相変らず夏休みには私は彼と会い、彼と一緒にアルバイトをした。その時知り合った女性とその後彼は恋愛をしたようだ。いきさつは必ずしも明らかでないが、この恋愛がきっかけで、彼はみずからが部落出身であることを知ったのである。みずからが差別感をもち続けていただけに、いざそれが自己自身の問題としてはね返ってきたときの彼の衝撃は推察に余りある。彼は彼女と私宛にノートに走り書きをした遺書を残して自殺した。

この友人の自殺は、歴史研究をはじめていた私に部落解放史への問題を明確に自覚させた。これが第一の動機である。この問題は、かつて「創作」の形で発表したことがある(2)。

第二の動機は吉田松陰と高須（高洲）久子（久）との関係について知ったことである。私にとっての松陰像は、戦時中にたたき込まれた軍国主義的な天皇絶対を主張する権化としての吉田松陰だったから、敬して遠ざかることはあっても、自分の方から松陰へ近づこうとする気にはどうしてもなれなかった。

だから、私は、松陰像が明治、大正、昭和のそれぞれの時代に、どのように受けとめられたのか、その松陰像の変遷を辿ることによって、多くの軍国少年をつくり出した松陰像の戦争責任をまず明らかにしなければならないという思いに駆られていたのである。私が「吉田松陰像の変遷」の研究に手を染めたのはそのためだった。

その過程で、私は当時山口県文書館員だった布引敏雄氏による松陰研究史のうえでの注目すべき論文「高須久子と吉田松陰」(3)に接した。そして、高須久子に関わる記録『嘉永四亥十二月より同六丑五月迄　高須彦次郎幷母祖母共御咎一件』（以下、『一件記録』と略記、山口県文書館毛利家文庫蔵）を知り、高須久子の入獄の理由を検証することができたのである。久子の問題を知ることによって私の松陰に対する先入観は変わり、まったく異なった切り口からの松陰への接近が可能になったのである。「吉田松陰と女囚高須久子」[4]がそれである。

第三の動機。

私は一九八〇年八月から一年間、インドネシア大学文学部で日本からの寄贈になる日本研究講座を担当し、ジャカルタに住んだ。講義のかたわら、ジャカルタ在住の年輩の婦人たちの集まりで月一回話をすることとなった。彼女たちは戦争中、または敗戦直後に、インドネシア人と結婚し、いまはインドネシアにおける上流階層に属する人たちの妻である。会合でのテーマのひとつに私は高須久子を選び、後述のような彼女の生涯と松陰との獄中の歌や句のやりとりを紹介した。話しおえた直後、彼女たちからの口から出た質問や意見は、つぎのようなものだった。

「高須久子の生きざまは、まさに居直り以外にありえなかったのではないか。」

「久子は部落解放史研究のなかで、どのように位置づけされているのか。」

私は、東南アジアにあってその地の人びとと結婚し、東南アジアの人びとを一段低くみようとする日本社会の精神構造のはざまで、数十年間をこの地で生きぬいた女性たちが、久子の生涯とおそらくみずからの歩んだ人生を重ね合わせて発したであろうこれらの言葉に強い感銘を受けたのである。

私が『松陰と女囚と明治維新』を書こうとしたきっかけは、ほぼ以上の三つである。

もとより、そのことを通して私は明治維新、ひいては近代日本（近代天皇制）というものの本質を少しでも見極めようと意図したわけだが、ここではつぎに高須久子のあり方をもう一度確認しておきたい。

2　女囚高須久子の問題

女囚高須久子は、長州藩萩城下に住む高三一三石七斗五升七合の大組の家柄（分限帳その他では高洲家）の寡婦である。娘二人がいた。

弘化三年（一八四六）、夫・市之助（養子）の死去に伴い、同じ大組の児玉小太郎家（三一〇石）から、当時十四歳の彦次郎を久子の長女（十三歳位）の婿養子としたのである。婿養子続きの久子の家には実母がおり、養子彦次郎は幼少のため実家から藩校明倫館に通うことが多かった。家は女世帯だった、といってよい。もとより、「下女」や「下男」はいた。

市之助の死去後、この家の生活は倹約に徹していたが、久子は三味線好きだった。彼女は浄瑠璃や京歌、あるいはチョンガレなどに凝りはじめた。三味線から「流行歌《はやりうた》」に彼女はのめり込んでいったのである。

この頃、三味線や「流行歌」などの芸能をなりわいとしていた者には被差別部落民がいた。久子は三味線や歌のうまい部落民の勇吉と同弥八としたしくなった。祭礼の日には、彼らに人形芝居をさせ、ときには夜中に手踊りなどを賑やかに踊らせ、親戚や近所の人びとも見物に来させたりしていた。ハレの日にはこうしたことが公然と行なわれていたのである。

だが、日常生活のなかでも彼女は彼らとの接近を重ねた。合図をきめて彼らを交代で自宅へ呼び寄せ、縁側でつま弾きさせ、ある時は台所で茶を飲ませ、ある時は、座敷に通して酒飯をとらせ、深夜に及ぶと泊まらせて暁方に帰らせることもしばしばあったのである。

前述の『一件記録』には、いろいろな調書が収められているが、久子の供述書によると、久子は右の諸事実を認めたうえで、食器や寝具等は内輪のものと区別していたという。一方で、弥八や勇吉に心付けとして衣類その他を与え、彼らからは手土産を貰ったりした、と述べ、つぎのようにいっているのである。

（前略）前断穢多の者取扱候儀ハ、たとへ下賤たり共厳敷相隔候処、諸士トして穢多の者と相図を定、毎々夜陰ニ家の内え引入、又は態々呼ニも参、三味線をひかせ、飲食寝泊等迄も致せ、殊ニ手土産と号し持参の干菓子其外及落手、其方よりは衣類六七品、又小々品数迄遣候所行は傍若無人無例之事ニ候、素より母子倶々の戯、密会の次第とてハ有間敷候へ共、密々夜陰ニ呼寄飲食寝泊、猶衣類の仕向、都て平人同様の取扱方、付ては密通の御不審難晴と被仰聞、素より私取計方悉く不宜故、蒙御不審候段ハ御尤ニ候へ共、実以肌身穢候儀努々無御座、偏ニ三味線一図ニ心を移し、乱惰の所行より此御厄害を起し、於此段ハ御咎被仰付候ても十口無御座次第ニ御座候事

右重畳被為入御念御尋被仰付候処、前断申上候通少も相違無御座候、以上。

嘉永五子三月十九日　　高洲彦次郎
　　　　　　　　　　　母　印判
　　　　　　　　　　　（傍点引用者）

ここで彼女の勇吉や弥八への諸行為は、傍若無人、前例のないことだといわれているが、久子は彼らとの密通はきっぱりと否定し、肌身を汚したことはいっさいない、と断言している。

と同時に、この史料で注目したいのは、被差別部落民としての彼らへの彼女の諸行為が、「都て平人同様の取扱方」とされていることである。

もとより久子は前にもふれたようにこの供述書で、

風雨烈敷往来六ケ敷夜、壱盃機嫌ニ其所え居眠候を、まち（「女中」の名―引用者注）え申付、不用之破夜具を着せ置、翌朝迄居滞候儀も有之候、右躰の節五器皿夜具等内輪の分取交候ニハ無御座、別引除有之段ハ女中共委細存知にて御座候。

と述べてはいる。そして、みずからのとった行為は、「乱惰の所行」より「御厄害」をひき起こしたのだから、どんなお咎を受けてもとやかくはいわない、ともいっている。

しかし、勇吉や弥八を「都て平人同様」に取り扱ったことは公然と自認しているのである。

藩が久子の処罰に当たって諸先例を調べ、それらをどう適用すべきかを検討し、判断を下した調書では、この「都て平人同様」に取り扱ったことが「密通」という「古今稀成世上の取沙汰」をひきおこし、「親族の面皮も無之、不届の至候」という文脈で綴られている。しかし、被差別部落民への「都て平人同様」な取扱いという言葉自体は、久子に関する調書にはどれにも同じように使用されているのである。

要するに久子にとっては、三味線好きが昂じての部落芸能民とのつき合いであったが、その態度は「都て平人同様」な取扱いだったことを意識的に認めていたといわなければなるまい。

そのことから久子は、借牢（費用は原則として身内負担）として萩・野山獄入りとなり、在獄二年にして、安政元年（一八五四）十月、野山獄入りした吉田松陰と初めて相見えることになったのである。(5)

獄中の松陰と久子との関係は、前掲の『松陰と女囚と明治維新』に詳しく述べたのでそれに譲るが、ここでは本稿で必要な限りの要点を述べておこう。

松陰が第一回の野山獄入りした当時、獄中には十一人の囚人がいた。もっとも在獄の長い大深虎之助（七十四歳）

のごときは四十七年間だった。有名な富永有隣（弥兵衛）は久子同様在獄二年、あとは七年から十七年という人びとだった。久子は三十七歳、松陰よりちょうどひとまわり年上だった。

藩命による処罰入牢者は二名で、他の九人はいずれも借牢だった。借牢は親戚からの申し出による禁錮だから、獄中の規制はそれほど厳しいものではなかった。と同時に年限が長びくことも多かったのである。

しかし、それでも松陰は獄内の「自由」を拡大しようとし、「獄中座談会」や「読書会」あるいは「獄中俳諧」などを試みている。松陰の「福堂策」（上下）は、彼の在獄体験から出た獄制改革案だった。

松陰は人間はすべて「善人」であるという前提に立つ。「一事の罪にして未だ其全人の用を廃するに足らず」という人間観がそこにはある。だから、「一事の罪何ぞ遽かに全人の用を廃するを得んや、況や其の罪已に悔ゆる、固より全人に復することを得るをや」というのだ。彼は罪は「疾《やまい》」のごときものだ、とみた。「疾」は癒せばよい。癒せば人間は人間として蘇ると松陰は確信していたのである。

「下田蹈海」に失敗した松陰は、獄中での「自由」を求め、獄中の人びとと「平等」に接したのである。いや、彼は獄中の人びとと共に閉された世界に「自由」と「平等」をつくり出そうとした、というべきかもしれない。

松陰は相手の立場にわが身をおき、相手の心になってわが身を考えてみる。それは同情ではない。松陰が、老若男女を問わず、身分をこえて、結果的にも思いもかけない封建社会の常識を破るような発想と行動をとるのは、相手がつねにみずからと同じ人間であるという考え方に立っていたからにほかならない。

だから、わずかな期間で彼は同囚の人びとと親密になっている。安政二年（一八五五）十二月十五日、松陰が野山獄から実家杉家の幽室に帰るとき、同囚の人びとが詠んだ句は、いずれもその別れを惜しんで切々たるものがある。

久子はこの時、つぎの句を詠んだ。

鴨立って　あと淋しさの　夜明かな

「鴨」を松陰の号子義《しぎ》とみて、「鴫」と読むこともできるが、いまはそのままにしておこう。

すでに松陰も、「高須未亡人に数々のいさしをものがたりし跡にて」と述べて、つぎの歌を詠じていた。

清らかな夏木のかげにやすらへど
人ぞいふらん　花に迷ふと

また、「未亡人の贈られし発句の脇とて」と断って、「懸香《かけこう》のかをはらひたき我れもかな　とはれてはぢる軒の風蘭」、さらに「一筋に風の中行く螢かな　ほのかに薫る池の蓮の葉」とも詠んでいた。

そこに漂う情感を久子にひきつけてどうよみとるかは、人によって濃淡はあろう。しかし、『吉田松陰全集』普及版（山口県教育会編、岩波書店、一九三八～四〇年）は「数々のいさをしをものがたりし跡にて」とミスしているが、原史料は「いさし」なのである。これは久子の実家に残されていたものを広瀬豊『全集』編集委員が採訪したもので、氏は「いさし」は「子細か」という(6)。

「いさをし」より「いさし」の方が、松陰と久子の距離はいっそう近いことは確かだろう。

そして、安政五年（一八五八）十二月二十六日、松陰はふたたび野山獄中の人となり、久子と再会する。それから半歳後、江戸召喚の命が松陰には下る。永遠の別れになるかもしれない松陰への想いを込めて、久子は詠む。

手のとはぬ　雲に樗《おうち》の咲く日かな

樗は「せんだん」である。いくら手を伸ばしても、もはや届きようのない人への惜別の哀感がそこにはある。せめてものと万感を込めて送った久子の一枚の「汗ふき」に、松陰は応えている。

箱根山　越すとき汗の出でやせん
　君を思ひて　ふき清めてん

そして、松陰は久子に最後の一句を残している。

一声をいかで忘れん　郭公《ほととぎす》

もはや誰が何といおうと、これは相聞歌以外何ものでもあるまい。松陰を久子にここまで近づけたものは一体何だったのだろうか。それこそ、久子の入獄理由としての部落民との関わりではなかったか。松陰が久子に「いさし」を語れば、久子もまた松陰に「いさし」を物語ったにちがいない。とすれば、久子のとった人間への「平等」と「自由」な行動は、松陰の胸に深くつきささった、といってよい。

それは閉された獄中の世界に「自由」と「平等」をつくり出そうとしていた松陰の心を打った。被差別部落民に対し、「都て平人同様」な取扱いをした久子であったればこそ、この獄中の紅一点の久子に、松陰の想いは人間観の上でも重なり、共感し、相聞の歌となって表出したのだ、といってよい。

それの証しとなるものが、松陰の『討賊始末』(7)である。それをつぎにみたい。

3　松陰と久子と『討賊始末』

『討賊始末』は、長門国大津郡の宮番の妻登波の復讐事件の史料を松陰が丹念に考証し、まとめたものである。

登波の父や弟、夫幸吉の妹が殺害され、幸吉も重傷を負った。幸吉の妹の夫、浪人枯木龍之進の行為だったのだ。敵龍之進を求めて登波は全国をかけめぐり、ようやく彼の居所をつきとめ、登波は藩へ仇討ちを願い出るが、藩は許可しなかった。追いつめられた龍之進は自害するが、死骸は改めて斬罪に処せられ、首はさらされた。

この登波復讐事件は、長州藩安政改革の一環として取りあげられ、仇討ちは孝道・節婦の問題へとすりかえられ、人心刷新の手立てとされ、登波は表彰された。そして、幸吉の宮番の称を除き、それまで「宮番幸吉後家」とされていた登波を「平民一統」に加え、養子徳蔵も「新百姓」にすべく、当時の大津代官周布政之助が動いた。その登波顕彰の碑文案を周布は松陰に依頼したのである。

時に松陰は、野山獄を出て、杉家の幽室に移っていた。松陰は事件のプロセスを丹念に調べ、論証し、顕彰碑文案作成のために、いっさいの交友その他を絶って一カ月のすべてを投入したのである。「厳に一月を課し、諸君を謝絶し他行を廃棄し、以てそれを成就せんと欲す」と安政四年（一八五七）五月三日の「諸生に示す」で松陰は述べている。

この一文の前には、士たるもの別れて三日なれば刮目して相待つのだから、「況や一月に於ておや」といっているのだ。彼が『討賊始末』に打ちこんだ意気込みがわかろうというものである。それのみではない。松陰は門下生の松浦松洞をして登波の肖像を描かせ、また萩にやって来た登波を杉家に泊めて会っているのである。登波への異常な気の入れ方である。

登波が、都濃郡の正《まさ》や吉敷郡の石《いし》と共に顕彰されるべき三人の「孝婦人」の一人だったからといえなくもない。

しかし、松陰は正や石ではなく登波にこだわっているのである。

松陰は、宮番は被差別部落民よりもさらに「一段見下げらるる程の者なるに、彼の幸吉夫妻の所為は、天晴大和魂の凝固せる士大夫にも愧ぢざる節操なり」というのだ。

かつて松陰は、「下田踏海」失敗から江戸送りの際、その駕籠番をした被差別部落の若者たちの心意気に感じ、少しも偏見を示していなかった。東北行の嘉永五年（一八五二）三月五日の条をみれば、龍飛崎の近くの村で、「夷も亦人のみ」といって同じ人間としてのアイヌの人びとに対する奸商の態度を痛烈に批判していた。彼には被差別部落民もアイヌの人びとも、同じ人間だとみる人間観があった。あの獄中の松陰の囚人に対する考え方を想起してほしい。

そうした人間観に立つ松陰であったから、『討賊始末』もその延長線上にあったわけだが、その『討賊始末』には久子が重なっていた、と私はみる。

だから、松陰は『討賊始末』の原稿を二度目の野山獄に持ち込んでいるのである。

『討賊始末』のなかの登波顕彰の碑の案文の末尾に、つぎの一文が書き加えられているのは、これまで誰も注目しなかったが、看過できない重要な意味が含まれている。

戊午（安政五年―引用者注、以下同）の冬、登波特に良民に歯す。而して公輔（周布政之助）は則ち去りて他の職となり、建碑の事遂に復た議せずと云ふ。重ねて識す。己未（安政六年）五月。

安政六年（一八五九）五月は久子との最後の歌や句のやりとりをした月である。その二十五日には松陰を乗せた檻輿は江戸へ向かって萩を発っている。

その野山獄中でのこの追記は何を意味するのか。『討賊始末』の文章への推敲のあとでの追記とも考えられる。だが、獄外で書きあげた原稿をわざわざ再度の獄中に持ち込んだのは、最初の獄中で久子に「いさし」を語り、相知ることによって久子投獄問題に共感し、お互いに想いを寄せた松陰の久子への最後の返事ではなかったか。たとえ、登波が「良民」に列せられても、それは登波個人にとどまる。この事実を一般化する「建碑」に松陰はあくまでこだわった。そのこだわりはまた久子への想いでもあったにちがいない。久子釈放の道は差別からの解放を一般化し、広げることによってのみ開けていく。「重ねて識す。己未五月」のこの末尾の一語に、万感の想いを託した松陰だったと感ずるのは私のみであろうか。

これまで作家をしてたんなるフィクションとしての〝獄中の恋〟とさせてきた松陰と久子のほんの数首の歌や句のやりとりの秘密を解く鍵は、実は久子の入獄理由にあり、『討賊始末』にあり、被差別部落問題にあった、と私はみるのである。

4　いわゆる「解放令」をめぐって

松陰と久子の獄中の交遊の中で浮び上った被差別部落の問題、その問題を通しての人間に対する「平等」観――この人間を「平等」にみる思想は何も松陰や久子に限ったことではない。

すでに十八世紀の中頃には時代に突出した形で安藤昌益が、その著『自然真営道』で「自然世」の世界として主張していたところであり、画家司馬江漢も「上天子将軍より下士農工商非人乞食に至るまで皆以て人間なり」と述べていたところでもある。封建社会の崩壊過程はそれを規制する身分制社会を徐々にうち崩す思想を生み出していたのである。

被差別部落問題に関しては、一定の限界はあったにせよ、豊後日出《ひじ》藩の家老帆足万里《ほあしばんり》の『東潜夫論《とうせんぷ》』（嘉永元年・一八四八）や加賀藩の尊王派の理論的指導者千秋藤篤《せんしゅうふじあつ》（有磯）の解放論「治穢多議《えたをおさむるのぎ》」などは有名である。たんなる論のみではない。安政三年（一八五六）には、備前岡山藩が被差別部落民に紋つきや柄物を着ることを禁じ、藍染または渋染の無地以外の着物を着てはならないという差別強化政策をとったことに抵抗し、数千の人びとが一致団結して行動し、要求を藩に認めさせたいわゆる渋染一揆は周知のことである。

渋染一揆は、松陰が幽室で松下村塾を主宰しはじめた頃のことであり、翌年は久子をキー・パースンとする前述の『討賊始末』に松陰が熱中した時期である。

松陰と被差別部落との関係は、やがて松陰没後、彼の愛弟子吉田稔麿《としまろ》（栄太郎・無逸）の手による「屠勇取立」として展開し、長州藩では被差別部落民登用令が文久三年（一八六三）七月十日に出された。それは一村およそ一〇〇軒に五人という割合で、帯刀胴服の着用を許し、賤称を除くというものであった。賤称廃止令の先駆的なものだが、これを一村五パーセントの解放にすぎないとみる見方もあるし、外圧に対する藩の危機に対する〝藩ナショナリズム〟による部落民の利用という解釈もある。

しかし、その延長線上に部落民による「一新組」「維新団」などは結成されたのである。これら被差別部落民の隊には、たとえば維新団の隊員には笠から衣服まで黒一色で、絹や舶来のゴロ服の着用などは禁止されるという差別はあったものの、部落民の諸隊は第一線で、果敢に戦った。そのことは、諸史料に明らかである。[8]彼らの多くは第一線で、戦死また戦傷を負うているのである。

これら部落民の隊名が「一新」といい、「維新」と名づけられているところに、彼らの倒幕に賭けた心情の一端が示されている。この解放へのエネルギーこそが維新変革の底辺を支えていた。

明治四年（一八七一）八月二十八日の賤称を廃止し、身分・職業も平民同様とするいわゆる「解放令」は、こうした被差別部落民の苦難の長い闘いの上にはじめて出されたのである。その意味では部落民はみずから不屈の闘いによって賤称廃止という「平等」をかち得たといえる。この点は正確に評価しなければならない。

だが、この「解放令」がつぎのような形で伝えられたところに留意する必要がある。

これは「賤称廃止についての福山県からの告諭」[9]で、明治四年十月に発せられたものである。やや引用が長くなるので、いくつかのセンテンスに分けて引こう。

穢多非人等之称被廃候条、自今身分職業とも平民同様たるべき事
辛未八（明治四年）月　太政官

別紙之通此度穢多・非人之名目を廃せられ、いつれも平民与相なる事、天然の道理におゐて斯く仰出さるへき筋なれ共、是迄人並の交りも不致格別に賤しミ来りし風習ゆへ、定めて一同不審ニ思ひ、彼是の疑念も生すへきと左に申聞せ候、元来穢多・茶筅・非人抔与申もの、其先祖外国より来りしなと種々の申伝へもあれとも、素より五体四肢を備へ、平民と同しく万物の霊たる人間に相違なく、人間たるものは互に親しく交るへきハ天然の道理にて、近頃世界万国の互に親むも全く此道理なり、

ここでは賤称廃止は「天然の道理」であり、差別の種々の歴史的由来の根拠はなく、被差別部落民も「万物の霊長たる人間」であり、その「人間たるもの」が「互に親しく交るへき」ことはこれまた「天然の道理」であり、「世界万国」が「互に親しむも全く此道理なり」と断言しているのである。

さらに続けてこの「告諭」はつぎのようにいう。

抑《そもそも》天子様の御先祖なる天津御神の世界万国の人物を生し給ふや、第一に人を重んし恵ミたまひて其余の万物は皆人間を助けて安楽に暮さしめん為に作らせられたり、夫故に人たるものは鳥獣与違ひ智恵深く物の道理をしり、善を好ミ悪を悪むの真心ありて万物の上に立ち、おのおの人たるの道を尽して怠りなけれハ万物を得て己の衣食住をゆたかにして一生を過さるゝよふに御仕向なされて、素より華族・平民・穢多・非人の差別なく一様に人の人たる才智を生ミ付け給りて、強ち平民のミ一様に賢しこきにもあらす、又穢多のミ一様に愚かなるにもなく、誰にても人にさへ生れ来て銘々智恵を磨き事を弁えて職業を骨折れは、人並の幸福は得られぬものなし、然るに是迄学問の道十分ニ開けすして天津神の思召も明らかならす、上下とも是等の道理に心付す、穢多・非人を禽獣のことく賤しみしか、御一新以来学問の道も開けて人間の道理も弥〳〵分りけれバ、一日たりとも此まゝにさしおかれては我々の同類たる人間を重んし給ふ天津神の思召にもことなる事故、斯く仰出されし御事なれバ、我日本国に生るゝものは此ありかたき天津神天子様の思召を厚く畏るへし、

ここで看過してならないことは天皇の先祖たる「天津御神」は「世界万国の人物」を「平等」に生成させたのであり、「御一新」によって「以来学問の道も開けて人間の道理も弥〳〵分りければ」、これまでの差別をこのままにしておいては「天津神の思召」にも反するから、日本に生を受けたものはこの「天津神」、ひいては天皇の「思召を厚く恐るへし」というのである。差別の解消と天皇はみごとに結びつけられている。

最後につぎの一文がくる。

去なから年久しく交りもいたさぬことなれは、右の道理も弁へかね怪しみ訝るものありて謂なき事に故障を生し、上の御心配を引出すことありてハ以の外之事に付、能々此旨を合点して心得違あるへからす、且又是迄の穢多共ニも俄に平民につらなりしより万一ニも高ふり傲る事ありてハ、それか為に謂れなき差縺れの事も始まりて、銘々の不為は申に及ハす、御国の御不都合ニ成り至るへき故、此度の御趣意を有難く畏りて一入其身を慎しみ、天道を恐れ礼譲を尽し永く諸民の親しミを受て其身を保ち、其家を安んすへき事

辛未十月　県《(福山)》庁

この末文には説明は要しないが、被差別部落民も平民もこの「御趣意を有難く畏りて、一入其身を慎しみ、天道を恐れ礼譲を尽し永く諸民の親しミを受けて其身を保ち、其家を安んすへき事」と諭しているのである。「解放令」は「天然の道理」であるが、それは「天津神」の子孫たる天皇の恩恵として「人間平等」が与えられたことを強調しているのである。一言にしていえばそれは「一君万民」の思想といってよい。「解放令」が「一君万民」の思想によって打ち出されたことは、松陰が「天下ハ一人ノ天下」として天皇にすべての価値観を凝集せしめた天皇絶対の思想と重なる。

これまで松陰の「平等」や「自由」の発想を私は強調してきたが、それはこの天皇という松陰の価値観の源泉については触れないままであった。しかし、この天皇の問題をぬきにしては松陰の思想や行動は語れない。それは松陰の思想と行動の特質に関わる問題であり、「平等」や「自由」との関わりでいえばまさに松陰の限界と言ってよい。それはまた「解放令」の限界でもあったのである。

だから、「解放令」は、「解放」と同時に新たなる差別の出発点ともなっていった。それは「一君万民」思想の帰結

である。明治維新もまた「一君万民」を生み出す明治国家への変革であった。それは封建社会から近代国家への起点ではあったが、同時にそれは天皇を絶対とする支配構造創出にもなったのである。明治維新のこの二重構造こそは十九世紀五〇～七〇年代の東アジアにおける後発国日本の「革命」の内実だったのである。

松陰と久子、「解放令」と明治維新――そこには、この時点における世界史の潮流の一環としての東アジアの中の日本の近代国家への「革命」の特質が刻み込まれていた、といってよい。

注

(1) 拙著『松陰と女囚と明治維新』NHKブックス、日本放送出版協会、一九九一年三月刊。二〇九頁。目次の構成は以下の通り。

はじめに　歴史のなかの人間とは何か

序　もう一つの歴史像としての松陰

一　下田蹈海

二　吉田松陰とその時代

三　秘められた史料と高須久子

四　松陰と女囚久子

終　松陰と久子と明治維新

(2) たなかあきら「未完の死」(『うしお』第一九号、都立四商定時制、広報委員会、一九六一年)。拙稿「私のなかの部落解放史」(永原慶二・中村政則編『歴史家が語る私の戦後史』吉川弘文館、一九九六年、所収)参照。

(3) 布引敏雄「高須久子と吉田松陰」(『地方史研究』二七の四、一九七七年八月)、のち同『長州藩部落解放史研究』(三一書房、一九八〇年)所収。

(4) 拙著『明治維新の敗者と勝者』(NHKブックス、一九八〇年)所収。

（5）「下田蹈海」に失敗した松陰は、江戸伝馬町獄入りとなり、この時、萩の野山獄へと送り込まれた。
（6）広瀬豊『吉田松陰の研究』東京武蔵野書院、一九四三年。復刻版、マツノ書店、一九八九年。
（7）本文でふれた普及版『吉田松陰全集』第四巻、所収。
（8）『山口県同和問題関係史料集（近世）』（山口県教育会、一九七九年）所収の「第二部幕末諸隊篇」参照。
（9）南博・村上重良・師岡佑行編『近代庶民生活誌⑪天皇・皇族』（三一書房、一九九〇年）三七四〜三七五頁所収。原典は福山市立図書館蔵『万事留』。

六　明治政権初期政策の原型

――戸籍帳を一例として――

1

明治政権の性格については、維新そのものの性格規定とからんで従来数多く論及されているが、それでは明治政権が施行した初期の諸政策が何を基礎として行なわれたのか、換言すれば、明治政権の諸政策の原型ともいうべきものは何であったかということについては必ずしも実証的には明らかにされていない。

もちろん、明治政権がヨーロッパ先進諸国に多くのものを学びとって新政権の諸政策としていることは周知の事実であるが、たとえそうであったにしても、それがどのような原型の上に摂取されたのか、その原型を探ることは、甲論乙駁ある明治政権の性格の一端を解明する手がかりとしてあながち無駄ではあるまい。以下戸籍帳を一例としてみていこう。

2

一般に明治戸籍法の成立は明治四年（一八七一）太政官布告第百七十号とされる。[1]それは「戸籍検査編制ハ来申年二月一日ヨリ以後ノ事ニ候得共右ニ関係スル諸般ノ事ハ今ヨリ処置致ス可[2]」きための発令であり、それが翌五年のいわゆる壬申戸籍として作成されたことは周知の事実である。その戸籍法は第一則から第卅三則までの規定から成ったものであった。

ところで、戸籍についてはすでに明治二年（一八六九）三月に、

戸籍者治道之基ニシテ、凡一日之御政事是ヨリ不生ルハ無ク、戸籍不明ニ候テハ教化仁恤之道モ不相立、誠ニ以テ緊要之事ニ候、就テハ斯ク御一新相成候上ハ、猶更府藩県ニ於テ不可帰之地不可入之人無之筈ニ候処、永ク無籍戸外之者有之候テハ率浜之儀ニモ戻リ、第一御施行之道不相立、蒼生之疾苦目前之事ニ候、依之戸籍之儀ニ付先般ヨリ追々御沙汰モ有之、畢竟一夫一婦モ不得其所者有之候テハ御一新之御主意ニ戻リ不相済儀ニ付、御取調之上無産無頼之者ハ成丈ケ其所ヲ得候様、順次ニ御世話可被遊深キ思食ニテ、戸籍御取調之事被仰出候儀ニ候ヘハ、於府藩県尚又無籍戸外之者ハ夫々入籍帰籍各得其所候様取計可申[3]（下略）

と布令が出され、「治道之基*」としての戸籍調査に新政府が意を用いていることを窺い知ることができる。そのためにこの布令も述べているように、これ以前に度々戸籍に関する「御沙汰」が出されていることも明らかである。

＊　この「治道之基」としての戸籍調査が、「戸籍不明ニ候テハ教化仁恤之道モ不相立」といい、また、太政官布告第七十号にいう如く「人民保護」を標榜しているが、実は脱籍浮浪の徒の新政府への反乱を警戒しての予防措置を一大目的としていた

ことはつぎの引用のみで明瞭であろう。

一、府藩県共戸籍人別取調等閑ニ打過、他方脱籍之者令潜伏自然不所業之輩有之節ハ、其事之大小ニ依テ其主宰之罪軽重ノ科可被仰付事、（『法令全書』明治二年四月、第三百五十八）

ついで同年翌四月にも、「一、都下始府藩県戸籍人別明細取糺可申事」(4)として脱籍者復籍の措置を定めており、戸籍調査に関して新政府がその成立以来、いかにこれを徹底せしめようとしているかを明瞭によみとることができる。もちろん、このことは逆に新政府の戸籍調査が、なかなか全国的に普及徹底しなかったことを物語るものでもあった。それは、

（前略）間ニハ御主意ヲ取違候向モ有之哉ニ相聞へ、以之外之事ニ候、向後尚又府下末々之者ニ至ル迄厚ク御主意ヲ奉体認、心得違ヒ無之様無洩可相達旨御沙汰候事、(5)

といわれているところからも察することができる。

しかし、そうした過程にあって、次第に戸籍調査が軌道にのっていったことは明治三年（一八七〇）五月に、

戸籍編製ノ儀去巳（明治二年―田中注）六月中雛形ヲ以相達置候間、夫々取調中ニハ可有之候得共、右ハ追テ一定ノ規則相立更ニ可相達候得共、夫迄ノ処別紙雛形ニ従ヒ、石高戸数人口総計不洩様取調、往返日数ノ外三十日ヲ限リ可差出事、(6)

と民部省が「往返日数ノ外三十日ヲ限リ」と期限付で府県および各藩に布達していることから知ることができる。そして、この「追テ一定ノ規則相立更ニ可相達候」というのが、翌四年四月の太政官布告第百七十号であり、ここに初めて「全国総体の戸籍法」(7)が整備されたのである。

3

ところで、この「全国総体の戸籍法」布達以前に、すでに各府県藩において具体的な戸籍調査が行なわれていたことは、先に引用した明治三年五月の第三百八十三号（民部省）に、「戸籍編製ノ儀去巳（明治二年―田中注）六月中雛形ヲ以相達置候間夫々取調中ニ可有之候」といっていることから明らかである。

では一体どのような「戸籍編成」が実施されていたのであろうか。

その戸籍形式を示すものとしてすでに野村兼太郎氏が、武蔵国（浦和県庁と記入のもの）と、下野国（芳賀郡）のものを紹介されているのであるが、野村氏はそれにつぎのような説明を付されている。(8)

すなわち、「明治四年に戸籍法が定められ、徳川時代における一種の戸籍簿であつた宗門人別帳が廃止された。それとは別に次ぎのような新しい戸籍簿が定められた地方がある。(9)」「これは明治三年の戸籍法に従つたものか。同年の戸籍法を詳かにしないが、通常いはれてゐる明治五年の戸籍調査以前に一応人口調査がなされたものと考へられる(10)」といい、この「新しい戸籍簿」について野村氏は、「私はこの様式が武蔵下野両国以外の国国にも同様に行はれたのかどうかは全く知らない。かつ又上述の方法が実際にはやや繁雑であつたためか、又は移転職業等の自由が認められ記載が困難になつたためか、上述の二国においてもその以後における戸籍簿の形式は全く違つてゐる」と述べられ、なお続けて、「しかしその形式が徳川時代の宗門改帳のそれから脱化したものであること」を指摘し、「過渡期の一資料として興味あるものである(11)」と評されている。

氏も疑問として残されているように、この新戸籍帳の施行範囲については、当時の戸籍帳の全国的な検討を経なければ断言し得ないのであるが、*明治三年五月の民部省の府県および諸藩に出された布令の中、諸藩の方には「在来の人別帳ヲ以戸数人員其外総計不洩様取調早々可差出候事」[12]とあって、当時依然として従来の人別帳が使用されているから、あるいはこの新戸籍帳は、新政府成立過程において、逐次直轄地化されて、新政府権力の直接滲透化した地域に施行されたのではあるまいか。

＊　この点に関しては各地方の当時の戸籍帳について広く御教示を得たい。武蔵国においては、この新戸籍が広く一般的に施行されたことは、たとえば多摩郡給田村（『千歳村史』二〇頁以下）や、荏原郡松原村（『松沢村史』二六頁）の明治三年の例によっても知りうる。また、一ノ関藩の磐井郡下油田村（明治三年）の戸籍帳は貫文制による旧来のままのものである。（武蔵国については木槻哲夫氏、一ノ関藩については高倉淳氏の御教示による。記して謝意を表する）。

4

が、問題は、壬申戸籍への過渡的かつ局地的なものではあったにしろ、従来の「宗門改帳のそれから脱化」したこの新形式の戸籍が何を意味しているかなのである。

端的に結論を先にいうならば、実はこの新形式の戸籍こそ、長州藩において文政八年（一八二五）十一月の仕法による戸籍にほかならないのである。長州藩においては、宗門改と人別改とは区別され、この人別改帳を戸籍《とじやく》あるいは戸籍帳という[13]。安永八年（一七七九）以降はこれを地方は庄屋元、町方は年寄元で調製させており[14]、文政八・九年の両年にわたってその作製法の改正が行なわれたのである[15]。

今、この文政八年施行の長州藩の戸籍の「覚」（A）[16]と、先の野村氏の紹介になる武蔵国の戸籍簿の作製法（B）[17]とをそれぞれ対比してみよう。

（A）周防国佐波郡戸籍（文政八年）

人民撫育之要務ニ付、地町其人別帳詳ニ調置候段ハ、古来ゟ度々被仰出、於安永八年御書附被差出、夫已来地方ハ庄屋元、町方者年寄元ニ而戸籍帳調置候御仕法ニ候処、此度帳面仕立書、於尚書継之仕法旁改被仰付候御作法、左之通

但、地方ハ是迄庄屋元江被仰付置候得共、一村内人数多分之儀ニ而不容易事ニ付、向後者畔頭江被仰付候、然共肝要成御帳之儀ニ付、庄屋として其事ニ関るへ幾役儀なれハ、別而無緩怠、畔頭江申諭し、不断帳面見合、可令心遣事

一(1)　畔頭一組一帳ニ被仰付候、十人頭ゟ出生死去其外出入有之度々畔頭江付届、畔頭茂見聞ニ及候ハヽ、無緩相糺不洩様、即座々々ニ帳面付記し可申事

一(2)　帳面仕立、渋引之臺紙一丁之片ひらへ半紙切合をはり掛、片ひら一面一軒分ニ宛置候事

（B）武蔵国戸籍（明治四年）

人民御保全永世産業を安んぜしめんため戸籍編製被仰付、其法之通

一(1)　戸籍の編製名主一支配内を以一部とし、其他名主是を掌る支配内の伍組一二のしるしを以て分之、一部の紙員多き時は、分て上中下となすも妨なし、

一(2)　表紙武蔵国何郡何組合何村何宿戸籍と書、左側へ張掛紙にて名主何某支配と書、肩へ年号何月何日よりと記す、役替り候節ハ上へ張掛記す、追々如斯して六ケ年を経て大改の節に至、尽く張紙を除き、又始の如く張掛紙にて其年当番名主の名を書す、

一(3)　一部の始に此仕法書あるべし

一(4)　冊の仕立柿渋引の合せ紙を臺紙とし、一丁の片面へ白紙を竪曲尺九寸横六寸に切合せ張付、是を一家分とす、上四ケ一の処へ墨筋を引、上を産業幷田畠山林船牛馬を記す所とし、下を人名宗門等を記す所とす、

付り[a]、代替之節、下地之紙其儘差置、後代之分上江新ニはり掛ケ書調、永々其通り被仰付候、尤本人一代ハはり掛之紙壱枚ニ限り候間、年を経候而書入繁多之分茂可有之ニ付、最初ゟ可成丈細筆ニ調候事

付り[b]、臺紙江本紙之張立ハ、十人組を一組々々ニ而、いろは之相験を以仕分ケ、一組切順々次第を追ひ仕立可申候、尤新百姓出来之節ハ帳末之畳紙江はり入候而、相組隔り候而茂、右之相験を以組々可相分事

付り[c]、本紙之寸法竪曲尺九寸横六寸、上之仕切四ケ一之所江筋を引可申事

一(3) 男女出生之時名を付候ハヽ、十人組之内ゟ早速畔頭江相届、畔頭即座ニ名を記、上江年号月日生と書記候事

一(4) 死去有之時、十人組之内ゟ早速相届、畔頭即座ニ名前江点を掛、名之上江年月日死と記候事

一(5) 子孫別家を持候者ハ、其最寄之組合江入れ、一軒立書認、最前之名前江年月別家と書、点を掛候事

但、代替りの節、是迄の本紙ハ其侭さし置、後代の分上へ新に張掛書す、永々如此すべし、幾代を経るといへども其家の系譜明かならしめん為也、尤一代一枚と限りあれば、年を経て書入数多なるべし、始めより極て細字ニしるすべし、

一(5) 臺紙へ本紙張立は五人組を一組々々にて一二のしるしを以て仕分け、一組限り順々次第を追ひ仕立べし、新家出来の節ハ冊末の其紙へ張入相、五人組隔るといへども、右一二のしるしを以て知るべし、

一(6) 五人組の内出生死去その外出入有之、度々名主へ相届、名主即座に是を記す、出生は名前を書、上へ年号月日生と記す、死去は名前へ点を掛け、上へ年号月日死と記す、

一(10) 子孫別家する時は名前へ点を掛、上へ年月別家何組何村へ入と記し其最寄の五人組へ入、新に一家分

一(6) 養子幷嫁を娶候節ハ、届出年月親元所名名前書入、遣候方ニハ年月何某江嫁養子ニ遣候段書付、名前江点を掛可申候、若不縁之節ハ双方点を掛ケ、親元ハはり掛紙ニ而名を記置、再縁者はり掛江書入、再々縁有之時ハはり掛を取除ケ、又張掛ニ而書記、二重張仕間敷事

一(7) 他支配江養子縁組ニ付、地下暇御免之者、名前之上江地下暇御免何ノ何某養子と書、年月出切と記、名前江点を掛候事

一(8) 本人嫡子嫡孫又ハ次三男女ニ而茂、年切暇ニ而奉公稼ニ罷出候者ハ、庄屋元地下人出入帳ニ而相知候ニ付、名之上江付紙ニ而、地下暇何ノ年迄何ケ年御免と記置、立帰候節取除候事

一(9) 田畠畝石牛馬廻船漁船其外商売躰等年ニ一度三月

の本紙へ書載す、若地村宿へ分家する時ハ、年月何村何宿へ分家と記し、名前へ点を掛る、他村宿より分家し来るものは、年月何村何宿何某方より分家と名前の上へ記す、

一(7) 縁組は貰主の方に年月、親元、処名、名別書入レ、親元の方にハ年月何某へ嫁ス、又ハ何某へ養子に遣スと記し、名前へ点を掛る、若不縁の節ハ双方点をかけ、親元ハ張掛紙にて名をしるし、上へ年月何某方より帰と記す、再縁は張掛へ書入、再々縁は張掛を取除き、又張掛書記し、二重張すべからず、

一(8) 他支配へ縁付其外にて其地の暇を免さるゝものハ、名前の上へ年月暇御免、何の何某へ養子又は何の何某家来と成と記し、名前へ点を掛、

一(9) 本人又は家内の者にても年限暇にて奉公(稼カ―田中注)嫁に出るものハ、名前の上へ付紙にて何の年より何ケ年の間暇と記し、立帰る節付紙を取除くべし、

一(11) 産業、田畠、山林、船、牛、馬等年に一度三月改

改ニ而、分与売買ひ其余訳有之、帳面出入有之時、出ハ肩江年月何々と書、点を掛ケ、入ハ新規ニ書入、肩江年月買得と書、田畠分ケ売之時ハ、前高之肩江分ケ売と書、点を掛け、残高を新ニ書付候事

付リ、廻船ハ石数肩書ニ可相調事

一(10)御咎ニ而郡退村退之分ハ、名前之上江年月日郡退或ハ村退、何所何某江引渡と記、請方ニ而者、名前を記し上江年月日郡退ニ付何所何某ゟ請引と記、尤所縁之先江参候ハヽ、育候者之戸籍江入可申事

一(11)地下暇取不申、他所江出候者ハ、組合ゟ庄屋畔頭江申届、役人茂共々令出遣、早速可連返、万一欠落と相見行衛不知者之儀ハ其由物筋江申届、張面江ハ年月日欠落と書記、六ケ月之間ニ所之者として心懸ケ尋出、帰参之儀可申出、且六ケ月相立候而茂不尋出時ハ、彌出奔之段可届出、其時張面江年月日出奔届と記置、夫ゟハ長尋と号ケ、都合三拾六ケ月相立候而茂、行衛不相知候ハヽ、其段可申出、左候而帳面江ハ、年月帳外と書記、点を掛可申、尤人数を除候

にて、産業を改れハ肩へ年月改何と記し、最前の分へ点を掛、田畠其外買入る分ハ肩へ年月買得と記す、売る分ハ肩へ年月売と記し点を掛、分与分売は年月分与又ハ分売と記し点を掛、残る高を新に記す、

一(12)御咎にて村退、宿退、国退等の者ハ名前の上へ年月日村宿退何所何某へ渡と記、点を掛、請方には名前を記し、上へ年月日何所村宿退ニ付何某より請と記し、望むものゝ戸籍へ入、流罪は年月日流罪と記し、名前へ点を掛、

暇免なきに他所へ出る者は五人組より名主へ申出、役人も共々心遣ひ、早速帰すべし、万一行衛不知ものハその由相届、戸籍へは年月出奔と記し、六ケ月の間尋出し、帰参の趣申出すべし、六ケ月を過るといへども行衛不知時ハ彌出奔の段届出、其時戸籍へ年月日届と記す、三十六ケ月を経るといへども行衛不知ものハ、その由申出、戸籍へ年月日除籍と記し、名前へ点を掛、人数を除くべし、家内のこらず出奔

事

付リ、本人或ハ家内不残欠落届書入旁同様、尤三拾六ケ月相立候ハ、銘々帳外と記、代替之通白紙はり掛之事

(12)社人半間組相被仰付（朱書―田中注）

一　地下社人山伏其外ハ官位有之候而茂、五人組江入戸籍之仕法同様之事

一(13)入作之百姓居村之帳江入候ニ付、両方之帳江付申間敷事

(14)此条諸村一統ニ被仰付（朱書―田中注）

一　伊佐之徳常山口之角常之類之者、常之百姓同様之仕法ニ、戸籍帳江付可申事

但、常之百姓之跡畳紙を置可申事

一(15)穢多茶筅等ハ帳面之沙汰ニ不及候事

右帳面之書継精く被仰付候儀ハ、民俗を厚く被成置度御主意を以、農工商之良民帳面正しく、今度調方改り候上ハ、諸吏御仕法之通聊茂無相違様可付記、至後代候而茂銘々来歴詳ニ相知れ候大意　公儀之御帳江被載

の時は届書入等に同様除籍の節、人別名前のうへに除籍と記し点を掛、代替りの通白紙を張掛べし、

一(13)　一部の末に家数、人数、田畠山林船牛馬数を記す、毎年一度三月に改之、追年張掛紙にして六ケ年を経、大改の節に至り尽く除之、其年の数を記す事又始の如し、

一(14)　毎年三月改の節、名主別に美濃紙二ツ折の冊を調、表紙の書体本冊に同くし、左側名主の名前張掛に及はす直に書付、本冊の末に記せる家数人数其外を書載せ、其組合御用会所に差出ス、会所において一部内村宿の冊を集め合て一部とし、村宿数家数人数其外を惣計し、末に是を書記す、会所毎に如此し、縣廳に蔵め置、更に美濃紙二ツ折の冊を調、惣計せる村宿数家数人数その外を書載せ、武蔵国何郡何組合何村何宿戸籍と表題し、庶務局に差出す、庶務局に於て諸郡

候のミならす、私の譜録と云、
御仁恵之御事ニ付、篤庄屋年寄畔頭共深令勘弁、可遂其節候、万一緩怠有之而、届出書入其時日を於令延引者、本人ハ不及謂、庄屋年寄畔頭十人頭迄可被相咎候、且又郡算用之節、郡奉行御帳遂見分、百姓軒之内江役人手子之間被差越、帳面引合見分被仰付候、猶不意ニ横目方被差廻見分穿鑿被仰付候儀茂可有之事

文政八酉
十一月

の冊を集め一部とし、又是を惣計し、末に郡数村宿数家数人数その外の数を書載せて蔵す、
一(15)六ケ年を経大改の節の次第も前条の如くし、七年前の家数人数其他とその年の数と計り較べ、増減を書記す、順次に是を計らふ事前の法の如し、
右戸籍の儀は永世の御記録、庶民の系譜たり、人民御保全の叡旨を奉躰認仕法之通聊も不可怠もの也、

5

A・Bそれぞれの番号は、各箇条の順序を示したものであるが、史料の引用が長いので、これを箇条毎に比較して要約すると、次のごとくである。

(一)帳面の作製法（A(2)・B(4)(5)）

台紙をはじめ、その上に貼る半紙の寸法まで同一であり、B(4)の但書以下はA(2)付り(a)が文字通りそのまま用いられており、B(5)もA(2)付り(b)の「十人組」が「五人組」に「いろは」が「一二のしるし」に書改めてあるに過ぎない。

㈡出生死去・出入の場合（A⑶⑷・B⑹）
Aの「十人組」「畔頭」が、Bでは「五人組」「名主」にそれぞれ書改められているのみで、戸籍への記入法は全く同一である。
㈢子孫別家の場合（A⑸・B⑽）
別家の処置については同様であるが、BがAよりやや詳細になっている。
㈣縁組の場合（A⑹⑺・B⑺⑻）
Bの記入法はAのそれが文字通りそのまま踏襲されている。
㈤奉公稼の場合（A⑻・B⑼）
BではAの庄屋元の「地下人出入帳」のことがなくなっているのみである。
㈥田畠その他の異同の場合（A⑼・B⑾）
BはAをそのまま踏襲している。
㈦村退ないし出奔の場合（A⑽⑾・B⑿）
村退その他の取扱いもBはAと同様で、出奔（欠落）の場合の捜索期間や除籍までの期間もすべてBはAと同一である。

以上は、A・Bの作製法の形式の比較で、とくに顕著な点を指摘したのであるが、戸籍作製の目的についても、Aが「人民撫育之要務」、「至後代候而茂銘々来歴詳ニ相知れ候大意、公儀之御帳江被載候のミならす、私の譜録と云、御仁恵之御事」といい、Bが「人民御保全」、「永世の御記録、庶民の系譜たり、人民御保全の叡旨を奉躰」と述べているのを見るならば、たんに以上みてきた作製法の形式の踏襲のみならず、BはAの精神をそのまま受継いでおり、さらにそれは先にみた太政官布告第百七十号の「夫レ全国人民ノ保護ハ大政ノ本務ナルコト素ヨリ云フヲ待タス然ルニ其保護スヘキ人民ヲ詳ニセス何ヲ以テ其保護スヘキコトヲ施スヲ得ンヤ、是レ政府戸籍ヲ詳ニセサルヘカラサル儀ナリ[18]」という見地に相通じて壬申戸籍へ引継がれていることは明らかであろう。

6

以上から結論しえられることは、明治五年（一八七二）壬申戸籍の全国的施行にいたるまでに、武蔵・下野両国にみられるように、野村氏のいわれる「宗門人別帳のそれから脱化した」「新しい戸籍簿」が施行され、じつはそれこそは、長州藩が文政八年以降壬申戸籍にいたるまで実施していた、*その文政八年の規定そのままの戸籍帳にほかならなかったのである。

＊「周防国佐波郡戸籍」（三田尻宰判仁井令）でもっとも新しい記入は明治四年のものであるから、これは壬申戸籍までの継続使用であることを確認できる。

そしてそのことは、「府県ノ事務ヲ総判シ戸籍駅逓橋道水利開墾物産済貧養老等ノ事ヲ監督スルヲ掌ル[19]」（傍点田中）民部官（のちに民部省）のなかに、広沢真臣（明治二・七・八、民部官副より民部大輔へ任、同二・七・二三、参議へ転）、伊藤博文（明治二・八・一一、大蔵少輔より民部少輔兼任、同三・七・一〇、民部少輔専任、同四・七・二八、租税頭へ転）、井上馨（明治二・一〇・一二、民部大丞へ任、大蔵大丞兼任、同三・七・一〇、大蔵大丞専任、同四・六・二八、民部少輔へ任、同四・七・一四、民部大輔へ転）等長州藩出身の有力メンバーがその名を連ねている[20]ことを考え併せれば、*一層以下述べることの意味を浮彫りさせてくれるであろう。

＊　上田藤十郎氏も次のように述べられている。
明治新政府は、明治四年四月戸籍法を制定し、王朝時代の昔にかへり、所謂六年一校の制をたてたが、この時戸籍の名称を復せられるに際し、既に徳川時代山口藩に於て、これが称呼は「トジヤク」なるも、戸籍帳を編製しありしこと、、新政府の要路者に山口藩出身のもの多きこと、の間に、そこに何等かの関聯性があるのではなからうか。殊に戸籍帳の様式が人別帳或は宗旨人別帳のそれと異なり、進歩せる現在の戸籍の様式に近きに於ておやである。（前掲論文三〇頁）

すなわち、そのことの意味することは、徳川政権を打倒して成立した明治新政権は、当初の諸政策遂行に当って、その主導権を握った西南雄藩が、自藩内における従来の諸政策にその原型を求めて、これを全国的規模で拡大するという形、換言すれば、明治政権初期の諸政策は、薩・長藩閥政権のその名にふさわしく、政策の原型を薩・長それ自体の中に求めていたのであり、戸籍帳はその典型の一例を示しているといえるのではあるまいか。いや、それはたんに戸籍帳のみにおいてではない。明治政権の一方の支柱としての軍隊成立においても同様のことがいえることは、明治九年、木戸孝允の秘命を受けて萩に帰省した品川弥二郎と、玉木正韞の左の如き一会話が如実に示している。

翁（玉木―田中注、以下同）曰、本邦古来兵農判然区別シ、軍事ハ専ラ士族ノ常識タリ、然ルニ政府は何ヲ苦テ之ヲ改革シ徴兵令を布キタリヤ、子爵（品川）曰、貴説尤至極ナリ、彌二二於テモ他藩即チ薩人若クハ熊本人ナレハ直チニ同感ヲ表スヘシ、独リ奈何セン旧山口藩人ナレハ、何分ニモ高論ニモ賛成スルヿ能ハス、翁曰、其理由何如、子爵曰、我山口藩ニ於テ維新前後幾多ノ大事業中一トシテ世禄士族ノ力アルヿナシ、要スルニ皆諸有志即チ諸隊ノ功ナレハナリ、翁首肯黙然タリ、(21)

徴兵令施行による軍隊成立の原型が長州藩の諸隊＊に求められていることは明瞭であろう。

＊　諸隊についての分析は、拙稿「長州藩改革派の基盤――「諸隊」の分析を通してみたる――」（『史潮』五一号、昭和二十九年）参照。

徳川政権から明治政権へ——その政策の転換は、たんに無媒介的に行なわれたのではない。それはあくまで維新のヘゲモニーを握った西南雄藩に諸政策の原型が求められ、その主導権の下に新しい時代に対応せしめられて全国的に拡大施行するという形がとられているのである。戸籍帳に示された一例は、明治政権の性格規定の上に、興味ある事実を提供しているといえるであろう。

注

(1) なおこの点に関しては、穂積先生追悼論文集『家族法の諸問題』所収の福島正夫「明治初年における戸籍の研究——地方法令を通して——」の四八〇頁および四八三頁注(二)参照。
(2) 『法令全書』明治四年四月、第百七十。
(3) 『法令全書』明治二年三月、第三百二十三。
(4) 『法令全書』明治二年四月、第三百五十八。
(5) 『法令全書』明治二年三月、第三百二十三。
(6) 『法令全書』明治三年五月、第三百八十三。
(7) 『法令全書』明治四年四月、第百七十。
(8) 野村兼太郎『維新前後』二五九頁〜二六五頁。
(9) 右同書、二五九頁。
(10) 右同書、二六四頁〜二六五頁。
(11) 右同書、二六四頁。
(12) 『法令全書』明治三年五月、第三百八十四。
(13) 上田藤十郎「山口藩の人口調査と戸籍帳について」(『昭和高商学報』第八、附録、昭和一四年)二頁〜三頁。
(14) 周防国佐波郡戸籍「覚」(山口図書館蔵)。

(15)「文政九戊年被仰出之戸籍一件控」(山口図書館蔵)、なお上田前掲論文一一頁参照。
(16)周防国佐波郡戸籍「覚」(山口図書館蔵。引用史料の読点は田中)。これは三田尻宰判仁井令の戸籍の巻頭に綴込まれたものので、戸籍はこの「覚」によって作製された実物である。文中の首尾には「防長国相府印」「郡奉行所之印」が押されている。なお、上田氏の紹介された「都濃郡戸籍」(同図書館蔵)は同様の「覚」によるサンプルのみである。
(17)野村前掲書、二五九頁~二六四頁。
(18)『法令全書』明治四年四月、第百七十。
(19)『法令全書』明治二年六月、第五百三。
(20)文部省維新史料編纂会編修『維新史』附録所収「明治重職補任」四二頁~四三頁。
(21)天野御民稿「諸隊編製」(山口図書館毛利家文庫蔵〈以上の史料の所蔵は、いずれも当時の所蔵を示す——追記〉)。

Ⅲ　奇兵隊研究と明治維新

解題 Ⅲ

一 奇兵隊と明治維新（一九七九年六月三日の山口県地方史学会創立二十五周年大会〈於山口県視聴覚センター・レクチャールーム〉の講演原稿である「明治維新と奇兵隊」〈『山口県地方史研究』四二、同学会、一九七九年〉所収）と「奇兵隊とは何か」（『歴史と人物』中央公論社、一九七七年二月号）との二論稿をもとに、その後の研究史を書き加え、『定本奇兵隊日記』（マツノ書店、一九九八年）の解説としてまとめ、さらにそれを補訂したもの。

「奇兵隊とは何か」という問題意識から、戦前から戦後、さらに現在にいたる奇兵隊（諸隊）の研究史を綿密に追い、奇兵隊問題を鍵としてみた明治維新研究史でもある。明治維新研究における長州藩研究が占める意義を、研究史のなかで示している。本書巻末の「奇兵隊研究年表」を併せ参照のこと。

二 脱隊騒動と農民一揆（原題「明治絶対主義政権成立の一過程――脱隊騒動と農民一揆をめぐって――」『歴史評論』七五、一九五六年四・五月合併号）。

明治初年の長州藩の脱隊騒動と農民一揆の関係を通して、当時の政治・社会状況のなかで権力と民衆のあり方（矛盾）を分析したもの。拙稿「明治藩政改革と維新官僚」（拙著『幕末維新史の研究』吉川弘文館、一九九六年、所収）を併せ参照されたい。

三 脱隊騒動の歴史的意義（『山口県地方史研究』五一、一九八四年）。

二の論文の分析の視野をさらに広げ、はじめて脱隊騒動と竹橋事件とを比較して、その異同を論じたもの。この論考をさらに発展させて『奇兵隊と高杉晋作』（岩波新書、一九八五年、特装版〈補注あり〉、一九九三年）にまとめられている。

一　奇兵隊研究と明治維新

1　奇兵隊研究前史

奇兵隊の問題は明治維新の研究史と二重写しである。その研究史と問題点を探ることは、同時に明治維新の研究史を辿ることであり、維新史研究の問題点を浮彫りにすることにもなる。

それだけに、奇兵隊とは何かを問い、あるいは奇兵隊問題を探っていくことは、なかなか容易ではない。

そこで、そもそも奇兵隊とは、いつ、いかなる意図で、またどのような形でつくられたのかを、まず簡単にみておく必要があろう。

奇兵隊は、文久三年（一八六三）六月七日、長州藩で長州藩士高杉晋作によって結成された。それは下関の豪商白石正一郎家においてであり、結成後三日して参加者はおよそ六十余名と、白石正一郎の『日記』には書かれている。正一郎も弟廉作と共に入隊した。時に高杉は数え二十五歳。

この奇兵隊結成は、攘夷期限の日（文久三年五月十日）以来、長州藩が下関で外国船艦砲撃の挙に出、それへの手痛い反撃をアメリカやフランスなどから加えられ、幕藩体制崩壊期の武士階級の無力が民衆のまえにあますところなく暴露されたときだった。

『奇兵隊日記』によると、敗戦の馬関（下関）の状態に怒った長州藩主は、当時萩に閑居していた高杉をよび出して「策ありや」と聞き、これに対して高杉は、「馬関の事を以て臣に任せよ、臣一策あり」と答え、つぎのようにいった、という。

請ふ、有志の士を募り、一隊を創立し、名けて奇兵隊と云《いわ》ん、然れとも専ら奇兵隊のミを以て従事するにあらす、奇兵の中亦正あり、奇ある也、所謂正兵者は惣奉行の兵あり、之れに対して奇兵とせん（ルビ田中、以下同）。

みられるように、「正兵」に対する「奇兵」の意は、惣奉行支配の軍事力に対して、そこからはみ出した、まさに「正統」に対する「異端」ともいうべき軍事力を意味した[1]。「奇兵の中亦正あり、奇ある也」と高杉がいっているのは、すでに在京の尊攘派久坂玄瑞ら藩士有志者が、四月二十六日、山口に入り、馬関の先鋒たらんことを藩に請い、敵状偵察の名で下関に滞留していたことを彼が知っていたからであろう。これが、「有志の士」を募って一隊を創立し、「奇兵隊」と名づけられた新しい軍事力の結成へと結びついていったのである。まさに「奇兵隊」は、惣奉行の指揮する「正兵」に対する「奇兵」であったのである。

もうひとつ「奇兵」の意味には、同じく高杉の言葉として伝えられる末松謙澄著『修訂防長回天史』（私家版、一九一一年、修訂再版、一九二一年）の叙述がある。

夫れ兵に正奇あり、戦に虚実あり。其勢を知る者以て勝を制すべし。正兵は正々堂々衆を以て敵に臨み、実を以て実に当る。総奉行の統率せる八組以下部隊の如き、正に此の正兵に擬す可し。今吾徒の新に編成せんと欲する所は寡兵を以て敵衆の虚を衝き、神出鬼没して彼を悩すものに在り。常に奇道を以て勝を制するものなれば、命ずるに奇兵隊の称を以てせん。（第四巻、二八七頁）

奇兵隊とは、「奇道を以て勝を制する」ゲリラ軍事力でもあったのである。

この「正兵」に対する「異端」としての「奇兵」、あるいはゲリラ軍事力の創出は、およそ伝統を踏襲する停滞的な社会からは生まれない。いや、そうした伝統的、停滞的社会を桎梏と感じ、新たなる社会と来るべき世界への飛躍をめざしているときにのみ、その旧体制突破口の尖兵としてこの軍事力は登場するのである。

こうした意味で、奇兵隊の誕生は維新変革の暁鐘を意味した。維新研究者の目が、一様にこの奇兵隊のうえに鋭くそそがれるのもけだし当然といわなければならない。

断っておくが、奇兵隊は幕末ないし維新期に結成された隊編成（軍とか団、あるいは組とか兵ともいう）の長州藩諸隊軍事力のひとつにすぎないが、ときにそれは諸隊軍事力の総称としても用いられる。いまかりに、『稿本もりのしげり』（一九一六年、増補訂正版、一九三一年）所収の「旧長藩諸隊表」によると、諸隊数はなんと一六一を数える。「いまかりに」といったのは、この諸隊のなかには純然たる藩士の隊も含まれており、また、士庶混合の奇兵隊などとは異なって、純然たる農兵隊や商兵隊も含まれているからである。そういう点からいえば、奇兵隊は士族軍事力と庶民軍事力との中間に位置していた、といえるかもしれない。そのことは同時に、奇兵隊には諸隊のもつあらゆる要素が混在し、奇兵隊は諸隊のなかにある問題性を一身に体現した存在であった、ということができよう。

参考までに、右の「諸隊表」のなかの奇兵隊についての説明をつぎにかかげておく。

高杉晋作等ノ創設スル所ニシテ、士卒農商ヲ問ハズ何人ト雖《いえど》モ入隊スルヲ許ス。長藩有志隊中最モ勢力アリシモノナリ。元治元年六月十七日、五百人を定員トス。慶応元年二月改、三百八人アリ。同年五月、四百人ニ改メ、馬関屯集、四月十日、吉田へ転営。（三四七頁）

さて、奇兵隊の名を冠した書名の最初のものは、おそらく高橋淡水（立吉）著『勤王志士奇兵隊』（磯部甲陽堂、一九一〇年）ではないだろうか。[2]「奇兵隊研究年表」（本書巻末所収。以下「年表」と略称）を見ればわかるように、これは中原邦平著『訂正補修忠正公勤王事績』（防長史談会、一九一一年）や『防長回天史』に先立って刊行された二一〇頁ばかりの本であり、「長藩に於ける数多青年軍団の中、とくに傑出したる奇兵隊を中心とし、之に松下塾出身の人物、事業、閲歴を配して、長藩志士活動の状況を叙したもの」（自序）として、奇兵隊の結成から解散にいたる概略が述べられている。

もちろん、奇兵隊に関する断片的な記述はそれまでの史書にないわけではないが、[3]その後においても奇兵隊と題する著作は戦前には見当らない。

奇兵隊（諸隊）に関してもっとも詳しいのは、前掲『防長回天史』なのである。この書は幕末維新期の長州藩の動向のなかで、奇兵隊がいかなる動向を示したかを、豊富な史料に語らせており、奇兵隊研究には不可欠の書である。

ところで、管見の及ぶところでは、奇兵隊を書名としてうたったものは、さきの高橋淡水の著作の他に戦時中の平尾道雄著『奇兵隊史録』（河出書房、一九四四年）があげられる。この『奇兵隊史録』は、平尾氏の『海援隊始末記』（大道書房、一九四一年）および『陸援隊始末記』（大日本出版社峯文荘、一九四二年）とともに三部作のひとつをなすもので、『防長回天史』を基礎に奇兵隊の概略についてまとめられている。

しかし、これらの書は、奇兵隊について関説し、あるいは概略を述べてはいるものの、それを明治維新という変革の論理のなかに位置づけ、分析し、論及しているとは必ずしもいえない。

では、明治維新研究史上に奇兵隊が位置づけられ、論じられたのはいつからだったのだろうか。

2 奇兵隊研究史　第Ⅰ期（戦前）
――一九三〇年（昭和五）～一九四五年（昭和二〇）――

奇兵隊問題が明治維新史上に理論的に位置づけられたのは、昭和初年のいわゆる日本資本主義論争をめぐる一連の論文であり、著作だった。

服部之総氏がのちに自己批判した旧著『明治維新史』（一九二八年〈昭和三〉）には、奇兵隊に関しては一語も出てこないが、一九三三年〈昭和八〉の『日本資本主義発達史講座』に発表された「明治維新の革命及び反革命」（『服部之総著作集』第一巻、所収、理論社、一九六〇年。以下、引用はこれによる）では、つぎのように注記する。

長州奇兵隊は軽士のほかに広く「農及び商」に門戸を開いた。もとより「農」は耕作農民ではなく村方地主であり、屢々この封建的称呼における「農及び商」を一身に統一した早期資本家そのものの家族でさえあった。しからば奇兵隊内における軽士と農商出身者といずれが支配的地位に立ったかは既に明らかであろう。いう迄もなく奇兵隊そのものの現実の指揮権は、これを創設し組織した当年におけるブルジョア官僚的・軍閥的要素の手中にあった。指導がまれに軽士大衆以下に及んだ場合については後出。（三四頁）

この注記は、さらに次の一文と重なり合う。

幕末史に関するかぎりかかるもの（封建主義の極北としての純粋型土着家臣団の半農奴経営―田中注）としての純粋型土着家臣団を特にとりあげて扱う必要はないように見える。蓋し郷士の中から統一国家のための「志士」を出した場合、それは半農奴経営者としての資格からでなく雇傭労働＝もしくは「事実における」雇傭労働＝経営者乃至賈占商人としての、他の資格から結集したことであった（郷士であるとともに酒屋であった清川八郎、坂本竜馬等――原注、以下同）。戊申《ママ》戦争前後その一部は官賊両軍各陣営に動員された（たとえば東軍で磐城平藩「農兵」、西軍で長州奇兵隊中の一要素といった風に）。がそれも決して自発的な行動でも、支配的な現象でもなく、動員網をたぐってゆけばいつかブルジョア的要素に到達する。（三八頁）

もはや、ここまで引用すれば、それが服部氏の維新の方法論にからんでいることは明らかだろう。

右の論稿で、旧著『明治維新史』のもっとも一般的な方法論の欠陥は、「そのブハーリン主義にある」（九六頁）と自己批判し、維新の内的必然性に目を向けた服部氏は、その維新変革の運動の「基本的な地盤」として、「早期資本主義時代に特有な地主＝ブルジョアジーの範疇」、つまり、「封建的地主としての反動的な魂と最初の産業資本家としての変革的な魂とが同一のチョンマゲの下に棲っているこの過渡的階級層」を見出したのである（一二三頁）。そこから、尊攘運動は「軽士にとっては自己目的であり、ブルジョア的指導にとっては戦略でしかなかった」（三四頁）、あるいは、「ブルジョア的指導を見落した『下級武士』革命論は一のナンセンスである」（三五頁）という表現も生まれてくる。服部氏の念頭には、マルクスがドイツ農民戦争に関して「ルーテル的＝騎士的反対派」と書いたところから、そこに「ブルジョア指導を代表するルーテルとその指導下に動員された騎士との、かかるものとして同盟関係を明らかにしたもの」（三五頁）とよみとる、変革主体の指導＝同盟論があったのであり、奇兵隊のなかにそれを見出そうとしていたのである。

この指導＝同盟論を全面的に展開したのが、服部氏の戦後の論文「明治維新における指導と同盟」（『社会構成史体系』第二巻、所収、日本評論社、一九四九年。『服部之総著作集』第五巻、理論社、一九五五年、所収）にほかならないが、この問題はあとでまたふれる。

これに対して、同じ講座派とよばれたグループの一人、羽仁五郎氏は、『日本資本主義発達史講座』の諸論稿を基礎に、岩波講座『日本歴史』に「明治維新」（一九三五年）を執筆し（羽仁著『明治維新史研究』岩波書店、一九五六年、所収。以下の引用はこれによる）、奇兵隊および諸隊にふれ、それらの「近代的民兵形成は封建農村束縛すなわち農奴的土地緊縛乃至移動自由制禁と相容れず」、奇兵隊の示す諸事実は、「近代兵制についての封建制の矛盾、その農民土地緊縛の矛盾等をあらわして典型的なるものがあった」（一九七頁）とした。そして、この点をさらに一九四〇年（昭和十五）の『中央公論』誌上で詳細・平易に述べ（岩波新書〈旧赤版〉『明治維新』一九四六年収録。以下はこれによる）、つぎのようにいったのである。

> 長藩奇兵隊が反幕府の態度をとり改革の立場に立つかぎり、その立場には反封建的立場があったわけで、すなわち封建制の束縛に対する農奴解放等を高める立場がそこにふくまれ得たわけで、その限りにおいては、奇兵隊等は一種の百姓一揆を組織したとでもゆう組織をふくんでいたわけで、そうした農民の解放をのぞむ気持が奇兵隊等をすこぶる強いものにしていたことがわかる。かくの如き奇兵隊諸隊を高杉晋作が、そしてまたあの自ら平民自身の村医出身の蘭学者大村益次郎が指揮したのであった。

羽仁氏の文章はさらにつぎのようにつづく。

> しかし長藩奇兵隊等も、一方では反幕府または改革的とはいえ、他方ではやはり元来自から封建制に立っていたかぎり、そうした百姓町人の入隊を制限せねばならず、またそうした百姓町人の気持をおさえつけねばならず、そこで奇兵隊の成長には一定の限度があり、それがまた農民市民の自由臨時武装でなく常備的または士隊的となれば財政上その維持費の増大にこまり、解放の気持をおさえつけるとその気持がわきへそれていろいろの乱暴となりもした。しかし、幕府側では、百姓町人の入隊を認めない原則で、やむを得ない程度の農兵しか認めなかっ

たに対し、反幕府側、長藩奇兵隊などでは、百姓町人の入隊を認めたこと、幕府側では農奴解放などとゆうことはおぞけをふるって絶対認めなかったに対し、反幕府側、長藩奇兵隊などでは、いくらか農奴解放と提携したような気味もあったこと、そこに幕府側軍隊が弱く、反幕府側長藩奇兵隊等が強い、とゆうちがいを生じ、古い武力に対する新しい武力の生長を示したのであった。(以上、一〇五〜一〇六頁)

ところで、服部氏は、さきの「明治維新の革命及び反革命」で、羽仁氏の維新論は「ブルジョア革命の『原動力』は一般にそして第一に農民一揆であった」(『著作集』第一巻、一三二頁)といい、その補注で周知の「農民一元論」という表現を用い、マルクス・エンゲルスのいう指導＝同盟関係の把握が欠けている、と指摘した(同上、一三五〜一三六頁)。

以上の服部・羽仁両氏の引用のなかにみられる奇兵隊のとらえ方のちがいは、明らかにその維新史の方法論の相違に基因している。服部氏が奇兵隊に「地主＝ブルジョアジーの範疇」の表出を見出せば、羽仁氏は「組織された百姓一揆」の要素が奇兵隊の内部にはらまれており、そこには同時に、権力との一定の緊張関係とそこから発する限界のあることを指摘したのである。両者にとっての奇兵隊問題は、対立する維新史方法論上の接点にあった、ということができる。

とすれば、戦後の明治維新をめぐる最初の論争というべき遠山・井上論争の争点のひとつに、この奇兵隊問題が登場したのは当然だったのである。

3　奇兵隊研究史　第Ⅱ期（戦後第Ⅰ期）

――一九四六年（昭和二一）～一九五五年（昭和三〇）――

戦後の奇兵隊をめぐる論争の問題に入る前にE・H・ノーマン氏の奇兵隊についての論及にふれないわけにはいくまい。

氏の歴史家としての名を日本で高からしめたのは、『日本における近代国家の成立』（大窪愿二氏訳、時事通信社、一九四七年。のち岩波書店）である。氏はまた、江戸時代中期の思想家安藤昌益をはじめて体系的にとらえた『忘れられた思想家』（上下二冊、一九五〇年、岩波新書）でも有名である。

前記の『近代国家の形成』のなかでノーマン氏は、奇兵隊の意義についてつぎのように規定した。すなわち、第一に、奇兵隊は日本の徴兵令（一九七三年）の先駆であり、第二に、奇兵隊は庶民階級の有能な人びとに能力発揮の機会を与え、彼らの熱意となかんずく近代兵器購入のための必要な経済的支援とを動員する場となり、第三には、日本の近代的軍事官僚の最初の実例をつくり出した、というのである（同上、一一四頁）。

この原著は本書巻末の「奇兵隊研究年表」からもわかるように、一九四〇年、ニューヨークで刊行されている。それは太平洋戦争開戦の前年であり、奇しくも先にあげた羽仁五郎氏の岩波新書（旧赤版）『明治維新』に収録された論稿が、『中央公論』に連載された年でもあった。

この奇兵隊への論及をノーマン氏がさらに深め、論旨を全面的に展開したのが『日本における兵士と農民』（陸井三郎氏訳、白日書院、一九四七年。のち大窪愿二氏訳『日本の兵士と農民』として岩波書店、一九五八年刊。ここでは当時の論争に引用された陸井訳でかかげる）である。原著は一九四三年にニューヨークで刊行されている。「徴兵制度の諸起源」というサブタイトルを付したこのような本が、太平洋戦争さなかに出ていることは、当時英語を敵性語として禁じた日本の状況とはまさに対照的だといわざるをえない。

「徴兵制度の諸起源」というサブタイトルをもつこの原著が、太平洋戦争さなかに書かれているのは、「日本の軍事力といふやうな現象を理解しようと思ふなら、その起源に帰るがよい」というノーマン氏の認識に発しているのだと、この本に「序」を寄せたG・B・サンソム氏は述べている。戦時中に日本の敵対国で出たこの本の意味を考えるうえに注意しておいてよいことばだろう。

著者は、奇兵隊設立の際の高杉の言葉は、「殆んどクロムウエルの言葉の再現である」（七二頁）と述べ、奇兵隊は「純粋の反封建的な、解放された農民の団体ではなく、自由と不自由との、商人と浪人と庄屋との混合物であった。だが、それは興味ある過渡期の型であって、その中には明治初期の軍隊の種子を含んでゐた」（傍点原文、七三頁）といい、さらにつぎのように規定する。

すなわち、もっとも強硬な倒幕藩である長州の奇兵隊が、「農民を封建的羈絆から解放してその解き放たれたエネルギーを倒幕闘争に利用することの必要を自覚してゐた限りにおいて、当然に反封建的であつた。それゆゑに奇兵隊は、上から監督された反幕府農民暴動の一種としての意味をもつてゐる。蓋し歴史は、この小さな、だが勇気溢れた軍隊が如何に怖るべき武器であつたかを記録してゐるのである」（傍点原文、七六頁）と。

もう一度要約すると、『兵士と農民』では、奇兵隊は、(1)「自由と不自由との、商人と浪人と庄屋との混合物」である、(2)「明治初期の軍隊の種子を含んでいた」、(3)奇兵隊が倒幕闘争を自覚している限り、それは「当然に反封建的であ」り、「それゆゑに奇兵隊は、上から監督された反幕府農民暴動の一種としての意味をもつてゐる」と特徴づけられているのである。

井上清氏にいわせると、これらのノーマン氏の指摘「以上のこと」が、実は岩波講座の羽仁氏の『明治維新』には書かれていたというのだが（「たたかう歴史学」前掲羽仁『明治維新史研究』所収、四〇六頁）、実際にはノーマン氏の著書が、戦後の奇兵隊問題への関心をかきたてた。

服部氏は、さきの「明治維新における指導と同盟」のなかで、ノーマン氏の著作から多くの引用を行ない、「われわれはこのオリジナルな研究から、無条件で採用しうる巨多のラインをもつことを、社会科学の名において誇りたい衝動を覚える」（二一三頁）とさえいい、服部維新史の方法論上の特徴である指導・同盟論、つまり「ルッター的＝騎士的」同盟の一証左をそこに認めて賛意を表しているのである。

このノーマン氏の著作の相つぐ翻訳刊行が、戦後の新たな日本近代史研究の発足の時期であっただけに、多くの研究者に清新な刺激を与えた。そしてつぎにみる遠山・井上論争もまた右のノーマン氏の論及と密接にからんでいたのである。

すなわち、遠山茂樹氏は、戦後の維新史研究の出発点ともなった『明治維新』（岩波全書、一九五一年。改訂版、一九七二年。引用は旧版、必要に応じて改訂版にふれる）で、諸隊は「家格にこだわらず力量を重んずるを標榜する、下級武士改革派の掌握する独自の軍隊組織」であるとし、「決して、人民解放の前提の上に立つ近代的な国民軍隊ではなかった」（一四四頁）とした。そして、「そこに見られる庶民的色彩といっても、あくまでも下級武士団の指揮する、上からの民衆動員であり、腐朽した封建軍隊を補強清新化するものとしての、豪農・豪商層（改訂版は「中・上層農民」）の二、三男を主とする庶民へのある程度の（一方では封建的ヒエラルヒー的秩序の根幹を破壊せざる限度での、他方では貢租負担義務を阻害せざる程度での―原注）門戸解放であった」（一四四頁、改訂版、一三七～一三八頁）と規定した。

これは戦前の羽仁氏の『明治維新』（岩波講座）などによったのだが、そこで遠山氏は、ノーマン氏が、奇兵隊を「上から監督された反幕府農民暴動の一種」（傍点原文）と規定したことに対し、「上から監督された」というのは正しいが、「農民暴動」の表現は不正確ではないか、と反論したのである。

いわんとするところは、諸隊における農商兵は、「農民一般、町人一般から、分裂させられ、切り離され、武士身分に引き上げられて、組織されている」のだから、「農民の反封建エネルギーをそのまま組織し統制したものではない」し、また、「えた」隊（維新団）の編成にしても、一村百戸中、わずかに五人が「お上」の詮議で、特別に「汚称」を取り去られるのだから、「それは九五％の大衆の向上・解放を意味せず、却ってはかない立身出世の望みの中に、彼らの解放を求めるエネルギーは解消せしめられてしまう」（一五三〜一五四頁）というにあった。つまるところ、「農兵隊等の諸隊の成立、それが倒幕派の支柱たらしめられたことは、民衆の闘争の勝利の成果ではなくして、民衆の力のある昂りをもちながら、それが分裂せしめられ、歪曲せしめられ、利用せしめられた、敗北の表現であったということができる」（一五五頁）としたのである。(4)

これに対し、井上清氏は遠山氏の「人民解放の前提に立つ近代的な国民軍隊ではなかった」という諸隊への規定には賛意を表しつつも、「『諸隊が倒幕派の支柱となる』、換言すれば民衆が諸隊を通じて倒幕をなしとげたことが、どうして民衆の敗北であろう」と反論し、「奇兵隊等の成立そのことと成立当初にもった諸隊の革命的な意義が無視されるべきでない」としたのである（井上「幕末における半植民地化の危機との闘争㈡」『歴史評論』三三、一〇〜一一頁）。

これは幕末期に半植民地化の危機があったかどうかという遠山・井上論争のもうひとつの争点と重なるのだが、井上氏の反論の視点の特徴は、第一に、幕末に半植民地化の危機の存在を認める立場に立っており、(5)第二に、右とからんで「中間層の民族主義」を高く評価しているところにある。

この視点に立って井上氏は、『日本現代史Ⅰ　明治維新』（東京大学出版会、一九五一年）で全面的に遠山批判を展開し、いわゆる遠山・井上論争をひきおこした。そして、井上氏は奇兵隊・諸隊に関しては『日本の軍国主義Ⅰ』（東京大学出版会、一九五三年）で、「中間層の改革派と、武士階級の改革派とがむすびつき、民衆の力を軍事的に組織し利用したものの典型が、長州の奇兵隊そのほかいわゆる『諸隊』である」（一三二頁）としたのである。

この遠山・井上論争の一環としての奇兵隊論争が、戦後の奇兵隊問題への関心をかきたてたわけであるが、遠山・井上論争より前に、それとはやや視角を異にした奈良本辰也氏の「郷士＝中農層」論のあることはよく知られている（「幕末における郷士＝中農層の積極的意義」『歴史評論』一〇、一九四七年）。

奈良本氏は長州藩の天保改革の分析に当って、氏独自の範疇としての「郷士＝中農層」の積極的意義を打出し、長州藩の天保以降の政争を貫く「某氏意見書・村田清風―周布政之助―高杉晋作・奇兵隊そして農兵隊の線は明治維新への道であったと共に、それを一貫した行動に駆り立てたものこそ実に郷士＝中農層の存在であった」（『近世封建社会史論』一三五頁、高桐書院、一九四八年、「年表」参照）と結論づけ、奇兵隊や諸隊のなかに維新変革の主体を見出そうとしたのである。

このようにして、奇兵隊問題は、明治維新論の重要な論争点になっていった。

この「明治維新史における奇兵隊の問題」を主題として、これまでみてきたような諸見解は、階級史観的な立場からの予断ないしは一面的な恣意的見解だとする反論があらわれた。梅溪昇氏の論稿である（『人文学報』三、一九五三年三月、同『明治前期政治史の研究』未来社、一九六三年、所収。以下の引用はこれによる）。

氏は『奇兵隊日記』の分析から、奇兵隊成立の必然性と可能性は、たんに外圧に対する封建支配者の非常措置というものではなく、「社会経済的な一般農民生活の推移からみれば、奇兵隊や諸隊に農民が傭兵となりうる可能性があった」のであり（したがって、生活困窮の農民の二、三男が、「一種の賃金労働者」として入隊した、とする）、また、「西洋近代兵器の採用、従って銃陣の採用に伴う封建武士団の崩壊という兵器の発達・軍事組織の発展の面から見れば、旧来の武士団の機構とは何らか別個の新しい機構による国防の充実が必要であった」と、軍制改革の視点を強調した（九〇頁）。

ついで、奇兵隊の存在意義については、そこには「〝身分〟の意識」はあっても「〝階級〟の意識」は存在しなかったとして、民衆の反封建的闘争のエネルギーや豪農・豪商層をとくに問題とした従来の見解を、「事実の一面的な観察と評価」だとし、維新の本質理解も「非常に片寄ったものになっている」と批判した（九七頁）。そして、明治二、三年のいわゆる脱隊騒動（諸隊反乱）にも目を向けて、その保守的反動的役割に注目し、つぎのように結論づけたのである。

　維新史の第一の倒幕の過程においては、とりわけその組織の近代的性質が意味をもって歴史の進歩に役立ち、第二の維新変革の過程に入っては、むしろイデオロギーの保守性が更新されずに反動的役割をなしたと見るのが穏当な理解の仕方ではなかろうかと思う。(6)（一〇三頁）

しかし、その後の奇兵隊研究は、争点をはらみつつも、さきの遠山・井上論争の延長線上で展開していったので、必ずしも梅渓論文の論点とはかみ合っていない。

そのひとつに堀江英一氏の「幕末における階級闘争」（歴史学研究会編『近代日本の形成』岩波書店、一九五三年）がある。堀江氏は、尊攘下士と豪農商＝村落支配者層との同盟を「改革派同盟」と名づけ、この「改革派同盟」の軍事的基礎が奇兵隊や諸隊であった、とした。氏のこの「改革派同盟」論はさらにその著『明治維新の社会構造』（有斐閣、一九五四年）の中でキー概念となり、「経済の変化が階級闘争とりわけ農民一揆を規定し、そのなかから維新の主体勢力がうまれる」（はしがき）という発想から、この「改革派同盟」論を全面的に展開した。(7)そして、堀江氏は、幕藩領主―豪農―一般農民という線は「佐幕の道」であり、それに対して尊攘派士族―豪農―一般農民という線こそが「維新の道」だ、とし、後者の路線上に奇兵隊を位置づけたのである。

その頃、私も「長州藩改革派の基盤」（『史潮』五一、一九五四年）を書いた。そこでは県立山口図書館毛利家文庫（現山口県文書館蔵）の史料を援用しつつ、(1)諸隊イコール農兵隊とはいいきれない、(2)入隊農民は一般に中農以上の二、三男である、とし、さらに、(3)諸隊の指揮権と権力との関係に言及し、(4)諸隊と農民との関係では庄屋・大庄屋（「地下有徳」）層の役割とその農民把握に着目すべきであることを論じた。

関順也氏もほぼ同じ時期に毛利家文庫の史料調査に着手し、その成果を『藩政改革と明治維新』（有斐閣、一九五六年）にまとめた。

奇兵隊問題にからむ関氏の論点をあげれば、第一に諸隊と農兵隊の区別を明確にし、第二には、「頭百姓」（富裕な中農）層の役割に注目し、「農民一揆が起らなかったのは頭百姓層の農民把握と、彼等に対する絶対主義的民心収攬政策にあった」とした。したがって第三に、氏は「百姓一揆を基盤とした階級的新政権（長州藩討幕派政権をさす―田中注）への民衆的支持でなかった」、つまり長州藩討幕派と民衆との間には一線を画してとらえる立場をとっていた（一三六～一三七頁）。

このようにして、奇兵隊問題をめぐる論点はほぼ出揃ったといってよい。そして、これらの研究の進展とともに、一方では毛利家文庫をはじめとする新たな史料による事実の確定とその分析、他方では、それに応じた新しい視点からの奇兵隊の再把握が要請されるに至ったのである。

4　奇兵隊研究史　第III期（戦後第II期）
――一九五六年（昭和三一）～一九七〇年（昭和四五）――

こうして奇兵隊研究は新しい段階に入った。

私が「長州藩における慶応軍政改革」（『史林』四二の一）を発表したのは一九五九年（昭和三十四）一月のことであった。

ここで私は討幕派「軍事官僚」の指導権の確立過程を、慶応期の長州藩の軍政改革、つまり奇兵隊・諸隊および農商兵軍事力と権力との関係に視点をおいて分析し(8)、さらに、『明治維新政治史研究』（青木書店、一九六三年）では維新変革の政治的主体の形成過程（藩政改革派―尊攘派―討幕派―維新官僚の形成・転回の過程）を明らかにしつつ、それとの関連で奇兵隊をはじめとする諸隊および農商兵軍事力の問題を論じた（なお、拙著『幕末の長州』中公新書、一九六五年、参照）。

奇兵隊問題にしぼっていえば、そこでの主張は、もはや奇兵隊問題は、幕末政治史（直接的には長州藩）の全歴史過程ときり離して論じても意味をなさないだろうということが第一点、第二点には、諸隊にはその成立の必然性からみて権力の側から要求された性格（武士社会イデオロギー）と、諸隊内部にはらむ庶民的要素とがあり、総じてこの二つの側面、二つの要素をもった諸隊を、第一点で指摘した歴史過程の変化と連動させながら、長州藩の地域性や村落構造と関連させて把えようとしたのである。

右の著書に対しては、賛否両論があったが、とりわけ芝原拓自氏はその著『明治維新の権力基盤』（御茶の水書房、一九六五年）で、私の政治的主体の形成過程の把握は、「単線」的であり、もっと「複線・複々線」的にとらえるべきであると批判するとともに、奇兵隊・諸隊の結成は、「内外危機に対応した旧権力再編成＝再強化をはかる、根本の軍事組織の確立」（二五六頁）であり、それは少なくとも天保の大一揆にみられたような「下からの革命的闘争主体化ではなく、反対に、『攘夷』藩庁のもと上から巻きこまれ煽動され攪乱され組織されていった、対外防備の戦闘隊の浸透であった」（傍点原文、二五七頁）と指摘した。したがって、氏をしていわしめれば、「諸農兵組織への『正義』中核＝奇兵隊ほか『諸隊』統制・吸収などの（中略）過程は、『全国皆兵』的情勢の渦中の、欺瞞的歪曲性と矛盾の発展の一反映とさえみられるのである」（二五八頁）という論断ともなる。この芝原氏の論断の背後にある発想は、すでにみた遠山氏の民衆の力の分裂・歪曲・利用・敗北論の延長線上のものといえるだろう。それは奇兵隊・諸隊の実態認識をほぼ同じくしながらも、幕末期の内的、外的契機のきり結ぶ場をどこでとらえるかという基本問題が、民衆の変革主体性の評価と相まって、私との位置づけや解釈の相違となってあらわれているとみてよいのである。(10)

ところで、奇兵隊の実態を、新しく発見された「長藩奇兵隊名鑑」などによりながら明らかにしたものに小林茂氏の著『長州藩明治維新史研究』（未来社、一九六九年）がある。

その第四章「奇兵隊と農兵隊」の分析によると、奇兵隊の構成は、士（二七二名）四八・六パーセント、農（二三七名）四二・四パーセント、町（二五名）四・五パーセント、社・僧（二五名）四・五パーセント（計五五九名、他に身分不明六三名、総計六二二名。ただし、戦病死・除隊・病院等二〇〇名を除き、延人員の分類）とされており、その地域分布もこの著書によって明らかにされた。(11)

奇兵隊問題でもうひとつ見落してならないものに、いわゆる脱隊騒動（諸隊反乱）がある。

この脱隊騒動のひとつは、慶応二年（一八六六）の第二奇兵隊（南奇兵隊）の反乱である。これについて私も「明治絶対主義政権成立の一過程」（『歴史評論』七五、一九五六年。『論集日本歴史9明治維新』有精堂、一九七三年、本書Ⅲの二所収）で簡単にふれたが、この事件を一連の尊攘激派の運動の一環と考え、しかも、「長州藩においても存在した、幕末以来の陰の部分」として把えたのが、高木俊輔氏の『明治維新草莽運動史』（勁草書房、一九七四年、二一二頁）である。ここではそのプロセスと脱隊士の名簿が明らかにされている。

もうひとつは明治二〜三年（一八六九〜七〇）の脱隊騒動である。脱隊騒動といえば、一般にはこれをさす。

前にかかげた梅渓論文がこの脱隊騒動に関説していることは指摘したが、この問題に注目し、いち早く分析を加えたのが原口清氏の「長州藩諸隊の叛乱」（『法経論集』第一号、一九五四年。明治史料研究連絡会編『明治政権の確立過程』御茶の水書房、一九五七年、所収）にほかならない。関順也氏も前掲書でこの脱隊騒動にふれ、私も前掲の「明治絶対主義政権成立の一過程」で分析を試み、さらに「明治藩政改革と維新官僚」（稲田正次編『明治国家形成過程の研究』御茶の水書房、一九六六年、拙著『幕末維新史の研究』吉川弘文館、一九九六年、所収）で敷衍した。原口氏のさきの論稿は、「天皇制軍隊の成立過程におけるその意義について」（サブタイトル）という観点からこの事件を位置づけた論稿だったが、私はこの原口氏の分析をうけてさらに「脱隊騒動と農民一揆をめぐって」（サブタイトル）若干の考察を試みた。(12)

じつは、この脱隊騒動に関しても、すでに遠山・井上論争ではその見解が対立していた。すなわち、遠山氏は脱隊騒動の中に反動的、士族反乱的要素を強調していたのに対し（『明治維新』二七三〜二七四頁。改訂版、二六三〜二六四頁）、井上氏は「たんなる反動的暴動でなく、人民一揆の性質を帯びていた」（『日本の軍国主義』Ⅰ、二〇八頁）としていたのである。

原口氏や私は、どちらかといえば、この井上氏の視点の延長線上でとらえているといえるが、もちろん、これはこの事件の士族的要素を無視してよいというわけではない。

関氏は、この事件は、たんに封建的特権に執着する下級武士の反乱ではなく、陪臣・社僧・貧農などの「失職問題」であったし、その背後に「農民層の抵抗が横たわっていた」（前掲書、一四六頁）としていた。

これに対して石井孝氏は、遠山氏的な見解をうけて、「『脱隊騒動』の本来的性格は、反動的士族反乱とすべきであろう」とし、その内部にみられる士族的反対派と農民との間の「一種の指導＝同盟関係」の存在に着目し、明治初年における「反政府連合」の動きの本質をそのなかにみ、それが廃藩の過程を促進した、と指摘したのである（「廃藩の過程における政局の動向」『東北大学文学部研究年報』一七、一九六九年）。

このようにみてくると、一九五〇年代後半から一九六〇年代の研究は、奇兵隊の問題を問うことによって明治維新の本質に迫る明確な問題意識のもとに分析は進められてきた、といってよい。

いま、この期の研究をかりに小括するならば、その第一には、奇兵隊研究の進展は同時に明治維新研究の進展であったこと、したがって第二に、その奇兵隊研究はもはや個々の分析ではなく、その結成から解体にいたる全過程の全面的分析と明治維新とをいかにトータルに、統一的に把握して位置づけを行なうかというところまできたこと、そして第三には、刊本の『奇兵隊日記』はもちろん、毛利家文庫の諸隊関係史料とともに、その後山口県文書館に収集された多くの地方史料その他をフルに活用し、再検討・再把握をめざさなければならないという地点に到達した、といえよう。事実、一九七〇年代の研究はそこからはじまる。

5　奇兵隊研究史　第Ⅳ期（戦後第Ⅲ期）

――一九七一年（昭和四六）〜一九八五年（昭和六〇）――

一九七〇年代になって、奇兵隊研究は新たな段階に入った。

それはまず第一に、第Ⅲ期（戦後第Ⅱ期）の研究を、一方では継承しながら、他方ではこれに厳しい批判が投げかけられたことである。

第二には、その分析も、政治的、軍事的、経済的、あるいは社会的、イデオロギー的な個々の側面のみならず、トータルにそれを把握しようとする努力が開始された。

そして、第三には、右の視角との関連において、史料的には『奇兵隊日記』などの刊行史料のより深い読みや分析とあいまって、毛利家文庫の藩政史料のみならず、その後山口県文書館に収集された地方史料ならびにそれぞれの地域に保存されている史料等の活用によって、奇兵隊そのものの把え方が全構造的になったことである。

第四には、これまではどちらかというと地元以外の研究者による奇兵隊研究が主流を占めていたが、七〇年代になると地元研究者の研究がつぎつぎに出ていることは注目しなければならない。

第五には、それまで奇兵隊（諸隊）の動向をみる場合、『奇兵隊日記』は必ずしも現地とつき合せながら読まれていたわけではなかったが、この『日記』を片手に、現地の実情調査とからめて、丹念な史料批判の中で新たに読まれはじめたことをあげることができるように思う。

以上の五点について、具体的にこれをみていくことにしよう。

第一と第二、および第三の特徴をもっともよく示しているものに、井上勝生氏の一連の研究がある（「年表」参照）。これらの井上論文の特徴を私なりに要約しながら、いくつか列挙すると、つぎの点をあげることができる。

㈠「討幕派に関する一考察」（『日本史研究』九六、一九六八年）と「幕藩制解体過程と全国市場」（歴史学研究会編『歴史における民族の形成』青木書店、一九七五年）についての論文によって、井上氏は奇兵隊の背景にある（そして、討幕派形成の前提としての）、長州藩における商業資本のあり方と農村構造および全国市場との関連を分析している。

まず氏は、天保大一揆の要求項目の中にある山口綿会所（文政改革により設置）の廃止に代わる「綿屋中請負」の要求に着目し、そこからこの「綿屋中」を主体とする瀬戸内一帯の小ブルジョア経済の発展を基底において、幕末の長州藩を分析・把握しようとしている。

そこから、かつて関氏や私が分析した薩長交易の問題（関「長州藩からみた薩長交易の意義」『山口経済学雑誌』七の九・一〇、一九五七年。田中「幕末薩長交易の研究」『史学雑誌』六九の三・四、一九六〇年。「年表」参照）も、この小ブルジョア経済を藩が把握しきれない上に展開したきわめて「狭隘」な――それは領内市場を把握しえていない、したがって、不等価交換的な特定商品へ傾斜した、二重の意味での狭隘さをもった――ものであり、これを担当した中野半左衛門家も、あるいは、これから排除された下関の白石正一郎家も、共に特権的な商業資本であり、いずれも藩庁への接近を求める存在だ、というのである。

氏はこうした商業資本を「白石型草莽」と名づけているが[13]、この「白石型草莽」はさきの小ブルジョア経済＝「綿屋中」とは対抗関係にある存在として規定されている。

この「白石型草莽」の中、白石家は薩長交易という特権的な藩際交易から排除されたから、逆に尊攘運動という政治的状況へと積極的に走り、奇兵隊結成等を通して一応藩庁への接近には成功した、とみる。

したがって、氏の理解からいえば、この「白石型草莽」を基盤に尊攘派から討幕派へ転回はありえないということになる。

この辺のところは、私や芝原氏の尊攘派から討幕派への転回論の批判が基調にある。そして井上氏は、むしろ「白石型草莽」はその性格の故に、敗北（阻止的要因）への必然性を内包しているのであり、だから、尊攘派の討幕派への転回の基盤たりえず、尊攘派から討幕派への転回要因は、その内部に質的な転換があったとみるのである。その質的な転換とは一体何なのか――そこにさきのいわゆる「綿屋中」＝小ブルジョア経済がすえられる。だから、井上氏はつぎのようにいう。

長州藩の「綿屋中」が自らの主体性に於て流通路を開拓し、その結果、「薩長交易」の交易を限定すると同時に、白石家等を生産過程から反比例させ、遂には元治の内戦に於ける「白石型草莽」の敗北を基礎から規定していたという歴史的意味と共に検討されるべきものと思う。又、かかる「綿屋中」の積極性を歴史的前提として、はじめて討幕派の諸政策が実現可能な具体性として浮びあがって来たのであって、「全国市場の集中」という問題にしても、討幕派のそれが最初であるのではなく、「綿屋中」――特に「綿屋中惣代」グループ――が既に「山口綿会所」を打倒して京畿大坂迄、藩的閉鎖と係りなく、全国市場への展望を行なっていたのである。広い意味でいえば、討幕派とは、かかる「綿屋中」の小ブルジョアの所持する積極性に規定されて成立したものに他ならないのであって、（中略）かかる「綿屋中」に、明治維新期の多種な可能性のひとつが見出されるというべく、「可能性」それ自身はひとり討幕派のみに開かれていたのではないのである（「討幕派に関する一考察」五一頁）。

やや抽象的な表現なので具体的にいいかえてみよう。

文久三年（一八六三）後半から翌元治元年（一八六四）の内戦期にいったん中断された薩長交易が、慶応元年（一八六五）にふたたび開始されたときには、討幕派は「白石型草莽」の否定の上に立っており（つまり、小ブルジョア経済の発展の上に立っており）、小ブルジョア経済、すなわち、前に述べた「綿屋中」の発展指向の上に乗ってみずからを商人化する存在となっており、また、それ故に討幕派は生産過程への新たな再生産の基礎を求め、それがかの有名な製蠟・製油・製鉄・造艦・織工・染工をはじめとする撫育方の事業計画であり、高杉晋作や木戸孝允らによる新たな「越荷方」政策（質的転換をとげて再開された薩長交易もその一部）であった、とみる。

㈡右の基本視角に立って、井上氏は奇兵隊の分析を行なうが、その際、これまで私や芝原氏がとっていた、元治内戦以前のいわゆる尊攘派期の諸隊（奇兵隊）は、「奇兵」として「非正規兵」であり、内戦に勝利した討幕派が藩権力を握ることによって合法的に「再編」（田中）、もしくは「正規藩兵」化（芝原）し、そこに藩権力の絶対主義的「変容」をみようとする見解に対する批判がなされる。

井上論文（「長州藩における政治的転成の過程」『日本史研究』一一〇、一九七〇年）によると、非正規兵をめざす奇兵隊には、近世の支配体系からの一定の自立性（＝「非軍役体系性」、四頁）をめざす意図はもちつつも、一方では藩庁の支援をえようとする「明瞭な二律背反」（四頁）があり、その限りで成立期の奇兵隊は、当時の特別な危機状況に支えられた臨時的なものであり、ひとたびこの危機状況が去るや、文久三年（一八六三）八・九月以後においては、奇兵隊解散論などを背景に、藩庁の諸隊「再編」策は着手されているのであって、以後、元治の内戦期にはすでに諸隊は藩庁権力に包摂せしめられている、とみている（九頁）。

したがって、これまでのように、慶応期の諸隊の再編＝正兵化が尊攘派から討幕派への転回の指標とみる論理は成り立たない、というのである。

では、諸隊はいかにして自立の存在となりえたのか。

それは第一に、元治元年(一八六四)十一月の諸隊解散令によって藩庁からの離反がおこり(この時、藩庁との関係としての「惣管所」は解消)、みずからの「意志」をみずから決定する「会議」、その恒常的な機構としての「諸隊会議所」の設置(『奇兵隊日記』での初見は元治元年十一月六日。「諸隊本陣」は十一月四日。「公議所」と「本陣」は史料的には混用されている、という)によって、自己の「意志」決定の機構を創出していると、いうのである。

第二に、それに対応して、諸隊が藩庁から与えられた「御規則」を改変し、諸隊独自の「軍令」(諸隊の自立的な「法」)をもったことに注目している。そして、諸隊はその自立の体制を瀬戸内を中心につくった(小郡会議所、三田尻会議所、山口会議所等)とするのである。

このことから井上氏は、(1)尊攘派期に奇兵隊が「非正規兵」として実現していたという従来の説を否定し、(2)元治の内戦における藩庁と諸隊との離反のなかから諸隊は瀬戸内一帯に自立的な指揮体系と「法」、つまり、「諸隊会議所」と「軍令」を創立していったとし、慶応期再編成説を批判しているのである。

(三)第三の問題は、右の視点に立っての、干城隊を中核とする慶応期再編説の内容の全面的批判である。元治の内戦は、慶応期に入ると討幕派(軍事的には諸隊)、俗論派(選鋒隊)、鎮静会(干城隊)という政治勢力(軍事力)の配置・対抗関係になるが、井上氏はそのうち俗論派を打倒して藩権力奪取後の諸隊と干城隊との関係をつぎのように規定している。

慶応期に瀬戸内に割拠せる討幕派諸隊は、山口における干城隊の武力的独占を許容しておらず、また、通説における如き干城隊の支配を甘受していないことが明白にされ、逆に、綿密に意図された山口における武力的優位において、その「意志」決定の機構たる「会議所」の自立性を維持、貫徹せしめており、(中略)元治の内戦の中で成立された「非」軍役論的な「会議所」が一貫して、慶応期にも維持されていることが判明した(「長州藩にお

ける政治的構造の現状分析」『日本史研究』一一三、一九七〇年、一四頁、傍点原文）。

そして、この「会議所」は戊辰戦争で各地に順次設置・拡大され（たとえば、越後口戦争における柏崎会議所、高田会議所、関原会議所等々）、慶応期・戊辰戦争を通じて「会議所」機構の割拠の体制が貫いている、とみている。

(四)このように、奇兵隊・諸隊を理解する井上氏は、さらに第四の問題として、イデオロギーの側面から奇兵隊の分析を行なっている。これは「討幕派軍隊の『兵士と農民』」（『日本史研究』一二四、一九七二年）でなされるが、ここではさきの小林茂氏の奇兵隊構成への批判も行なわれている。

それはまえに指摘した農身分の四二・四パーセントの農民一三七名中の三一パーセントが庄屋層で、この庄屋層が平百姓を率いて入隊したという小林氏の指摘に疑義をはさみ、むしろ、長州藩諸隊の「兵士」は瀬戸内綿織地帯を中心とした中・下層農民の傍系男子、二、三男である、と規定している。

そして、これら「兵士」のイデオロギーは、元治の内戦以前と以後では、以前が「武士道」とよばれる純然たる近世武士イデオロギーであるのに対し、以後では「同志之情交」あるいは「同志之信義」と表現されるような儒教道徳のなかでもむしろ朋友＝信義に力点がおかれることに着目している。

もっと端的にいえば、元治の内戦を境に君臣論的なタテのイデオロギーから同志・朋友のヨコのイデオロギーへと変化がみられ、それは「隊内における平等の主張」（四三頁）であり、やがてそれは脱隊騒動における脱隊兵の要求にも反映する、というのである。

井上氏は、こうしたイデオロギーの背景に農村共同体の問題をみ、前述の「綿屋中」＝中・下層農民の存在をそこにみている。つまり、幕末農村の小ブルジョア的発展、「自由」な商品流通の体現者は、開港の影響によって破壊されつつあり、その二、三男は日本的プロレタリア化しつつあり、こうした中・下層農民の二、三男こそが討幕派諸隊の

「兵士」となった、というわけである。

この「兵士」たちは、現実的にはプロレタリア化しつつあるが、それ故にこそ逆に小ブルジョアへの志向をもって諸隊「兵士」として参加し、討幕派の指導にくみこまれ、明治初年に急速にプロレタリアへの過程を辿ることによって、「朋友・父子・兄弟」の論理で幹部の不正を批判し、弾圧された（脱隊騒動とその鎮圧）、とみているのである。

井上氏の論稿はまだ完結していないが、少なくとも六〇年代段階の研究の克服をめざしていることは否めない。もちろん、その分析のキー概念になっているいわゆる「綿屋中」＝小ブルジョアの存在の具体的分析と、瀬戸内農村の実態、ひいては長州藩の農村構造や商品経済のあり方、農民分解の態様等が必ずしも十分に明らかにされているとはいえない現状では、このキー概念それ自体がなお明確ではないし、論理の運び方からいって、あの大塚史学の中産的生産者概念ないしは奈良本氏の「郷士＝中農層」範疇をどこかで想起させるものがあり、なお今後に多くの検討の余地を残している。

そして、この「綿屋中」＝小ブルジョアの存在と討幕派との具体的関係もよくわからないし、私にはあまりにも「綿屋中」と討幕派とを直結しすぎているように思われる。さらに、討幕派からいわゆる維新官僚＝絶対主義化の問題も、諸隊反乱の分析とからめて今後の課題といえるだろう。

なお、右のイデオロギーの問題と関連して海原徹氏の研究（『明治維新と教育』ミネルヴァ書房、一九七二年）は、政治結社的私塾および私塾グループの形成との関連で諸隊やその基盤を分析したものであり、これまでの研究の空白を埋めたものといえるが、海原氏の論文「教育者としての月性」をも含めた三坂圭治氏監修の『月性の研究』（マツノ書店、一九七九年）も注目してよい。

第一から第三の問題に紙数をとりすぎたきらいがあるが、次は第四に指摘した地元研究者による研究成果の問題である。

巻末所収の「年表」をみれば、これらの成果は一目瞭然だろう。その中のいくつかをとりあげてみると、布引敏雄氏の被差別部落民を中心とした一連の研究の中の諸隊研究や氏の解説で出された『山口県同和問題史料集（近世）』（山口県教育委員会、一九七九年）の刊行などは、今後この方面の手がかりになるだろう。

また、広田暢久氏の「整武隊訴訟事件」（『山口県文書館紀要』四、山口県文書館、一九七五年）は、これまで明治三年（一八七〇）で落着したと思われた脱隊騒動の問題が、明治の末年まで尾を引いていることを明らかにしており、そのプロセスは近代天皇制国家の形成・確立過程ともからんで多くの興味ある事実を提供している。

北川健氏の「万延元年周防大島の〝悪魔退散一揆〟」（『山口県文書館研究紀要』四、一九七五年）は、瀬戸内の生産農民の動向を通して、従来の周布派の安政五～六年（一八五八～五九）の通説的見解を批判するとともに、さきの井上氏のいわゆる「綿屋中」＝小ブルジョア的存在へもひとつの示唆を与え、また、三宅紹宣氏の「幕末期長州藩における民衆闘争」（『史学研究』一三二、一九七六年）は、「天保二年一揆をめぐる諸階層の動向」（サブタイトル）を通して、従来の天保一揆の主体への批判を試み、幕末史の理解、とりわけ瀬戸内の農村構造（ひいては奇兵隊をはじめとする幕末政治史）へ迫ろうとしている。(14)

さらに古川薫氏や中原雅夫氏、あるいは高野義祐氏らの奇兵隊もしくは諸隊という名を冠した著書（「年表」参照）は、戦時中に出た平尾道雄氏の『奇兵隊史録』以来のもので、奇兵隊や諸隊の概略や動向を知るのに便利である。こうした地元の諸研究は、山口県地方史学会や山口県文書館の果たす機能がなければ不可能だった、といってよい。

第五の問題、つまり現地の実地踏査を基礎とした奇兵隊研究は、ほとんどこれまでなされていなかった。『奇兵隊日記』を読むにしても、机上で読むことが一般的だったのではないだろうか。

ところが、松浦玲氏は上海の踏査を皮切りに、『奇兵隊日記』を片手に奇兵隊や諸隊のあとを追跡し、「奇兵隊始末記」を『第三文明』という雑誌に一年一カ月連載した（一九七八〜七九年）。もちろん、地元の人ならなんでもないことに相当な時間をかけ、失敗談も書かれているが、現地の追跡調査によってこれまでわからないことがずいぶん明らかになっている。実地踏査はなんといっても地元にいる人々の強みでもあるわけだから、ぜひこうした調査のなされることが期待される。

以上は、一九七〇年代の研究状況だが、奇兵隊研究史の枠の外までややはみ出して、井上勝生氏の一連の研究に深入りし過ぎたかもしれない。

一九八〇年代に入っても、七〇年代の延長線上で奇兵隊ないし諸隊に関する研究は続いた。青山忠正「長州藩元治の内乱における諸隊の動向」（『日本史研究』二四六、一九八三年）、同「慶応期長州藩諸隊の組織について」（『歴史』六三、一九八四年）や青山英幸「奇兵隊における会議所体制の意義」（『日本歴史』四三九、一九八四年）などがそれである。

これらの論文は期せずして藩と奇兵隊（諸隊）の関係や奇兵隊の組織内部に目を向けて分析したものであり、七〇年代における井上氏の一連の研究の成果、とりわけ㈡㈢の問題を深め発展させようとしたものといえる。

そこでは藩庁と諸隊との組織的な関係や、諸隊における会議所の役割および機能が、政局の展開とともにしだいに変化していることが明らかにされてきているのである。また、いわゆる会議所体制といわれるものも、総管所伍長会議をはじめ隊長・伍長会議、隊中会議、諸隊会議、長官会議と内部でさまざまなレベルの会議があり、しかもそれらは政局の展開とともに組織内での比重の重さを異にしているのである。諸隊会議所の役割や機能にしても、内戦期—幕長戦（第二次征長）期—戊辰戦争期という政局の変動に伴って変化することがしだいに明らかになってきた。

さらに、一九七〇年代から長州藩研究に関し地道な研究の発表を開始していた三宅紹宣氏は、八〇年代には精力的に長州藩の基礎構造や天保一揆以後の民衆の動向などを分析し、毛利家文庫をはじめ地元の地方史料をもフルに活用した実証的研究を積みあげていった。そこでは奇兵隊（諸隊）を正面にすえての分析はされてはいないものの、奇兵隊（諸隊）をとりまく経済的、社会的状況がしだいに明らかにされてきたのである（これらの諸論文は三宅『幕末・維新期長州藩の政治構造』校倉書房、一九九三年、に収録されている）。

こうした研究動向のなかで、拙著『高杉晋作と奇兵隊』（岩波新書、一九八五年、特装版、一九九三年）は公刊された。本書は、著者としての意図としては、書名にもかかわらず長年の懸案であった「奇兵隊の明治維新」をまとめようとしたものであり、奇兵隊（諸隊）を通して幕末維新をとらえようとしたものであった。客観的にはこの著作は、本稿でこれまでみてきた奇兵隊（諸隊）の長い研究史の上に立って、八〇年代前半までの諸研究を反映させつつ、奇兵隊（諸隊）についてこの時点での一応の総括を意味した、といえるだろう。

右の著書の「あとがき」で、私はつぎのように述べた。

明治維新史には長い研究史がある。そして、奇兵隊をめぐるひとつひとつの問題は、その長い明治維新研究史とどこかで関わっていて、その研究成果を生かしきることは容易なことではない。

それでも最近の奇兵隊に関する新しい研究に刺戟をえて、いまやっと私なりの奇兵隊史を、明治維新と重ね合わせて描くことができた。

6　奇兵隊研究史　第Ⅴ期（戦後第Ⅳ期）

――一九八六年（昭和六一）～現在――

拙著『高杉晋作と奇兵隊』の刊行後の一九八〇年代後半以降の動向をみると、つぎのような傾向がみられる。そのひとつは、布引敏雄「長州藩の被差別部落民諸隊について」（『近世中国被差別部落史研究』明石書店、一九八六年）をはじめ、北川健「幕末長州藩の奇兵隊と部落民軍隊」（『山口県文書館紀要』一四）、池田利彦「維新団にみる長州藩民衆の郷土防衛意識」（『山口県地方史研究』五六）や手島一雄「奇兵隊における『穢多』軍事登用の意義」（『部落問題研究』一一一）など、維新団や一新組等の奇兵隊（諸隊）における被差別部落民軍事登用の問題に関する論稿が目立っていることである（「年表」参照）。

被差別部落民軍事力の問題は、奇兵隊研究史第Ⅱ期、つまり戦後第Ⅰ期の遠山・井上論争のころから「解放」か否かをめぐって注目されていたが、この戦後第Ⅳ期にいたり、維新団関係史料をもとに多くの事実が明らかにされ、それらの事実のうえに立って改めてその歴史的意義が追究されはじめたのである。

もうひとついえるのは、右の諸研究を除けば、幕末維新史にからめての奇兵隊（諸隊）研究は、第Ⅳ期いわゆる戦後第Ⅲ期の盛行に較べると著しく本格的論文が少なくなった感を呈していることである。それは私のみの感想ではなさそうである。井上勝生氏も「近年、奇兵隊の研究が、著しく減少しているのは、わたしは、まったく新しい研究動向が登場する準備の谷間ではないかと、考えています」（「奇兵隊研究のあたらしい動向を期待する」マツノ書店版『定本奇兵隊日記』全五巻、パンフレット、一九九七年）という。

その間にあって岸本覚氏は「長州藩元治内乱における鎮静会議員と干城隊」（『人文学報』七三）で、これまでほとんど正面からとりあげられてこなかった、元治内乱の民心収攬のために登場した鎮静会議員・干城隊の位置づけとその意義を問うた。また、井上氏は「奇兵隊は革命軍だったのか」（藤原彰他編『日本近代史の虚像と実像』1、大月書店、一九九〇年）と問いかけ、「視野を大きくひろげて世界の軍隊の歴史のうえに奇兵隊をお」いてみる必要性を強調し、「奇兵隊は常備兵であり、最新に近い近代的装備をもち、（中略）新しい軍事理論によって厳格に訓練された精強な軍であり、当初から近代化をめざした軍隊、プロフェショナル・アーミィなのである」とした。

また、氏は「志士と民衆」（岩波講座『日本通史』16近代1、一九九四年）で、一方では奇兵隊のなかに「前近代社会の『アジール』が連想される」といい、他方では、諸隊には「近代の鉄の時代の規律」が求められていた、というのである。さらに諸隊士を祭る招魂場（のちの靖国神社の原型）が隊士の郷土（民衆世界）と連結していることを指摘する。つまり、奇兵隊（諸隊）のより内部にメスを入れ、奇兵隊のイデオロギー的、軍事的側面とともに、当時の社会状況全体のなかでどうとらえ直すかを提言しているのである。

井上氏は、氏のそれまでの諸論文を『幕末維新政治史の研究』（塙書房、一九九四年）にまとめて刊行したが、そのなかでは奇兵隊（諸隊）に部分的には言及するものの、第Ⅳ期（戦後第Ⅲ期）のところでみた奇兵隊（諸隊）に関する氏の一連の研究を総括することはしていない。そのことと右に述べた氏の主張とは、おそらく無関係ではないだろう。

その井上氏はさきのパンフレットの言葉に続けて、『現在、世界的に、『近代（モダン）』とは何か、その光と影を精密にとらえようとする研究が渦巻きはじめています。世界における近代の光と影、そして日本における近代の光と影、こうしたものに研究者の厳しい検証の視線が届きはじめたのです」と、いう。このことは、とりも直さず明治維新の研究にもいえるだろう。

本稿で、これまでみてきた長い研究史の成果をふまえた明治維新と奇兵隊（諸隊）への新しい視角からの研究の飛躍を、私も期待する。奇兵隊（諸隊）の基本史料である「奇兵隊日記」の原本（京都大学附属図書館蔵尊攘堂本）からの完全復刻版である田中彰監修・田村哲夫校訂『定本奇兵隊日記』（マツノ書店、一九九八年）が、長い年月をかけて漸く公刊された。新たなこの『定本奇兵隊日記』が、今後の奇兵隊研究飛躍のスプリング・ボードになることを念願しつつこの稿を閉じよう。

注

（1）　中原邦平『訂正補修忠正公勤王事績』（防長史談会、一九一一年）にはつぎのようにいう。
　高杉の考へでは、従来の世禄の士は腰抜けで役に立たぬから、是は新たに勇壮の士を募つて、軍隊を組織した方が宜いと云ふので、百姓でも町人でも何でも構はぬ、勇気があつて身體の壮健な者を招募して、一隊を組織致しました、此の事に就ては、入江九一と云ふ人が最も尽力して居りますが、其の団隊を奇兵隊と名付けたのであります。奇兵隊といふのは、毛利氏には元来兵制を八手に別けて編制してありまして、之れが正兵であるから、新に編制した此の団隊は正兵以外のものであつて其れで奇兵隊と名付けたものと見えます、さうして糧食の手当、武器の供給などを政府に建白した、是が諸隊の出来始めで、是から追々に隊が出来て、膺懲隊とか御楯隊とか、又は坊主の方では金剛隊とか、神主の方では神威隊とか、各々勝手次第な名を付けて、沢山出来ましたが、此等のものが余程防長の為めになつたのであります。後年藩中に内訌が起つて、俗論党と正義党の戦ひになりましても、此の諸隊といふものがあつて、漸く国論の恢復が出来たので、就中高杉の組織した奇兵隊が、大に役に立つたのであります。（三一七～三一八頁）。

（2）　公刊・発表されたものではないと思われるが、それ以前に天野御民記述『奇兵隊等略歴』（本文二四頁。京都大学尊攘堂文庫蔵、明治十九年九月）が活字印刷されており、奇兵隊・膺懲隊・八幡隊・御楯隊・南園隊等の概略を記述している。長谷川伸三氏の御教示による。記して謝意を表する。

（3）　たとえば、竹越与三郎（三叉）『新日本史』上（民友社、一八九一年、引用は七版、九三年版による）には、「長州の高杉晋作等、市井の無頼、平民中の兇漢を編みて奇兵隊を作り」（七三頁）とある。

（4）この部分は改訂版では削除されているが、指導する下級武士改革派が豪農商層を媒体として民衆に対決することにより、民衆の反封建闘争のエネルギーを利用・歪曲・抑圧する階級的立場に立っていたという論旨には変更は加えられていない。これは方法論的には指導＝同盟論の否定の上に立った発想である。

（5）この点、遠山氏は経済的な従属性は認めつつも、政治的、軍事的な半植民地化の危機には否定的であった。これは遠山・井上論争のひとつの争点をなしたが、遠山氏の『明治維新』の改訂版では大幅に井上批判が受け入れられ、「たしかに外圧それ自体の中に植民地化の危機を包蔵していたと考うべきである」（改訂版、五三頁）と指摘されている。

（6）この発想には坂田吉雄編『明治維新史の問題点』（未来社、一九六二年）がからんでいる。梅渓氏はこの本の中で「明治維新史における長州藩の政治的動向」を執筆しているが、この著作の方法論ともいうべきものを示した坂田吉雄氏の「明治維新史の問題点」という巻頭の論文で、坂田氏は奇兵隊・諸隊に関してつぎのように指摘している。

　階級史観を維新史に適用して、幕末における農民兵（この傍点部分は原文ではゴチック―田中注）の成立を重視する立場があるけれども、これも当を得たものではない。長州藩では慶応になってからいくつかの庶民戦闘隊が結成されているけれども、それは庶民の間の政治的あるいは社会的な意識のかたまりがあって彼等の自主性にもとずいて結成されたというようなものではなく、挙藩一致体制の確立のために政府が作ったものであって、むしろその士気がふるわないことを政府当局者が苦にしていたほどのものであった。藩の正規軍隊の外に奇兵隊が結成され、この奇兵隊が活発に活躍しているが、それは一万数千の藩士の中から集めた暴れん坊と浪人を中心に構成されたものであった。その中に若干の百姓が加えられているけれども、それらは百姓であることよりも武士に準ずる資格のあるものとして採用され、武士に準ずるものとして取扱われていたのである。薩摩藩では百姓は完全に無視されていた。（二二頁）。

（7）この『明治維新の社会構造』の「はしがき」のなかで、堀江氏は、「わたしは、本書では、国際的契機をわざと捨象した。国際的契機が重要でないからでなく、わたしたちが国際的契機を導入するためには、まずもって国内の階級関係をシッカリと確定しておかねばならなかったからである」と述べているが、これは戦後それまでの維新史研究が内的必然論を重視し、したがって国際的契機よりも国内的な階級関係に視点と力点をおいていたことの反映である。

こうした方法に対する反省は、一九六〇年のいわゆる六〇年安保闘争の過程で生まれ、六一年の歴史学研究会は「世界史における日本の近代」をテーマとし、その大会報告で、芝原拓自氏の「明治維新の世界史的位置」が登場した。この頃から国際的契機をも視野にいれた新たな維新史研究がはじまったことはよく知られている。

(8)　なお、石井孝『学説批判明治維新論』吉川弘文館、一九六一年、一八九〜一九〇頁、参照。この論文への批判については、第Ⅳ期（戦後第Ⅲ期）をみられたい。

(9)　Ⅰの三「下級武士論の行方」（本書、五二・二〇四〜五頁）参照。

(10)　この点については、たとえば、井上光貞・永原慶二編『日本史研究入門』Ⅲ（東大出版会、一九六九年）所収の第九章「幕末・維新・自由民権期」（中村政則氏執筆）参照。なお、拙著『幕末維新史の研究』（吉川弘文館、一九九六年）参照。

(11)　この小林氏の分析は要約されて古川薫編『高杉晋作のすべて』（新人物往来社、一九七八年）に収められている。

(12)　拙著『日本の歴史24明治維新』（小学館、一九七六年）では、さらにこの諸隊反乱を維新史の叙述のなかで、当時の民心とのからみ合いで位置づけておいた。

(13)　井上勝生『幕末維新政治史の研究』（塙書房、一九九四年）で井上氏は、この「白石型草莽」を「従属商人」といいかえ、服部之総氏が検討した大和の村島家一族などをも含め、「雄藩の中央市場（大坂・江戸・下関）における豪農商組織というのは、服部氏の想定とは逆に、幕藩領主による『従属商人』創出に他ならないことである」（一一六頁）と述べている。

(14)　三宅氏のこの論文は、天保二年の一揆をこれまでの研究の成果をとり入れながら一歩前進させているが、一揆の主体について、「一揆主体は、商品生産に巻込まれつつ貧窮化し、『買喰』によって食料補塡を行なって生活している広範な下層農・貧農を中心とし、中農層をも動員する型において一揆が展開したことが知れる。また、町方の貧民や無宿・無宗門の浮浪人も付和雷同的にではあれ参加しており、一揆を激化せしめている」（一三頁、傍点田中。なお、一五頁参照。三宅紹宣『幕末・維新期長州藩の政治構造』校倉書房、一九九三年、参照）と規定しているのは、これまでこの一揆の主体を主として商品生産者的な中農層にみている先行の研究と基本的に異なっているところといえよう。これは幕末期瀬戸内農村の構造およびそのうえに展開する政治構造のとらえ方と当然かかわってくる。

なお、右の一揆分析には、氏の「幕末期長州藩の宗教政策」（河合正治編『瀬戸内海地域の宗教と文化』雄山閣出版、一九七六年および「幕末期長州藩の心学教化政策」（『史学研究』一三四、一九七六年十二月）にみられる発想と成果が反映している。

二　脱隊騒動と農民一揆

――明治絶対主義的政権成立の一過程(補注1)――

はしがき

天保以降の藩政改革の諸過程を経て、そのなかから登場してきたところの長州藩尊攘改革派は、商品生産の展開した瀬戸内海地帯の、豪農＝庄屋・大庄屋層との同盟、そしてそれを通しての農民的基盤の掌握・支配というはなはだ言葉足らずの要約ではあるが、そのような諸関係の下で、倒幕への政治過程を展開していったが、それは天保初年の全藩的一揆に象徴的にみられたところの、体制的な矛盾が解消されたことを意味したものでは決してなかった。

いやむしろ、安政期を境とした豪農＝庄屋・大庄屋層の地主化への傾斜、その対極における下層農民の「日傭」「預り作」化によって、「公私相持之道理」といわれた土地所有は、「私」たる地主的土地所有を次第に前進せしめて、領主的支配に加うるに地主的支配という、二重の支配の矛盾のなかに下層農民をたたきこみつつ、倒幕への政治過程は展開していったのである(1)。

したがって、倒幕―新政権樹立という段階においては、「改革派同盟」を自己の跳躍台として藩権力へゲモニーを握り、そして今や、明治絶対主義的新政権の権力の座につこうとしている、かつての尊攘改革派（→討幕派）出身の維新官僚達にとって、深化しつつあった基底的な矛盾の激発＝表面化は、必然的に直面・対決しなければならないものであったし、そうした基底的な矛盾の激発化の下にあって、彼らがなお藩的意識を色濃くもちつつも、絶対主義的維新官僚として自己の藩を乗りこえて進もうとする限り、かつての彼らの政治的軍事的基盤そのもののもつ矛盾とも、対決を余儀なくさせられてくるのは、けだし当然であったといえよう。そうした諸矛盾の激発＝表面化、すなわち、維新官僚達の対決を余儀なくさせられた具体的な問題とは、明治二年（一八六九）末から翌三年（一八七〇）にかけて勃発した農民一揆と、兵制改革に端を発したいわゆる脱隊騒動なのである。

ところで、この脱隊騒動については、すでに先学の研究がなされているが、それは大別して次の二つの見解に分けうるであろう。

すなわち、その一つは、遠山茂樹氏に代表される見解で、氏はこの脱隊騒動の「反動」性を強調される。[2] それに対立した第二の見解は、井上清氏のそれであり、「たんなる反動的暴動ではなく、人民一揆の性質を帯びていた」[3]と、氏は規定される。この見解の上に立って、具体的にこの問題を分析されたのは原口清氏である。[4] 結論的にいえば、私も基本的にはこの第二の立場をとるのであるが、以下これらの先学の驥尾に附しつつ、補説的な私見を若干述べてみたいと思う。

1　脱隊騒動とその本質

幕末動乱において、長州藩尊攘改革派が藩権力へゲモニーの掌握——藩論統一へと突き進んでいく、その政治的軍事的基盤としての諸隊の果たした歴史的意義は、いまさらここで繰返す必要はあるまい[5]。そして、倒幕―新政権成立への内乱過程においても、この諸隊の軍事力は十分に駆使された。表11に示す山陽道・伏見・奥羽・北越・函館への出兵数は、それを如実に物語ってくれるし、その死亡・負傷者数は、いかにその軍事力が第一線に動員されたかを十分に浮彫りせしめてくれる。

これらの軍事力の処置については、明治元年（一八六八）十月東北鎮定なった後、当時兵庫県知事であった伊藤博

表11　戊辰戦争諸隊出兵・死傷者数

	出兵	
	隊名	出兵数
山陽道	鋭武隊	325人
	整武隊	400
	第1大隊2中隊	200
	第2大隊4中隊	200
	第1砲隊半砲隊	40
	第3砲隊	80
	計	1,245
伏見	奇兵隊	110
	遊撃隊	97
	整武隊	97
	振式隊	97
	鋭武隊	97
	第2奇兵隊	125
	膺懲隊	40
	計	663
奥羽	鋭武隊	100
	第1大隊	200
	第2砲隊半砲隊	50
	第4大隊	200
	毛利出雲一手	100
	計	650
北越	干城隊	550
	奇兵隊	510
	振武隊	410
	第1半砲隊	50
	計	1,520
函館	整武隊	505
	第2砲隊	53
	計	558
合計		4,636

死傷		
隊名	死	傷
奇兵隊	74人	121人
干城隊	73	89
第1大隊	47	94
振武隊	32	80
第4大隊	24	53
整武隊	23	75
鋭武隊	16	22
遊撃隊	8	17
第1砲隊	4	3
第2奇兵隊	3	22
毛利出雲一手	3	12
第2砲隊	2	0
膺懲隊	1	4
計	310	592
合計		902人

注　「諸隊万控」（毛利家文庫蔵）より作成.

文によって、つぎのように提起される。

すなわち、「此機に乗じ、東北凱旋の兵をして、改めて以て朝廷の常備軍隊と為し」、兵制改革によって「朝廷親しくこれを統御せん」というのである。そうすることは、彼自身がいうように、「一は征討の軍隊を処し、二は朝廷を助け、三は威武を海外に輝かさん(6)」という、一石三鳥の意味をもっていた。それはほかならぬ明治絶対主義的政権が、官僚制と共に自己の支配の支柱としての天皇制軍隊創設への明確な宣言でもあった。当時、「朝廷の兵権は名のみ、実あるにあらず(7)」という伊藤の見解は、同じく長州藩出身の維新官僚木戸孝允とても同様であり(8)、その克服こそこれら維新官僚達にとって緊急になさねばならない課題であったのである(9)。

明治二年（一八六九）の「版籍奉還」も、絶対主義的天皇制成立への一歩前進であり、同時に、天皇制軍隊形成への一過程であったことは、姫路酒井氏の「版籍奉還」請願を機に、いち早く廃藩論をとなえた伊藤の言葉が、余すところなく語っている。

方今の如く各藩各自に其権を擁し互に相抗衡するの弊を除いて其権を尽く朝廷に帰せしめ、政令法度一切朝廷より出で、更に之を犯す者なきに至らざれば、海内の人民をして偏頗の政令を免がれしめ一様の徳化に服せしむる能はざる也。且外国の侮を禦ぎ皇威を海外に輝かさんと欲するも、兵制区々に分れ、司令均しからざれば、決して是を行ふ能はざるなり。(10)（傍点田中、以下同）

かくて、絶対主義的権力形成への政治的、軍事的改革が、諸藩に及ぼすところの影響は大きかったが、なかでも、幕末以来の諸隊編成によって、厖大な軍事力を抱えていた山口藩は、その諸隊を基盤として中央新政権の権力の座へ上昇・転化しつつあった維新官僚達が、その推進者であっただけに、矛盾をもっとも深刻に内包せざるをえない立場にあった。それは早くも、明治二年八月二日に、従来山口藩が管轄していた豊前および石見国内の地を、それぞれ日田県および大森県に移管すべく、中央政府の指令を受けた時に表面化した。[11]すなわち、この指令に対して、つぎのような意味の建議案が提出されている。

文久三年（一八六三）の攘夷以来、朝旨遵奉の外他念なく、そのため「定額兵員外海陸軍追々兵隊を創編し、引続四境戦争後ハ益々増加仕、御一新以来東北平定ニ至る迄聊寸忠を效し候儀ニ御座候。然ル処、従来無二余裕一国計を以額外之兵員増置候儀、常入之租税ニ而ハ迚も引足不レ申、今日迄僅ニ取続候ハ、全ク給ヲ豊石両地之入ニ取り候ニ有レ之、今日以後、右額外之兵を養候手段無レ之、乍レ去、数年間百戦之苦を経候者共、今更解散為レ致候儀ハ如何ニも難レ忍、国計礑与行詰、実以窘蹙《きんしゅく》之至ニ御座候」（ルビ田中、以下同）。そのために現在石見駐屯の振武隊五〇〇人は、「其侭差出候儀御許容被レ為レ在、地方守護として直様大森県ニ隷属被二仰付一候ハヽ、有功之兵を窮餓せしむる之患無レ之、難レ有可レ奉レ存候」といい、一方豊前の地は馬関要地としての理由から、「日田県管轄之処を以、直様山口藩之附属ニ被二仰付一度」と述べ、「万一も右之義御許容難レ被レ為レ遊候ハヽ、前条石州同様当今豊前地守衛之奇兵隊五百人、同日田県ニ隷属候様被二仰付一被レ下度奉二至望一候」。

というのである。[12]

ここでは、かつての尊攘改革派（→討幕派）軍事力の主体たる諸隊が、明らかに財政難を理由に、「額外之兵」として負担視されている。百戦の苦を経た諸隊を解散するのは忍びない、とはいってみても、その後の経過を考えるならば、それは葬り去るべきものへの、袂別の美辞にしか過ぎない。

同年九月四日の、当時の兵制改革の中心的推進者であった大村益次郎の暗殺事件（死亡は十一月五日）は、この藩の背負った矛盾激発の前触れであった。[13]翌十月の常備兵二〇〇〇人の「御親兵」差出請願や、ついで十一月の第一〜第四大隊常備軍編成は、[14]その矛盾解決策として打たれた手ではあったが、そのいうところの矛盾とは一体何に根ざしたものであったろうか。それをさぐることは、この兵制改革を直接契機として起った脱隊騒動の本質をつきとめることにもなる。

脱隊騒動に関して「闔藩人民ニ告諭書」[15]が発せられているが、そのなかで諸隊と常備軍との関係について、

朝旨ヲ奉シ兵士ヲ精選シ、屹度藩屛ノ任ニ供ス可シトテ、是迄諸隊ト名ツケシ者ヲ集メテ常備軍ト名ツク。今迄ノ諸隊即常備ニテ、別に常備アルニ非ス。只其隊名ヲ去リ合一セルノミ。既ニ精選ト称スレハ勢ヒ除隊ノ者ナキ事能ハス。規則法律モ亦従テ厳ナラサル事能ハス。

といっている。が、問題は、この「精選」なのであり、なぜ諸隊が「精選」されざるをえなかったのか、その所以が問われなければならない。それは幕末期の問題にまで遡る。

別の機会に分析を試みたように、[16]諸隊が尊攘改革派の軍事力として組織される限り、そこには封建的武士的イデオロギーが持込まれていた。にもかかわらず、幕末という歴史的時点において、限定付ではあったけれども諸隊の成立そのものは、封建的身分制打破への第一歩を踏出しているものであり、なるが故に、封建家臣団のみから成る選鋒隊等よりも、一層民衆性を有していたことは、明白な事実であった。だからこそ、諸隊について一報告書は、「諸隊之勢日々強盛ニ相成、諸郡諸士幷ニ百姓迄モ帰服仕、容易ニ誅滅難レ致（中略）諸隊中ニハ亡命無頼之徒も間々有レ之候得共、畢竟同志ヲ以相集リ候ニ付、兵威ヲ以圧シ候テハ却テ沸騰甚敷相成候[17]」と、いわざるをえなかったのである。

こうした諸隊であってみれば、それは内部に矛盾を孕まざるをえなかった。その矛盾はまず慶応元年（一八六五）十一月の、第二奇兵隊隊員等の「窃に不平を懐くものあり、沸騰して仕官の命を用いず[18]」という形で表面化し、ついで翌二年（一八六六）四月の、立石孫一郎（大橋敬之助）を中心とした第二奇兵隊（南奇兵隊）員百数十人の倉敷への脱走、幕府代官所（倉敷陣屋）やさらに浅尾陣屋を襲撃した事件となり（倉敷浅尾騒動）、やがてそれは、奇兵隊・八幡

隊・集義隊・義昌隊等の反乱へと波及・展開しようとした。これは、山田宇右衛門が木戸孝允宛の書翰で、この事件を「虚喝之驕兵」の反乱といい、「自今着実之工夫」によって制するチャンスとして、却って「国家之大幸」と述べているところからみても、[19] この反乱がどのような本質のものであったかは明らかであるし、さらにこの反乱の隊員がいかなる出身身分の者が主体となっていたかを、第二奇兵隊反乱隊員処罰者の出身身分を示した表12にみることによって、一層明瞭によみとることができるのである。

　こうしたものを内包していた諸隊であったからこそ、「奇兵隊之義ハ所謂烏合之衆ニ而候故、専専(節)制を以相始(治)メ不レ申候而は軍律も不二相立一」[20]（傍注は原本による—追記）と、いわざるをえなかったし、隊員青樋与七が、「隊中ニおゐて追々自己之了簡を以違論ケ間敷儀を主張致し、隊長之気付筋をも論破せしめ」という理由の下に、断髪・追放を命ぜられているのも、[21] そうした内包的な矛盾対立の、具体的な一表現とみてよいであろう。

　だから、幕府が第二次征長の兵を解いて、藩の対外的危機が一応去るや、慶応三年（一八六七）三月には、「諸隊後来之御目途」がいち早く問題とされて、「正気維持之為レ被二建置一候哉、農町兵同様之訳ニ被二建置一候哉、御目途之処奉二窺得一度候事」[22] と、問われているのであるし、明治元年（一八六八）四月六日付の木戸孝允・広沢兵助より柏村数馬宛の書翰では、「今日諸方之為体、全く前年我国戦争後諸隊之難レ制勢と同日之気味不レ少哉に相聞へ、実以不レ堪レ聞次第奉二恐入一候」[23] と、述べているのである。

表12　倉敷浅尾騒動処罰者身分

出身身分	人数
陪臣	4
農民	22
農民と思われるもの	12
町人	1
寺弟子その他寺関係	2
神官・社家関係	1
浮浪	1
他藩	1*
不明	1
計	45

注 (1)*立石孫一郎（作州津山藩出身）.
(2)この表は第二奇兵隊倉敷脱走の際の処罰者(「誅伐」, 4月26日～5月20日）である.
(3)「第二奇兵隊暴徒処置一件」坤, より作成.

　まして今や、倒幕なって、絶対主義

的明治天皇制の権力の座に上昇、維新官僚へ転化しつつあった長州藩出身者達にとっては、かつての彼らの政治的軍事的基盤であった諸隊そのものが、そのもつ内包的矛盾の故に、却って邪魔になり始めたといえるのである。維新官僚達に必要なものは、天皇制絶対主義的軍隊でこそあれ、民衆への通路をもつ諸隊的軍事力ではなかった。そこに「精選」が行なわれざるをえない根拠があったのである。[24]

　さきにもふれたように、明治二年（一八六九）十一月二十七日、諸隊「精選」によって、常備軍第一・第二・第三・第四大隊が編成されるのであるが、これよりさき十一月十四日、遊撃隊の「嚮導中」はつぎのような「願書」を提出した。

　すなわち、当隊は諸弊積累し、規則は振わず、衆心分離し、人心が動揺しているが、その原因は、「全く長官其職を失ひ、自主独裁之権を逞ふし、種々私曲之所行有レ之候より生する事」と考えられるといい、今度の改正によってそれが改革されると喜んでいるが、長官の曲直が糾弾されず、そのまま合併されるようでは、「衆情も所レ不レ服可レ有レ之、精選之御主意ニも可ニ相戻一」、また、「出張」の場合もこれまでの長官の指揮を受けるのでは、「又々昨年来之轍を踏ミ無益之艱辛を蒙り候儀、兵士一統も窃ニ泣涕仕居候。旁観スルニ不レ忍次第ニ御座候」と前置きして、弾該項目十三カ条を列挙している。その弾該項目は、賞罰の不正、会計の不始末、他国出張中の行動をはじめとする、総督以下隊特権上層部の不正・乱脈をつき、それと共に、すぐれて一般隊員の立場に立って、その利益を擁護し、「対決被ニ仰付一候而も毛頭不レ苦」という、断乎たる覚悟で、提出したものであった。[25]

　それは明らかに木戸のいう「長官ト兵士トノ分裂」[26]であり、極言するならば、封建性と民主性との対決でもあった。しかし、この要求をつきつけられた軍事局は、これに一顧だに与えず、遊撃隊全部を除いて他の諸隊より常備軍を選抜編成しようとした。[27]かくして、これは脱隊騒動の導火線となった。

表13　諸隊脱隊人数

隊　名	人数	脱隊人数
奇兵隊	556	255(＋3)
整武隊	572	274(＋1)
遊撃隊	346	185(＋18)
振武隊	435	202
鋭武隊	359	171
健武隊	261	109(＋5)

注　(1)「諸隊万控」および「脱隊人名控」より作成.
　　(2)脱隊人数中（　）内は「脱隊人名控」による追加分.

表14　脱隊騒動処罰者身分別内訳

出身身分＼処刑	斬罪	切腹	永牢舎	牢舎	遠島	謹慎	その他	計	%
士卒および家来	22	2	0	15	14	15	1	69	31
農　民	23	0	0	10	19	21	3	76	34 }40
町　人	2	0	0	6	2	4	0	14	6 }
そ　の　他	7	1	0	0	0	0	0	8	4
不　明	30	6	2	2	6	5	3	54	25
計	84	9	2	33	41	45	7	221	100

注　(1)稿本「忠愛公伝」（第八編第参章第参節第弐項）所収の処刑者一覧により作成.
　　(2)出身身分の区分については『もりのしげり』所収の「旧長藩士卒階級一覧表」を参照.

奇兵隊においてもまた、三浦五郎・久家四郎・滋野謙太郎・十川東之助以下役付隊上層部が、「右之者共、吉田在陣以来種々私欲を恣にし、登楼遊冶ニ耽り、兵士之艱苦を不レ顧、己か権威ニ任せ依怙贔負之処業不レ少、且、隊中之用途を以、兼而厳重被二仰出一候相場抔相始メ、若干之金を費し、其外不正之商法相営ミ、隊名を汚し（中略）今般常備軍編立被二仰出一候ニ就而者、己等之身勝手を相考へ、同志之信義を忘却せしめ、已ニ有功之手負老兵を除隊し、其飢渇を不レ顧、於二馬関一遊蕩を極メ候不義之心底、殆不レ堪二切歯一」という理由の下に、「是等之人物ハ、御国之罪人而耳ならす天下之罪人と奉レ存候」と極言されて指弾された(28)。

かくて、明治二年十二月以降、諸隊は分裂し、表13にみるように各隊から約半数の者が脱隊・反乱した。これらの反乱諸隊員は、「脱隊ノ者既ニ三田尻宮市ニ走リ、山口ニハ常備軍諸長官及ヒ兵士マテ一大隊余リ残レリ。諸長官ハ嚮導以上数百、即チ従前ノ長官ニテ、癸亥（文久三年—田中注）以来百戦ヲ経、国家ノ為メニ奔走労苦セシ者ニテ、所謂有功第一ノ者ナリ。三田尻ニ走リシハ皆兵卒ノミニテ、長官アル事ナシ」(29)といわれているように、主として一般隊員であり、かつ、これに同調したものは、農商出身者が大部分を占めていたことは、のちに「脱隊兇徒之者惣兵凡千八百人余」といわれたなかで、「帰順卒之内農商之者千三百人余」と述べられている(30)ことからも明らかであろう。それは、脱隊騒動処刑者を出身身分によって大別した表14によっても、農・町民が四〇パーセントという最高の比率を示していることからもいえる。かつての諸隊のもっていた民衆性は、反乱諸隊の中に移っているとみてよいであろう。

だからこそ、「舟木の土民は討伐軍を報国隊と称し脱兵を奇兵隊と称し奇兵隊に同情する者多し(31)」といわれて、幕末奇兵隊の面影を反乱諸隊の中に見出してそれを支持しているのであり、反乱諸隊が船木から去った後に、「常備さわぐなさんしよが芽立つ、やがて四月にや鯛（反乱諸隊—田中注）が来る」という歌が流行したといわれるのも(32)、そうした一般民衆の反乱諸隊支持の一端が示されているのである。さらに、この反乱諸隊員の墓への信仰が、広く民衆の間に滲透し、遂にそれに対して、「カヤウノ淫祠ニ迷フトイフハ誠ニ文明ノ国ニ対シテ恥カシキ事ニアラスヤ(33)」と、山口県達を発しておしとどめなければならなかったということは、逆に反乱諸隊員に対する一般民衆との関係が、如実に示されているともいえるのである。

このようにみてくるならば、脱隊騒動の本質が奈辺にあるかは明瞭であろう。遠山茂樹氏がいわれるように(34)、反乱諸隊の要求のなかに、洋式の兵制改革・被髪脱刀・家禄削減に反対する事項が含まれていたとしても、それをもってただちに脱隊騒動の本質を「反動的」と規定しうるであろうか。その要求についてすら子細に検討するならば、「当今之時勢ニ而攘夷相成不レ申儀ハ固ゟ承知罷在候」といい、あるいは、「兵制ハ彼之長を取り、吾之短を捨候儀、固ゟ違論無レ之候故、洋銃洋砲洋服を用候之儀至極御尤ニ奉レ存候」ともいっているのであって、兵制改革を時勢の要求するところであることは十分認めている。ただ改革によって、「風俗異人様ニ相成義、余り甚敷儀ニ候哉と乍レ恐奉レ存候」と述べ、「被髪脱刀ニ相成候而ハ世上之人気ニも掛り、余り甚敷御事ニ候哉と奉レ存候事」と、非難しているのである(35)。たとえ、一歩譲って、その要求項目のなかに、保守的性格のものがあるとしても、反乱諸隊の中に、大楽源太郎の如き攘夷主義者や士卒陪臣等が相当含まれていることを考え併せれば、そうしたものの混在しているのもけだし当然といえよう。だがしかし、もし、要求項目それ自体に着目するのであれば、傷病者や老年者の生活保障もなしに除隊させることに対する憤懣を掲げている点にこそ注目すべきであろう。そこには「反動的」と断じえない民衆性を明らかに看取しうるのである。

こうした脱隊騒動の本質は、「精選」編成された常備軍と、反乱諸隊との思考論理を対比することによって、より一層明瞭となるであろう。

以下の(A)(B)の対比は、「照妖鏡」と題せられた、常備軍(A)と反乱諸隊(B)との「檄文問答」の一節である[36]。(A)に対する(B)の反論と、その何れが民衆的立場に立っての思考論理をなしているかは、自ら明らかであろう。

(A)「兵隊一時脱走附和雷同千百群ヲ成シ、其一己ノ私欲ヨリ国家無限ノ騒擾ヲ引出シ、山口両道ノ関門ヲ奪ヒ、数十砲台ヲ築キ、農商ノ私財ヲ掠メ、官庫ヲ奪ヒ金穀器械ヲ竊ミ」

(B)「不臣ヲ懲スノ挙動ヲ以テ何ソ一己ノ私欲トイハンヤ。農町ノ私財云々、是悉ク嫁禍ノ大虚言也。官庫ノ如キハ吏員我誠心ヲ察シ、彼ヨリコソ用ヲ使シタレ。下民ニ於テハ素ヨリ渇望ヲ諸隊に帰シ、艱難辛楚自ラ家財ヲ傾ケ揮フ。常備ノ徒ヲバ伴天連隊ト称シ、一民モコレカ為ニ快ク用ヲナス者ナシ。是民ノ所二誹怨一者天ノ絶ツ所也。民ノ所二思慕一者天ノ与スル処ナリ。藩内ノ民挙ツテ悪ミ好ム所、則正邪ノ分ル、所也。一正一邪薫蕕《くんゆう》トノ如シ、人皆鼻アリ。」(ルビ田中)

○

(A)「御国是誹謗シ官員ノ黜陟ヲ論ス」

(B)「朝廷ノ御趣意ヲ奉シ、各藩ニオイテモ、兼テ言路ヲ洞開シ、誰ニテモ無二忌憚一敢言スル事ヲ許サレタルニ、アラスヤ。国家の治安ハ人ヲ用ルノ賢否ニアレハ、諸吏ノ正邪得失是亦論セサル事ヲ得ス。是誹謗トハ昏迷ノ至極ナリ」

等々。

2　農民一揆と反乱諸隊

昔年来、勤王之御大業被レ為レ在、雖ニ危急艱難之節一御撓無レ之、終ニ徳川氏以下伏レ罪、王政御復古被レ為レ在候ニ付、追々御賞典賜御昇進ニ至、二州之士民欣喜抃躍ニ罷在候。然処、近来之事情洞察仕候処、天下之人望以前ニ異り、道路之浮言ニ候へ共、王政不レ如ニ幕政一、薩長ハ徳川氏ニ劣候抔、相唱へ候様之義も有レ之哉と承り、誠不レ堪ニ憤懣一泣涕候。加之　御封内人心離解いたし候。斯而又々国家騒擾之端相開候も難レ計、実以寝食与も不レ安候。(37)

これは、明治二年（一八六九）十二月六日の、諸隊の提出した建白書の冒頭の一節であるが、維新政府の本質を次第に見抜きはじめた民衆の、その維新政府に対する反抗は、明治二年に極度に昂まった。

「天下之人望」の変化が、たんに「道路之浮言」でなかったことを、表15の全国的な一揆の昂まりが如実に示している。中央権力の座に上昇・転化しつつある

表15　明治初年一揆件数

年	一揆件数
明治元年(1868)	17(141)
2　(1869)	42(151)
3　(1870)	31(92)
4　(1871)	24(64)
5　(1872)	16(34)
6　(1873)	36(61)
7　(1874)	13(25)
8　(1875)	3(29)
9　(1876)	5(28)
10　(1877)	5(49)

注　「明治初年農民騒擾年表」（土屋喬雄・小野道雄編著『明治初年農民騒擾録』所収，附録第二）より作成．(　)内の件数（都市騒擾・村方騒動を含む）は青木虹二『百姓一揆総合年表』(三一書房，1971年）による追記．

明治絶対主義的官僚達を、彼らの支持の下に送り出した山口藩民衆の、新政権に対する憤懣は、より深刻であったといえるであろう。

右の「御封内人心離解いたし候。斯而又々国家騒擾之端相開候も難レ計」と、諸隊が建白したその十余日後、すなわち、明治二年十二月十八日夜半より、美祢郡岩永村本郷に一揆が勃発し(38)、同日には当時山口藩管轄下の、豊前国企救郡にも庄屋不正反対の一揆がおこり(39)、前大津においても十二月晦日近くに渋木村に一揆がおこりかけ、代官の鎮圧で未発に終ってはいるものの、同地帯は不穏の空気にみち(40)、ついで翌三年（一八七〇）正月には吉田・船木一揆がおこり(41)、さらにその十二日、熊毛郡岩田村の農民一揆と相つぎ(42)、また、山口藩と境を接する大森県浜田にも翌十三日に一揆が勃発する(43)という有様であった。

美祢郡岩永村本郷におこった一揆は、その勢およそ五、六百人といわれ、「地下役人太概残ル方なく打崩し、晩刻ゟ人数弥増、二手ニ分れ、一手は綾木村江趣キ、一手ハ嘉万村江罷越候。追々手広相成」と報告されている。そしてこの一揆には、「伊佐屯集之陪臣荷担致候哉之風説も御座候」とも述べられている(44)。

この一揆は上納蔵入米に対する畔頭の不正計量に直接の端を発し、「美祢郡惣百姓中」としての要求は一九項目にわたっている。この地帯は、天保二年（一八三一）の全藩的一揆の際にも一九項目の要求を掲げているが、それはこの地帯の生産的事情を反映して、瀬戸内地帯宰判にみられるような商品生産者的農民層の要求としての色彩は濃厚ではなく、封建的貢租の軽減や村役人層への攻撃（交替・永役廃止等）が、その主眼点となっていた(45)。

今、明治に至ってのこの一揆の要求するところの諸項目をみてもその点は同様であって、㈠封建貢租の軽減、㈡勘場・地下役人の退役、㈢相場会所の廃止等を中心としたものであるが、とくに㈠に関して、天保一揆の際には、「一、諸出米銀減少之事」、「一、地下御馳走当年ゟ手安ク被二仰付一候様願之事(46)」と、付加的貢租の軽減要求が、明治の一揆

表16　吉田部一揆対象軒数

吉田部一揆攻撃対象	軒数	
永代大庄屋格	1	70%
大庄屋格	1	
目代	1	
勘定方	1	
算用師	1	
勘場大都合役	1	
恵米方勧農方	1	
庄屋	22	
年寄	4	
畔頭	77	
御仕與掛り	3	
油方頭取	1	
勘場守	1	
下津川口受払方	1	
百姓	42	
抱貸家	4	
酒場	1	
陪臣	2	
計	165	

注　「吉田部百姓蜂起破損家名前附立」(明治3年正月)「萬控（民事局）」1 所収より作成.

では「一、畠方小物成石一統御除奉レ願候事」、「一、御馳走米之儀者永代御除被二仰付一候様奉レ願候事」と、その廃止の形にまで進展している点は注目してよい。それは封建支配貢租体系打破への、徐々にではあるが直接生産者たる農民のたゆまない前進であり、支配体系の基礎を基底的に一歩々々ほりくずしていく力以外の何ものでもない。だからこそ藩側は、(二)や(三)の要求には、「本書之通被二仰付一候」、あるいは、「本書追而詮議可レ被二仰付一候」という態度を示したのであるが、(一)の畠方小物成・御馳走米の廃止要求には、「本書諸郡一統之儀二付不レ及二御沙汰一候事」と、断乎はねつけているのである。(47) この一揆は、元諸隊員周蔵（秋吉村貧農出身）や岩永村の貧農養助、直右衛門、要吉あるいは与右衛門、綱吉（河原村）等が指揮したといわれるが、(48) 貧農ないしは没落農民層に主導権が移っていることが、一揆の要求にも反映しているとみてよいであろう。

翌明治三年正月の吉田・船木一揆では、美祢郡一揆にみられた村役人層への攻撃はより広汎に行なわれている。表16は、吉田部における三〇カ村（上地所、町高、地方別）におよぶ村々の攻撃対象になっているものを集計して示したのであるが、約七〇パーセントは村役人層ないしはそれに連なるものである。なかでも、庄屋と共に畔頭がほとんどすべての村で一揆攻撃の対象となっていることは注目してよい。先の美祢郡一揆と考え併せて、この期の一揆の主導権が農民のいかなる層へ移りつつあったかを如実に示しているといえよう。

天保一揆以降、全国的に昂揚を示している幕末期においてすら現象的には長州藩では一揆はみられない。(補注2) それは藩政改革とその政治的帰結としての改革派同盟の形成によって、天保の一揆的エネルギーは尊攘改革派の基底にくみこまれ、倒幕への原動力となったといえる。(49) だが、今や「上を不レ憚振舞(50)」たる農民一揆が、この時点に再び表面化したのである。ではその所以は一体何であったろうか。

まず、すでに「はしがき」でもふれたが、幕末期瀬戸内地帯農村における農民層分化の動向は、中層的な農民は必ずしも正常的な分解を示さず、嘉永・安政期を境として下層農民が没落、「日傭」「預り作」化する。そして、その対極に村落支配者層＝豪農の地主化への傾斜がみられる(51)。それぞれの地帯により差はあれ、ともかくも次第に農民層の分化が進行しているといえる。そこにこの期の一揆の指導層が、天保一揆に比してより下層へと移っていき、先にもみたように、村役人層のなかでも、畔頭層が一揆攻撃の中心対象になったものと考えられる。こうしたところに、明治二〜三年一揆の基礎的な条件があったといえよう。一揆と反乱諸隊の関係について述べた史料に、「破落戸が一村二、三人も居りまして、其等の者が諸隊の方からの縁引を以て内輪を掻立まする(52)」といわれているのも、このことと無関係ではあるまい。

第二に、従来の村落支配者層の、村における地位を支えたところの権力の動揺である。幕藩体制下の村落支配者層の権力的バックは、いうまでもなく幕藩権力であった。今や倒幕成り、維新政権は形の上では一応成立したが、必ずしも未だ彼らの地位をバックアップするに足るだけの、強固な基礎を築いてはいなかった。支配・被支配の中間項としての村落支配者層の地位は、こうした支配体系の転換期には不安定たらざるをえない。

もちろん、これはすべての村に一様であったわけではない。生産者的性格をなお失わず、村落支配者層が農民的基盤を掌握していた、かつての改革派同盟の中心地小郡地帯の如きは、諸村百姓中が、「諸郡百姓とも、徒党ケ間鋪儀有レ之、其風押移候而者不ニ相済一与申合、規定書印形相調差出候(53)」といっているのであって、ここでは依然として村役人層の強固な村落支配が維持されていたと考えられるし、この地帯の郷勇隊は、反乱諸隊の鎮圧にも出動しているのである。[54]あるいは、熊毛郡小周防《こずほう》村においても、百姓中が「諸郡とも騒立段々心得違之者不レ少候処、小周防村之儀ハ過ル天保度之節茂心得宜、尚此度茂御国恩を忘却せす、諸村差立氏神社ニおゐて御武運長久之御祈禱等仕候趣、従来之心得方宜段被二聞召一奇特之事候」[55]といわれている状態であった。これは天保一揆にみられる「殿様祭」[56]的なものを推察せしめ、おそらくここでも村役人層の強固な村落支配が維持されていたと考えられる。これが藩側から「奇特」といわれていること自体、一般的には村落支配者層の地位は動揺していたことを示しており、そこに村役人層攻撃の火の手はあがったといってよいであろう。

第三に、直接生産者たる農民は、幕末期改革派同盟を支持し、倒幕遂行の根元的エネルギーとなったのであるが、一旦その倒幕成って、今や新しく成立した政権が、じつは彼らの期待したようなものでなかったという、維新政権の本質を彼らはいち早く見抜き始めた。「道路之浮言」が、「王政ハ不レ如二幕政一、長州ハ徳川氏ニ劣る」といっているのは、そのことを如実に物語っており、「天下人心政府を不レ信、怨嗟之声路傍ニ喧々、真ニ武家之旧政を慕ふニ至る」[57]状態だったのである。

第四に、内部矛盾の対外危機への転化の問題である。戊辰戦争も一応平定した今、矛盾の転化はその対象を失っていた。内部矛盾の外への転化が不可能である限り、いきおい矛盾は内側で激発・表面化せざるをえない。それをおそれたからこそ、明治元年（一八六八）十二月、すでに木戸孝允は朝鮮侵略を提案しているのである。[58]それは尊攘改革派出身の維新官僚の、幕末期における自己の体験に発したものだったのである。[59]

かくて、こうした諸条件のうえに、明治二年（一八六九）、「秋作不熟、米価騰貴し飢餓に瀕するもの多し」[60]という凶作が、直接的に一揆勃発の条件を醸成し、明治二年末から翌三年にかけての農民の一揆となったといえるのである。

かくして今や、維新政府—藩は、一方では脱隊騒動、他方には農民一揆と、危機に直面した。この二つが結びつければ、それはまさに内乱的様相を帯びてくる。

では、反乱諸隊と一揆との関係はどうであったろうか。

すでに、美祢郡一揆の主導者のなかに、元諸隊員がいることや、「破落戸《ごろつき》」が諸隊の縁引をするといわれていることなどから、一揆と反乱諸隊との関係はある程度推察しうるのであるが、さらにつぎの史料によってみてみよう。

此度美祢郡勘場を始其外村々役人共之不正或は心得違よりして、如レ斯事件ニ立至り候段々、百姓中歎願之次第一々尤之事ニ付、静謐之上張本又ハ頭取抔と申御詮義ハ毛頭無レ之様諸隊中ゟ諸儀請合可レ申、且、近々上下之御為宜役人夫々可レ被二差出一ニ付、面々家業第一ニ致し、御国恩を報候様肝要之事。

これは美祢郡一揆が起るや、諸隊から福田信太郎他六名の者が出張し、「御赦米」三六〇石を出し、白米を安売し、大田五カ所に建てた建札の文言であるが[61]、ここでは明らかに一揆の要求が妥当とされ、一揆の支持が表明されている。

あるいはまた、

五隊（健武・整武・鋭武・振武・遊撃隊—田中注）之者、村々改正申諭し、諸店方勝手次第並当年柄ニ付難渋之者一日壱人米五合ト銀札六拾匁ニ而相替候様追々願取遣し候よし申聞、依レ之諸隊方へ村々とも帰依致候。[62]

といわれているように、反乱諸隊と農民との結合がみられる状態だったのである。

明治三年（一八七〇）正月の大森県浜田の一揆の場合も、「暴民中ニ我藩（山口藩—田中注）ノ脱走者六七輩アリ、煽動指揮シタ」ことが、大森県栗山権少属から報告されている[63]。

だから、こうした一揆と反乱諸隊の結合が、常備軍をして「愚民ヲ煽動シテ全国ニ蜂起セシメ[64]」と、反乱諸隊非難となっているのである。

具体的な要求については、すでにみたように、反乱諸隊と農民一揆では確かに異なっていた。しかし、この二つのものは維新政権―藩に対する民衆的立場という一線において――そして、それは本質的なものである――、共同戦線を結びえたのである(65)。

この場合、吉田・船木一揆に対し、藩庁が奇兵隊・振武隊を派遣して鎮圧し、熊毛郡岩田村の一揆に遊撃隊が差向けられている事実から(66)、諸隊と一揆の本質的対立関係が指摘され、そこからまた脱隊騒動の「反動」性が規定されたり(67)、あるいは、その事実を「毒をもって毒を制するという藩庁の苦肉の策」(68)とみる見解が生じたりする。

だが、反乱諸隊と一揆農民との結合、民衆的立場に立っての共同戦線は、以上みてきたところから明瞭であろう。そして、このような内乱的危機の様相を帯びた時期に、たとえ「苦肉の策」とはいえ、いつ矛先を向けかえるかも知れないような諸隊を、一揆鎮圧に派遣するはずはない。この際、留意すべきは、一揆鎮圧への奇兵・振武隊および遊撃隊の派遣は、明治三年正月九日および十三日のことである(69)。すでにその時は、脱隊騒動の真只中である。奇兵・振武・遊撃隊が、この反乱諸隊の中心であるといっても、表13にみたように、すべてが反乱諸隊となったわけではない。約半数はそのまま残っているのであり、それは藩庁の統制下にあったはずである。奇兵・振武両隊各一小隊の派遣が、前大津への常備軍第四大隊一小隊の派遣と同時に発令されているところからみても、常備軍同様に藩庁統制下（常備軍は軍事局、諸隊は諸隊会議所を通して）にあったことを示してくれる(70)。とすれば、一揆鎮圧に向けられた奇兵・振武各一小隊や遊撃隊が、反乱諸隊か残留諸隊かの何れであったかは明らかであろう。この時点の、すでに分裂した諸隊を一色にぬりつぶして考えると、事態の本質を見誤らせる危険があるといえよう。

以上みてきたような反乱諸隊と農民一揆の結合、そして一般民衆の反乱諸隊の支持は、内乱への発展的可能性をもっていた。だから広沢真臣は、明治三年（一八七〇）正月木戸宛に、「私愚見ニハ諸隊暴動心配ニ不ㇾ足、農商之沸乱実以歎ケ敷（中略）只今向ニテハ両国終ニ暴動諸隊之有ト相成候様可ニ相成一必然（中略）終ニ防長農商之動揺ヨリ神州一統ニ及候様可ニ相成一」(71)と書を寄せているし、木戸もまた現地の情況を眼前に見るに及んで、「大ニ惣而之人心モ相動キ、誠ニ以不ニ容易一体勢ニ御座候、実ニ百日之説法水泡ニ属シ候姿ニ而、イカニモ浩歎至極ニ奉レ存候」(72)と、後日森清蔵宛の書翰で述べているのである。明治政府が、明治三年二月七日に「脱走之者」取締に関して、東京・京都・大阪各府をはじめ五畿内諸藩、西日本一帯に布令を発しているのも(73)、その波及による全国的内乱への発展をおそれたからであろうし、ついで十二日には、宣撫使徳大寺大納言以下の下向を命じているのも(74)、その重大性にかんがみての故であったのであろう。

3 歴史的意義

では、このような内乱的危機を孕んだ脱隊騒動と農民一揆は、いかなる歴史的意義をもっているであろうか。すでに徳川幕府は倒れたとはいえ、先にも指摘したように、「王政は不レ如ニ幕政一」と「道路之浮言」が飛び、維新政府不信の「怨嗟之声路傍ニ喧々」たる有様では、維新官僚達は決して安閑としてはおれなかった。

明治二年（一八六九）五月、留守次官となった鹿児島藩士岩下方平は、その月十七日の木戸宛の書翰で、「草莽士も当所は、先鎮静之趣に候、油断は決而不ニ相成一候得共、此上所置さへ不レ誤候得は、為レ差事は、先有レ之間敷と存候、探索方は無ニ油断一手を付、聞付次第召捕筈に、刑府共に談合相居候由に御坐候」(75)と述べ、木戸も、同年七月五日付の槇村半九郎宛に、「浮浪之あたまは十分に御取おさへ、尤肝要と奉レ存候」(76)と書を寄せている。「草莽士」や「浮浪之あたま」は、いつ反新政府の烽火を挙げるかわからない状態だったのである。このような情勢下にありながら、新政府首脳部は、三条実美がいうように、「政府五官一トシテ一致協力規律法度之相立候処無レ之、各疑惑ヲ懐、瓦解土崩難レ保之情勢」[77]だったのであり、「烏合之朝廷」[78]は「根軸不二相立一朝変暮移」[79]、各官僚間には「始終面従腹非之所レ致而已に而、隠に種々手を尽」[80]す暗闘が続けられていたのである。

こうした時に勃発した脱隊騒動と農民一揆が、維新政府首脳部、なかでも山口藩出身の維新官僚へ与えた衝撃は大きかったといえよう。

木戸を例にとってみるならば、明治三年（一八七〇）正月十三日、当時山口へ帰国してつぶさに脱隊騒動と農民一揆をみた彼は、大隈重信宛につぎのように書を送っている。

必竟藩々兵力等を頼み、各一小天地をなし、割拠之姿に御座候而は、兎角進歩之目的も難二相立一、付而は今日之急務藩習を一掃し、根軸之兵力訖度相立不レ申而は、何事も実行相挙り不レ申候。[81]

それは、反乱・一揆の真只中にあって、身にひしひしと感じられた彼の感懐なのであったろう。しかし、その年十一月の九州日田県一揆勃発の報に接した時の木戸は、明らかにそうした感懐から、これをチャンスとして権力確立への実力行動へと突き進むべく前進的姿勢をとっている。[82]

翌明治四年（一八七一）正月九日の、参議広沢真臣の暗殺事件に際しての井上馨の姿勢も同様であって、[83]今や反乱・一揆・暗殺等の諸事件の続発に、維新官僚達は期せずして揆を一にした決意をし、維新政権権力確立のために、軍事的・経済的基礎形成への具体的政治日程を展開していくのである。

此度薩長土三藩の兵殆一万を親兵に召させられ、朝廷を保護し、天下速に一途に帰し、諸藩の方向彌一定する之尽力あらんことを望む。則、版藉（ママ）返上を第一段とし、此度聊其実を挙け、方向をして一定せしむるを第二段とするの尽力なくんはあるへからす。[84]

やがて廃藩置県、そして徴兵令・地租改正の途へとそれは連なっていく。

第一に、徴兵令への政治路線のうえで、この脱隊騒動と農民一揆の意義をいうならば、明治二年六月の版籍奉還直後、維新政府首脳部の兵制についての討議の際、木戸や大村益次郎ら山口藩出身者が兵制改革の基本方針を、藩兵によらず農兵徴募によることを主張して、大久保利通や彼を支持したと思われる岩倉具視等と対立していることにみられるように、あるいはまた、徴兵令施行の所以についての玉木正韞の質問に対して、品川弥二郎が「我山口藩ニ於テ維新前後幾多ノ大事業中一トシテ世禄士族ノ力アル事ナシ。要スルニ皆諸有志、即チ諸隊ノ功ナレハナリ」[86]と、答えていることに示されているように、明治五年（一八七二）の徴兵令の原型は、幕末長州藩における諸隊に明らかに求められるのである。

しかし、それがたんに、かつての諸隊の量的拡大でないことは、以上分析してきた脱隊騒動の諸過程から明瞭であろう。それは、あの幕末尊攘改革派（→討幕派）出身の維新官僚達が、たとえ色濃く藩的意識をもちつつも、他面において彼らは明らかに藩を乗越えて、絶対主義的官僚として質的転換を遂げつつあったことと相表裏している。脱隊騒動と農民一揆は、明治天皇制軍隊がその成立途上において、原型たる諸隊から絶対主義的権力の支柱へと、質的転換を遂げる画期的歴史的意義をもったものといえるのである。

つぎに地租改正への政治路線にからんでいうならば、もちろん、これは、それ自体の具体的分析を経なければ結論づけえないのではあるけれども、先にみた脱隊騒動と農民一揆の真最中における、小郡地帯あるいは熊毛郡小周防村にみられる農民の動向と相関連しているといえないだろうか。

この小郡地帯は、幕末慶応元年（一八六五）一月、当時の尊攘改革派支持のために、二八名からなるいわゆる「庄屋同盟」の結ばれた「改革派同盟」の典型的地盤である[87]。尊攘改革派―庄屋同盟―一般農民層の支配・掌握という関係は、脱隊騒動・農民一揆の時点においても揺いでいないことは、前節でみたこの地帯農民層の動向からして明らかであろう。そして、木戸は、明治三年正月二十八日に、「秋元新蔵、佐藤等（ママ）来る。相共に時事を語り大に今日の情勢を歎す。桜井、佐藤亦余と去らんことを欲す[88]」と日記に記しているように、かつての「庄屋同盟」派の人びとと彼は密接な関係を保っている。脱隊騒動・農民一揆最中における小郡地帯の動向、換言すれば、村落支配者層の動向いかんによっては、反乱諸隊と結びつく農民一揆勃発の最中にあっても、小郡地帯の如く「規定書印形相調」えて、維新政府―藩を支持して反乱・一揆と対抗しているという事実こそが、木戸の「諸郡在役幷に大庄屋已下、大に民望を失し候ものは、御詮儀之上早々被レ為レ免候而は如何」という[89]、村落支配者層交替論の背景にあったと考えられる。すなわち、反乱・一揆となるような地帯の村落支配者層は罷免し、小郡地帯の如き村落支配の体制をつくろうとする意図がそこによみとれるのである。

同じく木戸は、明治四年（一八七一）三月九日に、かつて「改革派同盟」に活躍した豪農吉富簡一の家を訪ね、図らずもそこで「庄屋同盟」の一人秋本源太郎やその他数名の人びとに会して、「近来の民情を聞得し了解せしこと幾数件、今日之勢尤可レ憐は独民而已。大に根本を改革せさるときは、何万の苦を免るることを得む哉。依て今一層根基の改正するの念勃々たるを覚[90]」と、彼の日記に記しているのであるが、この「根基の改正」が、どのような立場からのものであるかは、維新官僚木戸とこれらの村落支配者層＝豪農との関係から明らかであろう。この「根基の改正」がただちに地租改正の問題に連なるというのではないが、少なくともそこに一つの伏線がひそんでいると考えるのはあやまりであろうか。全国に先立って山口県の地租改正が行なわれるのも、このことと強ち無関係ではあるまい。

さらに第三には、この脱隊騒動と農民一揆を契機に、版籍奉還は行なわれても依然として実質的にはなお領主支配を存続していた藩体制を、絶対主義的天皇制へ発展的に解消せしめるところの藩政改革へと、急速にその政治日程をおし進めていくことである。木戸は、「旧冬来騒擾一鎮定の機に投し、御改正の一端相立、人心の方向を定めんことを欲し、（毛利敬親・元徳へ—田中注）建言已に十度に及」(91)んだと、明治三年四月十日の日記に記しているが、井上馨にもっと具体的にみることができる。

すなわち、彼は、脱隊騒動・農民一揆鎮圧直後の明治三年三月八日に、予て考案中の藩政改革案について木戸の採否を求め、さらにその二十日、二十六箇条からなる改革意見を木戸に送った。その内容は同日付の案文に一層詳述されている。

そこでは、「知事其藩永世其臣ハ世臣ト云論出シ、種々大勢ヲ以論ジ出候得共、実正実頑固ニ御座候間、今一応御論破有レ之度候事」といい、期するところそれは、「国論不レ可レ替大眼目。一州ハ先心実抛テ朝廷之者ニ追々相成候事」と、絶対主義的天皇制へと指向しているのであり、その基本的政治路線のうえで、兵制改革や世禄の漸廃、公廨と家禄の分離、歳入歳出の公開等の財政改革、「石懸リ物減ズル事第一」というような民政問題等が、具体的に提起されているのである。そして、「漢字を廃シ、機械究理之学ヲ起スコト」とか、「人民自由之権ヲ束縛セザルコト」とかいうような、(92)初期絶対主義にみられる進歩的側面も、この改革案には打出されているのである。かくて、このような藩政改革を、具体的に政治日程にのぼせていくことは、同時に、彼らが藩をふみ越えて、維新政権中央官僚へとより急速に転身していく過程でもあったのである。

以上のようにみてくるならば、山口藩における明治一〜三年の脱隊騒動と農民一揆のもつ意義は、たんなる局地的一事件にとどまらず、明治絶対主義的政権成立史上極めて大きな歴史的意義をもったものと断じてよいであろう。

注

(1) 拙稿「藩政改革と改革派同盟」（近く発表予定）参照。（その一部が「討幕派の形成過程」〈『歴史学研究』二〇五、一九五六年〉として発表され、拙著『明治維新政治史研究』〈青木書店、一九六三年〉としてまとめられた—追記）

(2) 遠山茂樹『明治維新』二七二～二七四頁。鹿野政直氏の見解もこれに連なる（「日本軍隊の成立」〈『歴史評論』四六号、三八～四〇頁〉）。

(3) 井上清『日本の軍国主義』Ⅰ、二〇八頁。

(4) 原口清「長州藩諸隊の叛乱」（静岡法経短大『法経論集』一、一二七～一五六頁）。なお、関順也氏は、脱隊騒動を「失職問題」として捉え、その背後に帰農窮迫化した陪臣・寺社侍・没落農民層の抵抗が横たわっていたことを指摘される（「幕末における農民一揆」〈『社会経済史学』二一の四、三五～三九頁〉）。

(5) 拙稿「長州藩改革派の基盤」（『史潮』五一号）。

(6) 『伊藤公全集』第一巻、一七〇～一七一頁。

(7) 右同、一七〇頁。

(8) 「王政御一新と申条、先今日之処は只名而已に而実事は未挙り不レ申」（明治元年三月二十八日付広沢兵助宛書翰〈『木戸孝允文書』第三、二二一頁〉）。

(9) すでに、明治元年閏四月に、「陸軍編制」、五月に「陸軍局法度」の発令、八月に「府県兵之規則」の軍務官による統一の布告が出され、十月には諸侯の「兵隊指揮」の禁止、翌明治二年四月には府県兵員取立禁止等々の一連の法令が出されている。そこには、次第に軍事力を新政権に集中しようとする意図が明瞭によみとれる（『法令全書』、『太政官日誌』）。

(10) 「廃藩論に関する建議」（『伊藤公全集』第一巻、一六六頁）。

(11) 『太政官日誌』（明治二年）第八十六号、『法令全書』（明治二年）第七百二一～四。

(12) 以上引用は、「明治二年大森県日出県守備防長ノ兵ヲ其侭当該県ニ転セシメラレ度建議案」（山口図書館蔵、以下断りない限り、史料は同館および同館毛利家文庫〈現山口県文書館〉所蔵のもの）。なお、この建議案に対して、中央政府は、「奇兵振武両隊共東京常備兵ニ可レ被ニ仰付一、豊前地方ノ儀ハ不レ被レ及ニ御沙汰一候事」と批答を下した（『防長回天史』拾弐、一一九八頁）。

(13) 大村益次郎先生伝記刊行会編『大村益次郎』七八一～八五一頁参照。
(14) 『防長回天史』拾弐、二一九頁、二二六頁。
(15) 「脱隊暴動一件紀事材料」一、所収。
(16) 前掲注(5)拙稿論文。
(17) 「正月十六日嵩谷口一手ヨリ将監殿ヲ以御前へ差出候事」(「元治元年以来干城隊始末」所収)。
(18) 『防長回天史』八、三三九頁。
(19) 右同、三五四頁および三五六～三五九頁。なお、倉敷代官所襲撃事件については、内藤正中「幕政改革の社会的基盤―備中天領倉敷村―」(堀江英一編『藩政改革の研究』所収)三三一～三四〇頁参照。
(20) 「奇兵隊日記」二(『奇兵隊日記』第一、一〇五～一〇六頁)。
(21) 右同、十三(第二、一六二～一六三頁)。
(22) 「諸隊会議処日記」慶応三年三月十一日条。
(23) 『木戸孝允日記』第三、二九頁。
(24) ある史料は、兵制改革―御親兵差出、精選、常備軍編成―の行なわれる所以を、「旧山口藩諸隊之儀者癸亥(文久三年―田中注)攘夷之事起り候以来、朝旨遵奉之外無二他念一、武備更張士気作興不レ仕而者、往先藩屏之職難二相立一ニ付、追々有志之輩を募り、海陸軍を編成し、引続御維新後東本（ママ）平定に至る迄、各処之戦争可レ成其用ニ立、聊微功を奏し候儀ニ御座候処、此侭差置候而者遂に強兵不レ可レ制之勢ニ相成茂難レ計ニ付」と明確に述べている(柏村信「旧山口藩脱隊沸騰旨意書幷考証」〔明治三年〕)。
(25) 「諸隊一事」(「脱隊暴動一件紀事材料」一、所収)。
(26) 『松菊木戸公伝』下、一二二一頁。
(27) 『防長回天史』拾弐、一二三頁。
(28) 「諸隊一事」。なお、長太郎は明治二年十二月に、脱隊騒動の原因についてつぎのように述べている。
(前略)臣竊ニ念、今日諸隊暴動ニ至り候者、恩賞を希望する兮とハ乍レ申、従来士卒之分甚明なるより出し候義も可レ有レ之歟と奉レ存候。是迄諸隊と申候者、之を視る事尤軽く、自然士族之婦女児童等迄、隊中隊之者と申候得者、軽視之語気を存し候様ニ有レ之、既ニ御家来中並諸隊と申ニ御触一面も有レ之候而、一時沸騰之論も有レ之、政府上ニ於て聊も此気味を存候而者、上下之情間隔を生し、意外之事も有レ之、万事難レ行義にも至可レ申と奉レ存候。今日之世界昔日之世界ニ阿らす、今日之事務昔日之事務ニ阿らす、万事例格記録ニ因循し候風習、少しに而も有レ之候而者、他日日新之巨害たるへし。況や門閥之弊自ら尊大する之余、終ニハ人情ニ悖候事有レ之候而者、弥富強之道開けかたく、粉紜之事制止すへからすと奉レ存候。（下略）（『忠正忠愛両公伝考証』一二四五）

当時の実情は推して知るべきであろう。

(29)「闔藩人民ニ告諭書」（『脱隊暴動一件紀事材料』一、所収）。
(30)「宣撫使日記」（『太政官日誌』明治三年第十三号）。
(31)永富三治「明治初年の脱隊騒動について」（『小野田郷土研究』第一号〔昭和十〕）。
(32)「船木見聞談」一三（長谷川埋木『近世船木物語』所収、一〇八頁）。
(33)明治五年「山口県布令達」（後）一百四十五号（十月）。この信仰の人参りのために、市が出来た程であったといわれ、この墓は藤山佐熊（嘉年村出身）のそれであるという（山口図書館石川卓美氏談）。藤山佐熊は振武隊の反乱諸隊員の一人である（「脱隊人名控」）。なお、『山口県新聞』第一号（明治六年一月）参照。
(34)遠山茂樹『明治維新』一七三〜一七四頁。
(35)「諸隊一事」、「脱隊暴動一件紀事材料」一、「奇兵隊日記」三十二（第四、一六八〜一六九頁。ただし、若干の字句の相違がある）。
(36)「常備軍諸隊檄文問答」（「諸隊一事」所収）。
(37)「奇兵隊日記」三十三（第四、一七〇頁）、「諸隊一事」、「脱隊暴動一件紀事材料」一。
(38)「一揆一件」（藩側の取まとめた史料）。
(39)土屋喬雄・小野道雄編著『明治初年農民騒擾録』五〇五〜五〇六頁。
(40)兼重慎一口述「美祢郡百姓一揆並諸隊暴動」。
(41)「一揆一件」、『防長回天史』拾弐、一五〇頁。
(42)「一揆一件」。

(43)『防長回天史』拾弐、二六〇頁。

(44)香取一之助より政事堂宛、明治二年十二月十九日付（「一揆一件」所収）。

(45)「百姓共願書之廉書」（「騒動一件渡辺小五郎取登之控」所収）。拙稿「長州藩に於ける天保一揆について」（『社会経済史学』二一の四）参照。

(46)右同。

(47)以上、明治二年美祢郡一揆についての引用は、「美祢郡百姓中ゟ歎願一件」（「一揆一件」所収、藩側の解答が付してある）による。

(48)関順也「幕末における農民一揆」（『社会経済史学』二一の四）三七頁。「萬控（民事局）」一。

(49)前掲拙稿「藩政改革と改革派同盟」。「はしがき」注(1)の追記参照。

(50)「一揆一件」。

(51)前掲拙稿「藩政改革と改革派同盟」（前同）。

(52)前掲兼重慎一口述。

(53)「一揆一件」。

(54)「小郡義挙御賞典沙汰」。反乱諸隊鎮圧に出動した郷勇隊員で、討死した一名には銀二〇〇目、負傷者二名には各銀一五〇目が下付され、その他三四名が「追而御褒賞之御詮儀をも可レ被二仰付一候事」とされている。

(55)「一揆一件」。

(56)前掲拙稿「長州藩に於ける天保一揆について」一二三～一二四頁。

(57)『大久保利通文書』（明治二年四月、岩倉具視宛）（第三、一六一頁）。

(58)『木戸孝允日記』明治元年十二月十四日条（第一、一五九頁）、『松菊木戸公伝』下、一二七七～七八頁。

(59)中岡慎太郎が「長州は馬関に暴発、（中略）自藩をして逃るべからざるの死地に陥れ、天下大有為の基本極めて立てり」（平尾道雄『陸援隊始末記』一五七頁）と、文久三年（一八六三）の下関外艦砲撃事件を意義づけていることを想起せよ。

(60)「防長飢饉史」（山口県『山口県災異誌』三〇六頁）。

(61)「一揆一件」。

(62)「長防動揺記」（原口清「長州藩諸隊の叛乱」一四五頁より引用）。
(63)『防長回天史』拾弐、二六〇頁。
(64)「常備軍諸隊檄文問答」（「一揆一件」所収）。
(65)この場合、反乱諸隊と農民一揆の関係を、「あくまでも『煽動』であり『利用』であるにすぎない」（遠山茂樹『明治維新』二七三頁）とする見解は、『防長回天史』的見解の継承であり、もとをただせば常備軍—絶対主義的、新官僚的立場からの把握である。その立場に立ってのつぎの兼重慎一（譲蔵）の口述をみよ。

此諸隊の人民を煽動する仕方と云ふ者は、五三人アテ田舎を廻りまして、民政の不取締な事を一々人民に向ひまして、所謂民の疾苦を問ふと云ふ形を以て問ひまして、当所ハ悪ゐ彼処ハ何が宜しくないと云ふ事を、荐りに尋ねまして、夫れハ相済まん、可愛相に人民が難儀をして居るからして救ひまするど云ふ事からして、人民を煽てまして遂に一揆を起させまする所作で御坐ります（「美祢郡百姓一揆並諸隊暴動」）。

だが、われわれは、そうした立場からの、この兼重の口述においてすら、反乱諸隊がいかに民衆的立場に立っていたかという事実を、覆いかくすことができなかった、ということこそ注目すべきである。

なお、本書Ⅲの三「脱隊騒動の歴史的意義」注(12)参照のこと。
(66)「一揆一件」、『防長回天史』拾弐、二五二頁および二五四〜二五五頁。
(67)遠山前掲書、二七三〜二七四頁。
(68)原口前掲論文、一四九頁。
(69)「一揆一件」。
(70)右同。
(71)原口前掲論文、一四八頁より引用。
(72)『松菊木戸公伝』下、一二二〇〜一二二一頁（木戸より森清蔵宛、明治三年五月八日付）。
(73)『太政官日誌』明治三年第四号。
(74)右同。
(75)妻木忠太『木戸孝允遺文集』五四〜五五頁。

(76) 「槇村半九郎に与ふ書」明治二年七月五日（『木戸孝允遺文集』五六頁）。

(77) 『松菊木戸公伝』下、一一三九頁（三条より木戸・大久保・福島宛、明治二年四月六日）。

(78) 「烏合之朝廷実に前途之目的、更に難二相立一、烏合之所以を破摧し、大根軸を立不レ申而は、随而瓦解申迄も無レ之」（「伊藤俊介に与ふ書」明治二年七月二十五日〔『木戸孝允遺文集』六一～六二頁〕）。

(79) 「於二政府一は百年之大方略は、必相定居不レ申而は、所詮皇国維持之目的無二覚束一候処、根軸不二相立一朝変暮移、益人々之方向を乱り候様之儀有レ之候而は、終に瓦解に至り候外無レ之」（「大隈重信に与ふ書」明治二年七月十九日〔『木戸孝允遺文集』六三頁〕）。

(80) 前掲「伊藤俊介に与ふ書」（六一頁）。

(81) 「大隈重信に与ふ書」（明治三年正月十三日、『木戸孝允遺文集』七三頁）。

(82) 「日田には一揆相起り候趣、巨魁は定而浮浪脱卒之ものどもに而、重に是等之煽動いたし候事と被レ考申候に付而は、何分是を幸に徹底御所致無レ之而は、始終愚民を迷わし、且於二諸藩一も自然朝廷を蔑如仕候様相成、益御威令も難二相立一儀に付、井上山田山県等とも相謀、浪華之兵を出し、御所分相成度と奉レ存候」（「大隈重信に与ふ書」明治三年十二月五日〔『木戸孝允遺文集』八一頁〕）。

(83) 「米田〇虎雄、二月二日刑部少丞に任ず。を弾中へ入、毛利を引返し弾之方向を改め、醜奴輩を狩尽すの外無レ策ニ候。乗二此機一今一憤発、禍を幸に転ずる之方略第一と奉レ存候」（『世外井上公伝』第一巻、四二二頁）。

(84) 『木戸孝允日記』明治四年六月十一日条（第二、五一～五二頁）。

(85) 井上清『日本の軍国主義』Ⅰ、一八七～一九一頁、『大村益次郎』七六三～七六五頁。

(86) 天野御民稿「諸隊編製」。拙稿「明治政権初期政策の原型」（『日本歴史』八三号、三〇頁、参照。本書Ⅱの六、所収）。

(87) 前掲拙稿「藩政改革と改革派同盟」。

(88) 『木戸孝允日記』明治三年正月二十八日条（第一、三一六頁）。秋元（秋本）新蔵は「庄屋同盟」の中心的人物であり、桜井というのは、集義隊を編成した桜井慎平である。

(89) 『木戸孝允文書』（明治三年ヵ正月六日、木梨信一宛〔第四、三～六頁〕）。

(90) 『木戸孝允日記』明治四年三月九日条（第二、五頁）。

（91）右同、明治三年四月十日条（第一、三四三頁）。
（92）『世外井上公伝』第一巻、三九七〜四〇五頁。

〔付記〕脱隊騒動のもつ士族反乱的側面は、むしろ明治九年（一八七六）の萩の乱との関連において論じなければならない。それは農民層の動向とからんで、地租改正や民権運動の問題とも複雑に関連してくる。本稿ではこうした点についてふれえなかったけれども、重要な問題をふくんでいるので、他日稿を改めて論じたい。

（補注1）発表時のメイン・タイトルとサブ・タイトルを入れかえた。また、タイトルを含め、本文中の「絶対主義」を「絶対主義的」と改めた。本書Ⅳ参照。
（補注2）その後判明したところでは、瀬戸内側二件（万延元年大島郡、元治元年三田尻）、日本海側一件（慶応元年奥阿部）および岩国領一件（慶応三年伊陸村）の計四件が数えられている。

三　脱隊騒動の歴史的意義

1　研究史と本稿の課題

脱隊騒動（諸隊反乱）の経過や内容については、必要な限りでふれることとし、ここでは主としてその歴史的意義について述べてみたい。

脱隊騒動の研究史については、さきに刊行した石川卓美氏との共編『奇兵隊反乱史料脱隊暴動一件紀事材料』（マツノ書店、一九八一年）の「解題」でふれたので、詳しくはそれをみていただきたいが、大きく分けると、

(1)反乱内部の士族的要素に力点をおくか、

(2)農民的要素を重くみるか、

という二つの見方があるかと思う。

しかし、このどちらかの一方だけを強調したのでは、脱隊騒動の本質を見誤ることになる。ここでは明治二年（一八六九）から翌三年にかけておこったこの事件を、全体として歴史的にどう位置づけるべきなのか、この点に課題をしぼってみたい。

そこで、つぎの三つの問題に視点を当てよう。

第一は、明治二年から三年は、どのような時代的矛盾をもった時期だったのか。

第二は、この時代的矛盾と脱隊騒動はいかに関わっていたか。

第三は、その脱隊騒動は、近代日本の形成、つまり近代天皇制形成過程にどう位置づけられるべきなのか。

以上の三点から以下若干の考察を試みてみたい。

2　明治二〜三年の時代的矛盾

脱隊騒動（諸隊反乱）のおこった明治二〜三年（一八六九〜七〇）は、徳川氏中心の統一国家、すなわち、「大君」政府をめざした徳川幕府勢力が、戊辰戦争によって薩長土肥を中心とする「天皇」政府勢力に軍事的に完全に制圧され、その「天皇」政府による新たな統一が、政治過程において緒についた時期であった。

戊辰戦争に勝利した「天皇」政府の実現で、戊辰戦争当時、東西に相対峙した国内勢力およびそれと結びつこうとする国際勢力とによる日本の分裂と半植民地化の危機は、一応回避された。つまり、戦乱による民族的危機はともかく避けられたのである。

ただ、日本の版籍奉還の年がスエズ運河開通の年であったように、東西両洋の世界は急速に接近しつつあり、また、明治三年（一八七〇）はイタリアの統一がほぼ完成した年であるし、また、その翌四年（一八七一）はドイツ帝国の成立の年でもあった。「天皇」政府による新たな日本国家の統一（＝廃藩置県）は、たんに日本だけのことではなかったことを認識しておく必要がある。

そのことは、成立したばかりの明治政府自身も自覚していた。岩倉使節団の報告書である『特命全権大使米欧回覧実記』（五編五冊、明治十一年刊、岩波文庫版、全五冊）は、その「例言」で、「明治中興ノ政ハ、古今未曾有ノ変革ニシテ、其大要ハ三ニ帰す」と述べ、(1)「将門ノ権」が『天皇ノ親裁」に復したこと、(2)「各藩ノ分治」から「一統ノ政治」になったこと、(3)「鎖国ノ政」から「開国ノ規模」を定めたところに維新変革の意義がある、と述べたあとに、つぎのようにいっている。

其三ヲ幷セテ、方今豹変運ニアタル、是殆ト天為ナリ、人為ニアラス、其由テ然ル所ヲ熟察スレハ世界気運ノ変ニ催サル、ニアラサルハナシ、夫レ鎖国ノ法ハ、必ス除カサルベ（ママ）カラス、已ニ国ヲ開ク、一統ノ治ヲナサ、ルヘカラス、已ニ一統ノ治ヲナス、将門ノ権ヲ収メサルベカラス、日耳曼《ゼルマン》ノ聯邦ニ於ル、以太利《イタリヤ》ノ法皇ニ於ル、皆時運ニ催サレ、改革百端、危クシテ後ニ維持セリ、我邦今日ノ改革モ亦然リ。(1)

後発国の近代的統一は、世界史の流れのひとつでもあったのである。

それをおし進めるためにこそ、国内の矛盾は克服されなければならなかったのである。

では、廃藩置県前夜ともいうべき明治二～三年の国内矛盾はどのようなものであったのだろうか。

第一に、この時点の基本的矛盾はなお幕藩領主層と農民層にあった、といってよい。

最近の幕末維新期の一揆ないし「世直し」騒動の諸研究が物語るように、そこにみられる「世直し状況」は、たんに特定の地域にとどまるのではなく、北海道・東北から九州にかけ、全国的な広がりをみせていた。

それは開港以後の経済的、社会的影響が、政権交代のなかで全国的に広くかつ深くなっていった結果といってよい。だから、「世直し」一揆の要求は、経済的要求を含みつつも、すぐれて政治的なものとなり、その要求主体も農民層の下層ないし半プロ層を含む民衆となっていた。

第二に、それと同時に、この時期には、いわゆる「草莽」といわれたもの、あるいは「脱籍浮浪之徒」と当時よばれていた者による、新たな危機が醸成されつつあった。

彼らは士族的、インテリ的要素をも含んでおり、そのもっとも痛烈な「王政」＝「天皇」政府批判の文章によると、いまの「王政」は真の「王政」ではなく、「唯強藩ノ好士、己ガ身ヲ利スルガ為ニ設ケシモノ」といっている。つまり、薩長をはじめとする西南雄藩の利己的な体制としての「王政」にすぎない、というわけである。これを克服するためには、現在のような「王政復古」の理念は否定され、選挙によって「賢明ノ士」を「日本ノ君主」とし、「公正至当ノ善政」を実現しなければならない、(2)とすらいっているのである。

そして、政府高官の暗殺や政府転覆運動が断続的になされた。

しかも、第三には、この第二にみられる「王政」批判からも推察できるように、明らかにそれは「天皇」政府を牛耳る薩長批判であった。

だから、奇兵隊の建白書（明治二年十二月六日）は、「道路之浮言ニ候へ共、王政不如幕政、薩長ハ徳川氏ニ劣候」(3)といい、「幕政」と「薩長」の政治とを対比し、薩長の政治は徳川氏のそれよりも劣ると人びとは噂しはじめている、というのである。

事実、そのころの一探索書（明治三年六月二十二日）は、このままでは治世は覚束なく、七分は旧幕政の方がよいとし、残り三分が新政府の政治を肯定しているにすぎない、と報告している。(4)

これらは、明らかに「天皇」政府＝明治新政府からの民心の離反を意味していた。

このようにみてくると、明治二〜三年の時期は、社会の最底辺には「世直し」の潮流がうずまき、その流れのうえに「草莽」や「脱籍浮浪之徒」による新政府不信が醸成され、「天皇」政府による統一国家へのプログラムに対して、根元的な批判が加えられつつあった。いうなれば、それは複合的矛盾による重層的危機の様相を呈していた、といってよいだろう。

この複合的矛盾による重層的危機の時代に脱隊騒動はおこったのである。

3 脱隊騒動の特徴

脱隊騒動の特徴としては、つぎの五つの点が挙げられる。

脱隊騒動の直接の発端は、明治二年（一八六九）十一月八日の諸隊の「精選」、つまり諸隊から一定数の隊員を選び出して、常備軍第一～第四大隊・二二五〇人を編成するという兵制改革にあった(5)。しかも、それが諸隊の「戦功賞典詮議」(6)に関わっていたことは注目しなければならない。すなわち、軍事力の再編成と戊辰戦争の戦功賞典への不公平・不満が、その直接の原因だったのである。これが第一。

第二には、木戸孝允がいうように、この「脱隊騒動」は、「長官と兵士との分裂」(7)であった。その「兵士」たちは、「長官」たちの賞罰の不正や会計の不始末、他国出張中の勝手な行動などを痛烈に批判し、総督以下隊の特権上層部の不正・乱脈をつくとともに、すぐれて同志的な「兵士」の立場から、病気になった隊士たちの困窮や、戦死した隊員を招魂場に祀ろうともしない幹部のやり方を批判した(8)。

そこには、幕末以来、奇兵隊以下諸隊における身分をこえた「兵士」としての同志という側面が、その要求に示されていた(9)。

と同時に、第三には、洋式の兵制改革、被髪脱刀、家禄削減等に反対する士族的、反動的要求もそこに併存していたことを看過してはならない。彼らとても兵制は「彼の長を取り、吾之短を捨」て、「洋銃洋砲洋服」は、「至極御尤」としてこれを認めているのだが、「被髪脱刀」だけは認めがたい、とする。(10)そこでは大楽《だいらく》源太郎らの攘夷主義者の主張なども混在して、この脱隊騒動の性格を複雑にしていた、といえよう。

第四には、反乱諸隊が、ときに農民一揆を煽動し、ときには手を結び、また、一揆の要求を是認したりしている事実に注目しなければならない。(11)

反乱諸隊と農民一揆とは明らかに性格を異にしているが、一時的にではあれ、この二つが同調的関係にあったことは看過できない。(12)

脱隊騒動の鎮圧をめざす広沢真臣が、「私愚見ニハ諸隊暴動ハ取ニ不足、農商之沸乱実以歎ケ布、（中略）只今之向ニ而ハ両国終ニ暴動諸隊之有と相成候様可相成必然、（中略）終ニ防長農商之動揺より神州一統ニ及候様可相成、御洞察可被為在候」(13)と述べたのは、おりから高まる農民一揆とこの諸隊反乱とが結びつくことによって、これが全国的な内乱へと転化することをおそれたからにほかならない。

第五には、反乱諸隊が藩主のいた山口の屋形をとり囲み、その糧道を断つことによって要求を貫こうと「強訴」していることである。(14)そのいきつくところを、のちに宮城時亮は、「知事公ハ職ヲ去リ、政府諸長官ハ尽ク斬戮シ、一文不通ノ脱卒ヲシテ一藩ノ政ヲ自由ニセシメテ、而シテ鎮静ノ工夫モツキ有功ノ者モ棄テサルヘシ」(15)と述べている。脱隊騒動は軍事的な力を、これまでの忠誠心の対象それ自体へつきつけているのである。

それは木戸のいう「尾大の弊」の最たるものであり、まさに「尾大の弊」の極限は、反逆を意味していた、といってよい。

4 脱隊騒動の歴史的意義

以上の特徴点と、さきに挙げた時代的矛盾とを関連させながら、脱隊騒動の歴史的意義を述べておこう。

これを時代的矛盾とのからみでいえば、脱隊騒動にはその時代的矛盾が凝縮した形であらわれている、といってよい。

すなわち、脱隊騒動の底流には「世直し状況」に対応する流れがあった。当時は、下層農民・半プロ層が一揆の主体になりつつあったが、反乱した「兵士」たちが、そうした一揆に同調したり、その要求を支持したりしているのは、「世直し状況」への対応を意味している。

しかも、それは当時のいわゆる「草莽」や「脱籍浮浪之徒」による危機の醸成とも結びついていた。前掲『脱隊騒動一件紀事材料』をみると、「脱隊之者数人、諸国浮浪之徒を誘ひ[16]」とか、「浮浪に与し[17]」とか、随所に出ており、その人名には長州藩以外の者が多々いる。

この士族的、「脱籍浮浪之徒」的要素を大楽源太郎らは代表し、やがてそれは西南戦争にいたる一連の士族反乱に連なっていく[18]。

明治初年の「世直し状況」における一揆的エネルギーと、「脱籍浮浪之徒」による危機の醸成という複合的矛盾にもとづく重層的危機を、脱隊騒動は全体状況との二重写しの形で示している、といえる。

しかも、その「脱籍浮浪之徒」が、「王政復古」の理念を否定して「王政」批判をしたように、反乱諸隊もまた「罪臣賊子兵力を以君上ニ迫り奉り、御屋形を囲ミ御膳米を押へ[19]」ようとした。軍事力でそれまでの忠誠の対象へと迫り、前述のように、「一文不通ノ脱卒ヲシテ一藩ノ政ヲ自由ニセシメ」るという危惧が指摘されるような状況を現出したわけである。

しかも、反乱諸隊の要求は、前掲『脱隊騒動一件紀事材料』所収の史料をみれば、たとえば幹部の罷免要求についても固有名詞をあげ、反面、人望のある幹部も一人一人その人名をあげて要求しているように、きわめて具体性をもっていることは注目してよいだろう。

こうして、「タテ」の倫理＝支配の論理の確立をめざす藩＝権力のあり方に対し、諸隊のもっていた同志的な結合の論理＝「ヨコ」の倫理をもって反乱諸隊は抵抗した。

明治維新は結果として近代天皇制創出の起点となったが、その変革過程の内部にあっては、天皇制イデオロギーに対する明確なアンチ・テーゼを孕んでいたのであり、それが脱隊騒動のなかに示されていることは看過してはならないように思う。

私は反乱諸隊の振武隊員藤山佐熊をまつるいわゆる〝隊中さま〟の墓（吉敷郡鎧《よろい》ケ垰《たお》）が、付近一帯の民衆の信仰の対象となり、明治五年（一八七二）十月、山口県が布達を出してこれを否定しなければならなかったことの意味について、民衆の「抵抗思想の伏流」としてとりあげたことがあるが、[20]それは最近明らかにされつつある山口県の自由民権運動のあり方の問題とも決して無関係ではないだろう。田村貞雄編『山口県自由民権運動史料集』（マツノ書店、一九八二年）に、この脱隊兵藤山佐熊の墓への俗信をめぐる『山口県新聞』第一号の記事（明治六年一月）が収められているのも、今後の研究の方向を示唆している。

そして、何よりも、これまで山口県では自由民権運動は皆無であったとみられていたことに対し、それは「錯覚」であるとし、[21]新たな視角からの史料集が刊行されたことは意味深い。これにもとづく今後の研究がまたれるわけだが、その際、脱隊騒動をも視野にいれて研究がすすめられることをここでは強調しておきたい。

最後に、脱隊騒動といわゆる竹橋騒動との関連をみておこう。

いうまでもなく竹橋騒動は、明治十一年（一八七八）八月二十三日夜におこった、近衛砲兵大隊の兵士たち二六〇余名を中心とした反乱をいう。彼らには隊長を殺害し、さらに参議大隈重信の邸に発砲し、赤坂仮皇居に向かい、皇居を焼き、諸大臣を暗殺する計画があった、といわれている。そして、その原因は、給料の減額や西南戦争の論功行賞の遅延・不公平にあった、とされてきた。

しかし、これまで竹橋騒動の事実は伏せられ、その実態はよくわからなかったのだが、最近、史料の発掘や研究がすすみ、直接の原因は論功行賞の不公平などにあったとしても、自由民権思想との関連があることなどがしだいに明らかにされはじめた(22)。

ところで、竹橋騒動のおこった四日後の明治十一年八月二十七日、井上毅は内務卿伊藤博文につぎのように手紙を書いて送っている。

今度之事ハ山口旧藩ノ脱隊之乱トハ同カラズ、脱退ノ乱ハ解隊也、今度ノ沸騰ハ現用兵也、脱隊之乱ハ客兵外兵也、今度ハ親軍近衛也、是レヲ打遣リ置候ハ丶、又候沸騰コソ起サズトモ、非常戦乱之日ニ臨マハ、兵卒ハ丸デ士官之指揮ヲ用ヰザルベシ。

さらに続けて、つぎのようにいう。

故ニ今度ノ騒キニ鎮定之速ナルト、陸軍防禦之厳ナル、即チ政府之威《い》灵《れい》ヲ十分ニ示シタルヲ好機会ニシテ彼ノ特典ヲ速ニ御着手アリタク奉存候、稍ヤ竹槍ニテ二分五厘撞キ出シタル之嫌モ可有之歟なれとも（ママ）、彼此固ヨリ情ヲ異ニシ、且ツ背ニ腹ハ換ヘラレズ候(23)。

ここには脱隊騒動と竹橋騒動とのちがいが強調されている。すなわち、脱隊騒動は諸隊の解体の過程でおこったものであり、その兵士たちは「額外」の兵であったが、竹橋騒動の場合は、現役の兵であり、しかも近衛兵の反乱であり、だからこのままにしておくと他へも波及し、また、非常戦乱の時の指揮にも関わる、というのである。

たしかに井上毅が指摘するように、脱隊騒動と竹橋騒動は異なる。基本的には明治二〜三年と明治十一年とでは歴史的条件がちがう。前者はまだ府藩県三治制の時代で、明治政府による統一への過程の時期であり、後者は統一以後である。前者が徴兵令以前ならば、後者は徴兵制施行後のことである。反乱の対象も前者が長州藩権力であるのに対し、後者は天皇制政府である。

そうした相違点があるにもかかわらず、私はつぎのような共通点を指摘できる、と思う。

その第一は、これらはともに軍事力の反乱であり、しかも、「兵士」を中心としたものであること。

第二には、論功行賞の不公平などが口実になっていること。

第三には、同じ時期の農民一揆と相呼応する形になっていること。

第四には、藩主または天皇への直接武力行動をとっていること。

第五には、そのいきつくところには「自由」と「民権」があったこと。

そして、第六には、この二つの反乱に対する権力側の対応に共通したつぎのような事実を指摘することができよう。

すなわち、脱隊騒動の場合も、これをきっかけにそれが全国的な内乱化に転ずることをおそれた維新政府は、近畿以西の西日本一帯への厳戒令を布告し、宣撫使を派遣するとともに、脱隊騒動のリーダーたちを厳刑に処した。処罰者数は史料により異同があるが、稿本『忠愛公伝』（第八編第三章第二項、毛利家編、毛利家文庫蔵）所収の集計の数字

表17 脱隊騒動処罰者内訳

		斬罪	切腹	永牢舎	牢舎	遠島	謹慎	その他	計	%
出身身分	士卒および家来	22	2	0	15	14	15	1	69	31
	農民	23	0	0	10	19	21	3	76	34 }40
	町人	2	0	0	6	2	4	0	14	6 }
	その他	7	1	0	0	0	0	0	8	4
	不明	30	6	2	2	6	5	3	54	25
	計	84	9	2	33	41	45	7	221	100

注 拙稿「明治絶対主義政権成立の一過程」（『歴史評論』75,1956年，所収）より．

（表17。本書二三二頁にも掲げてあるが、対比のためここにも載せた）によると、処刑者二二一名のうち、死罪は九三名（斬罪八四、切腹九）に達している。(24) 四割強が死罪である。

竹橋騒動も、処罰者二六三名のうち死刑は五五名である（表18参照）。(25) これも二割強が死刑であるから、その厳しさがうかがわれる。これを機会に政府の威令を確立しようとしていたことは、さきに引用した井上毅の手紙に明らかである。

表18 竹橋騒動死刑者内訳

	養子	長男	2男	3男	4男	不明	計
茨城			4(1)				4(1)
千葉			2				2
群馬		1	1				2
神奈川			2(1)				2(1)
埼玉			5(1)				5(1)
栃木			2(1)		2		4(1)
東京			1				1
長野			1	1			2
新潟			1	1	1		3
三重	1		2(2)				3(2)
滋賀			5			1	6
大阪			2(1)				2(1)
京都			1				1
奈良			3(1)				3(1)
兵庫			4(3)	1			5(3)
岡山			1				1
島根		1	1(1)				2(1)
長崎			1		1		2
大分			2		1		3
熊本				1			1
宮崎		1					1
計	1	3	41(12)	4	5	1	55(12)

注 （ ）は内数で，「何某弟」と記載してある者．「竹橋事件殉難者名簿」（『竹橋事件の兵士たち』所収）により作成．

そして、これを機に陸軍卿山県有朋は「軍人訓戒」を起草・頒布し（明治十一年十月十二日頒布）、軍人が政体の是非を論じ、政府を誹謗し、あるいは民権を唱えることなどはもってのほかとし、そのいきつくところ、明治十五年（一八八二）の「軍人勅諭」が出されることになる。この「軍人勅諭」が昭和二十年（一九四五）の敗戦まで軍隊内で生き続けていたことは、なお記憶になまなましい。

さて、脱隊騒動に話を戻すが、脱隊騒動も、当時政府が全国的に常備軍編成を企図していた時期だけに、その影響は大きなものがあった。

従来の日本軍隊成立史の研究では、奇兵隊ないし諸隊が武士身分以外のいわゆる有志の者から編成されることに着目し、のちの徴兵制ないし日本軍隊の原型的なものとしてとらえられており、ほとんどの教科書を含む通史も、その観点から奇兵隊について叙述している。(26)

しかし、この奇兵隊（諸隊）と徴兵制（「国民皆兵」）とのあいだには、この脱隊騒動があり、その徹底的な弾圧のうえに日本軍隊は成立しているという事実をあらためて確認しなければならない。

それは奇兵隊（諸隊）が脱隊騒動の徹底的な弾圧という形で否定され、そのうえに徴兵制は成立したのであり、たんなる日本軍隊の「原型」ではなかったことを意味している。そのことは山田市之允（顕義）が明治三年七月九日付の木戸孝允あての手紙で、「徴兵一事に何処迄も突貫候覚悟」といい、「何卒徴兵之旨ニ本キ、防長之間より幾人壮兵撰取候様相成候得ハ無此上上策と存申候(27)」と述べていることとも関わるであろう。

このようにみてくると、明治二～三年の脱隊騒動には、きわめて重要な歴史的意義がある。

もう一度総括的にまとめてみると、つぎのようにいえる。

第一に、脱隊騒動は、当時の「世直し状況」の流れと密接に関連し、そこにはやがて自由民権運動に連なるような民衆の抵抗の伏流が存在したこと。

第二に、脱隊騒動内部にあった「草莽」ないし「脱籍浮浪之徒」的要素は、のちの西南戦争に連なる士族反乱への端緒的なものであったこと。

第三に、その「兵士」の軍事反乱的側面は、明治十一年（一八七八）の竹橋騒動への系譜をもっており、日本軍隊成立史上重要な意味を孕んでいた。すなわち、徴兵制は奇兵隊（諸隊）を原型とするその延長線上にあるのではなく、むしろ、奇兵隊的、同志的結合のヨコの倫理を否定し、タテの支配の論理を貫いた近代天皇制軍隊として成立したものであること。

少なくとも以上の三つのことが指摘できるだろう。

こうした点からいっても、脱隊騒動こそは、近代天皇制の形成途上の政治的、社会的、軍事的矛盾の縮図であった、といってよい。

この近代天皇制は、十九世紀七〇～八〇年代のアジア、ひいては世界史上の後発国としての近代ブルジョア国家形成の一型態として、あらためて検討さるべき史的重要性をもっているが、その形成途上の初期における矛盾の縮図であるこの脱隊騒動は、今後なおいっそうの研究の必要があるように思われる。

注

（1）　久米邦武編修・田中彰校訂『特命全権大使米欧回覧実記』（全五冊、岩波文庫版、一九七七～八二年）㈠一〇頁。なお、岩倉使節団に関しては、右文庫各冊の「解説」のほか、拙著『岩倉使節団』（講談社現代新書、一九七七年、改訂版、岩波同時代ライブラリー『岩倉使節団『米欧回覧実記』』、一九九四年）、同『「脱亜」の明治維新』（ＮＨＫブックス、一九八四

年)、拙稿「岩倉使節団とその歴史的意義」(『思想』七〇九、一九八三年七月)等参照。
(2)「新聞秘録」廿二(藤井甚太郎・森谷秀亮『綜合日本史大系　第十二巻　明治時代』内外書籍株式会社、一九三四年、二九七頁、所収)。
(3)「奇兵隊日記」三三(日本史籍協会叢書『奇兵隊日記』四、二七〇頁)。
(4)「乍恐口上」(『中御門家文書』下巻、二九七頁。早稲田大学社会科学研究所、一九六五年)。
(5)石川卓美・田中彰編『奇兵隊反乱史料脱隊暴動一件紀事材料』(マツノ書店、一九八一年。以下、『材料』と略記)一〇頁。
(6)『材料』緒言(四頁)。
(7)明治三年一月八日、木戸孝允より森清蔵あて(『木戸孝允文書』四、八頁)。
(8)明治二年十一月十四日、「遊撃隊ヨリ差出候願書」等(『材料』一一～一四頁)。
(9)奇兵隊・整武隊・振武隊・遊撃隊・鋭武隊・健武隊の諸隊連名での戦功賞典録返上の願書(明治二年十月)には、戊辰戦争等の諸隊の戦死者を「同盟忠死之者」といっている(『材料』九頁)。
(10)明治二年十二月、諸隊中より「廉書を以御届ケ申上候事」(『材料』二八頁)。
(11)諸隊反乱と農民一揆との関係の事実については、拙稿「明治絶対主義政権成立の一過程――脱隊騒動と農民一揆をめぐって――」(『歴史評論』七五、一九五六年、本書Ⅱの三、所収)を参照。明治三年一月二十一日の丁卯丸以下「海軍諸艦」の一文も、諸隊が「土民ヲ煽動して一揆を起さしめ、又自ら之を鎮撫して我功となし」(明治三年一月二十一日、『材料』五九頁)といっている。
(12)前掲『歴評』論文で、反乱諸隊と農民一揆との関係を、新政府との対抗関係において「共同戦線を結びえた」と述べ、石井孝氏から厳しく批判された(石井孝「廃藩の過程における政局の動向」『東北大学文学部研究年報』一七、一九六九年)。しかし、この関係の実態については、なおあらためて検討する必要がある。
(13)明治三年一月十五日、広沢真臣より木戸孝允あて(『材料』五一～五二頁)。
(14)「山口表廿六日(明治三年一月二十六日―田中注)之形状実ニ不堪驚愕之至、是迄兵力を以て君上を要し奉り候次第、既ニ暴抗絶言語候処、今日関門を絶ち凶器を以て御屋形を囲み、食物を閉ち強訴申立候次第、古今不可有之大逆最早問罪之外無之候」(『材料』七一頁)。

(15)『材料』三頁。
(16)『材料』一八五頁。
(17)『材料』一八七頁。
(18)後藤靖『士族反乱の研究』(青木書店、一九六七年)、石井前掲論文等参照。
(19)『材料』七三頁。
(20)拙著『日本の歴史24明治維新』(小学館、一九七六年)一〇一～一〇二頁。
(21)田村貞雄編『山口県自由民権運動史料集』(マツノ書店、一九九三年)二一頁。
(22)たとえば、麻生三郎『埋められた竜』『倒された竜』『飛び起つ竜』(以上の三部作、ラテイス、ともに一九七六年)、澤地久枝『火はわが胸中にあり』(角川書店、一九七八年)、竹橋事件百周年記念出版編集委員会編『竹橋事件の兵士たち』(徳間書店、一九七九年)等。
(23)井上毅伝記編纂委員会『井上毅伝』史料篇、第四、二二六～二二七頁。
(24)表17のなかで、農民の数が「士卒および家来」に匹敵していること、また、「士卒および家来」も卒や陪臣層が中心であることに留意すべきであろう。
(25)表17と表18は、この報告後執筆した「『敗北の美学』から『敗者の視座』へ」(『大岡昇平集』七、月報一六〈一九八三年十二月〉岩波書店)所収の表をそのまま転用したことをお断りしておく。なお、右の拙文にも脱隊騒動と竹橋騒動との共通面にふれている。ここでつぎのことを付記しておきたい。
表18のもとになった『竹橋事件の兵士たち』には、中沢市朗氏の「秩父路の父子たち」という論稿が収められている。その論稿に、竹橋騒動で非命に斃れた五六名(前記表18の五五名および自殺者一名)の墓碑「旧近衛鎮台砲兵之墓」の「祭主」となった人物として福井清介が登場する。彼は明治二十二年八月一日付で、この五六名の祭典を十月十五日とり行なうという通知を出している。その差出人としての福井の住所は、「東京赤坂区青山南町二丁目十六番地」である(前掲書、五〇頁。なお、五一頁にはその写真が収録されている)。この住所は、青山陸軍埋葬地(現東京青山墓地)に隣接する地内で、中沢氏は、「あるいはこの人は、旧近衛にあり、竹橋事件を目撃し、軍を離れたあと、墓地近辺にその住居を移し、非命に仆れた兵士たちの墓標を守り続けていた人なのかもしれない」(前掲書、五三頁)という。

さて、私がこれまで主に使用した『脱隊暴動一件紀事材料』の「編者」は福井清介である。この「編者」福井清介と毛利家の明治維新史編纂事業との関連については、広田暢久氏の「解題」が前記『材料』に収められている。広田氏は、この『脱隊暴動一件紀事材料』が編纂されたのは、明治二十六年から三十年の間と推定している（『材料』一三〇頁）。問題は、竹橋騒動の兵士たちの「祭主」たる福井清介と、この『脱隊暴動一件紀事材料』の「編者」福井清介とが、同一人物なのかどうかである。「編者」としての福井は、毛利家の写字生の欠員補充で、明治二十二年十二月六日、日給三〇銭で毛利家入りしている（『編輯所諸事控』山口県文書館毛利家文庫蔵。以下同）。そして、明治二十四年には三等編纂員（月給十二円）に昇格するが、のち末松謙澄を総裁とする『防長回天史』の編纂に当っては、「記録書類出納」となり、手当は十円となっている（『材料』一三二頁）。毛利家に入った福井の住所（明治二十五年頃か）は、「芝区三田台町一丁目二六番地」である（『山口編輯座諸申出控』）。これはさきの「祭主」福井の住所とは異なる。

ところで、「編者」福井は、その「履歴」によると、「山口県士族」で、弘化三年（一八四六）十月生まれである。その経歴は以下のようになっている（『編輯所事控』）。

明治七年五月四日　被補十五等出仕、陸軍省
同八年四月十九日　被補十四等出仕、同省
同十年一月十一日　文官四等官以下被廃
同十年一月十二日　被補十七等出仕、陸軍省
同十年十月十二日　被補十六等出仕、同省
同十二年三月十日　被補十五等出仕、同省
同十二年十二月二十一日　被補十四等出仕、同省
同十五年十一月二十九日　被補十三等出仕、同省
同十九年三月一日　非職被申付
同二十二年三月一日　非職満期

竹橋騒動当時、福井は、陸軍省十六等出仕の身であった。陸軍省にあって竹橋騒動を見ていたことになる。とすると、福井が、明治二十二年三月、「非職満期」になって陸軍省を離れ、同年八月、「祭主」福井となったと推定しても、あながちま

ちがいではあるまい。いや、「祭主」福井としての関心が、毛利家において脱隊騒動関係史料集の「編者」たらしめた、といえるかもしれない。さきの住所のちがいは、毛利家入りのための変更と考えれば、「祭主」福井と「編者」福井とを同一人物とみても差支えないだろう。こうしてみると、脱隊騒動と竹橋騒動とは、意外なところで結びついている、といってよい。以上については、川村善二郎氏の示唆をうけ、関係史料については広田氏の教示をえた。ここに記して謝意を表する。

(26) たとえば、E・H・ノーマンはその著『日本における近代国家の成立』(『ハーバート・ノーマン全集』第一巻〈大窪愿二編訳〉所収、岩波書店、一九七七年)で、奇兵隊を「徴兵制度の先駆」(一一一頁)といい、また、『日本の兵士と農民』(前掲『全集』第四巻、所収、一九七八年)で、「明治初期の軍隊の種子をそのなかに含んでいた」(五五頁)と述べている。

(27) 明治三年七月九日、山田市之允より木戸孝允あて(『材料』一五七頁)。なお、明治三年九月二日、杉孫七郎より木戸孝允あて(『材料』一六七〜一六八頁)参照。

Ⅳ　明治維新の見方

解題 Ⅳ

一　明治維新とは何か（原題「明治維新」〈『国史大辞典』13、吉川弘文館、一九九二年、所収〉）。
明治維新の研究水準を維持しつつ、公約数的な内容を記述するなかで、独自の解釈をも盛り込んだもの。文献は若干増補した。

二　明治維新をどうみるか（原題「明治維新」、北海道大学文学部『人文科学論集』一四、一九七八年三月、所収）。
本稿の注を除いた本文は、高橋幸八郎・大石嘉一郎・永原慶二編『日本近代史要説』（東京大学出版会、一九八〇年）に収録。右の論集は、ポーランドワルシャワ大学歴史研究所より世界史叢書の一冊に加えるための要請を受けた国際歴史学会議国内委員会（歴史学研究連絡委員会）が、「日本近代史の研究水準を海外に示す標準的論集（逐次諸外国語に訳す）」を作成しようとした意図のもとに十九のテーマによって計画され、執筆依頼を受けたもの。提出論文では注を省略したが、それを原型に戻し発表したのがこの論文である。

三　㈠明治維新とアジア（『月刊歴史教育』一の八、東京法令出版、一九七九年十一月号）。
㈡同時代史的方法による「世界史のなかの明治維新」（『新視点日本の歴史』第六巻近代編、新人物往来社、一九九三年、所収）。

㈢明治維新世界史への試み（『新しい歴史教育』第一巻、大月書店、一九九二年、所収）。

㈣世界史のなかの明治維新（田中彰編『近代日本の軌跡1明治維新』、吉川弘文館、一九九四年、所収）。

㈡の方法論に基づく㈢はまだ試論の域を出ていないし、㈣で提示している概念はなお十分な検討を要する。岩倉使節団の問題を含めて今後の課題である。

一　明治維新とは何か

定義

明治維新とは、十九世紀後半、日本が幕藩体制から近代天皇制へと移行する転換点となった一大変革をいう。それは十九世紀の五〇～七〇年代、東アジアにおいて世界資本主義による外圧が幕藩体制の内部矛盾と結びつき、二世紀半以上続いた江戸幕府の支配体制を崩壊せしめ、近代天皇制の創出・形成および日本資本主義の生成・展開の出発点となった政治的、経済的、軍事的、社会的、文化的な変革の総称である。

「明治維新」という語の出典は、「明治」が『易経』の「聖人南面而聴㆓天下㆒、嚮㆑明而治」、また、「維新」は『詩経』の「周雖㆓旧邦㆒、其命維新」、あるいは『書経』の「旧染汚俗、咸与維新」などとされる。この「明治」と「維新」は、明治三年（一八七〇）正月三日の大教宣布の詔書が、「百度維新、宜㆘明㆓治教㆒以宣㆗揚惟神之道㆖也」というように、神道イデオロギーで接合された。「明治」の語は、慶応四年（一八六八）九月七日の夜、天皇睦仁が宮中の賢所で、五条・高辻らの菅家の堂上が上った勘文に就き、改元のための元号候補からくじで選んだ。これは翌八日の改元と一世一元の制の詔で睦仁治世の元号となった。

「維新」に通ずる「一新」の語は、幕末期の幕府側の文書にも散見し、また、慶応期長州藩諸隊のなかの被差別部落民の隊名に「一新組」「維新団」の呼称が付され、この「一新」や「維新」の語には、これら被差別部落民の解放の願望が込められていた、と思われる。維新政府はこの「一新」意識を「御一新」と表現し、天皇による上からの「御一新」を強調した。これに対し江戸的な心情をもつ庶民からは「上からは明治だなどといふけれど、おさまるめいと下からは読む」と皮肉られたという。

明治維新の構成要件

明治維新を構成する政治力学的要件は、維新変革を「外から」規定した外圧と、幕藩体制を「内から」、そして「下から」つき崩し、倒壊せしめたエネルギー、およびそうした状況の中で明治天皇制国家を「上から」創出・形成した力が、構造的に結合して作動し、旧体制の温存と新体制の創出とが重層的かつ「非連続の連続」という形で展開したところに特質がある。

それは十九世紀後半という世界史的状況のなか、アジアとりわけ東アジアにおける「海国」日本という場で、内外諸勢力が拮抗・交錯して明治維新が遂行されたからである。この「外から」の力は、インドを植民地化し、中国を半植民地化しながら、日本や朝鮮に開国を迫った列強資本主義を指す。それは丸い地球を資本主義世界市場の連鎖として完結せしめる不可避的な法則性をもっていた。

視野をもっと広くとっていえば、十七世紀のイギリスのピューリタン革命（一六四二〜六〇年）および名誉革命（一六八八〜八九年）、十八世紀のアメリカの独立（一七七六年）やフランス革命（一七八九〜九九年）などを経て、世界史の潮流は近代的国家の形成と国民的統一の進行という形で発展した。それはイギリスの産業革命に端を発する資本主義と民主主義の波が、十八世紀から十九世紀にかけて欧米へと及んだことを意味し、十九世紀に至っては一八四八年

（嘉永元）のいわゆる二月革命の実現となった。それは労働者階級の成長と彼らの政治舞台への登場をおそれるブルジョアジーの反動攻勢となり、また後発国の民族国家形成の動きを強めた。ロシアでは一八六一年（文久元）、農奴解放令が出されてツァーリズムからの解放運動が広がり、アメリカでは南北戦争（一八六一〜六五年）によって奴隷解放が宣言された（一八六三年）。フランスのパリ＝コミューンの成立は一八七一年（明治四）である。それは日本の廃藩置県と同年であり、ドイツ帝国成立の年でもあった。その前年、イタリアはほぼ統一を成し遂げていた。一八三九年からタンジマート（恩恵改革）を進めたトルコでは七六年憲法制定による立憲政治の導入が試みられた。資本主義・民主主義・民族運動が発展し、さらにその矛盾のなかから労働者階級が成長し、十九世紀半ばからは世界はいちだんと大きく変貌し始めた。

このような世界の潮流がアジアに押し寄せたとき、インドではセポイの反乱（一八五七〜五九年）がおこり、中国ではアヘン戦争（一八四〇〜四二年）や太平天国による民族的抵抗（一八五一〜六四年）となった。そして北方からはロシアが迫り（璦琿条約は一八五八年）、フランスはインドシナの植民地化を企図し、アメリカは太平洋航路を開いて中国に迫ろうとした。

外圧に対するこうしたアジア民族の状況のなかで明治維新は遂行されたのである。アジア民族の抵抗は全体的には孤立分散してはいたが、主観的にはその関連が自覚され、いち早く情報は日本にもたらされ、危機意識を高揚させた。そして、客観的にはインドや中国の世界市場への組み込まれ方が日本を規定し、また、日本の対応がやがて朝鮮にも影響を及ぼすことになった。

イギリスやフランスがアジア民族の諸抵抗に逢着し手間どる間に、アメリカの使節ペリーの率いる「黒船」が日本に来た。したがって、一八五三年の「黒船」来航とその後における日本の歴史的変革は、世界資本主義の法則がアジア的状況のなかで日本に貫かれ、それに対する日本の対応＝変革の発現形態として捉えることができよう。

では、「内から」、そして「下から」の力とは何か。近世中期以降、農民的商品経済の展開によって、幕藩体制の矛盾は拡大・深化し、天保期には全国的にその矛盾が顕在化してきた。「黒船」来航＝開国による貿易開始と情報ルートのいや応なしの開放は、これにいちだんと拍車をかけ、国内の経済・社会は激しく変動した。この激変のなかで次第にブルジョア的発展を促進されたプラス地帯と、逆のマイナス地帯とが現出し、その地域的なさまざまな落差のなかで幕末期の小ブルジョア経済は全国的な規模で発展した。それは幕藩体制の個々の領域、分立的な各藩の網の目を解きほぐし、商品流通や情報の伝達を容易ならしめるとともに、民族的統一への経済的、社会的条件を急速に整える役割を果たしたのである。「黒船」来航以後わずか十五年にして、二世紀半以上続いた強固な幕府の支配体制が一挙に崩壊したゆえんである。

この経済・社会の激動のなかで、農民や商人層などの分解・分化はいっそう進み、支配階級たる武士層も分裂した。そして、中・下層武士や知識人、あるいは地主・豪農商層の一部は、外圧の危機感のなかで急速に民族的自覚を促され、政治運動へと走った。ときあたかも高まる農民一揆や打ちこわしは、変転する政治運動と微妙に関連しつつ維新変革をその背後で規定したのである。また、この民衆運動は、曲折と変容を経ながらも、やがて明治十年代の自由民権運動へと継受・発展せしめられていく。

「上から」の力は、この「内から」ないし「下から」の力や「外から」の外圧に対応しつつ、あるときはこれを利用し、あるときは拮抗・弾圧して幕藩体制にとって代わる明治天皇制国家を創出・形成する力を指し、討幕派―維新官僚―天皇制政治家という系譜をもつ勢力をいう。彼らは当初は西南雄藩という旧権力によりつつ、次第に上昇・転回して「朝臣」化し、「朝臣」化することによって天皇中心のイデオロギーのもとで欧米の近代的国家にならいながら、中央集権的な近代官僚機構を整備し、天皇をその権力の中核にすえて絶対化し、明治天皇制国家を創出・形成し、やがて確立していったのである。

以上のような世界史的状況下での維新変革のプロセスは、後発国特有の「上から」の「文明」化による経済・軍事そして文化の強力的な集中となる。そして、この「文明」化は同時に「脱亜」の発想と表裏一体をなし、アジアへの侵略的性格を色濃くもつ。「上から」の「文明」化による近代天皇制の形成過程は、「内」における強力的な中央集権的専制と、「外」に対する軍事的侵略的指向を構造的性格たらしめたのである。

明治維新の前提

日本の近世、つまり幕藩体制は同時に鎖国の体制といわれる。しかし、この鎖国の体制はたんに国を鎖すのではなく、長崎を窓として幕府が、中国とオランダを通してのアジアおよび西欧世界との貿易・情報を直接管轄すると同時に、朝鮮（対馬藩）・琉球（薩摩藩）・アイヌ（松前藩）のルートをも間接統制する形で、すべての貿易と情報を幕府が独占する、いわゆる「海禁」政策の体制だった、と最近の研究は指摘する。

だが、日本はアジア大陸に沿う列島国家＝「海国」であったから、常に外国船の来航や漂着に曝され、また、不時の漂流民も多く現出した。幕府は文政八年（一八二五）の異国船打払令（無二念打払令）あるいは天保十三年（一八四二）の薪水給与令でこれに対応し、漂流民の送還に対しては詳細な取調べと情報の拡散防止を図った。しかし、この漂流民による異文化接触の体験や断片的な情報は、藩や民衆に徐々に広がった。

他方、蘭学から洋学へと移行していった体系的な知的情報は、シーボルト事件（文政十一年）、蛮社の獄（天保十年）などの弾圧事件にもかかわらず体制内に滲透し、各地の蘭学塾や洋学塾を通して一定の知識層が形成され、幕藩体制の情報独占体制は破綻していった。

また、これらの情報ルートを通し、アヘン戦争での中国の敗北が伝えられるや、武士階級ないし知識層、さらには一部の豪農商層は衝撃を受け、外圧への危機感は広くかつ深刻に幕末の日本をおおった。この外圧に対する深刻な危機感が幕末日本の民族的自覚を促す下地となる。

加えて、幕藩体制の矛盾に発する内在的な危機は、天保期に顕在化し、天保初年には全国的な飢饉と相まって各地の一揆・打ちこわしとなった。天保八年、大塩平八郎の乱が大坂に起るや、それはたちまち各地に波及し、越後柏崎の生田万の乱をはじめ連鎖反応を示した。このように顕在化する矛盾に対して、水戸藩や薩長土肥の西南雄藩はいち早く天保初年から藩政改革に着手したが、幕府もまた老中水野忠邦によって、天保十二年天保の改革を行ない、体制の強化を図った。しかし、水野は失脚し、これを機に西南雄藩でも藩政改革は一進一退する。そして、弘化・嘉永期における支配層内部の分裂による激しい政争と外圧への対応のなかで、中・下層の有能な改革派武士層登用の道が開かれていくのである。

そこへ「黒船」来航となるのだが、ではなぜ明治維新において西南雄藩が主導権を握りえたのか。多くの要因を指摘することができるが、薩長土肥の西南雄藩に共通する基礎的な要素としては大略つぎのことが挙げられる。

(一)幕府支配の政治・経済の中心地（江戸・大坂）から遠く離れ、外様藩の比較的大藩であったこと、(二)郷士制（長州藩は「住宅諸士」）という在郷武士的な存在を内包するような藩体制であったこと、(三)薩摩藩は琉球、長州藩は下関（対馬ルート）、土佐藩は長崎ルート、肥前藩は長崎という交易・情報の窓をもっていたこと、(四)それだけにこの窓を通して外圧を敏感に受けとめ対応したこと、(五)上記の状況から藩内矛盾の顕在化は天保藩政改革以後それをめぐる激しい政争と化し、嘉永・安政期には一段と激化し、そのため中・下士層からの人材登用の機会が多く、彼らが藩政の中枢に進出したこと、などである。これらの共通項に各藩の特殊事情、とりわけ、薩長両藩が薩英戦争、下関戦争で直接外国軍事力と対決して敗北した経験などが加わっている。

歴史的経過

ここでは明治維新の範囲を嘉永六年のペリー来航から明治十二年の「琉球処分」による日本の近代国家としての国境画定までとして、その歴史的経過を二期に分けて略述する。

その第一期をペリー来航から江戸幕府倒壊までとし、さらにこれを㈠ペリー来航から大老井伊直弼暗殺まで、㈡尊攘運動から倒幕までに分ける。また第二期を維新政府樹立から「琉球処分」までとする。ちなみに第三期を明治十年代を中心とした自由民権期以降とすることも可能だが、ここでは含めていない（後述「時期区分」の項を参照）。

第一期　ペリー来航から江戸幕府倒壊まで（嘉永六年～慶応三年）

㈠ペリー来航から大老井伊暗殺まで（嘉永六年〈一八五三〉～万延元年〈一八六〇〉）。

弘化元年（一八四四）、オランダ国王ビレム二世は、将軍あての親書で日本に開国を勧告した。鎖国下、日本とヨーロッパとの貿易を独占していたオランダは、西欧諸国の日本進出を懸念し、独占的な既得権を守ろうとしたのである。だが幕府は「祖法」をたてにこれを拒否した。さらにオランダは嘉永五年、アメリカの対日使節派遣計画の情報を日本へ伝え、日本とオランダの条約締結を提議したが、幕府はこれも拒否した。そして、オランダの予告通り嘉永六年六月三日、アメリカ東インド艦隊司令長官・海軍代将マシュウ＝カールブレイス＝ペリーは四隻の「黒船」を率いて浦賀沖に出現した。

ペリーはその前年、アメリカの東海岸ノーフォークの港を発して大西洋を南下し、ケープ＝タウンからコロンボ、シンガポールを経、香港・上海で態勢を整え、琉球・小笠原諸島を経由して浦賀に来た。琉球・小笠原を基地化することをふまえて日本に来航したのである。

ペリーの来日目的は、第一に、日本沿岸で遭難あるいは避泊したアメリカ船乗組員の生命・財産を保護すること、第二は、それらの船舶への薪水・食糧の補給港を求めること、第三は、日米両国の貿易を勧告することであった。

彼はその実行を軍艦と大砲の威力で日本に迫った。その背後にはアメリカにおける産業革命の進展に伴う中国市場への進出問題があり、北太平洋ないし日本近海での捕鯨業の補給港・避泊港の確保問題があった。つまり、ペリーの率いる「黒船」来航は、ロシア・イギリス・フランスなどの列強資本主義のアジア進出ないし西欧世界秩序の普遍化の一環であったのであり、アメリカの太平洋進出の延長線上にアメリカ海軍主導の外交法権（いわゆる砲艦外交）によって日本の開国を実現しようとしたのである。

さきにオランダ国王の開国勧告を拒否した幕府は、その直後の弘化二年（一八四五）七月、海防掛を置いた。海防掛は安政五年（一八五八）七月の外国奉行の設置で廃止されるが、その十三カ年の間、幕府内部の有能な実力吏僚登用の道となった。彼らは沿岸防備のための軍事や経済改革、さらには蝦夷地開発などの諸改革の推進に大きな役割を果たした。西南雄藩も天保改革以後急速に海防問題に取り組んだ。

この幕府と西南雄藩との外圧への対応如何は、その後の両者のあり方と関わる。老中阿部正弘は御三家の一つ水戸藩前藩主徳川斉昭を海防参与とし、越前藩主松平慶永（春嶽）や薩摩藩主島津斉彬に接近し、いわゆる協調政策をとった。それは外圧を「祖法」を越えた危機とみたからである。だから阿部は、「黒船」来航の事態を「国家之一大事」とし、一方では嘉永六年六月、朝廷にこれを報告し、他方では諸大名以下幕府有司・儒者・浪人・町人に至るまで広く意見を徴した。それは朝廷（天皇）という伝統的名分的な権威を危機内に引き込むことによって権力の集中を図ろうとし、反面、外圧の危機感の底辺への拡大によって、揺らぎつつある幕藩体制の再編・強化を意図したものにほかならない。

さきの海防掛を通しては川路聖謨・水野忠徳（以上、勘定奉行）、土岐頼旨・筒井政憲（以上、大目付・海防掛）、堀利熙・永井尚志・大久保忠寛（以上、目付・海防掛）、岩瀬忠震（目付・勝手掛・海防掛）、竹内保徳（箱館奉行）、井上清直（下田奉行）、江川英竜（海防掛）、高島秋帆、勝海舟らが登用され、彼らはその後幕府の開明吏僚として活躍する。それは格式や身分にこだわらない人材登用でなければ国家的危機への対応が不可能であったことを示すと同時に、外圧と内政の接点で、政治の担い手が上層から中・下層の実力吏僚層へ移行し、幕藩的な枠組を越えて新しい官僚的な実力吏僚層が生み出されていく過程でもあった。

これらの新しい官僚的実力吏僚層によって幕府は「祖法」のタテマエ論はタテマエとしつつも、実際の外交交渉においては徐々に現実対応の方策をとったのである。世にいう「ぶらかし」策である。

それが現実のプロセスでは、安政元年の日米和親条約から下田条約（安政四年）、さらに安政五年の日米修好通商条約をはじめとするいわゆる安政五箇国条約の調印となる。この通商条約問題は第十三代将軍徳川家定の継嗣選定という内政問題とからんだ。一橋慶喜を次期将軍に推す一橋派と紀州藩主徳川慶福をかつぐ紀州派（南紀派）との暗闘のなかで、井伊直弼が大老職に就くや、独断専行、第十四代将軍に慶福（のち家茂）を決め、アロー戦争（第二次アヘン戦争、一八五六〜六〇年）などの情報で威嚇と督促を重ねる初代駐日アメリカ総領事タウンゼント＝ハリスとの間に安政五年六月十九日、勅許を得ないままに日米修好通商条約を調印した。井伊はそれを「臨機の権道」とみ、朝廷から政治を委任された征夷大将軍としての幕府のとるべき道だとし、責任は一身に負うとしたのである。

継嗣問題で敗れた一橋派は、井伊の違勅調印を理由に、「違勅」に対しては「尊王」を、「開国調印」に対しては「攘夷」をとなえた。本来名分論としては別個であった「尊王」と「攘夷」とが、「尊攘」というひとつづきのものとなり、反井伊・反幕閣の政治スローガンとなった。時の孝明天皇も激怒して譲位の意向をもらし、「戊午の密勅」を水戸藩へ下した。朝廷内部でも上級佐幕派の公家と下級尊攘派の公家とが対立し、後者は「列参」という集団威圧行動をとった。それは朝廷の政治勢力化であり、天皇の政治化を意味した。条約勅許問題はその後の政局の争点となって引きつがれていく(慶応元年十月、勅許)。

井伊はこの反対運動にいわゆる安政の大獄という血の粛清で応えた。そして、その弾圧の返り血を浴び、大老井伊は万延元年三月三日、桜田門外に横死した。

ところで、「黒船」来航の情報は、たちまち全国に伝わり、至るところで一種のパニック状態を引き起した。予感されていた危機が現実のものとして伝達されたのである。幾種類もの「黒船」や世界地図の瓦版などが人々の間で広く読まれ、危機感の拡大とともに世界へと関心が向けられた。「自由貿易」を旗印とする外圧による開国は、後発国日本にとってはそれ自体が不平等であったし、領事裁判権や関税自主権の欠如、さらに和親条約から引きつがれた最恵国条款などがその不平等の内実を規定した。

不平等の内容は中国(清)が列強との戦争によって敗北後に結んだ南京条約(一八四二年)・天津条約(一八五八年)・北京条約(一八六〇年)などよりはやや緩和されていたが、そのことは市場価値としての中国と日本との相違および軍事力行使の有無とも関連していたのである。

中国においては、これらの問題を機に支配層の漢人官僚によって洋務運動がおこり、同治中興(一八六二〜七四年)は列強と清国支配層との癒着を急速に進めた。

開国による貿易は、開港場に設けられた居留地を中心に、いわゆる居留地貿易〈商館貿易〉として開始された。そこは日本の行政権の及ばない日本の中の異国だった。イギリス系のジャーディン＝マセソン商会、デント商会などの巨大商社をはじめ、アメリカのウォルシュ＝ホール商会などが活躍し、横浜を中心に幕府の御用商人三井〈越後屋〉や上州出身の中居屋重兵衛などの江戸商人や地方新興商人が店を構え、生糸や茶、のちには蚕種などの取引をした。輸出に直結する産品の生産地帯では経営が拡大・発展してマニュファクチュアが展開した。しかし、生糸の値段の高騰により、それを原料とする絹織物生産は危機に面し、物価の上昇と相まって不穏な状態が各所に現出した。輸入品は毛織物・綿織物などの加工産品や軍艦・武器などだった。加えて、貿易通貨のメキシコ＝ドル〈メキシコ銀・洋銀〉と日本の貨幣との金銀比価の相違によって、良質の日本貨幣は海外に流出し、それを防ぐための貨幣改鋳は物価高騰に拍車をかけた。

こうした経済的混乱と全国的な商品流通による地域的落差の現出が幕藩体制の崩壊をいっそう進めるとともに、武士層の分裂や農民・商人層の階層分化を促進し、そのなかで中・下層武士層は政治化し、自覚的な豪農商層、知識人が輩出して、尊攘・倒幕運動の基盤を形成した。

㈡尊攘運動から倒幕まで〈文久元年〈一八六一〉〜慶応三年〈一八六七〉〉

大老井伊の横死のあとをうけて久世〈広周〉・安藤〈信正〈信睦〉〉政権が成立し、公武合体運動は展開する。この久世・安藤政権の評価は分かれている。肯定的な評価は政権それ自体よりも安藤個人に対してであり、否定的な見解は安藤自身よりも当時の情勢に対するこの政権のあり方に比重がおかれている、といえる。

さて、公武合体運動は、外圧下、政治化した朝廷〈公〉と幕府〈武〉および雄藩〈武〉という三勢力の間で二つの「武」が相拮抗しながら「公」に結びつこうとした政治運動である。幕府のいう「公武一和」は幕藩体制の再強化であり、雄藩側からの公武合体運動は幕権への割り込み策であった。文久・元治期は、この公武合体運動と尊攘運動とが対立・交錯し、かつ尊攘運動が破産する波瀾の時期である。

前述のように尊王攘夷は、当初は反井伊・反幕閣のスローガンであったが、この尊攘イデオロギーは後期水戸学などの影響もあって、すべての価値の源泉を天皇に求め、天皇を絶対化していった。そこには「夷狄」への危機意識や幕藩体制の矛盾が敏感に受けとめられていた。イデオロギーとしての尊攘は、あくまで君臣の義、華夷内外の弁という名分論であった。

しかし、文久二年（一八六二）、朝廷に国事御用掛が新設され、翌年、国事参政・国事寄人がおかれ、学習院に尊攘派が進出し、現実に朝廷に尊攘派勢力が結集して天皇の政治化、朝廷の政治勢力化が進み、反面、外圧の危機が次第に半植民地化の危機として認識され始めるや、尊攘運動は客観的にはナショナルな側面をもたざるをえなくなったのである。開国に伴う経済変動がこれに拍車をかけた。それは尊攘運動における攘夷が、一面では目的ではなく手段化されていくことと表裏をなしている。

文久三年五月十日の攘夷期限の日における長州藩の外船砲撃は、伊藤博文ら長州藩士がロンドンへ向けてひそかに横浜港を出航したことと時期を一にしていた。攘夷運動は外圧を否定的に媒介する形で維新変革の主体を形成する役割を担ったのである。この尊攘運動は、文久三年八月十八日の政変と翌元治元年（一八六四）の禁門の変で挫折・転回する。攘夷の不可能を、公武合体運動の中軸薩摩藩は生麦事件（文久二年）に端を発する翌文久三年の薩英戦争で思い知らされ、尊攘運動の中心長州藩は下関での外国艦船砲撃事件、翌元治元年の四国連合艦隊の下関攻撃（下関戦争）によって身をもって体験したのである。

対する幕府は、文久二年、幕政改革を推進した。一橋慶喜が将軍後見職に、松平慶永が政事総裁職に就いた。そして、職制改革、参勤交代の緩和、軍政改革、さらに学制、近代洋学へと展開する諸改革を行なった。その政治路線はその後の幕政の基本となり、やがて慶応三年の大政奉還路線、「大君」制国家構想へと連なっていく。

ところで、慶応期の討幕派は、公武合体運動と尊攘運動との対立と交錯、そしてその転回の上に成立した政治勢力である。討幕派は一方では尊攘運動の系譜を引きつつ天皇をギョク（玉）として絶対化するとともに、他方では公武合体運動が天皇を相対化して政治的に利用したことをも自己論理のなかに取り込み、天下万人（人心）の納得するものこそ「勅命」だというように、人心を座標軸にすることによって天皇を相対化し、タマ（玉）として利用する発想に立っていた。

薩長の討幕派は慶応二年正月、坂本竜馬（土佐）を仲介として薩長同盟を結び、第二次幕長戦争を企図する幕府と対抗した。薩長同盟は勝敗二局面をも見すえた軍事攻守同盟であり、のちには薩長による西日本市場掌握によって幕府と対抗する経済路線へと発展するものであった。この薩長討幕派は、尊攘運動の観念性や公武合体運動の妥協性からも抜け出て、天皇に対しても民衆に対しても政治的リアリズムをもって対処し、むしろこれらを自己論理のなかで操作する存在だった。

それは国際勢力に対しても同じである。討幕派は雄藩連合をもって「中立」を標榜するイギリスと結びつく開国路線を進め、公議政体論を基礎とし、フランスに頼ることによって徳川慶喜（第十五代将軍）中心の新しい統一国家＝「大君」制を構想する幕府勢力を軍事力で打ち破り、勝利を占めた。そこには、尊攘運動を通して外圧を否定的媒介として政治的主体を形成した討幕派と、それなしにフランスに癒着しようとした幕府との差が、結果として現われていた。それは慶応三年から翌四年（明治元年）にかけての、大政奉還と討幕の密勅、王政復古の大号令、鳥羽・伏見の戦に端を発する戊辰戦争の過程にみることができる。

幕府倒壊によって二百有余年の江戸幕府の支配が終ると同時に、古代以来の摂政・関白や征夷大将軍などの官職が廃止された。これをとりまく国際勢力のうち、開国で先頭をきったアメリカは、本国の南北戦争で日本から後退し、国際勢力の主導権は、西南雄藩側を支持していたイギリスが握ったのである。

以上みてきた倒幕運動・幕府倒壊の後景には、「世直し」一揆の高揚があった。幕末期の一揆（都市騒擾・村方騒動を含む）の年平均件数を元号ごとに示すと、嘉永四五・三、安政五四・五、万延九一・〇、文久四八・三、元治五〇・〇、慶応一一三・七となり、とりわけ慶応二年は一八五件が数えられている。この「世直し」一揆のなかには倫理的な禁欲や思想性をもった組織的な集団行動もみられ、「世直し」による民衆のユートピア世界をつくろうとする意識もひそんでいた。慶応三年には東海道筋・名古屋一帯から京坂・山陽道筋に及ぶ地域は「ええじゃないか」の民衆の集団乱舞が席捲した。そこに討幕派の政治工作を指摘する説は早くからあるが、いまや崩れようとする幕藩体制への不満と不安、変革への予感、そして「世直し」のかなたのユートピア世界への願望とが交錯し、伊勢神宮のお札の降下という宗教的契機が、民衆の鬱屈・蓄積したエネルギーを倒錯した形で爆発させたとみるべきだろう。「世直し」にミロク（弥勒）信仰がからんでいたとすれば、そこに人びとが米の豊熟した幸福にみちたミロク世の到来を期待したとしても不思議ではない。それが倒幕運動と重なれば、民衆が薩長討幕派にみずからの解放を夢みたことも否定できない。

しかしその討幕の最終段階で「世直し」一揆のエネルギーの大半が「ええじゃないか」に転じ、「ええじゃないか」と「世直し」一揆とが併存する形で幕府倒壊の終末を迎えたのである。それは民衆の下からの「世直し」＝「一新」期待のエネルギーが、上からの「御一新」のチャンネルに流し込まれていくこととも関連する。

第二期　維新政府の樹立から「琉球処分」まで（明治元年〈一八六八〉～十二年〈一八七九〉）

民衆の「世直し」＝「一新」の期待が、天皇による「王政復古」「百事御一新」にきりかえられていく論理は、九州鎮撫総督の旨を受けた長崎裁判所（当時は維新政府の行政機関）の慶応四年三月の「御諭書」にみられる。そこでは「御一新」とはすべてが新しくなることにはちがいないが、「中々其リクツニハイカヌゾ」と戒め、天皇と「御日様」とが結びつけられている。そして、王土王民論を前提として天皇支配の正当＝歴史性が主張されたのである。

同じ時期、江戸城総攻撃の前日たる三月十四日には、いわゆる「国威宣揚の宸翰」とともに五箇条の誓文が発せられた。誓文はこの時点の政治状況を反映したすぐれて政治的な綱領であった。そこでは「会議」「公論」の尊重や国際性がうたいあげられていたが、翌日のいわゆる「五榜の掲示」では旧幕府時代の徒党・強訴・逃散の禁止があらためて確認されていたのである。

国際性といえば、維新政府は、幕末期徐々に受容されていた国際法としての「万国公法」と世界の通義（公義）としての「宇内之公法」とを混用した。混用することによって維新政府の開国和親の方針の正当化を図ったのである。この維新政府は、幕府のもっていた「大君」制国家構想の頂点にあった「大君」（将軍）を天皇におきかえるとともに、五箇条の誓文を官制化した政体書（慶応四年閏四月）によって国家機構を三権分立で粉飾しつつ、天皇・太政官に帰一させた。めざすところは「明天子賢宰相ノ出ヅルヲ待タズトモ、自《おのずか》ラ国家ヲ保持スルニ足ルノ制度」（岩倉具視）の確立であり、近代天皇制国家の創出だった。

藩という地方の体制を消滅させるために、版籍奉還（明治二年）や藩制の改革がなされ、中央軍事力としての親兵を設置した（明治四年二月）上で、明治四年七月、廃藩置県が断行された。その背景には高官暗殺、脱籍浮浪の徒の横行、さらに山口藩諸隊の反乱（長州藩脱隊騒動）、それと結びつく農民一揆など、反政府運動の重層的な広がりと内乱化への危機があった。

また、対外的にも統一国家の政府としての支配の実態をもつ中央集権的な政権の樹立が急がれたのである。身分差別の賤称も「四民平等」の旗印によって廃止された。だが、「一君」のもとでの「万民」は、華族を含め新たな官尊民卑の身分秩序で律せられていった。

廃藩置県後程なくの明治四年十一月、明治政府は岩倉遣外使節（岩倉使節団。横浜出航時、四十六名。これに留学生その他が加わる）を米欧十二カ国に派遣した。国書捧呈、条約改正の予備交渉、制度・文物の調査研究がその目的だった。条約改正交渉には失敗したものの、使節は天皇中心の近代的国家の形成を「万国対峙」の中でどう実現するか、その国家モデルの選択肢を先進諸国に求め、大国や小国をつぶさに聞見した。そして、その帰途、植民地化された東南アジアを目のあたりにし、「文明」化の方途をさぐった。

帰国直後の明治六年十月の政変（「征韓」論の分裂）は倒幕運動以来、薩長土肥を中心に構成されていた政治勢力の決定的な分裂となった。すでに薩長土肥の藩閥も、藩閥の枠内では流動的になっていた。新しい藩閥は形成されつつあった官僚機構とより強く結びつく形でつくられていく。政府の主導権を握ったのは外遊派＝新薩長派の大久保利通・木戸孝允らの中央官僚（政治家）派であり、下野勢力は西郷隆盛・板垣退助らに代表されるいわゆる征韓派だった。

この征韓派はやがて士族派と民権派とに分裂する。外遊派＝新薩長派は内務省（六年十一月設置。内務卿は大久保）を中軸にし、工部・大蔵両省を両翼とした大久保政権に結集した。大久保政権は「万国」に「対峙」するため、「宇内」の「公義」にかなう「万国公法」に拠りつつ、いかに早く「文明」化する道を歩むかを課題とした。

だから、「文明」化は権力的に先取りする形で強行された。それは「文明開化」を力と化すことであった。殖産興業政策をはじめとする大久保政権の一連の政策はそのためのものである。

すでに留守政府によって着手されていた学制・徴兵制・地租改正などの改革はいっそう推進された。旧幕藩の軍事産業と主要鉱山の国営化が実行され、官営模範工場を通して機械制生産の技術が導入された。工部省を中心に多くの御雇外国人が高給で抱えられた。この大久保政権は旧幕府時代の文化蓄積の上に立つ旧幕臣出身の実務官僚によってその政権の裾野を支えられていたのである。

他方、無用とされた士族は秩禄処分によって解体を進められ、反面、旧大名の有産化が図られた。地租改正によって農民（地主）の私的土地所有は認められたが、旧貢租に匹敵する地租は確保された。明治十年一月、地租率三パーセントが二・五パーセントに下げられることにより士族反乱と農民一揆は分断され、かつ弾圧された。諸隊反乱の鎮圧強行後の徴兵制度によって天皇制軍隊は創出され、警察制度も確立されていった。日本国内の租借地・居留地などの国権の回復が徐々に進められ、また、明治七年の台湾出兵、明治八年の江華島事件につぐ翌年の日朝修好条規（江華条約）の調印などで、東アジアへの強硬姿勢は強められた。

それは列強のアジア政策を、「文明」化しつつあった日本が代行する形での「脱亜」政策の実行であった。日本の「文明開化」とはこうした内外政策を巧みに関連させ、かつ正当化する自己論理のうえに立つものであった。

明治二年（一八六九）七月、北海道には開拓使がおかれ、実験場として開発が進められた。明治八年、ロシアとの間には樺太・千島交換条約が結ばれ、翌年にかけては小笠原諸島の帰属問題も解決した。明治十二年（一八七九）には、琉球はさきの台湾出兵の延長線上で、外務省から内務省の管轄に移され、軍事的圧力のもとで、「琉球処分」が断行された。沖縄県の設置である。

ここに統一国家としての明治天皇制国家の国境は画定した。それは最終の士族反乱としての西南戦争が鎮圧された二年後であり、大久保政権の中心人物大久保利通暗殺の翌年だった。

明治六年十月の政変の翌年一月、民撰議院設立建白書が左院に提出され、これに端を発する自由民権運動は、士族反乱終熄のあとを受けて、その基盤も地方の豪農商層へと広がり、本格化する。「有司専制」の政府の体質が厳しく問われたのである。国会開設・地租軽減・不平等条約の撤廃という三大綱領がかかげられて運動の組織化が進められた。明治十一年（一八七八）、郡区町村編制法・府県会規則・地方税規則のいわゆる三新法が公布されるや、これを逆手にとった豪農商層＝地方名望家層は、いくたの弾圧法にもかかわらず民権運動をいちだんと広げていったのである。明治政府の権力強化策としての「富国」化が、同時に、自由民権運動というブルジョア民主主義運動を高揚させ、政府との対決を深めていくというパラドキシカルな現象を呈するのである。近代天皇制の形成・確立を目指す明治政府が、上からのブルジョア化政策を進めて権力強化を図ろうとすれば、同時にそれに対決するブルジョア民主主義運動が高まるという二律背反の構図は、十九世紀後半の東アジア後発国日本における明治維新という変革の必然的かつ構造的な性格といえよう。

再言すれば、権力による上からの「文明開化」は、自由民権運動を引き起し、「文明開化」によって政府が権力の絶対性を強めれば、抵抗はいよいよブルジョア民主主義運動として権力との対決姿勢を強めていくというこの二律背反の重層的なかつ癒着性をもつ構図が、明治維新の性格を複雑にし、そのことが明治維新を絶対主義の成立かブルジョア革命かという、二者択一的な発想での論争を長く繰り返させたゆえんといってよい。

明治維新は十九世紀後半の東アジアにおける後発国日本の近代の起点としての一大変革であり、この二律背反的な重層的、癒着的構造こそがその特質であり、それはこの時点におけるアジアの近代的「革命」の一型態であった、といえるのである。

時期区分

明治以降、明治維新は偶然的な「黒船」来航にはじまると捉えられてきたが、昭和初年の日本資本主義論争によって、この「黒船」の世界史的意義が明らかにされ、そのことは逆に日本の一国史的な内的発展の段階を問う契機となった。そして、外圧に対応する内発的必然性を重視する視点が打ち出されたのである。

これを受けて第二次世界大戦後の明治維新史研究では、維新の開始期を「黒船」来航以前の天保期とする説が一般化した。この天保期説も天保八年の大塩平八郎の乱、あるいは幕府の天保の改革の失敗（天保十四年）を指標とするなど、諸説に分かれる。

しかし、一九六〇年（昭和三十五）前後からそうした見方の再検討がはじまり、維新変革の国際的規定性があらためて問題とされた。それは十九世紀後半という世界史のなかに日本の明治維新を位置づけ、東アジアにおける維新の意味を問い直すことであった。したがって、それは国内的要因と国際的規定性を統一的に捉えることであり、この両者の構造的連関のなかで維新の特質を探ろうとするものであった。

かくして、明治維新の始期は「開国」とされたのである。この開国期説は、ペリー来航の年（嘉永六年）もしくは安政の通商条約締結・開港（安政五～六年）の時期を指す。

では終期はどこにおかれているのか。列挙すれば大略つぎのようになる。

㈠明治四年説。これは廃藩置県によって幕藩体制が一掃され、新政府による統一国家が成立した、とみる。

㈡明治六年説。学制や徴兵令・地租改正などの一連の改革令ないし明治六年十月の政変を画期とみる。

㈢明治十年説。最後の士族反乱たる西南戦争を指標とする。この年から翌年にかけての西郷・木戸・大久保という「維新の三傑」の死は維新終末のイメージと重なる。以後は明治七年の国会開設要求に始まる自由民権運動の新たな段階に入った、とみるのである。

㈣明治十二年説。「琉球処分」が指標となる。本稿もこの年を終期としているが、それは「琉球処分」で廃藩置県は完成し、近代国家としての統一がなり、また、「琉球処分」は日本の近代的統一国家形成過程における、旧体制と国際的条件がきり結ぶ最後の結節点だったとみるからである。内外条件を統一的に捉えようとする始期に対応する終期説でもある。

㈤明治十四年説。明治十四年の政変を重視する。旧領主階級と政商に基盤をおいた国家権力が、この政変あたりから自己修正を遂げ、次第に基盤を寄生地主と政商・特権ブルジョアジーの系譜をひく近代産業ブルジョアジーへ移行し始めた、とみる。

㈥明治十七年説。秩父事件が指標となる。領主対農民という幕藩体制の基本的階級対立が、この事件から寄生地主・資本家対小作人・労働者という資本主義社会の基本的階級対立へ転換した、とみる。秩父事件を自由民権運動の決定的な転換とみる見方とも重なる。

㈦明治二十二〜二十三年説。大日本帝国憲法の制定と教育勅語の渙発によって明治憲法体制の法的ないしイデオロギーの支柱が形成され、また、帝国議会も開かれ、このころまでに資本主義の土台もほぼでき上がる、とみる。

以上の終期説のうち、㈢もしくは㈦説が一般的にはとられている。本稿の㈣説は㈢説を包み込んでいると考えてもよい。㈤ないし㈦説はいずれも自由民権運動を明治維新のなかに含めているが、維新期と民権期を別個に取り扱うかどうかは明治維新の性格規定並びに民権運動の性格規定とも関連する。さらに㈦説にしても日清戦争（明治二十七〜

二十八年）とその「戦後経営」をも含めて幅広く画期をとることも可能である（法体系による「三十二年体制」説とも重なる）。いずれにせよ、これらの諸説は明治維新と近代天皇制国家（日本資本主義、ひいては日本帝国主義）との関わり方を問うことになる。

いずれの説をとるにせよ、日本の近代国家の出発点が明治維新におかれ、その維新変革のプロセスがその後の明治国家や近代天皇制の性格や構造を決定づけた、とみる点では共通している。

明治維新観の変遷

明治・大正・昭和の各時代における維新論はすぐれて現代論である。

ここにいう明治維新観はその意味では維新史研究上の狭義の維新論のみならず各時代の人びとの抱いた広義の維新のイメージをも含む。

維新政府はみずからの正当（正統）性として「王政復古」論を主張したが、これに対し、戊辰戦争のさなか、維新の変革は草莽、つまり民間の側から起ったとする「草莽復古」論もみられた。

明治政府の「文明開化」政策のもとで、明六社を中心とする明治啓蒙思想家（ほとんどが官僚）によって維新の開明性・進歩性が強調されたが、政府は「王政復古」論を『大政紀要』（宮内省系）や『復古記』（太政官系）という形で編纂し、また刊行した。他方、自由民権運動の側は、五箇条の誓文の一カ条一カ条を論拠にして国会開設を主張し、民衆の側からの維新論をさらに発展させ、明治維新は「自由」への第一歩であり、その「維新の精神」を引き継いだ民権陣営こそが「維新革命」の正統な後継者であり、民権運動は「第二の維新」だと主唱したのである。

この第二維新論は民友社の平民主義の主張にも受け継がれ、明治二十年代前半の思潮として人びとを広くとらえた。

そこには近代天皇制を維新の延長線上で正当（正統）化しようとする明治政府の側からの維新論への批判を含んでいたのである。

しかし、第二維新論は日清戦争によって大きく転回した。日清戦争こそが「第二の維新」の実現であり、維新の「果実」だとされたのである。日清戦争の勝利はその「戦後経営」とともに、政府の明治維新に対する正当（正統）性を、イデオロギーとして民衆にまで滲透させることに成功した。ただ体制・反体制側のいずれもが維新変革それ自体の意味は評価し、「維新の精神」が近代日本の原点であることを認めていたことは留意しておかねばならない。

明治三十年代以降、佐幕派の維新論、すなわち旧幕臣による江戸時代の再評価や幕府の衰亡史を維新史の中軸とする幕府中心の明治維新史、あるいは東北諸藩を主として描いた維新史の登場にも、すでに体制側の維新観はゆらぐことなく、それを許容する余裕すらもっていた。そして、日露戦争を経て天皇制が帝国主義的色彩を強めつつ完成するのに呼応して、明治維新に民族的特質を指摘し、神格・絶対化された天皇中心の国体論の伝統性が強調される反面、開国以来欧米の文明を摂取した日本の「文明的存在」が主張された。

こうした支配の思想のもとで、明治四十四年（一九一一）、薩長中心の維新史料の蒐集と官撰の明治維新史の編纂を目指した維新史料編纂会が設置された（昭和十二年より『維新史料綱要』全十巻、『維新史』全六巻などを刊行）。

この枠組を突き破る社会主義的維新観も明治三十年代以降の労働者の階級的成長と相まって芽生えつつあった。大正期におけるいわゆる大正デモクラシーの潮流は、第一次・第二次護憲運動を背景に、再び「第二の維新」としての「大正維新」を唱導せしめた。そこには個人主義の論調や立憲思想による憲政史的維新観がみられた。

こうした状況のなかではじめて世界史的な概念として明治維新を「一種のブルジョア革命」と規定する見方が登場するのである。

これをさらに厳密に規定し、かつ方法論をも深めていったのが、昭和初年の日本資本主義論争だった。これはマルクス主義（史的唯物論）陣営内の戦略論とからみつつ、幕藩体制の階級的矛盾、民族的矛盾としての外圧、天皇制権力の性格やイデオロギー、あるいは地主・小作制や日本資本主義の構造などの諸問題を通して維新分析の方法を提起し、封建国家から近代国家へ移行する転換点としての明治維新の位置づけと性格を解明しようとするものであった。しかし、論争は日本の急速な軍国主義化によって中絶をよぎなくされた。

代わって、維新の原理は、君臣の本義を明らかにし、忠孝の道によって、絶対化された天皇への回帰にあるとする皇国史観による維新論が横行し、軍部・右翼の理論的リーダーたちは「昭和維新」論をとなえた。そして、この「昭和維新」論は「東亜の維新」でもあるとされ、「大東亜共栄圏」の思想と二重写しにされたのである。

これらの左右両翼の維新観のなかにあって、大衆小説や古老の体験談・回顧談を含む「明治維新物」ブームもおこる。つまり、昭和初期の維新観は、第一にこの「明治維新物」ブームにみられる維新観が広く人びとを捉え、一方に唯物史観による維新観、他方に軍部・右翼の皇国史観による「昭和維新」論という配置を示した。そして、この皇国史観による維新観が時代を圧倒した。昭和二十年の第二次世界大戦における敗戦は、この皇国史観的な維新論を破産せしめ、対極にあった唯物史観による維新観を復活させた。それは日本資本主義論争の発想と方法を継受したものだったが、天皇制の変容という戦後情況下での問題意識のすえ直しが必ずしも十分でなかったためか、維新論は明治維新は絶対主義の成立かブルジョア革命かという二者択一の形で受けとられ、論争はこの問題に集約された。

その後、問題意識は明治維新と帝国主義との関連に移されはしたものの、日本の一国史的発展と十九世紀後半の世界史的規定との重層的構造の複雑性をいかなる概念で統一的に捉えるかは、論議されつつも課題を残して現在に至っている。

また、明治維新をナショナルな側面から捉えて民族革命とみる見方もある。

一方、体制側は昭和二十一年（一九四六）初頭、五箇条の誓文をいわゆる「天皇人間宣言」（新日本建設に関する詔書）の冒頭に引用し、それがあたかも「新日本」建設の指針であるかのごとく強調した。

そして、六〇年安保闘争の盛りあがりを教訓として、国家行事としての「明治百年祭」を計画し実行した。明治百年記念式典は昭和四十三年（一九六八）十月二十三日に挙行された。それは維新変革の意義を後景に追いやり、「明治」のバラ色幻想を基調に、「明治百年」と「現代」とを直結するイデオロギー操作で、一世紀間の近代日本の矛盾や戦争をなるべくおおいかくそうとしたものにほかならなかった。それは当時のアメリカを中心とした「日本近代化」論にも支えられていた。

早くから明治維新再評価論は提起はされていたが、政府の「明治百年祭」に対応して、「自由民権百年」が市民運動として対置され、昭和五十六年（一九八一）から数次にわたって全国集会が開かれた。しかし、市民にとっての自由民権運動の歴史的意義は強調されたが、明治維新との関連は必ずしも明確ではなかった。

他方、国民の中流化意識の肥大化の中で、マス＝メディアでは明治維新など変革期が題材とされることが多くなった。そこでは民衆をリードする英雄的人間像に力点がおかれ、また権力による勧善懲悪主義がドラマの基調とされ、歴史変革と民衆エネルギーとを乖離させる役割を果たした。

この間、高度な技術革新による社会の急変貌と世界情勢の激変による価値観の多元化と国際化および日本の「経済大国」化に伴い、近代の起点としての明治維新の見方もますます複雑化した。いまや明治維新のもつ世界史的な意味とその重要性、多元的総合的評価の必要性が強調されるなかで、明治維新の訳語として Meiji Restoration, Meiji Revolution, Meiji Ishin あるいは Meiji Reform のいずれがよいか問われているのである。現代論としての明治維新観は、いま長い研究史の上で世界史的国際的視野と比較のなかでの再検討を迫られている、といえるだろう。

参考文献

遠山茂樹『明治維新』(岩波書店、一九五一年、改版、一九七二年)
同　『明治維新と現代』(岩波新書、一九六八年)
井上　清『日本現代史Ⅰ　明治維新』(東京大学出版会、一九五一年)
堀江英一『明治維新の社会構造』(有斐閣、一九五四年)
坂田吉雄『明治維新史』(福村出版、一九七二年)
小西四郎『日本全史8　近代1』(東京大学出版会、一九六二年)
岡　義武『近代日本政治史』Ⅰ(創文社、一九六二年)
原口　清『日本近代国家の形成』(岩波書店、一九六八年)
信夫清三郎『日本政治史』Ⅰ・Ⅱ(南窓社、一九六七〜七八年)
大久保利謙『明治維新の政治過程』(『大久保利謙歴史著作集』一、吉川弘文館、一九八六年)
永井秀夫『明治国家形成期の外交と内政』(北海道大学図書刊行会、一九九〇年)
永井道雄・M・ウルティア編『明治維新』(国際連合大学、一九八六年)
丸山真男『日本政治思想史研究』(東京大学出版会、一九五二年)
植手通有『日本近代思想の形成』(岩波書店、一九七四年)
下山三郎『明治維新研究史論』(御茶の水書房、一九六六年)
石井　孝『明治維新の国際的環境』(吉川弘文館、旧版、一九五七年、増訂版、一九六六年)
芝原拓自『日本近代化の世界史的位置』(岩波書店、一九八一年)
石井寛治・関口尚志編『世界市場と幕末開港』(東京大学出版会、一九八二年)
加藤祐三『黒船前後の世界』(岩波書店、一九八五年)

荒野泰典『近世日本と東アジア』（東京大学出版会、一九八八年）
丹羽邦男『明治維新の土地変革』（御茶の水書房、一九六二年）
松沢弘陽『近代日本の形成と西洋経験』（岩波書店、一九九三年）
羽賀祥二『明治維新と宗教』（筑摩書房、一九九四年）
井上勝生『幕末維新政治史の研究』（塙書房、一九九四年）
西川長夫・松宮秀治『幕末・明治期の国民国家形成と文化変容』（新曜社、一九九五年）
三谷　博『明治維新とナショナリズム』（山川出版社、一九九七年）
高木博志『近代天皇制の文化史的研究』（校倉書房、一九九七年）
長野暹編『西南雄藩と廃藩置県』（九州大学出版会、一九九七年）
田中　彰『明治維新』（小学館『日本の歴史』二四、一九七六年）
同『明治維新観の研究』（北海道大学図書刊行会、一九八七年）
同編『開国』（『日本近代思想大系』一、岩波書店、一九九一年）
同『幕末維新史の研究』（吉川弘文館、一九九六年）

二　明治維新をどうみるか

1　明治維新の範囲ととらえ方

明治維新はいつからいつまでか、という問題は、明治維新をいかにとらえるか、という日本近代史研究史上、古くして新しく、またきわめて難しい問題と重なる。

誰しも、明治維新は日本近代の出発点であり、日本資本主義はここから成立、ないしは育成されていったことを認める。しかし、では明治維新はいかなる性格の変革（あるいは革命）であり、そこに創出された近代天皇制国家（権力）はいかなる性格のものか、という問題となると、見解は多岐に分れる。それは明治維新が、十九世紀後半（中・後期）という世界史の時点で、東アジアにおける欧米世界からの外圧下に遂行されたという歴史的事実と密接な関わりがある。つまり、そこでは、日本における一国史的発展の国内要因とそれをとりまく国際的要因ないしは世界史的規定性とが複雑にからみあっているからである。

ここでは、そのことを念頭におきながら、明治維新の始期と終期をめぐる諸学説から整理していくことにしよう。

幕末の史料のなかには「癸丑以来」ということばがよくみかけられる。「癸丑」とはM・C・ペリーの来航した一八五三年（嘉永六）のことを指す。四隻の〝黒船〟を率いたペリー来航がいかに衝撃的であったかがわかる。だから、明治以降の一般的な歴史書では明治維新は〝黒船来航〟からはじまる、とされてきた。(1)

この〝黒船〟のもつ意味にはじめて科学的なメスが入れられたのは一九二〇〜三〇年代であった。野呂栄太郎『日本資本主義発達史』（一九二七年）、服部之総『明治維新史』（一九二八年）、羽仁五郎「東洋に於ける資本主義の形成」（『史学雑誌』四三の二・三・六・八、一九三二年）等を皮切りに、一九三二から三三年刊行の『日本資本主義発達史講座』とそれに対する批判、すなわちいわゆる日本資本主義論争がそれである。同じ唯物史観の立場に立ちながら、〝講座派〟は当時の天皇制ないし日本資本主義における封建的要素を本質的なものとみ、この見解を批判する〝労農派〟は、それは封建的遺制にすぎない、とした。そのことは同時に天皇制ないし日本資本主義の起点としての明治維新の性格規定に関わっていた。(2)

ところで、この論争のひとつにマニュファクチュア論争がある。これは講座派内における内部批判をも含んでいたのだが、幕末における経済発展は問屋制家内工業か、それともマニュファクチュアの支配的な段階か、という形で論争された。前者を労農派の土屋喬雄が主張すれば、後者を服部之総が強調した。(3)

だが、この論争の背後には、外圧をいかにとらえるか、という発想があった。つまり、〝黒船〟は資本主義世界のシンボルであり、その外圧がアジアにおし寄せ、インドを植民地化し、中国を半植民地化したにもかかわらず、なぜ日本は独立国家たりえたのか、というのである。服部の「幕末厳マニュ段階論」（「厳密な意味におけるマニュファクチュア段階」）はそれへのひとつの解答であった。内にこうした資本主義の端緒的な萌芽があったからこそ、資本主義という外圧に対抗しえて、ともかく日本は独立を保持しえた、という論理だったのである。(4)

それは維新の変革を、〝黒船〟という外からの偶然的な契機によってとらえるのではなく、変革の内なる要因、つまり歴史の発展を内的必然性においてとらえようとするマルクス主義的発想に規定されていた。

一九四五年（昭和二十）の敗戦後の明治維新研究は、この日本資本主義論争の発想と成果をひきついで開始された。だから、維新を内的必然性でとらえようとする以上、外圧より以前に、変革の内的要因があったことを検証しなければならない。その結果、一八三〇～四〇年代、つまり天保期こそが維新の起点であり、天保期には維新へ登場するもろもろの要素がほぼ出揃い、ここに明治維新の原型があった、とされたのである。天保期「絶対主義傾斜」論が主張され、維新の始期は天保期におかれた(5)。

だが、複雑な明治維新の特質は、この内的必然性からの視点だけでは解けなかった。一九六〇年前後から、それへの再検討がはじまり、明治維新の世界史的位置や国際的規定性が問われた。それは十九世紀後半という世界史の上に維新をもう一度位置づけ、東アジアのなかであらためて明治維新のもつ意味を問い直すことでもあった。

それは、資本主義論争以来の明治維新における内的必然性から、ふたたび〝黒船〟という外側からの偶然性に立ち戻ることではもちろんない。国内的要因と国際的規定性を統一的にとらえ、両者の構造的連関のなかで維新のもつ特質をえぐり出そうというものである(6)。維新の始期が〝黒船〟にかわって〝開国〟と表現されたのは、そうした深い意味をもつ。この開国の時点を、ペリー来航の一八五三年におくか、通商条約の調印（一八五八年）におくか、のちがいはあるけれども、開国こそがいまや明治維新のはじまりとされている。〝黒船〟から〝開国〟へ——そこには戦前・戦中・戦後の日本における維新研究の長い苦闘の歴史が凝縮されているのである。

では終期はどうか。これは始期以上に多くの見解がある。

もっとも早い終期説では、一八七一年（明治四）の廃藩置県で維新は終った、とみる(7)。藩を廃絶し、中央より地方官（県令・権令等）を派遣してここで一応統一国家が形成された、とするのである。これと関連して、七三年説をとることもある。[8] 地租改正・徴兵令・学制という新たな政策がほぼこの時期に出揃うからである。さらにこの年に征韓論の分裂、つまり「明治六年十月の政変」がおこる。これまで倒幕で足並みを揃えてきた維新勢力はここで分裂した。下野勢力は、翌年、民撰議院設立建白書を出して、自由民権運動の口火を切るが、その下野勢力も民権派と士族反乱派とに分裂する。一方、政府の主導権を握ったのは、岩倉使節団によって米欧を回覧してきた新しい薩長中心の派閥であった。彼らは米欧諸国をくぐりぬけ、近代国家やヨーロッパ国際政治の実体がいかなるものかを身をもって知った人びとであった。その意味では、この七三年を画期とみる理由も十分ある。

士族反乱の最後の、そして最大のものとされる七七年の西南戦争で維新は終った、とみる説も強い。[9] この前後に木戸孝允・西郷隆盛・大久保利通といういわゆる〝維新の三傑〟が相ついで死んでいることも、そのイメージを強くもたせる。

七九年の「琉球処分」を終期にとる見解もある。[10]「琉球処分」は琉球藩における廃藩置県であり、その意味では七一年（廃藩置県）説の延長線上にあるともいえるが、意味するところはもっと深い。小笠原諸島や千島・樺太問題を経て、この「琉球処分」で日本の近代国家としての領域は画定する。だが、それが同時に、清国との間での「分島・改約」案（沖縄分割案）と表裏の関係にあった事実は、「琉球処分」が、日本の近代国家としての統一を意味してはいても、決して民族的統一を意味するものではなかったことを物語っている。明治政府は、沖縄における日本民族と国土の一部を清国に割譲することによって近代国家の統一を完成しようとしていたのである。

いわゆる「明治十四年の政変」（一八八一年）をひとつの転換点とみる説もある。[11] この政変あたりから国家権力の基盤が変化したとみるのである。さらに一八八四年（明治十七）説は、秩父事件前後から領主対農民という幕藩体制的な階級関係が、はっきりと寄生地主・資本家対小作人・労働者の関係へと転換した、と考える見解である。[12]

大日本帝国憲法は八九年に制定され、翌年教育勅語が出された。これによって近代天皇制の法的な枠組みとイデオロギーが形づくられたとして、この時点を維新の終期とみる説もある。[13]この八〇年代までを明治維新だとする考え方のなかには、自由民権運動と明治維新をどう関連づけるか、という問題が含まれる。

実は、明治維新の性格規定は、自由民権運動のそれと不可分であり、さらにそれが朝鮮における壬午軍乱（一八八二年）・甲申事変（八四年）や、日清戦争（九四〜九五年）とも重なり合うところに、問題をいっそう複雑にさせている。だから、明治維新の終期とまではいわないにしても、日清戦争とその「戦後経営」を含めてひとつの画期とみる説も成立するのである。[14]そのことは、明治維新と日本帝国主義の関わりともなる。それは十九世紀後半という世界史のなかでの、東アジアにおける明治維新という変革（革命）には、避けて通れない問題ともいえるであろう。

2　維新政治運動の論理

徐々に迫る外圧は、幕藩体制的な世界観からは「夷狄」ととらえられ、その夷狄観に対応した理念的な「国家」を支配階級に意識せしめた。たとえば、後期水戸学の代表的著作『新論』（会沢安著、一八二五年）はそれを示す。そこでは「国体」は「神聖」視され、それを犯そうとする「夷狄」＝外圧に対しては、幕府も朝廷もこの「国体」論的国家の枠組みのなかにあった。[15]だから、朝廷は海防に関する沙汰書（一八四六年）を先例がないにもかかわらず幕府へ下しえたし、幕府もまたペリー来航に関する朝廷への奏聞（一八五三年）を何のためらいもなく行ないえたのである。そのことが結果的に、これまで無色かつ非政治的な朝廷（天皇）を政治化させた。[16]

すでに諸藩、とりわけ西南雄藩では天保改革およびそれ以降の激しい権力闘争の過程で、雄藩たる力を蓄積し、中央政局へ登場する条件を徐々に整えつつあった。そのことは幕藩体制の内部矛盾の顕在化を物語るものでもある。

そこへ外圧が現実化した。この外圧は、丸い地球を資本主義世界市場として完結させようとする、世界史の不可避かつ不可逆的な流れに沿ったものであり、アジアに対する圧倒的な経済的優位性と軍事力を背景としたものであった。幕府はこの外圧におされて展望のないままに和親条約から通商条約へと、つぎつぎに条約締結をよぎなくされ、これを批判する政治勢力には弾圧を強行した。大老井伊直弼による安政の大獄（一八五八〜五九年）がそれを示す。

だが、そうした幕府の弾圧策は、外圧への屈服とからんでいたから、批判勢力は、それを幕府権力の横暴であり、政治の独占とみた。幕藩体制のもとにあっては、政治の「公」と「私」とは不分明であったが、いまや幕藩体制をこえた外圧という問題によって、天下の「公」と幕府の「私」とが明確になり、その「公」を独占し、「公」を「私」化するものとして幕府は批判されたのである。

一方、この天下の「公」は、外圧による「国体」論的国家の危機によって浮上した天皇と結びつけられた。「天下は天下の天下」という発想と、「天下は一人（天皇）の天下」という発想がここに対峙した。

「天下は天下の天下」という発想の政治運動は、公武合体運動としてあらわれた。朝廷（天皇）を「公」としながらも、「武」たる幕府は、政権の委任を朝廷からうけており、「公」と「武」は一体のものとみるのである。だから、そこから、この朝廷（公）と幕府（武）を血の紐帯で結ぼうとする和宮（孝明天皇の異母妹）の将軍家茂への降嫁が実現する（一八六二年）。

他方、もうひとつの「武」たる西南雄藩もまた、朝廷（公）と結びつくことによって、中央政局への登場と政権への割りこみ策をはかった。長州藩が直目付長井雅楽の「航海遠略」策で、開国を是認し、公武の一体をはかろうとすれば、薩摩藩は「国父」島津久光（藩主忠義の父）が率兵上京し、勅使を奉じて関東へ下り、幕政改革をはかった。

幕府と西南雄藩とによってそれぞれ進められたこの公武合体運動は、前者がその主導権をあくまで幕府におこうとしているのに対し、後者は雄藩側の藩主が握ろうとしていた。しかし、それらは共に幕藩体制の再編・強化策にほかならなかった。天下の「公」の実権は、依然として幕府ないしは雄藩藩主層が握ろうとしたのである。

これに対して、「天下は一人の天下」とみる発想は、「国体」論的危機に対する草莽層（主として下級武士、豪農商層）の台頭ないし政治行動を背景としており、その運動の価値観は天皇に凝集し、君臣の分、華夷の弁という儒教的名分論で彩られていた。この尊攘運動とよばれる政治運動を、たんに封建的、名分的な排外主義の運動とみるか、あるいはそうした側面をもちつつも、そこに外圧に対するナショナリズムの端緒的な性格を見出すかで、評価は大きく分れている。しかし、少なくとも次のことだけは指摘しておかねばなるまい。

すなわち、開国によって日本経済は激動し、貿易の開始とともにブルジョア的発展への指向が促進されたプラス地帯と、逆に収奪強化となるマイナス地帯とが現出し、その地域的落差が矛盾をいっそう大きくした。同じ現象は農民層や商人層の階層内においてもおこった。

だから、開国か鎖国かをめぐって支配階級内部での深刻な対立がひきおこされた時、それはたんに武士階級の問題にとどまることなく、外圧や経済変動のなかで自覚を促された一部の浪士や郷士、あるいは地方の豪農・商人・神官・国学者・医師・僧侶などの広汎な知識層の政治運動参加を招来したのである。「草莽崛起」論や草莽の横断的結合論もそうしたところにおこってくる。もとより、農村および都市においても、農民一揆や都市騒擾（打ちこわし）が進行していたから、時に尊攘運動は、より下層の農町民のいわゆる「世直し」的要求とさえ、対立を孕みながら結びつくこともあったのである。

とすれば、こうした矛盾の激化・拡大は、幕藩体制の個々の領域、分立的な個々の藩の網の目を解きほぐし、客観的には統一国家への条件を急速に準備していった、とみなければならない。しかし、このことと尊攘運動とがただちに、かつ全面的に重なり合うわけではなかった。そこに尊攘運動の評価の分れるゆえんもある。

この尊攘運動は、さきの公武合体運動と対立しつつ、一八六三年（文久三）の前半をピークとして高揚・激化した。それとともに彼らの価値観はいちだんと観念化して天皇へと収斂し、天皇を絶対化した。外圧を否定的媒介としながら、「国体」論的国家観と天皇とを完全に重ね合わせていったのである。

一方、公武合体運動は、幕藩体制の再編強化であったから、天皇はそれに必要な限りでの存在にほかならなかった。だから、運動の展開過程で時には「廃帝説」すら流れた。その運動のなかでは、天皇の命令（勅命）といえども、「利害得失」の検討の対象とされているのである。いうなれば、尊攘運動における天皇の絶対化に対して、公武合体運動では天皇は相対化されている。

この天皇の絶対化と相対化という二つの相対する政治条理の交錯が、いわゆる「文久三年八月十八日の政変」（一八六三年）にほかならなかった。尊攘運動の勢力は京都から追放され、公武合体勢力が主導権を握った。が、この時、孝明天皇が八月十八日以後のものこそ天皇の真の意志だと表明したことは、一方では天皇の絶対化が肯定されつつも、他方では天皇の意志は変化するものであり、天皇は、相対化されたことを意味する。

慶応期（一八六五〜六七年）の倒幕運動は、この天皇の絶対化と相対化とが交錯したところから出発し、運動とその論理を展開した、といってよい。それは尊攘運動と公武合体運動との止揚であった。一八六五年（慶応元）、第二次征長の勅命を前にして、大久保利通が西郷隆盛にいった言葉はそれを端的に示している。[17]「非義の勅命は勅命にあらず」と。そこには勅命（天皇）の絶対性と、「義」にかなっていない勅命の否定との二律背反がある。

では、いうところの「義」とは何か。「至当の筋を得、天下万民御尤《ごもっとも》」という価値判断なのである。それは公議や公論といいかえてもよい。これがあの「草莽崛起」論や草莽の横断的結合論ともつながっていることはいうまでもない。いまや価値判断の座標軸は、たんなる天皇絶対でもなければ、たんなる天下の世論でもない。両者は外圧に対する「国家」という枠組みのなかで、双方に価値の源泉たることを認めつつ、相互に価値基準としあう相対化の往復論理のなかで、支配イデオロギーの座標軸を形成しているのである。

倒幕を進める「志士」たちの間では、天皇は陰語で「玉」と表現された。〝ギョク〟とよんだか〝タマ〟とよんだかはわからない。しかし、天皇がギョクとしての絶対性と、タマとしての政治策略性をあわせもった存在たらしめられていたことは事実である。そして、この「玉」は、同時に公議や天下の世論を体現した存在でなければならなかった。

孝明天皇急死のあとをついだ明治天皇が、一八六八年(明治元)三月、江戸城総攻撃予定日を直前にして、文武百官を率いて天地神明に誓った五カ条の誓文は、天皇の絶対的権威と、天皇が万機を公論に決することとが、まさにセット化されていることの何よりの表明である。このセット化によって政治操作は可能となった。明治初年から相つぐ天皇の全国巡幸は、天皇の絶対的権威と公議世論とを結びつけるためのものであった。そこでは、江戸時代以来、民衆に伏在していた〝生き神〟信仰と天皇とが結びついていた。村々の産土神も、やがて国家神道によって天皇とつなげられていった。

この天皇の権威と公議世論をセット化し、国家支配のダイナミックスを演出したのは、討幕派出身の維新官僚であり、藩閥支配者たちであった。彼らは一方の足を西南雄藩におきつつ、他方、それをのりこえる朝臣的存在であった。彼らは、一方では天皇制官僚機構を構築し、それによって行政を推進する官僚でありながら、他方では、たんなる官僚ではなかった。明らかに彼らは政治家であり、官僚の上に立つ政治支配者だった。彼らは支配のダイナミックスを演出しつつ、同時にそれを一身に担った存在であった。その頂点に天皇をおいて権力の集中をはかり、反面では公議世論の尊重をかかげて権力の基盤の拡大を進めた。
この〃集中〃と〃拡大〃によって、近代天皇制は創出され、構築されていったのである。

3　世界史のなかの維新と維新のなかの民衆

さきに岩倉使節団は、米欧をくぐりぬけ、近代国家やヨーロッパ国際政治を身をもって知ったといったが、そのもつ意味は大きい。

岩倉使節団は廃藩置県のわずかに四カ月後に日本をあとにした。使節団には、特命全権大使・右大臣岩倉具視をはじめ、副使として参議木戸孝允・大蔵卿大久保利通ら明治政府の実力者たち、書記官や随員には幕末以来の外交のベテランや国際的経験者、それに各省からの専門の調査官たる理事官などが参加していた(18)。

一行は米欧十二カ国を約一年十カ月（当初予定で十カ月）にわたって回覧した。条約締盟国への国書の捧呈、条約改正予備交渉、制度・文物の調査等がその目的であったが、一行は米欧で十九世紀七〇年代におけるブルジョア国家のあり方や国際政治の実体を目のあたりにしたのである(19)。

使節団の米・英・仏など大国への関心は強かった。だが、これらの高度な文明国は、日本の開化の実体とはあまりにもかけ離れていた。ベルギー・オランダ・スイス・デンマークなどの小国への関心も決して小さくはなかった。小国が大国の間にあって、いかに独立や中立を保持しているかを、一行はつぶさに知った。ウィーンで見た万国博覧会の陳列品には大国をしのぐ小国の活力をもみた。

しかし、そうした大国と小国とを回覧するなかで、使節団をしてもっとも鮮烈な印象をもたしめたのはプロシアであった。プロシアを中心としたドイツ帝国の成立（一八七一年）は、イタリアの統一（一八七〇年）とともに、日本の廃藩置県（一八七一年）とほぼ時期を等しくしていた。そのプロシアで当時威名をはせていたビスマルクやモルトケに会い、プロシアがいかに小国から大国への道を歩んだかをじかに聞いたのである。そこでは弱肉強食の国際政治に処するには力の政策が必要であり、力とは軍事力にほかならないことを一行は思い知らされた。日本は万国公法（国際公法）に依拠して国際社会に登場するため、国内改革をめざしていた。いや、その登場する条件を整えるためにこそ、岩倉使節団は米欧を回覧していたのである。

ところが、いまや使節団は、そのよるべき万国公法が力で左右されることを改めて自覚した。その結果、使節団つまり、外遊派の全権大使岩倉と副使だった伊藤博文が、明治十四年の政変後に選んだ道は、大国モデルでもなければ小国モデルでもなかった。小国から大国へというプロシアの歩んだ道を選択したのである。

もうひとつ、使節団はその帰途、アジア・アフリカの植民地化・半植民地化の実体をみた。彼らはそれを文明の暴虐、文明の裏面とみるかわりに、文明からはみ出したヨーロッパ世界の棄民のしわざとみた。使節団にはあくことなき近代文明への信仰とでもいうべきものがあったのである。だから、アジア・アフリカの実体から近代文明批判へと自己洞察を深めるかわりに、一行をして、東南アジアないしアフリカの野蛮、近代文明に対するアジア・アフリカの劣位を痛感せしめた。

小国から大国への道は、力の論理の上に、ヨーロッパ世界に似せてみずからを文明化させることにあったから、未開（半開）から文明化する日本が、未開のアジアないし東南アジアの野蛮をうち破り、支配するのは当然だ、とする考え方がやがて生まれていったのである。

使節団帰国後の征韓論に反対する内治優先論とそれに続く政変は、じつはそれを実現するための第一歩として、留守政府から主導権を奪い取ることを意味した。したがって、その後の台湾出兵や江華島事件、日朝修好条規（江華条約）の締結等は、その延長線上のものではあれ、決して征韓論反対＝内治優先と矛盾するものではなかった。そして、そのいきつくところの近代日本の〝脱亜入欧〟は、その政治路線の別の表現にほかならなかったのである。[20]

これまで民衆の問題にはほとんどふれなかったが、明治維新と民衆の問題は、維新史の大きな課題である。

これも冒頭に関説した日本資本主義論争以来の未完の問題であり、依然として維新変革に果たした民衆の役割を最小に評価する見解と、最大にみようとする意見がある。しかし、それを一面的に主張することは史実を見誤り、明治維新のもつ意味を歪曲することになろう。歴史を推進するのは基本的には民衆であるが、歴史にみるそれぞれの局面の民衆の実体は、革新と保守との二面性をもち、その意識や行動には屈折があるからである。[21]

ところで、幕末期の民衆闘争は激しかった。とりわけ慶応期の倒幕運動の背後にあった民衆闘争の果たした役割は無視できない。小商品生産および商品流通の発展と、そこに根ざす矛盾から発する民衆闘争のエネルギーが、基本的に反封建闘争として高まったところに明治維新は実現した。

しかし、その民衆のエネルギーは、一八六六年（慶応二）の農民一揆の最大の高揚と翌年の「ええじゃないか」（この評価には諸説がある）、さらに六九年から七〇年（明治二〜三）の一揆の再高揚にみられるように、曲折があり、屈折がある。[22] これも民衆のもつ意識や行動の二面性と無関係ではない。

たしかに、民衆は「世直し」の実現をめざし、「一新」に民衆の願望もかけていた。その民衆の願望を討幕派や維新官僚たちは、巧みに政治的エネルギー化した。すでに指摘した天皇と公議世論のセット化のなかで、民衆の願望的エネルギーをみずからの政治行動のチャンネルに流しこんだのである。流しこむことによって維新の指導者たちは、民衆の望む「一新」を「御一新」として、上からのものにすりかえた。維新を天皇の名のもとに民衆に与える形をとったのである。

「文明開化」も、天皇の神権的粉飾も、そのための操作だった。民衆の実態を無視した新しい政策もつぎつぎにうち出した。

これに反撥する民衆の激しい抵抗が、やがて自由民権運動に転化しようとした時、政府は、一方ではそれへの弾圧を強化すると同時に、他方では漸進的に立憲政体への移行をうたい（一八七五年）、ついで十年後の国会開設を約束したのである（一八八一年）。明治政府はブルジョア国家のあり方を、岩倉使節団の米欧回覧の体験や調査等で知悉していた。知悉していたがゆえに、つぎつぎに先手をうち、事態を先取りして権力の専制的強化をはかろうとし、かつ、みずからのブルジョア的基盤拡大を志向していたのである。そのことと、さきの〝脱亜入欧〟とは実に表裏の関係にあったのである。

明治維新は、十九世紀後半という世界史のなかにおける、近代国家成立のひとつの型を示す。そして、それが東アジアにおいて、侵略性と民衆への専制を烙印づけた近代天皇制とよばれる日本資本主義国家成立の起点となったところに、その最大の特質があった、といえるのである。(23)

注

（1）　たとえば、熊田葦城『幕府瓦解史』前編（有朋堂書店、一九一五年）の冒頭の一節を見よ。

黒艦来矣、黒艦来矣、鏽びたる薬研の如き大小四隻の黒艦、突如として相州城ヶ崎の沖合に其姿を出現し来る、時は嘉永六年六月三日未の上刻、南薫そよ〳〵と午睡の夢を吹くの頃。（一頁）

ちなみに、本書は前・後編二冊よりなり、一九一三年（大正二）より『報知新聞』紙上に連載されたもので、それまでの幕末維新史に薩長土中心のものが多いのに反撥して、幕府および会津を中心に「幕府瓦解の真相」（「凡例」）を述べようとしたものである。その史観は、「観じ来れば、幕府の瓦解も唯勢のみ、王政の復古も亦た唯勢のみ、何ぞ一に二三外藩の力なりと言はんや」（「序」三頁）の言葉に端的である。

井野辺茂雄『明治維新史』（ロゴス書院、一九二九年）は、「説を為すものあり、曰く、かの黒船の如き、公武関係の破綻の如きは、決して幕府崩壊の原因ではない。たゞ僅に其の一つの機会を与へたものである」（二〇五頁）と述べ、従来の維新史が「黒船」をたんなる偶然的要素とみている視点を批判して、「然れども維新の政変は『かの黒船』の出没に目覚めたる識者が、主として政治的に、他国の侵害から免れんとする国家擁護の運動であった」（同上）という（なお、井野辺『幕末史概説』、一九二七年、参照）。

この井野辺史観を含めて、これまでの維新史観を六つに整理して批判したものが、羽仁五郎「明治維新史解釈の変遷」（史学会編『明治維新史研究』冨山房、一九二九年。なお、「清算明治維新史研究」『新興科学の旗のもとに』創刊号、一九二八年、参照。ともに『羽仁五郎歴史論著作集』第三巻、青木書店、一九六七年、所収）であるが、ここでは、それまでの維新史が「黒船」という外側からの偶然的要素によってはじまったとみる見方が根強くあったことと、一九二〇年代末、つまり昭和初年からこうした見方に対する批判がさまざまな形で出されている事実を確認しておけばよい。本書Ⅰの三「下級武士論の行方」参照。

（2）　この日本資本主義論争史には、〝講座派〟〝労農派〟それぞれの立場による論争史の整理がいくつもなされているが、それぞれの主張と当時の戦略的ないしはイデオロギー的限界をふまえて、その客観的位置づけによる再整理の必要がある。とりわけ、明治維新をめぐる論争には当時の状況によるいくたの屈折した表現があるから、そうした点を十分ふまえて、維新研究史としての客観的な決算表をつくることが要請される。そのことを通して戦後の明治維新研究の新しい出発に当って、戦前の日本資本主義論争の問題意識が戦後状況のなかで十分すえなおされることなく長く尾を引いたことのもつ意味も明らかになるであろう。

（3）　土屋喬雄『日本資本主義史論集』（黄土社、一九四七年）および『服部之総著作集』（全七冊、とくに一〜三巻、理論社、一九五五〜五七年）等参照。

（4）　もちろん、「幕末厳マニュ段階論」が外圧に対抗する国内的な資本主義化の必然性の問題にとどまるものでないことはいうまでもない。念のため『服部之総著作集』第一巻の「解説」（川村善二郎）を引用すれば、この「幕末厳マニュ段階論」

は、第一に「諸外国間の勢力均衡という外部の偶然的な現象から答えていたのを批判し」、「国内にうまれた近代的諸矛盾から正しく把握しなおし、明治維新と資本主義の国内的な必然性をあきらかにした」こと、第二に、「農民の革命的暴動、あるいは下級武士の変革的運動が明治維新をもたらしたとする見解を批判し」、「過渡的な階級『地主＝ブルジョアジー』の範疇をうちだした」こと、第三に、農業問題における労農派理論を批判し、「新地主と小作料の近代性を完全に否定した」こと、第四に、経済の発展過程の分析を基礎にして、「マニュファクチュア論にもとづく維新政治史を構成した」こと、第五には、講座派の内部批判として出されたものであったこと、等が指摘されている（三三七～三三九頁）。

（5）　遠山茂樹『明治維新』（岩波全書、一九五一年）、井上清『日本現代史1明治維新』（東京大学出版会、一九五一年）。この二著は、明治維新の起点を同じ天保期におきながら、そのとらえ方には相違があり、いわゆる遠山・井上論争となった。拙稿「遠山茂樹『明治維新』」（歴史科学協議会編『歴史の名著《日本人篇》』校倉書房、一九七〇年、参照）。この論争をうけて、遠山は前掲書の改版を一九七二年に刊行し、そのなかでつぎのように指摘している。

明治維新の始期について、天保期（一八三〇―四〇年代前半）とする考え方とペリー来航（嘉永六年、一八五三年）におく考え方とがある。前者が国内的条件を重視するのにたいし、後者は国際的条件が加わったことの意義を着目する。本書旧版は前者の考え方をとったが、新版では、明治維新史をもって、世界資本主義体制の一環に組みこまれることによって、促進されかつ規制された絶対主義の成立過程と理解する立場から、後者の見解をとりたい。従って天保期には明治維新の政治的原型形成への動きが始まったのであり、これがはっきりした形で成立するのは、ペリー来航以後の安政年間（一八五〇年代後半）であると考える。（二一頁。傍点原文）

（6）　芝原拓自「明治維新の世界史的位置」（『歴史学研究』別冊特集「世界史と近代日本」、一九六一年度歴史学研究会大会報告、青木書店）、同「アジア社会の変革と歴史学の任務」（『歴史学研究』二五三、一九六一年）およびこれに対する批判としての遠山茂樹「東アジアの歴史像の検討」（一九六三年度歴史学研究大会報告、『歴史学研究』二八一、一九六三年）、さらに芝原らの反批判としての芝原拓自、藤田敬一「明治維新と洋務運動」（『新しい歴史学のために』九二～九三、一九六四年）等参照。この遠山・芝原論争の関連論文は、幼方直吉・遠山茂樹・田中正俊編『歴史像再構成の課題』（御茶の水書房、一九六六年）に収録されている。

この論争に関する諸発言に関しては田中彰編『日本史(6)近代1』（有斐閣新書、一九七七年）の序章「東アジアのなかの明治維新」を参照されたい。なお、芝原拓自「日本資本主義成立史序説」（『歴史評論』一九七・二一八、一九六七～六八年）、同『日本の歴史23開国』（小学館、一九七六年）、同『世界史のなかの明治維新』（岩波新書、一九七七年）および遠山茂樹『明治維新と現代』（岩波新書、一九六八年）、同『日本近代史1』（岩波全書、一九七五年）等参照。

（7）たとえば、井上前掲書『日本現代史1明治維新』、後藤靖「明治政権の成立」（『日本史研究』四二、一九五九年）、『シンポジウム日本歴史15明治維新』（学生社、一九六九年）の発言等参照。

（8）たとえば、井上清・鈴木正四『日本近代史』（合同出版社、一九五七年）。井上は、その著『日本の歴史』中（岩波新書、一九六五年）で、明治維新の意義を次の四つの点から規定している。

第一に、明治維新において日本歴史上はじめて、人民大衆が政治生活に積極的に参加し、民衆の動向が直接に支配勢力をして政治的社会的変革をよぎなくさせた。第二に、幕藩体制は永久に葬り去られ、日本人の単一不可分の国家的統一をなしとげ能率的な中央集権の統治機構をつくりあげた。そのことによってまた、人民が全国的に結合して専制天皇制と対決し、民主主義革命の闘争に進出する政治的舞台ができた。第三に、封建制から資本主義への、日本社会の決定的な転換が開始された。こうした歴史的進歩を土台として第四に、欧米列強の半植民地的地位からの民族解放をかちとる第一歩がふみだされた。ここに明治維新の、それまでの日本歴史上のいかなる変革にもまさる、重大な進歩的意義がある。（一三八頁）

なお、井上『日本近代史の見方』（田畑書店、一九六八年）参照。

（9）戦前からこの見方はあるが（たとえば、藤井甚太郎・森谷秀亮『綜合日本史大系⑿明治時代』〔内外書籍株式会社、一九三四年〕等）、戦後、明確にこの説を主張したのは前掲遠山『明治維新』である。その改版では、「本書は、天皇制の成立を、形成期と確立期の二つの段階に分け、形成過程を明治維新と考え、その終期を明治十年とする考え方をとることとする」（三二二頁）といい、さらにつぎのような表現がとられている。

歴史的画期としての明治維新は、天保期を序幕として、嘉永六年（一八五三年）のペリーの来航に始まり、明治十年（一八七七年）の西南の役をもって終る、二十四年間の絶対主義形成の過程である。それが帝国主義への転化のはじまる直前の世界資本主義体制の一環に強制的に組みこまれることを通して行われたところに、十五・六世紀西欧の絶対主義形成と異る特質があった。（三二七頁）

(10) かつて服部之総は自己批判の対象とした『明治維新史』(上野書店、一九二九年刊。以下の引用は、一九四八年の三笠書房版の再版(四九年刊)による)では、「幕末―維新の政治的諸段階」を、第一段階(嘉永六～文久二年)から第六段階(明治七年一月～十二年)までに分け、この第六段階について、つぎのような説明を加えた。

民選議院設立建白から府県会設置、琉球廃藩まで。端緒的にではあるが、下からの民主主義的政治闘争の第一段階をなす。即ち不平士族が単独に武力的叛乱を行ったのは別として、他の士族部分は新興ブルジョアジーを代表する自由主義の展開を契機として政治的デモクラシーの闘争を政府に向って開始した。農民は農民でまだこの時独立な一揆を愈々一般化した。政府は農民に経済的譲歩を行ひ、士族の武力的叛乱は農民兵を以て鎮定し民主々義的要求に対しては地方官会議、府県会、等々を以て妥協した。

西南戦争後独立勢力としての士族は事実上滅亡し、同時に半強制的に士禄処分が行はれ華士族に與ふる永久の年金支出制度は公債によって除去され、最後の琉球廃藩によって名實共に国民的統一と中央集権的近代国家機関は確立された。

(五一～五二頁)

ここでは必ずしも「琉球処分」に力点をおいて維新の終期を説明してはいないが、「琉球処分」を視野に入れた明治十二年終期説は注目してよい。

だが、この説は戦後においてもほとんど無視された感がある。私は『日本の歴史24明治維新』(小学館、一九七六年)で、ここに維新の終期をとった。その理由は、「『琉球処分』は沖縄における廃藩置県であり、その完了によってはじめて日本の近代国家としての統一は完成」し、「『琉球処分』をぬきにしては明治維新史はありえないと考えたからであり」、さらに、「琉球処分」は、「日本の近代的統一国家形成過程における、旧体制と国際的条件のきりむすぶ最後の結節点」であって、「この十二年説は内外諸条件のきりむすぶ始期に対応した終期説といいうる」とみたからである(二二一～二二三頁)。

(11) 原口清『日本近代国家の形成』(岩波書店、一九六九年)は、日本における絶対主義は、「慶応四年三月に成立し、明治四年の廃藩置県と太政官制の完成によって、基本的に確立するもの」(二九〇頁)とし、これは明治十年代に体制的修正の道を歩みはじめるとしたが、そのひとつの転換点を明治十四年の政変におき、つぎのようにいう。

明治一四年の政変は、民権運動の敗北の、決定的な第一歩であった。一四年政変の中心的な対立関係は、薩長参議と佐々木高行ら宮廷派との間にあったのではなく、基本的には明治政府と在野民権陣営の間にあり、そのなかで政府内部の薩長参議と大隈一派の対立があったとみるべきであろう。これを国家権力の形態上の争いの面からみれば、絶対主義的有司専制対近代的立憲君主制の対立であり、前者は勝利するとともにその本質を維持しながら「立憲制」的修正の道を本格的に歩みはじめるのである。この修正なくしては、勝利そのものも、またそれを維持することも、不可能であったのである。（二八四〜五頁）

この「立憲制」的に修正された権力によって天皇制支配体制は成立するが、それは「国家形態における立憲君主制的形式と、それに照応する内容を随伴しながらも、国家権力の絶対主義的本質を保持したものであった」（三一二頁）として、さらにつぎのような説明がなされている。

それは、明治維新によって成立した絶対主義権力とおなじものではない。この支配体制は、明治維新によって誕生した国家権力が、一〇年代のブルジョア革命運動と国際的環境の圧力のなかで、自己の延命のために開始した自己修正の完成形態として出現したものであった。この国家権力を支える主要な支柱は、もはや旧領主階級や政商ではなく、一〇年代後半にとくに急速に成長する半封建的な寄生地主と、これまた一七―二二年を中心にして政府の積極的な払下げ政策によって近代産業の主流に転換していく旧政商・特権的ブルジョアジーであった。そして国家権力は、これらの階級に依拠しながらも高度の相対的独自性をもつ半封建的専制官僚によって、常握されていたのである。天皇も、一〇年代後半期を経過して日本最大の大地主・資本家となり、華族・上層士族もその資金を銀行・産業・土地に投じ、資本主義社会に順応するための転換を行なった。だが、寄生地主・資本家が、憲法体制の出現と同時に社会的支柱として定着したわけではない。日清戦争にいたるまでの初期議会において、藩閥政府に抗争した民党の主要基盤は、なお地方の「名望家」＝寄生地主であったのである。（三二一頁）。

この発想は、注(23)の諸発言と密接にからんでいる。

(12)　堀江英一『明治維新の社会構造』（有斐閣、一九五四年）。

(13)　この説も相当に一般的で根強いが、ここでは大石嘉一郎『日本地方財行政史序説』（御茶の水書房、一九六一年）、藤田省三『天皇制国家の支配原理』（未来社、一九六六年）等をあげておく。

(14)　遠山前掲書『明治維新と現代』の、「明治維新が課せられた政治課題」は、「一八九〇年代から一九〇〇年代のはじめにかけて、すなわち日本帝国主義形成の問題として、一定の形態での決着を見ることとなった」（二二二頁）という維新史への発想とからめて、私はつぎのようにいったことがある。「たんに一八八九―九〇年の明治憲法・教育勅語の段階で区切るよりは、初期議会から日清戦争およびその『戦後経営』を含めて、つまり、一八八九年から一九〇〇年にいたる過程をひとつの画期とみる考え方の方がより合理的ではないだろうか」（拙著『明治維新と歴史教育』青木書店、一九七〇年、八二頁）と。拙著『体系・日本歴史5明治国家』（日本評論社、一九六七年）では、「すでに機構的に整備されていた天皇制は、日清戦争とその『戦後経営』をまってはじめて確立された」（二五九頁）、「日清戦争によって、天皇制支配ははじめて民衆までとらえた」（三一一頁）と述べ、日清戦争と「戦後経営」に着目していたが、右の『明治維新と歴史教育』では、この『明治国家』の叙述を引用したあとに続けて、「この叙述に一九〇〇年の治安警察法制定や立憲政友会の成立、あるいは北清事変などを加え、さらにこの時点を法体制の側からいういわゆる『三二年体制』（法体制確立期の中心をなす明治三二年から大正二年にいたる時期をさす。利谷信義「戦前の日本資本主義経済と法」岩波講座『現代法』7、一九六六年刊、所収）の開始期にあたることをつけ加えれば、いっそうこの時期の画期的意義は明確に浮かび上るであろう。そして、この時期に画期をおくならば、それを維新の始期にみた内的矛盾と外圧に対応した国内的契機と国際的契機を統一的にとらえうる明治維新の決着点（注省略）とすることができるように思う」（八三頁）と述べた。この日清戦争と「戦後経営」の研究はその後急速に進展しつつあるが、十九世紀後半の東アジアの視点を入れれば、維新の終期とみるかどうかは別として、この時期がいちだんと重要な意義をもつことは明らかである。

(15)　『新論』は、その内容をみずからつぎのように要約している。

臣ここを以て慷慨悲憤し、自から已む能はず、敢へて国家のよろしく恃むべきところのものを陳ぶ。一に曰く国体、以て神聖、忠孝を以て国を建てたまへるを論じて、遂にその武を尚び民命を重んずるの説に及ぶ。二に曰く形勢、以て四海万国の大勢を論ず。三に曰く虜情、以て戎狄覬覦するの情実を論ず。四に曰く守禦、以て国を富まし兵を強くするの要勢を論ず。五に曰く長計、以て民を化し俗を成すの遠図を論ず。この五論は、皆天の定つて人に勝つを祈る所以なり。臣の自から誓つて身を以つて天地に殉ずるもの、大略かくのごとし。（『日本思想大系53水戸学』岩波書店、一九七三年、五一頁）。

(16)　以下、この章の叙述はその典拠をも含めて詳しくは拙稿「幕末の政治情勢」（岩波講座『日本歴史14近代1』一九六二年）、同「幕府の倒壊」（『岩波講座13近世5』一九七七年、ともに岩波書店、のち、拙著『幕末維新史の研究』吉川弘文館、一九九六年、所収）および拙著『明治維新政治史研究』（青木書店、一九六三年）、同『幕末の藩政改革』（塙書房、一九六五年）、同『体系・日本歴史5明治国家』（日本評論社、一九六七年）、同『日本の歴史24明治維新』（小学館、一九七六年）等を参照されたい。

(17)　「若、朝廷是（長州再征―引用者注）を許し給候ハヽ、非義之　勅命ニ而、朝廷之大事ヲ思、列藩一人も奉し候ハす、至当之筋を得、天下万人御尤与奉存候而こそ勅命ト可申候得者、非義　勅命ハ　勅命ニ有らす候故不可奉所以ニ御坐候」（慶応元年九月二十三日、大久保一蔵より西郷吉之助宛『大久保利通文書』一、日本史籍協会叢書、東京大学出版会覆刻版、一九六七年、三一〇～三一一頁）。

(18)　岩倉使節団派遣の問題に関し、国立公文書館所蔵の関係史料を中心にはじめて本格的なメスを入れたのが大久保利謙編『岩倉使節の研究』（宗高書房、一九七六年）である。なお、拙稿「岩倉使節団とその歴史的意義」（『思想』七〇九、一九八三年七月、所収）、拙著『岩倉使節団『米欧回覧実記』』（同時代ライブラリー、岩波書店、一九九四年）、田中彰・高田誠二編著『『米欧回覧実記』の学際的研究』（北海道大学図書刊行会、一九九三年）等参照。私の岩倉使節団ないし『米欧回覧実記』の研究に対して西川長夫氏らから厳しい批判が寄せられている（西川長夫・松宮秀治編『『米欧回覧実記』を読む』法律文化社、一九九五年）。「岩倉使節団の歴史的研究」をまとめる際に改めてお応えしたい（以上、「なお」以下追記）。

(19)　以下は拙著『岩倉使節団』（講談社現代新書、一九七七年、この改版が前掲『岩倉使節団『米欧回覧実記』』）、拙稿「岩倉使節団のアメリカ観」（『和歌森太郎先生還暦記念　明治国家の展開と民衆生活』弘文堂、一九七五年）等参照。

従来、岩倉使節団の歴史的研究は条約改正問題に集中した感がある（大久保前掲書所収の安岡昭男「岩倉使節関係研究文献目録」参照。〈より詳しくは、前掲『『米欧回覧実記』の学際的研究』所収の山崎渾子編「関係文献」参照〉）。その米欧回覧中の世界観ないし文化受容の問題については、加藤周一「日本人の世界像」（『近代日本思想史講座』八、筑摩書房、一九六一年）、芳賀徹「明治初期一知識人の西洋体験」（『島田謹二教授還暦記念論文集　比較文学比較文化』弘文堂、一九六一年）、同「近代日本の設計」（『自由』六の一一、一九六四年）、同『大世界史21　明治百年の序幕』（文芸春秋、一九六九年）など、思想史ないしは比較文化の立場からわずかにふれられていたにすぎない。

なお、アメリカ・メリーランド大学の Marlene Mayo には、"The Western Education of Kume Kunitake", *Monumenta Nipponica*, XXVIII, 1,1973（芳賀徹・斉藤恵子訳「岩倉使節の西洋研究」大久保前掲書、所収）、"Rationality in the Meiji

Restoration: The Iwakura Embassy", in Bernard S. Silberman and Harry D. Harootunian ed., *Modern Japanese Leadership*, Tucson, 1966. など一連の岩倉使節団に関する研究論文がある。また、Eugene Soviak, "On the Nature of Western Progress: The Journal of the Iwakura Embassy", in Donald H.Shively ed., *Tradition and Modernization in Japanese Culture*, Princeton University Press. 1971. 等もある。

(20) 拙著『日本の歴史24明治維新』（小学館、一九七六年）、前掲『岩倉使節団』参照。

(21) 民衆とは何かの問題は、さまざまな角度から明らかにされつつある民衆の史実を問いつめ、そこから理論を再構築していかなければならない。「沖縄民衆史への試み」というサブタイトルを付した新川明『異族と天皇の国家』（二月社、一九七三年）は、「琉球処分」の民衆の動向に関連して、つぎのように指摘する。

　民衆とか大衆は、もともとそのように、その意識と行動に二面性があるわけで、前向きの革新性と後ろ向きの保守性が同一主体の中でたえず同居してうずまいているといえるかも知れない。それは、時にきわめて戦闘的なエネルギーを横溢させた社会変革の主体として存在するし、事実、社会変革の主体は、民衆＝大衆の圧倒的なエネルギーの噴出と結集をおいてほかない。だが時にそれは、社会のもっとも保守的な部分を、その基底のところで支えつづけるものとして存在していることも否定できない。

　民衆とか大衆とかにおける、そのように意識と行動の二面性こそが、まぎれもない民衆＝大衆の実体といえるだろうが、「処分」に対する一般民衆の動向についても、そこに、いっぽうでは新しい施政に期待し、「解放」を待望する前向きの姿があり、いっぽうには、外部から侵入してきた異邦の権力者におそれを抱き、これに反発する保守的な姿が交錯していたのである。そのいずれか一方だけを強調すると、一面的にならざるを得ない。（四九頁）

なお、拙著『未完の明治維新』第二版（三省堂、一九七四年）参照。

(22) この「ええじゃないか」の問題は、今後なお多角的な研究が必要である。その研究史と史実については西垣晴次『ええじゃないか』（新人物往来社、一九七三年）に譲るが、「世直し」と「ええじゃないか」＝「世直り」との関連について、私は前掲『日本の歴史24明治維新』のなかで、つぎのように述べた。

　西垣氏は「世直し」には主体性を、『世直り』には他動的な性格をよみとっているのだが、ここでの『世直り』は、じつは「世直し」の主体性に対比される他動的なそれというよりも、世の中がなりゆきとしてそうなっていく、いわゆる

「なるの論理」ないしは「自発」の表現なのである（板坂元著『日本人の論理構造』）。つまり、「世直し」をめざしてたちあがった民衆は、二世紀なかばもつづき、あたかも自然現象かのごとく存在した徳川の天下が音を立てて眼前でくずれゆくのをみたとき、まさにそれは世の中が時の勢いとしてかわっていくことを自覚し、そうなる状態を「ええじゃないか」と歌いあげ、はやしたてたのだ。「世直り」ということばが「ええじゃないか」という結末の状態の肯定的なはやしことばとつながっているのもそのためである。それは日本思想史家丸山真男氏が、日本の「歴史の展開を通じて、執拗な持続底音《バッソ＝オスティナート》としてひびきつづけてきた思惟様式のうちから、三つの原基的な範疇を抽出」してフレーズ化した、いわゆる「つぎつぎになりゆくいきほひ」と要約される日本人の歴史意識の「古層」のひとつの範疇「なりゆく」につらなっている、ともいえるだろう（丸山真男編『歴史思想集』）。民衆は、「彼ら以外の力により世直りの到来をまち望んでいた」のではなく、まさに彼ら自身をもふくめて時のなりゆきとして世の中がかわっていくことを「ええじゃないか」と認識したものである。（三三二～三三四頁、カッコ内の注および傍点は原文）

この視角は「ええじゃないか」を解くひとつの手がかりになるように思う。

（23）最近の明治維新をめぐる「上からのブルジョア革命」論や近代天皇制論への新しい視角への模索、たとえば、下山三郎『明治維新研究史論』（御茶の水書房、一九六六年）、前掲原口清『日本近代国家の形成』、山崎隆三「『講座派』理論の批判的継承のための序説」（大阪市立大学『経済学年報』三五、一九七五年）、同「近代天皇制論」（石井寛治他『近代日本経済史を学ぶ』(上)有斐閣、一九七七年）、中村政則「近代天皇制国家論」（同編『大系日本国家史』4、東京大学出版会、一九七五年）、中村政則・鈴木正幸「近代天皇制国家の確立」（同上『大系日本国家史』5、同上、一九七六年）、芝原拓自「近代天皇制論」（岩波講座『日本歴史』15岩波書店、一九七六年）等は、あらためて近代天皇制をどうとらえるべきかへの格闘の一端を示しているが、それは当然明治維新をいかにとらえ直すかという問題と連動している。なお、右の諸文献を含めて近代天皇制にかかわる諸見解の整理については、鈴木正幸「最近の近代天皇制国家論の整理と提言」（『歴史評論』三三二、一九七七年）参照。

右の問題提起者の一人山崎の最近の論文である前記「近代天皇制論」は、端的につぎのようにいう。「結論として筆者は、天皇制は国家形態においては絶対主義であるがその階級的本質においてはブルジョア的であり、したがって絶対主義的国家形態をもつブルジョア国家（またはブルジョア・地主国家）と規定してよいと考える」（前掲『近代日本経済史を学ぶ』(上)、二〇二頁）。これは、従来の世界史における発展段階の概念からいえば矛盾した規定といわざるをえない。しかし、こうした規定が提起されるような一見矛盾した構造を内包した近代天皇制国家創出を必然化させたのが、十九世紀後半の東アジアのなかの「革命」＝明治維新にほかならなかった、といえるだろう。右の論者たちは、天皇制の「国家形態」とその「階級的本質」（山崎）、あるいは「国家形態」と「国家類型」（中村）というような概念によってこれを説明しようとしているが、じつはそれ自体がまさに不可分の一体的重層・立体構造をもち、概念の使い分けやズレの問題だけでは説明できないような複雑な存在が近代天皇制の特質ではないのか。とすれば、それを必然化させた十九世紀後半の東アジアにおける「革命」としての明治維新の構造的特質もまた新しい角度と概念の範疇化でとらえ直す必要があるように思われる。Ⅳの三の㈣参照。

三　世界史のなかの明治維新

(一)　明治維新とアジア

1　岩倉使節団とヨーロッパとアジア

倒幕後の府藩県三治制という過渡的な支配から、維新政権が廃藩置県という統一国家への画期的なステップにふみきったのは、一八七一年（明治四）七月だったが、その四カ月後の十一月に、岩倉使節団は早くも日本を後にした。右大臣岩倉具視を特命全権大使とし、参議木戸孝允（長）、大蔵卿大久保利通（薩）という維新政府の薩長を代表する両実力者および工部大輔伊藤博文（長）、外務少輔山口尚芳（肥）を副使とする四十六名（横浜港出航時）にも及ぶこの使節団は、アメリカからヨーロッパへと渡り、ほぼ一年十カ月にわたって米欧十二か国を回覧した。

ひところまでの教科書では、この使節団の役割を条約改正交渉で説明し、その失敗を述べるにとどまっていたが、統一国家創出後、わずか数カ月にして米欧へと出かけたこの使節団の意義は、過小に評価されるべきものではない。

たしかに、この使節団は、最初の国アメリカで、条約改正交渉にゆきづまった。不利な最恵国条款を背負い、外交経験が乏しいという条件を考慮にいれても、使節団の交渉のプロセスはあまりにも拙劣というか、理解しにくい点が多い。

しかし、にもかかわらず、この使節団が米欧各国の元首へ国書を奏呈し、各国の文物・制度を丹念かつ広範囲に、驚くべき洞察力と問題関心で回覧していることは、いかに強調してもしすぎることはない。

その報告書たる『特命全権大使米欧回覧実記』(久米邦武編、五編一〇〇巻、太政官記録掛刊行として一八七八年刊。岩波文庫、全五冊、一九七七年〜八二年、以下引用の頁数は文庫版による)をひもといてみるがよい。そこに漲っているものは使節団の国家的使命感であり、冷徹な洞察力であり、貪婪そのものの問題意識である。

使節団は、建国後百年のアメリカで、その自主・独立の民をみ、「島国」イギリスでは貿易と工業国家の姿を眼前にし、フランスでは「賊徒」パリ=コンミューンのなかに文明国の階級的矛盾を感じとった。そして、弱肉強食のヨーロッパ世界にあって、スイスやベルギーやデンマークなどの「小国」が、いかに独立を保っているか、その実態をつぶさに考察していることを見逃してはならない。いや、この「大国」と「小国」を十分に考察したからこそ、統一をなしとげたばかりのドイツ帝国の歩みのなかに、「小国」から「大国」への道を発見した、といってもよい。ビスマルクやモルトケとの会見がそれをいちだんと身近なものとしたのである。

天皇制というワク組みのなかで近代国家を模索する岩倉使節団の前には、確かにいくつかの選択肢が横たわっていた。が、結果的に彼らがプロシアの道へと傾斜し、それを選んでいったことはその後の歴史が証明している。ところで、その傾斜と選択の基調にあったものは、欧米=近代に対する「文明」信仰ともいうべきものだった。さきの『米欧回覧実記』を読むとき、随所にそれを見出すことができる。なかでも、彼らが帰途の船上でアジア・アフリカの植民地へ向かう「白皙赤髯《はくせきせきぜん》」の人びとの横暴・残虐な行動を目前にしたとき、それは欧米本国の「文明」人のすることではなく、「文明」から締め出され、そこから脱落した、似て非なる白人種の行動とみる発想にそのことは端的に示されている。同じコースを一年後に通過し、同じ光景をみたフランス帰りの中江兆民が、それを「文明」のもうひとつの顔とみた見方となんと相違していることか。

　この使節団の「文明」信仰は、じつはアジアを「未開」とみる見方（東南アジアは、さらに「文明」の対極にあるとみていた）と一体だったのだ。もちろん、使節団は、アジアとヨーロッパのちがい、黄色人種と白色人種の相違点をいたるところで対比してはいるものの、それは必ずしもアジアの価値観をすべて否定し去ったものではない。いや、「慾深キ」白人種と「慾少キ」黄色人種の発想のちがいが、いかに政治・経済・文化・社会等々の発現形態のちがいに帰着しているかを、さまざまな角度から考察・対比しているのである。

　だが、「西洋ノ政治ハ、此人種ニ適シタル法理ナレハ、人種ノ団結、婚姻ノ忌避、言語風俗ノ異、宗門ノ信向（ママ）ハ、最モ政治ノ貴重スル所ニテ、瑣小ノ民ニモ、敢テ之ヲ矯揉《きようじゆう》セシメサルヲ仁政トシ、自由ノ理トス、東洋ノ変風移俗ハ、西洋ノ暴政苛法ニ属ス、他モ此類ナリ」（第五編、一四九頁）、あるいは「日本ノ風俗ハ、只穀ノミヲ重ンシ、国ノ貧富モ穀ヲ収量スル多寡ニテ較スルニ至ル、是《これ》工商未タ興ラス、生意ノ未開ナルニ因ルナリ」（同上、一八一頁）という『米欧回覧実記』の文章などをみるとき、根底に欧米の「文明」とアジアの「未開」という発想が抜きがたくあることは否定できない。

　この発想の故に、使節団は、いや、明治政府のリーダーたちは、天皇制国家のワク組みのなかに、欧米の近代のモデルを探し、やがてプロシアの近代国家のあり方にならって明治国家を構築していったのである。

　だから、明治維新から明治国家への道は、〝脱亜入欧〟であり、アジアのなかのヨーロッパ化の道、とりわけプロシア化の道だったのである（拙著『岩倉使節団』講談社現代新書、一九七七年、改版『岩倉使節団『米欧回覧実記』』同時代ライブラリー、岩波書店、一九九四年、参照）。

2　アジアの明治維新認識

十九世紀後半の東アジアと明治維新とをめぐっては、遠山・芝原論争をはじめとしていくつかの見解がある（拙編著『日本史(6)近代1』、序章、有斐閣新書、一九七七年、参照）。それは明治維新と日・中・朝三国のあり方とその相互関係の上に、中国の同治中興や洋務運動などを対比しつつ、東アジアにおける資本主義の形成、近代民族国家創出のそれぞれの内実を問おうとしたものである。

だが、ここではこの論争には深入りはしない。ここで問題としようとしているのは、十九世紀後半という世界史的な時点にあって、アジアの諸国が明治維新をどう見、日本がそれにどう対応したか、ということなのである。例を中国にとろう。

十九世紀七〇年代にはじまった中国の洋務運動は、いわゆる「夷人の技に倣って夷人を制する」ことを目標にしたが、封建的生産関係や封建的基盤の上に近代的生産様式を取入れようとしたものであったから、失敗に終った。一八九四～九五年（明治二十七～二十八）の日清戦争における中国の敗北がそれを決定的なものにした。それは日本の明治維新が中国の洋務運動に勝ったともみられたから、清国支配階級の改良派は、日本の明治維新をいちだんと強烈に意識せざるをえなかったし、事実、意識した。

その改良派の一人康有為（一八五八～一九二七）は、一八九八年（明治三十一）の戊戌変法まで六回にわたって光緒帝への上奏文を上呈したが、そこでは小さな島国の日本が、維新変革でいかに富国強兵を行ない、いかに短期間に欧米列強と肩を並べるまでになっていったかをるる論じた。その間に彼は『日本変政考』を書き、一八九八年（光緒二十四）に光緒帝に提出した。その序文にはつぎのような明治維新に関連する文章を見出すことができる。

倒幕維新となるや、四方に革命が起り、かくて人心を鎮めるにも困難がありました。新政の当初には、万事につけて支出多く、しかも内乱が頻発して軍事費に苦しみました。（中略）でありながら二十年間に政治制度、法律を整備し、欧米の学問、技術をことごとく採用して、これを国民に消化させ、一年に数十万の軍隊を養ない、十数隻の軍艦を作りあげて、わが大国に勝利しました。ちっぽけな三つの島によりつつ、政治が安定して成果があがるや、急速に勃興して強大国に一変したのです。日本に十倍する領土と人口を擁するわが国で、もし皇上が政治の根本を独裁し断乎たる大号令を発するなら、強大な封建諸侯もなく、覇者たる大将軍も存在しないのですから、地方長官はどんな些細な勅〔命令〕でも必ず遵奉して実行します。かくして天下に恐るべきものなく、民に謀反の志はなくなります。

大体において欧米は三百年かかって新しい政治制度をつくりあげ、日本は欧米にならって、三十年でこれを模倣し、つくりあげました。もし広大な国土と厖大な民をもつ中国が、近き国日本のそれをとりいれるならば、三年にして大綱成り、五年にして条理備わり、八年にして成果あがり、十年にして雄図定まるでしょう。（康有為「『日本明治変政考』序」、西順蔵編『原典中国近代思想史』第二冊一九一～一九二頁、岩波書店、一九七七年）

やや長い引用になったが、清国支配階級の改良派の一人が、いかに日本の明治維新に傾倒し、それにならって中国の近代化をはかろうとしたかがわかるだろう。

こうした明治維新への関心は、ひとり康有為にとどまるものではない。中国の支配階級・知識層に、日本の明治維新＝近代化への関心が息づき流れていたからこそ、この康有為の『明治変政考』は成ったとみてよい。その流れのひとつは黄遵憲（一八四八～一九〇五）の『日本国志』などに代表される。隣国日本の明治維新による近代化とその過程は、中国支配層の関心をかきたてたのである。

康有為の弟子であり、康とともに戊戌変法運動を推進した梁啓超（一八七三〜一九二九）もまた明治維新の中から変法運動の方途をさぐりつつ、運動を展開しようとした。

梁啓超も、「地球の各国で、中国以外に、世襲貴族という多君を〔一君に〕変えることができた国はまれだった。日本はこの毒にあたることもっとも久しく、藤原氏以後、政権は下に移り、大将軍や諸侯の権力は天皇よりも大きくなり、この状態が明治維新まで千余年もつづいて、ようやく変革できたのである」といい、「日本は二千年来一人の王が支配する国で、この国の君権はわが国より重いが、今日では英・独におとらぬほど民権が伸長している。だから民主政治はなにも数千年前にその出発点を求める必要がないことは明白である」（「君主政治より民主政治への推移の道理について」、西前掲書、二〇一頁・二〇五頁）と述べる。その当否はここでは問うまい。ただ日本歴史における明治維新への彼の鮮烈な関心を確認できればよいのだ。

康有為や梁啓超らの明治維新観と彼らの変法運動との関連は、彭沢周著『中国の近代化と明治維新』（同朋舎、一九七六年）に詳しい。この著者の端的な言葉を引かせてもらえば、「洋務運動においては西洋科学技術の摂取のみが重視され、その変革も部分的であった。戊戌変法は、明治維新をモデルとして、政治・経済・教育・文化・社会などに全面的変革を加えようとしたが、その変革の究極の意図は君主立憲政体を樹立することにあった」（「はしがき」二頁）ということになる。

中国近代化の過程で、いかに明治維新がその支配階級にひとつの指標になっていたかは明らかだろう。

3　明治維新とアジアの悲劇性

中国を例にとってみた以上のような明治維新とアジアとの関係は、たんに中国にとどまるものではなかった。

フランスの植民地となったベトナムで、その独立をとり戻そうとした潘佩珠《ファンボイチャウ》（一八六七～一九四〇）の運動のなかにもそれをみることができる。

潘佩珠がその独立運動を推進した結社は「維新会《ズイタンホイ》」とよばれている。彼らはベトナム王室の一公子クオンデ（彊柢）をその盟主とした。

この結社の命名過程を私は知らないが、彼らが王室の一公子を盟主とし、この組織を「維新会」と名づけているところに、日本の明治維新への強烈な志向の一端をよみとることは、私の思い過ごしだろうか。潘がフランス官憲の目をくぐってベトナムを出国し、横浜港に着いたのは、一九〇五年（明治三十八）四月のことであるが、その潘がまず訪ねたのは、さきにふれた梁啓超であってみれば、「維新会」と明治維新を二重写しにみる私の思いはあながち牽強附会とはいいきれまい。

この潘佩珠の指導の下に東遊《ドンズー》運動がすすめられ、日本に留学したベトナムの青年は二百名をこえたといわれている。彼ら青年たちの祖国独立のモデルは日本であり、明治維新以後の日本にならうことだったのである。

だが、その日本は一九〇七年（明治四十）六月、いわゆる日仏協約を結んだ。それは「亜細亜大陸ニ於ケル相互ノ地位竝領土権ヲ保持センカ為（中略）平和及安寧ヲ確保スルノ目的ニ対シ互ニ相支持スルコトヲ約ス」というものだった。これはアジアでの日仏両国の利権にはお互いに干渉しない、ということであり、このきれいごとの言葉の背後にはさらに裏があった。日露戦争後の赤字財政になやむ日本の外債をフランスが引受ける代償として、日本は在ベトナム留学生をフランスに代って取締り、弾圧することを承諾したのである。

かくして、ベトナム留学生への日本官憲の弾圧は開始され、彼らは抵抗しつつも日本から離れざるをえなくなった。潘も、一九〇九年（明治四十二）三月、日本を後にし、クオンデも十一月、国外へ追放された。潘はこのクオンデ追放を聞き、抗議文を外務大臣小村寿太郎あてに送り、つぎのようにいう。「私は第一にアジア人のために悲しむ。第二に大日本帝国のために悲しむ。第三に大日本帝国の領導者である閣下のために悲しむ」と。彼の胸中にはアジア人の独立・解放のために支援を送らないどころか、アジアの植民地化を進めるフランスに、アジア人の日本が協力するその姿勢に、痛憤やる方ない思いをこめて抗議したのである（以上、引用を含めて後藤均平著『日本のなかのベトナム』そしえて、一九七九年）。

一九一四年一月、フランス官憲の手に捕われ、広東で入獄三日目に手記したと書かれている潘の『獄中記』には、「十年以来、燃ゆるがごとき憤激を押えに押えて来た私の志は、いつかは独立の旗を故国の山河に樹てんとするにあったのです」、「私のいだいた志とは何か。すなわちただ奴隷の境界からわが国を救って主権を得、流血をもって自由を購わんとしたのみであります」（潘佩珠著、長岡新次郎・川本邦衛共編『ヴェトナム亡国史他』一〇五頁・一五四頁、平凡社、東洋文庫、一九六六年）とある。日本の行動は、ベトナム人によるベトナムの独立をはばみ、ベトナムを「奴隷」の「境界」から解放することをとざしたのである。少なくとももとざすことの片棒を日本は担ったのだ。

こうした日本の対応は、たんにベトナムにとどまらない、日本のアジア諸国に対する姿勢の端的な表象だったのである。

明治維新によって日本は近代化し、アジアのなかの独立国としての道を歩んだ。その時、日本はその近代化と独立のモデルを欧米に求め、「小国」から「大国」への道を選んだ。日本の顔は欧米に向いていた。それを岩倉使節団は示した。それは明治維新の日本の顔でもあった。

「征韓」論分裂後の大久保政権は、台湾出兵や江華島事件など軍事行動をとった。そして、日朝修好条規締結に先立つ清国李鴻章と駐清公使森有礼とのやりとりの中で、李がアジア各国が協力してヨーロッパに対抗しようという提言を森は一蹴し、力こそがすべてだ、といい、万国公法は無用だ、と叫んだ（拙著『日本の歴史24明治維新』三三二〜三三三頁、小学館、一九七六年）。

それは〝脱亜入欧〟による日本の近代化と独立が、アジアに背を向けたものであることを意味した。この日本の姿勢はその後も続き、続くどころか、明治維新にならうべく〝連帯〟を求めるアジア諸国に〝侵略〟をもって答えたのである。

その意味で明治維新は、〝アジアの内なる明治維新〟でありながら、〝アジアの外なる明治維新〟にほかならなかった。この〝内〟と〝外〟の矛盾こそが、日本の近代のアジアの悲劇性を烙印づけたのである。

(二)　同時代史的方法による「世界史のなかの明治維新」

1　世界史のなかの明治維新

「世界史のなかの明治維新」というとき、これをどのように受けとめるかは、人によってさまざまである。ある人は「世界史のなか」に力点をおいてとらえようとするし（A）、またある人は「明治維新」に焦点をあてつつそれを「世界史」との関連でとらえようとする（B）。その力点や焦点のおきどころによって、叙述は相当に異なってくる。

いや、この前者（A）と後者（B）とを統一的にとらえてこそ「世界史のなかの明治維新」のテーマにふさわしいという当然すぎる意見も出る。

しかし、実際の歴史叙述においては困難が伴う。このテーマそのままの芝原拓自『世界史のなかの明治維新』（岩波新書、一九七七年）を例にとれば、「この本では、そこで、一九世紀後半における世界とアジア・日本をめぐる国際情勢との密接な連関をつねに明確にしながら、幕府の倒壊・維新政府の成立から自由民権運動の生成期にいたる歴史過程の特徴を、概括的にのべてみたいとおもう」として、つぎのような構成をとる。

Ⅰ　欧米列強と日本

Ⅱ　「天皇の政府」の誕生

Ⅲ　国家統一への内因と外因

Ⅳ　対外自立をめざして

Ⅴ　「立憲」と「国憲」への軌道

みられるとおり、対外問題を視野に入れつつも力点は明治維新の国内の歴史過程に叙述の軸はおかれている。

しかし、その「あとがき」で自らの心情を以下のように吐露する。「この本の執筆をひきうけたとき、私は当初、すくなからずまよった。『世界史のなかの明治維新』という以上、維新と近代日本の国際的地位や役割をもっと真正面に据えて、おもうままに議論を展開すべきではないか、という誘惑にかられたのである」と。

「そのためにはしかし」と芝原は続ける。「叙述の範囲を、少なくとも東アジアにおける帝国主義的情勢の成熟の時期、日清戦争の勝戦と日本資本主義の確立＝帝国主義への転化の時期にまでおしひろげなければならないこともはっきりしていた。そのうえ、幕末の開港いらい約半世紀のこの歴史過程を、列強の動向や東アジア諸民族の動きをも視野にいれ、そのなかでの日本の変革や対外進出の意義と問題性をさぐることは、容易なことではないこともわかった。とりわけ、かぎられた枚数でこの問題にたちむかっても、全体が抽象的な議論におわることをおそれざるをえなかった」と。

その「容易なことではない」意図を、のちに力作『日本近代化の世界史的位置』（岩波書店、一九八一年）において結実させた芝原にしてこの言ありだったのである。

だから、さきの『世界史のなかの明治維新』では、「結局、むしろ反対に、対象をせまい意味での維新期に限定し、できるだけ具体的な歴史過程をフォローするなかに、世界と東アジアのなかでの維新と近代日本の進路をさぐり、その問題性を暗示することにした」（「あとがき」）というのである。

芝原の著書とその苦渋にみちた言葉を長々と引用したのは、「世界史のなかの明治維新」というテーマが、いかに困難なテーマであり、それに迫る方法にはさまざまな問題があるかを示したかったからである。

2　これまでの方法

いま、このテーマに迫る方法といったが、これまでの方法を大まかにみると、つぎのようなとらえ方があった。

その一つは、マルクス主義的な歴史発展の法則性を前提にしつつ、世界史におけるヨーロッパ先進諸国の発展過程を基軸におき、それとの対比のなかで明治維新を位置づける方法である。いわば歴史発展の法則性のうえに立ち、先進ヨーロッパ諸国を尺度にしつつ、一国発展史的な視座での比較によって、明治維新の発展段階を規定するのである。

それがいわゆる明治維新＝絶対主義説であり、さまざまなカッコつきではあるがブルジョア革命説であった。これが昭和初年の日本資本主義論争におけるマルクス主義陣営内の革命戦略論にからんでいたことは周知の事実であり、戦後の論争にも長く尾を引いて今日に至ったことは否定すべくもない。

そのことはさておき、これは一国発展史的比較論である。

ここにはいくつかの問題点がある。第一に、一国発展史による比較という方法それ自体である。歴史における発展法則を大前提にしなければ、この方法は成り立たない。第二に、ヨーロッパとアジアとを対比して、この二つの地域を歴史の発展のなかでどうとらえるかという問題が加わる。第三に、そのアジアのなかでの東アジア、つまり日本と朝鮮と中国とをそれぞれどのような発展段階でとらえて比較するかという問題がある。

もとより、それらの比較はたんなる経済的発展にとどまらず、政治的な要因をふくめた複合的な要因をからめなければならないわけであるが、具体的にはいったい何と何をどのような形で比較の対象とするか、対比はきわめて困難なのである。

しかも、そもそもの比較の尺度としての概念それ自体が、ヨーロッパ史の事実から抽出されたものであってみれば、その概念にあてはまる事実を、アジアで、そして日本で何に求めるか、人によってその指標に相当なへだたりが出ることは避けがたい。抽象論はともかくとして、具体論では多くの難点をはらんでいることは、これまでの論争史が物語っている。

もう一つの方法は、「鎖国」日本が十九世紀半ばの世界史的な外圧に端を発して維新変革を余儀なくされたとして、「世界史のなかの明治維新」を民族主義（ナショナリズム）を基底とした変革としてとらえることである。これは民族主義的方法ないし民族革命説と呼ばれる。

この場合、日本が後発国であり、先進列強の圧力のもとに変革を遂行したことはまぎれもない事実であり、それが民族主義的色彩を帯びるのは当然である。これはおよそ後発国にとっては共通の性格であり、かりに明治維新を「民族革命」と規定しても、後発国における変革の共通な性格を指摘した以上のことにはなるまい。問題は世界史のなかのいかなる「民族革命」であったかなのである。

そうだとすると、冒頭のAとBを内包しつつ、第三の方法は考えられないのか。

第一の一国発展史的比較論、第二の民族主義的方法に対して、第三の方法をここでは同時代史的方法と呼ぼう。もとよりこれは、第一や第二の方法をすべて否定するものではない。

3　同時代史的方法による「世界史のなかの明治維新」

この同時代史的方法による「世界史のなかの明治維新」は、当然のことながら十九世紀半ば以降の明治維新期の世界史ないしアジアの状況下の歴史的事実を必要な範囲で客観的にとらえることが前提となる。これはいうに易く、現実の歴史叙述としてはさまざまな困難を伴うが、その時代状況の把握をしなければ、この同時代史的方法は成立しない。

つぎに、こうした世界史的状況のなかで、日本への外圧が「鎖国」下の日本にどのような形でおし寄せ、日本がどう対応するか、そのうえで幕府から維新政府（明治政府）への〝非連続の連続〟のなかで、国際的環境・国際的条件に日本が主体的、能動的にいかに対応し、いかなる変革をし、自らの近代的統一国家を形成していくかの筋道を明らかにしていくことであろう。

その筋道をみる一つの例を、私は『開国』（『日本近代思想大系』1、岩波書店、一九九一年）の「解説」で、「『黒船』来航から岩倉使節団へ」と題し、つぎのような順序で述べておいた。

一　世界史的状況と漂流民、二　オランダ国王の勧告とペリー来航、三　「万国公法」の導入と受容、四　幕府の外圧対応の論理、五　瓦版と風聞書、六　外圧への危機認識、七　統一国家構想をめぐって、八　開国と岩倉使節団これは幕末から明治初年までの分析の一例にすぎないが、これによって「外から」の開国から「内なる」開国への筋道を明らかにし、換言すれば世界史的規定性（国際的条件）と日本の独自な一国史的発展との接点で明治維新の起点をとらえ、それを岩倉使節団の問題につなげれば、少なくともこれまでの「世界史のなかの明治維新」の方法的な弱点をある程度克服する道が拓かれるのではないか、という展望に立っていたのである。

その際、いうところの岩倉使節団がつぎのような特質をもつことは確認しておかなければならない。

第一は、この岩倉使節団は幕末における幕府の数次にわたる米欧派遣の使節団の経験とその蓄積のうえに立っており、幕末と維新、旧幕府と新政府との、政治的、歴史的、文化的な〝連続と非連続〟を体現した存在であったこと、第二には、幕末の遣外使節団が「外から」の強要された国際的条件（条約）を否応なしの形で受動的に受けとめて派遣され、それは国際的環境への弥縫策にすぎなかったのに対し、岩倉使節団の場合は近代的国家形成のための主体的、能動的な使節団派遣であったことである。

その岩倉使節団は、第三に、約一年一〇カ月にわたり、米・英・仏・ベルギー・オランダ・独・露・デンマーク・スウェーデン・伊・オーストリア・スイスの順に米欧近代国家への選択肢をさぐりつつ回覧していることである。その報告書が『特命全権大使米欧回覧実記』（一八七八＝明治十一年刊）にほかならないが、この報告書には米欧の国家的、国際的状況およびそれへの認識が示されており、使節団の反応も具体的に読みとることが可能なことである。とすれば、この『米欧回覧実記』を中心に分析をすすめれば、明治維新のなかの米欧とアジア、別言すれば「世界史のなかの明治維新」を最も具体的な形でとらえることができるのではないだろうか。

いくつかの問題点を思いつくままに列挙すれば、つぎのような諸問題があげられる。

a　建国後一〇〇年のアメリカの現状をどうとらえ、そこで何を認識したか。

b　英・仏・露などヨーロッパの「大国」をどのように日本と対比してとらえているか。
c　ベルギー・スイス・デンマークなどの「小国」をいかにとらえ、いかに認識したか。
d　後発国日本とほぼ統一の時期を同じくした独・伊と日本との位置づけはどうか。
e　アジアとヨーロッパとはどのように対比されているか。
f　アジアのなかの東アジアと東南アジアの認識の相違および東アジアのなかの日本と中国との対比はどうなっているか。
g　以上の諸問題の認識のうえで、明治維新＝日本がどのように位置づけられ、とらえられているか。

問題はまだいくつもあるが、これらの諸問題を追究するだけでも、十九世紀七〇年代における日本が、世界史のなかでどのような認識をもち、いかに位置づけされているかは明らかとなるはずである（Ⅳの三の㈢参照）。

さらに使節団帰国後の問題がある。

明治六年の政変（「征韓論」の分裂）の結果、この使節団のメンバーのいわゆる新薩長派（二八八頁参照）が明治政府の主導権を握ったことは、岩倉使節団と明治政府との関係の重大性を示している。

ここにいう明治政府とは大久保政権を指すが、この大久保政権の内政および外政の諸政策と使節団が米欧回覧で認識したものとの関係を具体的に分析することは、「世界史のなかの明治維新」を実証的に明らかにすることになる。もとより、この明治政府首脳のなかの外遊派の個々のメンバーの政策意図は必ずしも一様ではない。大久保利通と木戸孝允の対立もあれば、木戸・大久保亡きあとの岩倉具視と伊藤博文とは必ずしもすべての軌を一にしているわけではないのである。

そのさまざまに描かれる明治維新のリーダーたちの軌跡を、十九世紀七〇年代の米欧と帰路の東南アジアをじかに体験してきた岩倉使節団の世界認識とからめて分析すれば、「世界史のなかの明治維新」の具体像は、従来よりも鮮明に描かれることになるにちがいない。

「世界史のなかの明治維新」は、これからの大いなる課題なのである。

(三) 明治維新世界史への試み

はじめに

「明治維新世界史」とは何か。明治維新の変革が世界史とどうかかわるのか、世界史がどう明治維新を規定したのか、いうなれば、「明治維新をつくった世界、世界史をつくった明治維新」というのが本稿の課題である。だが、これは言うにやすく、叙述はむずかしい。

そこでここでは、世界史と明治維新とのかかわりを折りまぜながら、明治維新のリーダーたちが当時の世界各国をどのようにみ、いかにとらえていたかを中心にみることにしたい。

史料として用いるのは、主として明治初年の岩倉使節団の報告書『特命全権大使米欧回覧実記』(久米邦武編、全一〇〇巻五冊。以下『実記』と略称し、冊数・頁数〈たとえば㈠六七と表記〉は岩波文庫版による)である。

この『実記』は、一八七一~七三年(明治四~六)、全権大使岩倉具視(右大臣)をはじめ、副使木戸孝允(参議)、大久保利通(大蔵卿)、伊藤博文(工部大輔)、山口尚芳(外務少輔)ら四十六名(横浜港出航時)が、約一年一〇カ月にわたって米欧を回覧した公約数的な報告書である。同行した理事官の報告書『理事功程』以下の多くの資料にもとづいて久米邦武（権少外史、のち権少史）が編修し、太政官記録掛が博聞社から一八七八年（明治十一）に刊行した。それは「吾使節ノ耳目スル所ハ、務メテ之ヲ国中ニ公ニセサルベ《(ママ)》カラス」（『実記』「例言」）として公刊されたものなのである。

編纂には当初山口尚芳を特命全権大使事務取調御用掛とし、栗本貞次郎・小松済治・久米邦武・安藤忠経が事務取調にあたり、畠山義成も加わり、大使事務局改組後の一八七五年（明治八）からは田辺太一（外務省四等出仕）、金井之恭（権少内史、のち権少史）、久米邦武（以上ほとんど使節団参加者）を中心に編纂は進められ、一八七六年（明治九）一月に一応完了した、と思われる（「例言」の日付）。現在残された草稿でみるかぎり、全巻の執筆は久米の手になる。したがってこれらの編纂者、とりわけ久米の歴史観が強く反映していることは否定できないが、『実記』が「太政官記録掛刊行」と明示された報告書として公刊された以上、使節団とりわけ維新のリーダーたちの当時の世界観をここにみることは不当ではない。この『実記』を本稿のテーマたる「明治維新世界史」のひとつの拠りどころとして使用するゆえんである。

ところで、『実記』は維新変革を「明治中興ノ政」であり、「古今未曾有ノ変革」といいきっている。そして、その特徴をつぎの三つの点でとらえる。その第一は「将門ノ権」から「天皇ノ親裁」に帰したこと、第二は「各藩ノ分治」が「一統ノ政治」となったこと、第三は「鎖国ノ政」が「開国ノ規模」に定まったことである。そして、それは「方今豹変運ニアタル、是殆《これほとん》ト天為ナリ、人為ニアラス」と明言する。さらに言葉をついで、「其由テ然ル所ヲ熟察スレハ世界気運ノ変ニ催サル、ニアラサルハナシ」（「例言」）とも断言する。

いうなれば維新の変革は、世界史の大きな流れのなかで遂行された一大変革だとみているのである。それは世界を回覧した維新指導者の実感だったにちがいない。

とすれば、十九世紀半ばの世界情勢に言及しつつ、明治維新のリーダーたちの世界各国のとらえ方を『実記』に拠りながらみていくことは、「明治維新世界史」のひとつの叙述として成り立つだろう。

1　開国とアメリカ

維新変革としての起点が開国にあることは現在一般的に承認されている。その起点としての開国への外圧をシンボリックに示すものは、ほかならぬペリー来航である。この「黒船」来航は、アジア的華夷秩序の一環としての「日本型華夷秩序」に対して、キリスト教的西欧世界を中心とした国際秩序、つまり「万国公法」をもってせまったことを意味する。この「万国公法」こそが普遍的な国際関係の秩序と信ずるがゆえに、ペリーは日本開国の前提として琉球諸島を基地化することは、「最も厳正な道徳律によって正当とされるだけでなく、また緊急性の原則の上でも考慮されるべきものである」（一八五二年十二月十四日、ペリーよりアメリカ海軍卿ジョン・P・ケネディあて書簡、『開国』〈日本近代思想大系1〉岩波書店、一九九一年、三三頁）と考えたのである。

このペリー来航による日本の開国を『実記』は、「嘉永ノ季ニ、「ペルリ」氏ヲ使節トシテ、我日本ニ送リ、其機会ヲ啓《ひら》キ、爾後《じご》米人ハ、日本清国ニ貿易懇信《こんしん》ヲ求ムルノ意尤《もっと》モ切ナリ」(一)六七）という。

アメリカがアジア貿易に進出した背景には、イギリスに発する産業革命の影響下、機械による大量の商品生産、とりわけ紡績業が十九世紀初頭から半世紀のあいだに飛躍的発展をとげ、その市場拡大の要求があった。加えるにアメリカは、一八四八年のメキシコ戦争の結果、カリフォルニア、アリゾナ、ニューメキシコを領有し、カリフォルニアでの金鉱発見は西部への関心を急速にたかめ、それはさらにアメリカの目を太平洋のかなたへと向けさせたのである。それが中国市場や北太平洋における捕鯨業の問題とからみ、ペリー艦隊として日本を開国せしめたのである。

ところが、日本の鎖国の扉を開くことに先鞭をつけたそのアメリカは、一八六一年から六五年にいたる南北戦争に直面し、国内問題に忙殺された。それは「開創ノトキヨリ、黒奴《スレーブ》ヲ亜弗利加《アフリカ》ヨリ輸入シ、使役シタルヲ以テ、黒人ノ多キコト全国人口七分ノ一ニオル」(㈠六九、片かなルビは原則として原文)というアメリカの歴史のもたらす必然の結果でもあった。そして、一八六三年の奴隷解放の宣言はそのひとつのいきつくところだったのである。この黒人の歴史を詳述した『実記』は、解放された黒人は「始メテ人間ニ出タレトモ、交際モナク、丁字《ていじ》モナキ愚民ナレハ、白人ハ共ニ歯《し》スルヲ欲セス」(㈠二一六)といいつつも、つぎのように述べる。

　中ニハ早ク自主セル黒人モアリ、現ニ下院ニ選挙サレタル人傑モアリ、又巨万ヲ累《かさ》ネタル豪姓モアリ、皮膚ノ色ハ、知識ニ管係ナキコトモ亦明ケシ、故ニ有志ノ人、教育ニ力ヲ尽シ、因テ学校ノ設ケアル所ナリ、顧《おも》フニ十余年ノ星霜ヲ経ハ、黒人ニモ英才輩出シ、白人ノ不学ナルモノハ、役ヲ取ルニ至ラン。(㈠二一六)

ここには黒人解放に対して肯定的な記述がある。『実記』の叙述にはアメリカ・インディアンに対しても、人種差別の偏見はさほどみられない。それは後述する東南アジアに住む人びとに対する記述とは対照的ともいえよう。文明世界のなかのことだからであろうか。

ところで、右の引用は「自主セル黒人」とある。じつは岩倉使節団がアメリカで見出した最大のものは、この「自主」ないし「自主自治ノ精神」であった。いわく「米国ヲ経歴シ、実境ヲ目撃シタル情実ヲ簡略ニ言ヘハ、此全地ハ、欧洲ノ文化ニ従ヒテ、其自主ノ力ト、立産ノ財本ト、溢レテ此国ニ流入シタルナリ」(圏点略、以下同)、「故ニ其国ハ新創ニカヽリ、其土ハ新開ニカヽリ、其民ハ移住民ニカヽルト謂《い》フト雖モ、実ハ欧洲ニテ尤《もっと》モ自主自治ノ精神ニ逞キ人、集リ来リテ之ヲ率フル所」(㈠三六九)と。

アメリカにおける普通教育の普及も宗教の役割も、この「自主自治ノ精神」を生み出すためのものであったことを

『実記』は指摘している。

だが、その反面、アメリカの大統領制や各州の議会を視察した使節団は、共和制には批判的である。「共和国ハ自由ノ弊多シ、大人ノ自由ヲ全クシ、一視同仁ノ規模ヲ開ケルハ、羨ムニ足ルカ如クナレトモ、貧漢小民ノ自由ハ、放僻ニシテ忌憚《きたん》スル所ナシ、上下ニ検束ヲ欠クニヨリ、風俗自ラ不良ナリ」(一三三〇)というのである。一行の念頭には基本的に日本における近代天皇制の創出という枠組みがあった、と思われる。

アメリカで一行が認識したところからみても、明治維新の指導者たちが、人民の「自主」や人民の「自由」を知らなかったわけではない。いや知っているがゆえに共和制への批判と同じように、近代天皇制創出にはそれがかならずしも有効に機能しない、いやむしろ邪魔だとみたのだろう。自由民権運動が「自由」や「民権」を主張しようとするのに、先手先手と弾圧政策を行なっているのがそれを示している。これは明治維新の性格をみるのに重要なことである。

2 ロシアと維新改革

もうひとつの外圧にはロシアがあった。いやむしろ「黒船」は早くから北方海域に出没していたから、外圧は〝北からの脅威〟として幕府には自覚されていたといってよい。

この脅威の自覚は、一八〇四年(文化元)のロシア遣日使節レザノフの長崎来航に端を発すると『実記』はいう。「惟《ただ》文化元年ノ祝砲ニテ、日本鎖国ノ夢ヲ驚破セシ余響ニヨリ、虎狼心ヲ以テ露国ヲ憚ルノ妄想ヲ生シ、両国人ノ際ニ、一ノ奇影ヲ幻出シタルノミ」(四一〇九)と。

そのロシアについて『実記』は述べる。

露国ノ形勢ハ、前面ニ普墺ノ両大国ニ隣リ、土国ヨリ海口ヲ塞カレ、西南ニ向ヒ土地ヲ略スルノ志ハ、地中海、及ヒ阿剌伯《アラビヤ》海ニ向ヒテ、一ノ門戸ヲ得ント欲ス、之ヲ露国ノ政略ヲ伸ルハ、亜細亜ニアリト謂フナリ、南方ニハ游族ノ民、頻《しきり》ニ陸梁《りくりょう》シ、近年喀爾喀《カルカ》王ノ勇悍《ゆうかん》ナル、常ニ其刺撃ヲ受ケ、頗ル前狼後虎ノ勢アリ、之ニ加フルニ日本新ニ開化ニ進ミ、国勢ヲ振ハスコト、欧洲ニ於テ其評甚タ高ケレハ、露国ニ於テハ、隠隠《いんいん》トシテ其一患ヲ増加シ、首ヲ畏レ尾ヲ畏ル、ノ情形アリ。（四一〇九）

ここでは維新後の日本にも言及しているのだが、クリミア戦争（一八五三〜五六年）に敗れたロシアの一八六〇年代は、それを機としての諸改革の時代だった。そのひとつに一八六一年の農奴解放令がある。

『実記』はこの農奴解放令と日本の一八七二年（明治五）の土地永代売買禁止令の解禁とを比較している。ロシア史の外川継男氏によれば、『実記』はこの日本の解禁令をもって「ロシアの農奴解放令と同じたぐいのものと解釈し、ロシアの場合に比べると、『日本の民は一令下に不動産の所有者となる』と、地主も自作も小作も一緒くたにして、自画自賛している」と批判し、「ロシアの改革について、はたして使節団はどれほど知っていたのだろうか」と疑問を呈している（外川「岩倉使節団とロシア」、田中彰・高田誠二編著『『米欧回覧実記』の学際的研究』北海道大学図書刊行会、一九九三年、所収）。

だが、ここではロシアを訪れた岩倉使節団が、日本の土地改革とロシアの農奴解放令とを対比して考察している事実そのものに注目したい。なぜなら、明治維新のいわゆる三大改革たる学制にしろ、地租改正にしろ、あるいは、徴兵令にしろ、これらの諸政策の立案には、欧米先進諸国の諸制度が念頭におかれており、そうした発想があればこそ、このような比較の叙述もあると思われるからである。

事実、学制については周知の文部省『理事功程』が詳細に欧米諸国の制度を報告していて、これが学制への影響を与えていることは事実であるし、軍事についても理事官山田顕義によって「各国ノ兵理」以下諸制度について報告されているのである（山田顕義「建白書」『明治文化全集』第二六巻、軍事篇・交通篇、日本評論社、一九六七年）。明治維新を世界史的にとらえるというのは、それを一国史的発展の比較としてみることよりも、むしろ同時史的にとらえることのほうがより重要といえよう。

それはともかく、『実記』がロシアについての考察によっていわんとしているのは、それまでの先入観としてのロシア脅威論を、現地を踏むことによって「鎖国井蛙《せいあ》ノ妄想」（四一〇八）と断じ、「我最モ親ムヘキハ英仏ニアルカ、露国ニアルカ、日墺（ドイツとオーストリア―田中注）諸国ニアルカ、世界ノ真形ヲ暸知《りょうち》シ、的実ニ深察スヘシ、従来妄想虚影ノ論ハ、痛ク排斥シテ、精神ヲ澄センコト、識者ニ望ム所ナリ」（四一一〇）という歴史への醒めた目をもつことの強調だったのである。

3　英・仏と維新と

産業革命をいち早く遂行したイギリスは、十九世紀半ばには「世界の工場」として世界経済で独占的な優位性を保っていた。そして、その経済的繁栄を背景にして「パクス・ブリタニカ」（イギリスの平和）をつくりあげていたのである。

そのことを『実記』は、「英国ノ富ハ、元来礦利ニ基セリ、国中ニ鉄ト石炭ト産出高ノ莫大ナルコト、世界第一ナリ、国民此両利ニヨリ、瀛器、瀛船、銕道ヲ発明シ、火熱ニヨリ蒸気ヲ駆《か》リ、以テ営業力ヲ倍蓰《ばいし》シ、紡織ト航海トノ利権ヲ専有シテ、世界ニ雄視横行スル国トハナリタリ」（二一九）と述べる。

この「世界ニ雄視横行スル」とは、「東西ニ植民地ヲ広メ、富強ノ基本ヲナシ、（中略）英国ノ属地ハ、五洲中ニ散有シ、国民ノ利益ハ常ニ海上貿易ニアリ」（二七五）というにほかならない。だから、使節団はイギリスの繁栄が産業革命とそれにともなう植民地支配にあったことを十分承知していたのである。

イギリスのこの植民地支配はアジアに限ってみても、十九世紀にはいれば、シンガポール・香港などの領有、インドの植民地化、ビルマ併合、マライ半島の海峡植民地化とつづき、中国の半植民地化もおし進めた。同時にオーストラリアへもその触手をのばしていたのである。それはいわゆる「小英国主義」といわれているものとは一体のものだったのである。

日本へと迫りつつあったイギリスは、セポイの反乱や太平天国などアジアの民族主義の抵抗に直面した。だから、日本に対しては、「中立」的態度を保持しつつ、アメリカ後退のあとを受けて幕末日本への諸列強の外交をリードした。このイギリス外交をリードした駐日公使パークスが、たまたま帰国中ということもあって、渡英した岩倉使節団を案内したのである。

一行がそのイギリスで見たひとつは、アメリカの共和政治とのちがいだった。「英国ノ立君政治ハ、米国ノ共和政治ト異ナリテ、立法行法ノ両権ヲ平衡《へいこう》セル妙ハ、一等宰相カ、公党ヨリ推サレ、皇帝ノ特旨ニテ、其輔翼ノ任ヲ命シ、毎事巴力門《バーレメント》ニ出席シテ、衆議ヲ協スル辯証ニ従事スルニアリ」（二八七）、「一等宰相ヲ任スルハ、皇帝ノ特権ナリ、皇帝ノ権ハ立法行法ヲ兼ネタリトモ謂フヘシ」（二八八）、「宰相カ、一度皇帝ヨリ任ヲ受ケタル後ハ、議院ハ之ヲ廃黜《はいちゅつ》スルノ権ナシ、是皇帝カ政府ヲ改ムルニ大権アル所ニテ、宰相辞表ヲ上レハ、皇帝ノ意ニテ、其取捨ヲ決ス」（二八九～九〇）などと『実記』は述べる。ここにみられる「皇帝」と「一等宰相」との関係、とりわけ「皇帝」の権限の強調は、副使大久保利通が帰国後の憲法制定意見書で、イギリスを念頭におきつつも、天皇を中心とする中央政権の強力な集権化に、より比重をおいていたことを想起させるのである。

だが、他方『実記』は、日本とイギリスとは、国土、人口、地勢上の位置などよく似ているものの、「其営生図利ノ目的ヲ学ハント欲スルモ、未タ得ヘカラス、故ニ英国ニ観察シテ、感触ヲ我ニ与フル所、亦甚タ親切ナラス」という。それは「内部ノ政治、国民ノ景況ニ於テハ、未タ我ニ緊要ナル所ヲミス」(二三八四〜三八五)という理由からなのである。

そこにはイギリスの近代化と日本の現実とのかけ離れた距離を感じていたからにほかならない。そして、『実記』はその時間的距離感を三、四十年とみる。

イギリスに対するこうした隔絶感とともに、『実記』全体には、後発国日本が維新の変革によって近代化=文明化する可能性の能力をもっていることを表明している。その可能性の現実的な路線をどこに求め、そしていかに歩んでいくかが、使節団帰国後の明治政府の課題だったのである。そのことは世界史のなかの明治維新のあり方とからむ。

岩倉使節団とほとんど時を同じくしてヨーロッパをおとずれた左院視察団の一員安川繁成の報告書『英国政事概論』前・後編(六冊)や『英国議事実見録』(三冊)などにみられるように、イギリスの政治や議会は、岩倉使節団以上に丹念に視察されていることをここではつけ加えておこう。この左院視察団の報告書もまた『実記』記述の資料になっているのである。

すでにアメリカで狂った日程のこともあって、ヴィクトリア女王とはなかなか謁見できず、この間、岩倉使節団は、イギリスの各地を巡覧した。だから、中央政治と地方政治との差異やシェフィールドをはじめとする工場地帯の状況などを詳しく見ることができた。これに対し、フランスでの行程は、パリとその周辺に限られている。

幕末における日仏関係の主役は、幕府であった。第十五代将軍の座についた徳川慶喜が断行した幕政改革の背景には、何よりもフランスの駐日公使レオン・ロッシュへの依拠があった。幕府の軍事改革、とりわけ陸軍の組織や訓練にはシャノワン大尉以下のフランスの軍事教官団がいたし、海軍拡張の一環としての横須賀製鉄所の建設はフランス海軍技師ヴェルニーが主として担当していた。フランスの幕府への武器・軍需品・諸資材の供与と、それに対する生糸の独占輸出をめぐる幕仏間の経済関係の推進もそのひとつのあらわれであった。幕府勘定奉行栗本鯤《こん》の「恃《たの》む所は一の仏国公使レオン・ロセスあるのみ」（栗本瀬兵衛編『栗本鋤雲遺稿』鎌倉書房、一九四三年）ということばは、この幕仏関係をもっとも端的に示していた。

ところで、岩倉使節団の書記官には、この幕末期の対仏交渉の体験をもつ多くの幕臣がいた。その使節団一行をパリで迎えたのは、訪問の前年、つまり一八七一年のパリ＝コミューンを弾圧した大統領アドルフ＝ティエールであった。そして一行は、凱旋門その他にパリ＝コミューンのなまなましい戦跡を見たのである。使節団は、フランス政府に対して反乱をおこしたこの「賊徒」、つまりパリ＝コミューンを圧殺したティエールに対して、「老練熟達ノ政治家」（三六五）という賛辞を呈した。と同時に、文明の国も「中等以下ノ人民」は「冥頑ニシテ鷙悍《しかん》」だといい、西洋の各国が「上下ニ通シ風俗美ナリト謂《いう》ハ、亦大ナル誤ナリ」（三一四一）と断言したのである。

それは米欧の地を踏むことによって、維新のリーダーたちが実感した近代国家の階級矛盾だったのである。それはまた、アメリカのニューヨークで昼の光ある活気が、夜には一転して「不良」（一二〇二）となる都市相貌の変化への驚きや、イギリスの貧民窟にみる、この国の裏側の実態への嫌悪感の表明とも相通ずるものがある。

なるがゆえに、「文明ノ中枢」（三五五）たるパリを使節団は実感しつつも、フランスのブーローニュの森は貴族の公園であり、ビット・ショーモン公園が中等以下の人民のためのものであることを知り、この公園をつくったことは、ナポレオン三世の政策のなかの「美挙中ノ一」（三八四）だと述べているのである。それは、ここにおいて自覚された使節団のもつ階級的視座のなせるところといってよいだろう。

階級的視座といえば、イギリスの模範工場村ソルテヤを念頭におきつつ、フランスの「勧奨恵恤《けいじゅつ》ノ方法」、つまり「椎魯愚昧《ついろぐまい》」で「貧窶《ひんる》不潔」で目先のことのみしか考えない労働者に対して、これを保護・救済する「職工市街ノ法」を高く評価し、日本の常平倉と比較したうえで、「更ニ高尚ナルモノナリ」(三八五〜八六)と『実記』は述べているのである。

ここには、フランスに起こった「労動権利(ママ)ノ説」、すなわち労働者に仕事を保障するのは政府の義務だという説への痛烈な批判が重なっている。この「労動権利ノ説」とは、使節団首脳が会ったフランスの学者モリス・ブロック(一八一六〜一九〇一)から聞いたルイ・ブラン(一八一一〜八二)の思想だろうと、アメリカの研究者マリーン・J・メイヨ女史は推測しているのである(メイヨ、芳賀徹・斉藤恵子訳「岩倉使節の西洋研究」、大久保利謙編『岩倉使節の研究』宗高書房、一九七六年、二九〇〜二九一頁)。

このパリ＝コミューンに関してみられる「中等以下ノ人民」に対する嫌悪感も、「職工市街ノ法」の説明にみられる労働者への愚民観も、一行はそのまま日本へもち帰ったようだ。それがあの大久保独裁＝「有司専制」の体制と深く結びついていたといったらいい過ぎだろうか。

4　未発の可能性としての「小国」と薩長の路線

ペリー来航を機に幕末の日本は激動し、足かけ十五年で幕府は倒壊した。外圧への危機意識が朝廷から庶民にいたるあらゆる階級、あらゆる階層をおおい、時代の危機意識となったことが、この大変動の根底にあったからである。

そうした時代状況のなかで、尊攘運動、公武合体運動、さらには倒幕運動と政局はめまぐるしく転回し、一八六七年(慶応三)の「大政奉還」、「王政復古」＝幕府倒壊を迎えるのである。

これらの政治運動の転回は、外圧とからむ。その外圧のひとつに一八六三年（文久三）の薩英戦争と翌六四年（元治元）の四国連合艦隊の下関砲撃事件（下関戦争）がある。

この四国連合艦隊一七隻のなかにイギリス（九隻）・フランス（三隻）・アメリカ（一隻）とともにオランダの四隻（砲二八八門中五六門、兵員五〇一四名中九五一名）があった。

そのオランダは鎖国下にあっては日本貿易を独占していた。このことにふれて『実記』は、「此国ハ二百年以前ヨリ、我日本ニ航通シ、毎年一隻ノ商舶ヲ送リタルモ、即チ爪哇《ジャワ》ヨリ仕出セシ船ナリ、当時我邦ニハ、外交ヲ拒絶シ、独《ひとり》此国ノミ航渡ヲ許セシヲ以テ、日本ノ産物、欧洲ニ伝播セルハ、ミナ其利権ヲ此国ニ占領シ、大ナル利益ヲ受タリ」（三二一八〜二一九）と記す。

オランダは、幕府の開国によって貿易独占権を失ったが、最後の商館長ドンケル・クルチウスは初代駐日オランダ領事となり、幕府に操船術を身につけた日本人の養成の必要を進言した。長崎海軍伝習所はその延長線上のものであった。また、幕府のオランダへの軍艦建造注文やオランダ派遣留学生などをみれば、その後においても幕府とオランダとの関係がいかに密接であったかがわかる。

ところで、『実記』は、イギリス・フランス・ロシア・プロシア・オーストリアをヨーロッパの「大国」と規定し、「小国」にはベルギー・オランダ・ザクセン・スイス・デンマークをあげている（五一二）。このオランダをふくむ「小国」五カ国には、『実記』一〇〇巻中の一〇巻強があてられているから（米・英二国には各二〇巻、ドイツは一〇巻、フランスは九巻）、「小国」全体への関心はけっして低いとはいえない。事実、使節団はこれらの「小国」を丹念・精細に視察しているのである。このことは一八七〇年代の日本の選択肢のひとつが「小国」にもあった可能性を示唆している。

『実記』は、「欧洲各国ノ如キハ、元一様ノ政化ニ似タレトモ、其国ノ異ナルハ、即チ生理ノ異ナル所ニテ、已ニ白耳義《ベルギー》人ハ、我日本ノ筑紫一島ニ比スヘキ、平野ノ面ニ淬励《さいれい》自主スルヲ見テ、又荷蘭《オランダ》ニ至レハ、九州ノ筑肥四州ニ比スヘキ人口ニテ、塗泥《とでい》ノ中ニ、富庶ヲ謀ル景況ヲ見ル、皆我ノ耳目心思ニ、多少ノ感ヲ与フルナリ」と述べ、「嗚呼《ああ》、天利ニ富ルモノハ、人力ニ惰《おこた》リ、天利ニ倹ナルモノハ、人力ニ勉ム、是《これ》天ノ自然ニ平均ヲ持スル所歟《か》」（三二二）という。

ここには、自然に対する勤勉な人間のはたらきかけこそが文明を生むという、『実記』に通底する文明観の一端が表明されているが、「小国」ベルギーとともにオランダは、「北方寒冷ノ緯度」にあるから塗泥も稲田にできず、甘蔗や棉花も栽培されず、礦金・石材・山林とてないにもかかわらず、「其人民ノ勉強倹勤ナル、世界富国ノ一ト推サレタリ」（同上）というのである。そして、もしオランダ人の「心」を以て中国の地に住めば、そこには幾百のオランダ国が東方に生ずるかわからないとさえ述べているのである。

そのことは、このオランダやベルギーが、人口も少なく、国土も狭く、土地も「瘠薄《せきはく》ノ湿野」であるにもかかわらず、「能ク大国ノ間ニ介シ、自主ノ権利ヲ全クシ、其営業ノ力ハ、反テ大国ノ上ニ超越シテ、自ラ欧洲ニ管係ヲ有スルノミナラス、世界貿易ニ於テモ影響ヲナスハ、其人民ノ勉励和協ニヨルニアラサルハナシ」（三一六五）というところに着目するからである。だからこそ、その「其我ニ感触ヲ与フルコト、反テ三大国（米・英・仏―引用者注）ヨリ切ナルモノアルヘシ」（同上）と明言しているのである。

この一文には「小国」への親近感があふれている、といってよい。それは同時に十九世紀半ばにおけるヨーロッパの弱肉強食の国際政治のなかにあって、これらの「小国」がどうして中立を保持し、独立を維持できているのか、という関心にもつながるのである。

その「小国」の中立・独立の姿勢の典型を『実記』はスイスにみ、スイスにおける三つの基本原則をあげる。いわく、「自国ノ権利ヲ達シ、他国ノ権利ヲ妨ケス、他国ノ妨ケヲ防ク是《これ》ナリ」(五五五)と。

こうした「小国」に対する認識は、使節団が訪れたウィーン万国博覧会の展示品を見ることによって確認されている。

そこに展示された「大国」「小国」の展示品は、「大国」なるがゆえにかならずしも優れたものではなかった。いやむしろ「小国」のほうがはるかに立派なものがあったのである。「白耳義《ベルギー》・瑞士《スイス》ノ出品ヲミレハ、民ノ自主ヲ遂ケ、各良宝ヲ蘊蓄《うんちく》スルコト大国モ感動セラル」といい、「国民自主ノ生理ニ於テハ、大モ畏ルニ足ラス、小モ侮ルベカラ（ママ）ス」(五二二)と『実記』はいうのである。

これほど感動的ですらある「小国」への認識にもかかわらず、なぜ帰国後の使節団首脳が、「小国」へ徹する道を歩まなかったかは、なお今後検討しなければならない。しかし、日本近代化の路線のなかに「小国」への未発の可能性のあったことを『実記』の叙述は示しているのである。

目を転ずると、このウィーン万国博覧会に先立つ一八六七年(慶応三)のパリ万国博覧会では、幕府と薩摩藩は、「日本大君政府」対「日本薩摩太守政府」として相拮抗し、佐賀藩もまた「日本肥前太守政府」として参加していた。薩摩藩が琉球国の名義で幕府とは別個の陳列場を要求したのに対し、幕府は対外的に日本を代表するのは幕府のみであるとしてこれに反対した。慶応期における国内の幕府と薩摩藩の対立は、このような形で国際場裡で表面化していたのである。

この対立は結局、岩倉使節団に書記官として参加している幕末当時の幕臣田辺太一と、薩摩藩の岩下方平および薩摩藩顧問モンブランとの間で交渉され、難航の果て、博覧会日本部類総領事レセップの仲介によって妥協がなった。

前述のように「日本大君政府」「日本薩摩太守政府」の名義のもとに出品し、それぞれが日章旗を掲げたのである。当時国際社会に通じていた薩摩藩五代友厚のことばを借りれば、この状況は「江戸ノ大君」（幕府）はもはや他の大名と同じで、一大大名にすぎず、幕府も「日本帝君ノ巨僕」であることが明らかになったというのである（『五代友厚伝記資料』第四巻、東洋経済新報社、一九七四年）。

それはイギリス外交官アーネスト・サトウの『英国策論』の示す路線に近い形が、パリ万博における幕府と薩摩藩および肥前藩との関係で示されていた、といえよう。サトウはその回顧録『一外交官の見た明治維新』で、みずからの提案たる『英国策論』は、「大君」（幕府）を本来の地位に引き下げて「大領主」の一つとし、「天皇」を元首とする「諸大名の連合体」が「大君」にとってかわって支配的勢力となるべきだ、というものだったと説明しているのである。

最近判明したところによると、大久保利通はサトウの「策論」と題する墨書された一通の文書をもっていたのである（大久保家文書、大久保利泰氏のご示教による）。この手書きの「策論」を大久保がいつ写したかはわからない。しかし、少なくとも版本でない手書きの「策論」を大久保が所持していた事実は重いといわなければならない。

この天皇を核とした「策論」路線と、「大君」（徳川慶喜）を頂点としてそれに絶大な力をもたしめ、そのもとに「公府」「上院」「下院」をおく「大君」制国家路線との対決が、「大政奉還」から「王政復古」、さらには戊辰戦争の軍事衝突だったのである。そして、ついに「大君」制路線はうち破られ、薩長中心の天皇制国家路線がおし進められたところに明治維新はあったのである。

5　アジアにおけるプロシアの道

この革命運動を指導した人物たちの偉大な業績は、外国との親善関係を維持することは大君との戦争を有利に成し遂げるためのみならず、祖国が外国列強と同等の地位と権利を獲得するための改革を成し遂げるためにも、必要欠くべからざるものであると認識していた点にあった（M・V・ブラント著、原潔・永岡敦訳『ドイツ公使の見た明治維新』新人物往来社、一九八七年、一九七頁）。

一八六二年（文久二）十二月、プロシア初代駐日領事（七二年には駐日ドイツ全権公使となる）となったマックス・フォン・ブラントは、明治維新のリーダーたちの変革遂行と国際的な関係との認識をこう語っている。幕末の日本ではアメリカ、イギリス、フランスなど先発の諸列強のなかにあって、プロシアの外交的地位は低かったが、それだけにこのプロシアの一青年外交官（日本着任時二十七歳）は日本と国際関係を客観的に冷静にとらえていた、といえよう。

だからかれは、岩倉使節団の欧米への派遣についても、「文明開化の国民と同等の基盤に立ち、公法、公益を完全に発展させたいという日本政府の希望に真の動機があったことは疑いを容れない」（前掲書、二二五頁）と喝破している。

その岩倉使節団は、統一成ったばかりのドイツ帝国の首都ベルリンを訪問し、鉄血宰相ビスマルクと参謀総長モルトケとに会見した。

使節団歓迎のレセプションでビスマルクは、みずからの生いたちとプロシアを中心とするドイツ帝国形成のプロセスとを重ね合わせて語った大演説のなかで、「万国公法」の現実のあり方にふれ、「小国」はこれを孜々《しし》として守ろうとするのに対し、「大国」はおのれの利のあるときにはこれに固執するものの、ひとたび不利になるとみるや、たちまち力でこれを踏みにじる、と明言したのである。『実記』は、「此語ハ甚タ意味アルモノ」と述べ、「玩味スヘキ言」といいきっている（㈢三二〇）。そしてまた、その『実記』は、使節団帰国後の一八七四年二月のモルトケの議会演説を引用するのである。いわく、「法律、正義、自由ノ理ハ、国内ヲ保護スルニ足レトモ、境外ハ保護スルハ、兵力ニアラサレハ不可ナリ、万国公法モ、只国力ノ強弱ニ関ス、局外中立シテ、公法ノミ是《これ》循守《じゅんしゅ》スルハ、小国ノ事ナリ、大国ニ至テハ、国力ヲ以テ、其権理ヲ達セサルヘカラス」（㈢三四〇）と。

いわんとするところは、ビスマルクのいう力とは軍事力を意味するというのであり、国際関係は所詮この軍事力によって左右されるというのである。さらに「先ツ兵備ヲ厳ニシ、武力ヲ以テ欧洲ノ太平ヲ護スルヲ専要トス、（中略）今此ニ希望スルハ、特ニ太平ヲ保ツノミニアラス、此太平ヲ管領シ、万国ヲシテ、独逸ハ欧洲ノ中心ニ位シ、全欧洲ノ太平ヲ保護スルモノナリト謂ハシメント欲ス、是軍備ヲ振整スルニアルノミ」（㈢三四〇〜三四一）というのである。使節団帰国後になされたモルトケの議会演説をわざわざ『実記』のなかに引用しているのは、これがビスマルク演説を補完するものであり、この時点におけるプロシアの「万国公法」へのかかわり方が、日本の国際社会へのあり方とからんでいる、とみたからにほかなるまい。

ドイツ帝国のめざす路線を、いまそのまま岩倉使節団訪問時における日本のめざしたところと、ただちに重ねることはつつしまねばならないが、この『実記』の叙述の仕方は、少なくともその後の日本の政治路線、とりわけ明治十四年の政変後の明治政府のめざす方向の伏線となっていることは否定することができない。

もっと要約的にいえば、共和制のアメリカやフランスの政体は別として、あまりにも日本との落差のあるイギリスのような「大国」はそのままではモデルにならないのである。近代天皇制創出という枠組みのなかで残された選択肢は、「小国」への道か、それともプロシアの歩んだドイツ帝国への道か、つまり「小国」から「大国」への道かが現実的には残されたことになる。

この残された選択肢のいずれを選ぶかは、使節団の帰路におけるアジアの実情を一行がどうみたか、とかかわる。使節団の帰路のコースは、フランスのマルセーユを発し、開通したばかりのスエズ運河を通過し、紅海、セイロン島（ゴール）、シンガポール、サイゴン、香港、上海を経てのコースであった。

ここで一行は、アジアの南の「熱帯ノ国」が、「山緑リニ水青ク、植物ハ栄ヘ、土壌ハ腴《ゆ》ニシテ、空気ノ清キ、景色ノ美ナ」ることに目を見張り、「真ニ人間ノ極楽界」といった（五二八三）。

だが、この地はこれまで巡遊してきた先進諸国の植民地だった。

この植民地としての東南アジアは、「極楽界」のような自然環境で、衣食住に労することはないから、「民ノ繁息スルコトモ、亦草木ト一般」（五二七四）であることを知った。

「草木ト一般」であれば「智能ヲ労」することもない。「艱険ニ耐テ、事業ヲ起ス志」もおころうはずはない。とすれば、この地に文明の発するはずはないことを使節団は確信したのである。

この植民地へヨーロッパの文明の地からおもむく「白皙赤髯」の人びとは、「文明国ヨリ棄テラレタル民」（五三〇七～三〇八）だと使節団は思った。しかもこの「東南洋」の地は、産業や貿易の基礎である「利益ノ伏蔵スル甚タ夥多《おびただし》」い「天産」の豊富な地であることも知ったのである（五三〇一・三一三）。

そこからつぎのような論理が引き出されることは見やすい道理である。

(1)ヨーロッパ文明は人力を労するところにおこった。

(2)日本はそのヨーロッパの文明にならい、文明化の道を歩もうとし、また、その可能性をもっている。

(3)人間が自然と同じように生活する東南アジアは文明ともっとも遠く、そこには豊富な資源がある。

この論理のうえで、『実記』はつぎのようにいう。

今日本ノ民、方《まさ》ニ外航ノ緒《いとぐち》ヲ、西洋人ヨリ誘啓セラレ、争フテ欧洲ニ赴キ、而テ印度南洋ハ、眼孔中ヨリ脱去シタリ。(五三〇一)

いうなればそれは日本が、ヨーロッパへの文明信仰ともいうべきものによって、アジアへの目を欠落させた「欠亜入欧」の指摘なのである。

『実記』は、ヨーロッパ文明にもたらせた天産資源は、「未タ欧洲ニ至ラサル半程ノ地」(五三〇一)のインドやオーストラリアをふくめたアジア南方の地にあることを自覚し、「近隣ノ諸邦」(同上)に目を向けよ、というのであり、その「地理物産」のことを記した「此米欧実記ノ如キモノ、森出スルニ及ンテ、始メテ日本富強ノ実ヲミルヘシ」(五三〇一)というのである。

そこには「入欧」指向も認めつつも、「欠亜」克服の道も提起されている。

この提起された方向は、岩倉使節団帰国後の日本の変革路線にただちに生かされただろうか。

岩倉使節団帰国直後の日本は、いわゆる「征韓」論問題で揺れ、それまで維新を遂行してきた政治勢力は決定的に分裂した。明治六年の政変である。下野した勢力は士族派と民権派にわかれ、薩長外遊派が政府の主導権を握った。

この薩長外遊派(中心は内務省を核に大蔵・工部両省のいわゆる三省体制の上に立つ大久保内務卿〈明治十一年、暗殺〉)は、台湾出兵・江華島事件・西南戦争などを経て「琉球処分」によって日本の国家統一をなしとげた。

すでにそのとき、明治政府は隣国朝鮮には不平等条約を、かつての開国時のペリーにならって押しつけ、アジアの国々には先進国としてふるまいはじめていたのである。

大久保亡きあとは、明治十四年の政変を経て主導権は岩倉＝伊藤の手中へと落ちた。伊藤は再度プロシアの地を踏んだ。プロシアへの道が選択されたのである。それは「小国」から「大国」への道といえよう。

この政府の路線に対抗して、自由民権運動があった。

自由民権運動は「自由」と「民権」を主張し、その具体策を国会開設に求めた。明治十四年の政変は一〇年後に国会を開くことを約束したが、それは民権派の分裂化を企図しての政治戦略を秘めていた。岩倉使節団とともにフランスへ留学した中江兆民は、日本という「小国」は「小国」に徹せよと、「小国主義」をとなえたが、政府は「大国」への道をとり、民権運動はつぎつぎに弾圧された。

岩倉使節団がさぐった選択肢の可能性は、かれら自身の手によって明治十年代に一つ一つつぶされ、結局、アジアのなかのプロシアの道が決定的となっていく。そのとき『実記』の指摘する「欠亜入欧」の「欠亜」は克服されることなく、「脱亜入欧」へと走っていったのである。それが明治維新のいきつくところであったことは、「明治維新世界史」のひとつの結論でもあった、といえるかもしれない。

(四)　世界史のなかの明治維新

「明治維新とは何か」を考えてみるとき、明治維新という一大変革が、十九世紀の五〇～七〇年代において、外圧（世界史的規定性）と内圧（国内的矛盾）のきり結ぶところで展開したものであることは確認できる。

私の編になる『近代日本の軌跡　1明治維新』（吉川弘文館、一九九四年）所収の遅塚忠躬「フランス革命と明治維新」は、「明治維新に始まる日本の近代社会の特質をフランス革命に始まるフランスのそれとの対比において検討したいという、比較史的関心にもとづいて」明治維新を追求している。

この論稿の発想は、たんなる明治維新の問題にとどまらず昭和天皇逝去（一九八九年一月）前後の日本社会の情況における、「日本と西欧の現代社会の異質性の根底にいわゆる政治文化 political culture という文化ないし心性の構造の差異があること」が念頭におかれている。いわば明治維新の問題が戦後改革を通してではあるが、「戦後日本の政治文化」の構造をも規定している、とみているのである。

明治維新を「ブルジョア革命」とみるか、「上からのブルジョア的な改革」とみるかは、古くして新しい問題である。フランス革命や明治維新の歴史的性格を究明しようとする場合には、「構造史」（経済史）と「事件史」（政治史）との相互関係を分析する手続きをふまなければならないというこの論稿は、革命 revolution と改革 reform とを区別するメルクマールを「断絶」と「連続性」におく。そしてその判定は、(1)変革が市民社会 civil society を実現したかどうか、(2)変革が旧体制の責任者を抹消（処刑ないし追放）したか否か、にあるという。

この基準から右の遅塚論文の明治維新の規定を先にいえば、「近代における変革 transformation の二類型として、米・英・仏のブルジョア革命 revolution と、独・伊・露のブルジョア的改革 reform とを区分」し、「明治維新は後者の類型に属する」というのである。ということは、遅塚氏は「断絶」よりも「連続性」において明治維新をとらえようとしていることがわかる。

この論稿があらためてこのことを強調するのは、最近の明治維新研究の再検討・再規定のなかで、明治維新を後発国のブルジョア革命とみる見方が強まりつつあることへの批判でもあろう。

遅塚氏の比較史的な関心、また「構造史と事件史との相互関係」に視点をおいてみる明治維新の歴史的性格の設定の仕方や、その「上からの改革としての明治維新」がその後の日本の諸構造にどのような作用を及ぼしたかという問題などについては、右の論文によられたい。

ところで、この論文は中村政則「明治維新の世界史的位置」（同編『日本の近代と資本主義』東京大学出版会、一九九二年）を引合いに出す。その中村氏はみずからの論稿をさらに整理し、その著『経済発展と民主主義』（岩波書店、一九九三年）において、近代から現代にいたる日本を含む世界を三つのグループ分けをした諸家の学説を、氏なりに再整理してつぎのように簡潔に述べている。

すなわち、⑴イギリスの経済史家エリック・ボブズボウム説では、①市民革命と産業革命を同時に達成できた国（イギリス、フランス、アメリカ）、②市民革命は挫折、産業革命（資本主義的工業化）は達成した国（ドイツ、イタリア、ロシア、日本、東欧諸国、スペイン、ポルトガル）、③両革命とも未完の国（インド・中国などアジア諸国、アフリカ、ラテンアメリカの植民地・半植民地）と分けられるとし、⑵アメリカの社会学者バリトン・ムーア・ジュニア説では、①ブルジョア革命からブルジョア・デモクラシーへの国（イギリス、フランス、アメリカ）、②「上からの革命」を経てファシスト独裁へといたる「保守革命」の国（ドイツ、日本）、③農民革命から共産主義への国（ロシア、中国）とに分類し、⑶アメリカの社会学者イマニュエル・ウォーラーステイン説を整理すれば、十九世紀の世界は、①「中枢（core or central）」（イギリス、フランス、アメリカ、ドイツ）、②「半周辺（semi-periphery）」（イタリア、ロシア、東欧諸国、日本）、③「周辺（periphery）」（アフリカ諸国、インド、中国、ラテンアメリカの植民地・半植民地）となる、としている。

特徴的なことは、そのいずれの分類をみても日本は第二のグループに属していることである。この第二グループは、「近代化」において「市民革命なき資本主義的工業化を推進する」国（⑴説）であり、ヨーロッパ経済を中心とする「近代世界システム」では「半周辺」（⑶説）なのである。「中枢」でも「周辺」でもないこの「半周辺」の国のひとつが日本なのである。

これは早くから福沢諭吉などがその文明論のなかで「文明」と「野蛮」の中間の「未開」ないし「半開」に日本を

位置づけたのと関連しよう。最近では「中進資本主義国」（中村哲『近代世界史像の再構成』青木書店、一九九一年）という概念も提起されているのである。

そこには第一グループの欧米先進国ではないが、さりとて第三グループとは異なる位置づけがある。先進資本主義国を前提とし、それをモデルとし、その先進性を受容・継受する能力をもっている国なのである。さらにいえば、その先進諸国に追いつく可能性を秘めた国でもある。明治初年の維新のリーダーたちの米欧視察の報告書『特命全権大使米欧回覧実記』（全一〇〇巻、一八七八年刊）をみると、その受容能力と可能性への自負は十分読みとれる。

もうひとつ特徴的なことは、さきのいずれの分類をみてもこの第二グループのなかでアジアに属するのは日本だけである。アジア文化圏、とりわけ東アジアの伝統的文化圏（ここでは一応儒教文化圏としておく）のなかでは日本のみが第二グループに属しているという事実である。この特質は見逃しえない。東アジアの日本における文化的伝統の継受と欧米文化の受容との関係は、遅塚論文がいう「連続性」と「断絶」とからむ。

さて、では「革命」と「改革」の概念を当てはめれば明治維新はいずれなのか。

明治維新に関説した諸論稿からは、維新における幕藩体制との「断絶」面をみることもできるし、また、「連続性」をみることもできる。同一論稿のなかでこの両面をみているものもある。

このことは個々の論稿のたんなる問題意識や分析の視角によるものではない。明治維新という変革の事実それ自体のなかにこの両側面が分ちがたく内在しているからである。

そのことは明治維新が十九世紀後半の、世界における東アジアのなかでの変革であったことと不可分である。いいかえれば、この世界史的時点における東アジアのなかの日本において、明治維新は国際的条件（外圧、世界史的規定性）と国内的条件（矛盾、一国史的発展の必然性）とのきり結ぶところで遂行された変革だったからにほかならない。

遅塚論文の指標でいえば、明治維新によって「市民社会」は必ずしも実現はしなかったが（だから自由民権運動がおこる）、「旧体制の責任者」は「抹消」された（第十五代将軍徳川慶喜は処刑されなかったものの駿府へ追放された）。だから、「断絶」＝革命か、「連続性」＝改革かの二者択一といかないところに明治維新のアンビバレントな特質がある。中村政則氏が、「いわば立憲主義と絶対主義の二つの契機によって構成された外見的立憲制（絶対主義的立憲制）とよぶべきものであった」（前掲『日本の近代と資本主義』二八頁）というのは、明治維新を長い間規定してきた既存の概念に拠りつつ述べたぎりぎりの表現といってよかろう。

さきの第二グループのアジアのなかの日本の明治維新の変革の性格は、「断絶」と「連続性」、「革命」と「改革」との共存・癒着といえるだろう。私がこれまで著書で「非連続の連続」といったりしたのもそのことに通じる。革命か改革かと問われれば、その両者の「複合変革」ないし「複合革命」とでもいわざるをえない。明治維新がこれまで **restoration** といわれ、**revolution** あるいは **reform** とも最近では表現され、果ては **Meiji Ishin** という語をそのまま当てられるのも、そのことと無関係ではあるまい。

ここにいう「複合変革」ないし「複合革命」という語はまだ熟してはいない。しかし、この「複合変革」ないし「複合革命」としての明治維新が、十九世紀後半の世界史のなかの東アジアにおける、近代的変革（「革命」）の一型態であることだけは否定できない。後発国とりわけ日本の近代化には、世界史的な同時代史的な規定性がより大きく働いているのである。

長州藩と明治維新（オンデマンド版）

2017年10月1日　発行

著　者　田《た》中《なか》　彰《あきら》

発行者　吉川道郎

発行所　株式会社 吉川弘文館
〒113-0033　東京都文京区本郷7丁目2番8号
TEL　03(3813)9151(代表)
URL　http://www.yoshikawa-k.co.jp/

印刷・製本　株式会社 デジタルパブリッシングサービス
URL　http://www.d-pub.co.jp/

田中　彰（1928～2011）
ISBN978-4-642-73680-0

著者略歴
一九二八年　山口県に生まれる
一九五三年　東京教育大学文学部史学科卒業
一九五九年　東京教育大学大学院博士課程修了
一九六四年　学位取得（文学博士）
都留市立都留文科大学助教授、北海道大学教授（停年退官、同大学名誉教授）を経て、現在札幌学院大学教授

〔主要著書〕
『明治維新政治史研究』（青木書店、一九六三年）
『明治維新観の研究』（北海道大学図書刊行会、一九八七年）
『岩倉使節団『米欧回覧実記』』（岩波書店、一九九四年）
『幕末維新史の研究』（吉川弘文館、一九九六年）等

長州藩と明治維新

一九九八年七月十日　第一刷発行

著者　田中彰
発行者　吉川圭三
発行所　株式会社吉川弘文館
郵便番号一一三―〇〇三三
東京都文京区本郷七丁目二番八号
電話〇三―三八一三―九一五一〈代〉
振替口座〇〇一〇〇―五―二四四番
印刷＝明和印刷・製本＝誠製本

索　　引

1）人名・文献・史料の項目は，五十音順に歴史上の人物名と研究者名，および本文中の論著名ならびに文献・史料名を配列した．なお，奇兵隊関係の文献の発行年や発行所は，巻末の「奇兵隊研究年表」も参照されたい．
2）事項の項目には，関係事項名がまとめて掲げてある．また関連項目はカッコ内に矢印で示した．
3）Ⅳの一「明治維新とは何か」の人名と事項については，ゴチック見出しを項目としてとったほかは若干の項目にとどめた．

人名・文献・史料

あ　行

か　行

さ　行

た　行

な　行

は　行

ま　行

や　行

ら　行

わ　行

事　　項

あ　行

か 行

さ　行

た　行

な　行

は　行

ま　行

や　行

ら・わ　行

奇兵隊研究年表

年	奇兵隊研究関係編著書・論文等
1910年(明治43)	高橋淡水『勤王志士奇兵隊』(磯部甲陽堂)
11年(〃 44)	中原邦平『訂正補修忠正公勤王事績』(防長史談会)
	末松謙澄『防長回天史』(修訂版, 1921年〈大正10〉私家版)
16年(大正5)	「旧長藩諸隊表」(『稿本もりのしげり』, 増訂版は1923年〈昭和7〉)
18年(〃 7)	『奇兵隊日記』(4冊, 日本史籍協会叢書)
33年(昭和8)	服部之総「明治維新の革命及び反革命」(『日本資本主義発達史講座』岩波書店)
35年(〃 10)	羽仁五郎「明治維新」(岩波講座『日本歴史』)
44年(〃 19)	平尾道雄『奇兵隊史録』(河出書房)
46年(〃 21)	羽仁五郎『明治維新』(岩波新書〈旧赤版〉, 1940年『中央公論』に連載)
47年(〃 22)	E. H. ノーマン(大窪愿二訳)『日本における近代国家の成立』(時事通信社, 原著, 1940年, ニューヨーク)
	〃 (陸井三郎訳)『日本における兵士と農民』(白日書院, 原著, 1943年, ニューヨーク)
	奈良本辰也「幕末における郷士＝中農層の積極的意義」(『歴史評論』10)
48年(〃 23)	奈良本辰也『近世封建社会史論』(高桐書院)
49年(〃 24)	服部之総「明治維新における指導と同盟」(『社会構成史体系』第2巻, 日本評論社)
50年(〃 25)	原口　清「明治維新はどうして準備されたか」(『歴評』21)
51年(〃 26)	遠山茂樹『明治維新』(岩波全書, 改訂版, 1972年〈昭和47〉)
	井上　清「幕末における半植民地化の危機との闘争(二)」(『歴評』33)
	井上　清『日本現代史Ⅰ明治維新』(東京大学出版会)
53年(〃 28)	井上　清『日本の軍国主義』Ⅰ(東京大学出版会)
	梅溪　昇「明治維新史における奇兵隊の問題」(『人文学報』3, 『明治前期政治史の研究』1963年〈昭和38〉, 未来社)
	堀江英一「幕末における階級闘争」(歴研編『近代日本の形成』岩波書店)
54年(〃 29)	堀江英一『明治維新の社会構造』(有斐閣)
	原口　清「長州藩諸隊の叛乱」(『法経論集』1. 明治史料研究連絡会編『明治政権の確立過程』御茶の水書房, 1957年〈昭和32〉)
	田中　彰「長州藩改革派の基盤」(『史潮』51)
56年(〃 31)	関　順也『藩政改革と明治維新』(有斐閣)
	羽仁五郎『明治維新史研究』(岩波書店)
	田中　彰「討幕派の形成過程」(『歴史学研究』205)

	田中　彰「明治絶対主義政権成立の一過程」(『歴評』75,『論集日本歴史9　明治維新』1973年〈昭和48〉有精堂)	
1957年(昭和32)		関　順也「長州藩からみた薩長交易の意義」(『山口経済学雑誌』7の9・10)
59年(〃 34)	田中　彰「長州藩における慶応軍政改革」(『史林』42の1)	
60年(〃 35)		田中　彰「幕末薩長交易の研究」(『史学雑誌』69の3・4)
61年(〃 36)	A.M. Craig “Choshu in the Meiji Restration” (Harvard U. Press)	
		石井　孝『学説批判明治維新論』(吉川弘文館)
62年(〃 37)	海溪　昇「明治維新史における長州藩の政治的動向」(坂田吉雄編『明治維新史の問題点』未来社)	
63年(〃 38)	田中　彰『明治維新政治史研究』(青木書店)	
		三原清堯『来嶋又兵衛伝』(来嶋又兵衛翁顕彰会)
65年(〃 40)	芝原拓自『明治維新の権力基盤』(御茶の水書房)	
		奈良本辰也『高杉晋作』(中公新書)
		田中　彰『幕末の長州』(中公新書)
		田中　彰「奇兵隊の人びと」(遠山茂樹編『人物・日本の歴史』10,読売新聞社)
		中原雅夫「奇兵隊成立前後」(『郷土』7)
		下関郷土会「諸隊惣人員帳」(『郷土』10)
		長文蓮『奇兵隊・死士・久坂玄瑞』(三一新書)
		和木村教育委員会『閑居録』(同会)
66年(〃 41)	田中　彰「明治藩政改革と維新官僚」(稲田正次編『明治国家形成過程の研究』御茶の水書房)	
		徳見光三『長府藩報国隊』(長門地方史料研究所)
		小林　茂「奇兵隊の構成」(『郷土』12)
		谷川健一『最後の攘夷党』(三一新書)
		高杉東行先生百年祭奉賛会『東行・高杉晋作』(同会)
		井上　勲「長州藩尊攘運動の思想と構造」(『史学雑誌』75の3)
68年(〃 43)	小林　茂『長州藩明治維新史研究』(未来社)	
	井上勝生「討幕派に関する一考察」(『日本史研究』96)	
		芥川義純『第二奇兵隊書記・芥川義天』(芥川義純)
		下関市教育委員会『白石家文書』(下関市教育委員会)
		山崎勝幸「維新と徳山藩諸隊」(『山口県地方史研究』20)
69年(〃 44)	石井　孝「廃藩の過程における政局の動向」(『東北大学文学部研究年報』19)	
70年(〃 45)	井上勝生「長州藩における政治的転成の過程」(『日本史研究』110)	
	井上勝生「長州藩における政治的構造の現状分析」(『日本史研究』113)	

	布引敏雄「幕末長州藩被差別部落民諸隊の活動」(『日本史研究』112)	
	樹下明紀「脱隊騒動に関する一考察」(『山口県地方史研究』24)	
		柳井市史編纂委員会『柳井の維新史』(柳井市)
		中原雅夫『幕末の豪商志士・白石正一郎』(三一書房)
		大佛次郎『天皇の世紀』6(朝日新聞社)
1971年(昭和46)		下関市文書館編『資料・幕末馬関戦争』(三一書房)
		村上磐太郎『赤根武人の冤罪』(柳井市立図書館)
		古川　薫『高杉晋作』(創元社)
		内田　伸『大楽源太郎』(風説社, 復刻版, マツノ書店, 1978年)
72年(〃 47)	井上勝生「討幕派軍隊の『兵士と農民』」(『日本史研究』124)	
	古川　薫『長州奇兵隊』(創元社)	
	海原　徹『明治維新と教育』(ミネルヴァ書房)	
		栗原隆一『幕末諸隊始末』(新人物往来社)
73年(〃 48)	高木俊輔「第二奇兵隊の脱隊騒動・備中騒動について」(『研究紀要』昭和47年度)	
	中原雅夫『奇兵隊始末紀』(新人物往来社)	
74年(〃 49)	高木俊輔『明治維新草莽運動史』(勁草書房)	
	布引敏雄「時政亀蔵と一新組」(『山口県地方史研究』31)	
		堀哲三郎編『高杉晋作全集』(上下)(新人物往来社)
		栗原隆一『幕末諸隊100選』(秋田書店)
		谷林　博『世良修蔵』(新人物往来社)
		中原雅夫『裏からみた長州の維新史』(創元社)
75年(〃 50)	広田暢久「整武隊訴訟事件」(『山口県文書館研究紀要』4)	
		井上勝生「幕藩制解体過程と全国市場」(歴研編『歴史における民族の形成』青木書店)
		北川　健「万延元年周防大島の〝悪魔退散一揆〟」(『山口県文書館研究紀要』4)
76年(〃 51)	長谷川卒助「脱隊騒動と船木の人たち」(『宇部地方史研究』5)	
		冨成　博『維新閑話』(長周新聞社)
		三宅紹宣「幕末期長州藩における民衆闘争」(『史学研究』131)
		田中　彰『日本の歴史24明治維新』(小学館版)
77年(〃 52)	高野義祐『長州諸隊』(上下)(山口民報社)	
	田中　彰「奇兵隊とは何か」(『歴史と人物』1977年2月号)	
		国広哲也編『長州藩第二奇兵隊脱隊暴動史料集』
78年(〃 53)	松浦　玲「奇兵隊始末記」(『第三文明』1978年1月号～79年1月号連載)	
	広田暢久「旧諸隊連合会・六合会設立趣旨」(『山口県文書館研究紀要』5)	

	小林　茂「奇兵隊・諸隊」(古川薫編『高杉晋作のすべて』(新人物往来社)
	武廣武雄編『長州奇兵隊士武廣遜・戊辰戦争従軍日記』(ビッグフォー出版)
1979年(昭和54)	冨成　博『高杉晋作』(長周新聞社)
	三坂圭治監修『月性の研究』(月性顕彰会)
	田中　彰「明治維新と奇兵隊」(『山口県地方史研究』42)
	山口県教育委員会『山口県同和問題史料集(近世)』(同会)
80年(〃 55)	布引敏雄『長州藩部落解放史研究』(三一書房)
82年(〃 57)	三宅紹宣「幕末期萩市勇隊の結成と展開」(『山口県地方史研究』47)
	青山忠正「長州藩元治の内乱をめぐる政治情況」(『歴史』58)
	井上勝生「幕末における民衆支配思想の特質」(『歴研』502)
83年(〃 58)	青山忠正「長州藩元治の内乱における諸隊の動向」(『日本史研究』246)
84年(〃 59)	青山英幸「奇兵隊における会議所体制の意義」(『日本歴史』439)
	青山英幸「『奇兵隊日記』の原本と写本」(『山口県地方史研究』52)
	青山忠正「慶応期長州藩諸隊の組織について」(『歴史』63)
85年(〃 60)	田中　彰『高杉晋作と奇兵隊』(岩波新書，特装版，1993年)
	三宅紹宣「長州戦争期における長州藩村落の動向」(『史学研究』168)
86年(〃 61)	布引敏雄「長州藩の被差別部落民諸隊について」(『近世中国被差別部落史研究』明石書店)
	池田利彦「維新団にみる長州藩民衆の郷土防衛意識」(『山口県地方史研究』56)
	青山忠正「薩長盟約の成立とその背景」(『歴研』557)
87年(〃 62)	北川　健「幕末長州藩の奇兵隊と部落民軍隊」(『山口県文書館研究紀要』14)
89年(平成元)	北川　健「維新団の原像とその再生像」(『山口県文書館研究紀要』16)
	三宅紹宣「幕末維新期における諸階層の対外認識」(『歴研』599)
90年(〃 2)	井上勝生「奇兵隊は革命軍だったのか」(藤原彰他編)『日本近代史の虚像と実像』1，大月書店)
	海原　徹『吉田松陰と松下村塾』(ミネルヴァ書房)
91年(〃 3)	手島一雄「奇兵隊における『穢多』軍事登用の意義」(『部落問題研究』111)
	北川　健「部落民軍団『維新団』の基本像」(『山口県地方史研究』65)

	田中　彰「吉田松陰と被差別部落」(『明治維新と解放令』大阪人権歴史資料館)
1992年(平成4)	梶原良則「長州出兵をめぐる政治状況」(『史渕』129)
93年(〃 5)	岸本　覚「幕末期長州藩の政治体制と浦靱負」(『山口県史研究』1)
	三宅紹宣『幕末・維新期長州藩の政治構造』(校倉書房)
	海原　徹『松下村塾の人びと』(ミネルヴァ書房)
94年(〃 6)	井上勝生「志士と民衆」(岩波講座『日本通史』16，近代1)
	井上勝生『幕末維新政治史の研究』(塙書房)
	岸本　覚「長州藩元治内乱における鎮静会議員と干城隊」(『人文学報』73)
	三宅紹宣「幕末・維新期長州藩の政治過程」(『山口県地方史研究』72)
	上田純子「幕末期長州藩の職制改革」(『山口県地方史研究』72)
96年(〃 8)	青山忠正・笹部昌利「長州藩諸隊総覧」(『歴史読本』8月号〈41の14〉)
	田中　彰『幕末維新史の研究』(吉川弘文館)
98年(〃 10)	田中　彰監修・田村哲夫校訂『定本奇兵隊日記』(マツノ書店)

注　本書Ⅲの一「奇兵隊研究と明治維新」の関係年表として作成し，関係参考文献も併記した．